광무양안과 진천의 평산신씨 무반가문

충북대 중원문화연구소
광무양안연구총서 3

광무양안과 진천의
평산신씨 무반가문

신 영 우 편

혜안

책을 내면서

1.

光武量案은 1900년대의 사회 모습을 알려주는 중요한 사료이다. 量案은 토지대장을 말한다. 대한제국에서 田稅를 징수하기 위해 토지를 측량하여 만든 광무양안의 기재항목은 다양하다. 각 郡별로 面과 마을의 경작지와 대지의 모든 필지마다 토지 면적과 모양, 소유주와 경작자, 가옥의 크기 등을 상세히 기록하고 있다. 당시 그 마을에 살던 사람에 관한 실상을 이처럼 자세히 전해주는 사료가 없다.

대한제국 당시의 사회상을 조사하려면 먼저 광무양안을 찾아보아야 한다. 인구의 대부분이 농사에 의존해서 살았기 때문에 농경지와 농민 그리고 토지의 등급에 관한 자료는 기초사료가 된다. 하지만 광무양안에서 사회상을 찾는 연구는 뒤늦게 시작되었다.

한국사 연구자료로서 광무양안이 주목된 것은 농업사 자료의 가치 때문이었다. 토지소유주와 작인을 기재한 항목에서 지주층과 농민들의 토지소유를 확인하고 그 규모와 함께 빈농과 부농의 비율 등을 알 수 있었다. 농촌경제의 실상을 파악한 중요한 성과였다.

그러나 광무양안은 농업사뿐 아니라 사회사의 중요한 자료이기도 하다. 각 면과 마을별로 지명이 기재되었는데 경작지와 대지가 있는 지역의 이름은 다 실려 있다. 마을이름과 들판의 이름 등이 망라된 기록도 지명연구의 중요한 자료가 아닐 수 없다. 양안에 기재된 모든 마을에서 가옥을 소유하거나 당시 살고 있던 사람들의 이름도 나온다. 이 시기의 인명연구에도 도움이 될 자료들이다. 또 광무양안은 가옥대장 이기도 하다. 주거 사정을 파악하는 통계자료도 추출해낼 수 있다. 대지의 소유주와 가옥에 살던 한 가족의 호주 이름만 기록되었지만 여기서 밝혀낼 수 있는 것이 적지 않은 것이다.

2.

편자는 1894년 동학농민군의 활동과 그 진압과정을 조사하면서 광무 양안에 관해 새롭게 주목하게 되었다. 갑오년 당시 활동하던 인물을 확인하기 위해 현지조사를 할 때였다. 진압기록에 나와 있는 인물들이 살던 마을에 가서 힘들게 후손을 찾았지만 집안에서 전해지는 이야기가 거의 없었다. 추적을 모면하고 피신해서 옛집에 돌아와 살던 사람들도 자손들에게 갑오년 이야기를 전해주지 않았다. 그래서 어렵게 만난 직계후손과 집안 내력을 잘 알고 있던 방손에게 들은 증언은 대개 간략한 것뿐이었다.

격변기에 활동한 사람들의 인물 파악을 위해서는 신분과 지식수준을 비롯해서 재산과 집안 사정을 알아야 한다. 동족마을 출신인지, 각성바지 마을에 살았는지도 확인해야 한다. 어떤 사람들과 통혼과 교류를 했는지 확인하면 더 도움이 된다. 이름 높은 선조가 있는 유명한 성씨에 속한 사람일 경우는 족보와 가전 일화를 통해 그 배경과 인물됨을 쉽게 알 수 있다. 그렇지만 그러한 사람은 일부에 불과하다.

만약에 당시 작성된 호적문서나 토지대장을 활용할 수 있게 되면 서술내용이 달라지게 된다. 사회신분은 호적대장을 통해 확인할 수 있고, 경제력은 토지대장이 1차 사료가 되기 때문이다. 현지조사로 채록 한 토막 증언들은 이러한 사료를 토대로 서로 연결하면 그 인물이 구체성을 띠게 된다.

광무양안은 19세기 말과 20세기 초에 활약하던 역사적 인물을 찾아내는 보고이다. 인물사전의 여러 항목은 이 보고에서 충실한 자료를 구해서 보완할 수 있다. 우선 문헌기록에서 향리까지 나오지 않는 인물이 살던 마을을 확인할 수 있다. 마을사를 살펴보면 그 마을에 살아온 성씨의 배경과 배출된 선조, 그리고 당시의 姓勢를 알게 된다. 광무양안은 처음으로 가옥을 조사해서 기록한 가옥대장이기도 하다. 그래서 그 인물이 살았던 집이 초가집인지 기와집인지 알 수 있다. 또 가옥의 크기가 초가 3칸인지 4칸인지, 대지 면적이 얼마인지도 파악이 가능하다.

향촌사회의 유력한 양반들이 어느 마을에 집중해서 살았고, 그들이 소유한 재산이 어느 정도인지 안다는 것은 역사연구에서 매우 중요한 내용인데도 불구하고 그런 파악을 하지 않고 인물사를 써온 것이다. 바로 인물사 연구의 중요한 자료가 광무양안이다.

3.

충북대학교 중원문화연구소에서 한국연구재단(구 학술진흥재단)의 지원을 받아서 수행한 광무양안 연구는 시대상을 파악하기 위한 목적을 가지고 시작하였다. 지금까지 펴낸 연구총서 두 권(『광무양안과 진천의 사회경제 변동』, 2007 ; 『광무양안과 충주의 사회경제구조』, 2010)은 토지소유와 농민층에 관한 연구가 포함되었지만 진천과 충주의 주요 성씨와 가문을 비롯한 사회변화상을 밝히는 주제도 함께 선정하였다. 이 연구는 양안 분석을 통한 구체적인 통계를 토대로 역토의 구조와 운영, 면리구조, 역마을과 주막, 사원전과 사하촌, 주거 사정 등을 밝힌 것이다.

이와 더불어 진천연구에서는 한말 일제하 유교지식인 洪承憲(汶園),

鄭元夏(綺堂), 鄭寅杓(學山)에 관한 연구가 이루어졌다. 이들은 소론계 學人 관료들이었는데 강화도를 중심으로 양명학을 연구해온 강화학파가 진천에 분파를 이루고 정착해서 활동한 내력을 살펴본 것이었다. 鄭誾朝(淵齋)와 그의 아들인 鄭寅普(爲堂)도 같은 시기에 진천 초평에 와서 살았고, 정인보는 족형인 정인표의 훈도를 받아 학문을 닦았다.

이들 외에 진천의 광무양안에는 두드러진 인물이 나오고 있다. 참정대신으로 을사조약 체결에 반대했던 韓圭卨은 진천에 많은 토지를 소유한 지주였다. 소유 가옥이 나오지 않기 때문에 부재지주로 파악되었지만 이 땅은 1926년에 현 서울여상의 전신인 경성여자상업학교를 세우는 재원이 된 것으로 보인다. 다음은 李相卨(溥齋)이다. 고종이 헤이그 만국 평화회의 특사로 파견한 이상설은 진천에서 소유하던 많은 땅을 팔아 민족운동 자금으로 사용하였다. 광무양안의 통계는 후손들의 증언이나 다른 문헌자료와 함께 이처럼 역사인물들의 실상을 구체적인 모습으로 드러나게 한다.

4.

이 책『광무양안과 진천의 평산신씨 무반가문』은 이곡면 논실에 세거해온 한 양반가의 토지소유를 분석하면서 확인했던 4대에 이어진 將臣에 관한 연구 성과를 모은 것이다. 임란 이후 이곡면 논실에 정착해서 세거해온 평산신씨 忠憲公派는 무반으로 사환해서 19세기 말에 閥族으로 성장한다. 이들 장신은 순조대에서 고종대에 이르는 시기에는 국방을 일선에서 책임지는 위치에 있었다. 경술국치 이후 국권회복운동에 나서서 대한통의부 총사령관을 맡았던 신팔균도 이 가계에 속한다.

4대 장신과 신팔균이 맡았던 주요 직책과 활동을 정리하면 다음과 같다.

　＊申鴻周(1772~1829) : 포도대장, 평안도·전라도·함경도병마절도사, 삼도수군통제사, 배왕대장, 어영대장, 훈련대장, 병조참판

　＊申櫶(1811~1884) : 금위대장, 포도대장, 삼도수군통제사, 한성판윤, 형조·공조·병조판서, 총융사, 훈련대장, 어영대장, 진무사, 강화도조약 전권대관, 조미수호조약 전권대관

　＊申正熙(1833~1895) : 포도대장, 어영대장, 장어대장, 금위대장, 훈련대장, 한성판윤, 내무독판, 호위부장, 통위사, 도순무사, 강화유수

　＊申奭熙(1836~1907) : 포도대장, 배왕대장, 한성판윤, 내무협판, 내부대신, 경무사

　＊申八均(1882~1924) : 대한제국 무관학교 졸업, 육군 정위, 군대해산 후 이월청년학교 설립, 대동청년당 조직 국권회복운동, 만주 무오독립선언·서로군정서 참여, 신흥무관학교 교관, 대한통의부 군사위원장 겸 총사령관, 일본 사주를 받은 장작림군과 교전 중 전사, 건국훈장 국민장 추서

　신홍주와 신헌은 祖孫 간이고, 신헌과 신정희·신석희는 부자 간이다. 신정희와 신석희는 형제 간, 그리고 신석희와 신팔균은 부자 간이다. 이들은 진천 논실과 서울 정동의 저택에서 살면서 효성과 우애가 남달랐다고 전한다.

　威堂 신헌은 儒將으로서 이름이 높다. 흥선대원군이 집권한 후 국방강화책을 펴는데 병인양요 직후에는 정약용의 民堡 관련 방책을 계승하는 『民堡輯說』을 저술해서 보급하였다. 西勢東漸의 위기에 맞선 무장으로서 대외방어와 내부개혁을 병행하는 海防論을 주창한 것에서 문무를 겸전한 그의 위치를 알게 된다.

　신헌은 다산 정약용과 추사 김정희에게 학문을 전수받아 실학의 맥을

잇는 인물로 평가되는데, 당대 최고의 학자와 예술가들과 긴밀하게 교유하였다. 다음과 같은 주요 인물만 들어봐도 신헌의 위치가 어떠했는지 알 수 있다.

草衣 意洵(1786~1866), 秋琴 姜瑋(1820~1884), 朴珪壽(1807~1877), 小痴 許鍊(1809~1892), 滄江 金澤榮(1850~1927), 梅泉 黃玹(1855~1910), 寧齋 李建昌(1852~1898), 嵋堂 李象秀(1820~1882), 壺山 朴文鎬(1846~1918).

아들 형제인 신정희와 신석희도 학식을 갖춘 장신으로서 알려진 인물이었다. 아버지 신헌 대장과 함께 명필로 이름이 났으며, 筆帖도 전하고 있다.

진천 논실의 신헌 일가는 19세기 말과 일제강점기의 격동했던 시대 흐름에 정면으로 대응했던 문중이었다. 신헌은 국방책을 구상하고 실천했던 내용뿐 아니라 일본·미국과 수호조약을 체결했던 전권대표였다. 신정희와 신석희는 포도대장과 한성판윤 등 국법을 수호하는 위치에서 사회질서를 바로 잡으려고 노력하였다. 특히 신정희는 조선후기의 암행어사를 상징하는 박문수처럼 엄정히 사회기강을 세우려고 시도했던 포도대장의 대명사이기도 하였다.

사회지도층의 도덕적 의무인 '노블리스 오블리주'의 모습을 우리는 신팔균에게서 보게 된다. 대한제국의 장교로서 군대가 해산되자 교육구국을 목적으로 계몽운동에 투신하였으며, 국권상실 후에는 일제 침략에 항거하여 만주로 망명해서 독립투사로서 분투, 노력하였다.

일제 고등경찰의 탄압이 뒤따르자, 4대 장신 가문은 몰락하였다. 남산 노인정회담에서 조선정부의 대표로 일본의 내정개혁 강요를 완강히 거부하고 또 양호도순무사로서 일본군의 동학농민군 진압에 순조롭게 협력하지 않았던 신정희의 후손은 거북한 존재였다. 더구나 신팔균의 독립투쟁은 지속적인 탄압을 가져왔고 결국 장신 벌족 가문은 옛 영화를 모두 잃게 되었다.

이 책은 진천 이곡면 논실의 평산신씨 무반벌족의 재산기반을 광무양 안에서 찾아보고 그 가문의 실체를 찾아보려고 시도하는 학술활동의 성과를 묶은 것이다. 동성동본 마을과 토지소유주 및 경작자, 그리고 가옥소유자와 가옥 규모 등이 단순한 통계숫자로 나오지만 연구에 따라서 한국 근현대사의 중요한 과제를 풀어내는 열쇠가 되는 것을 확인할 수 있었다.

5.

조선의 무관은 1894년에 여러 차례 곤혹스러운 지경에 처했다. 최대의 사건은 일본군이 6월 21일(음력) 경복궁을 기습 점령한 것을 막지 못한 것이다. 이때 국왕의 경호를 책임진 호위부장 신정희는 고종이 경복궁을 침입한 일본군에게 인질로 잡혀있는 상태를 바라보고 있을 수밖에 없었다. 또 일본군은 경군 병영을 기습하여 무장해제를 시켰다. 왕조를 수호하는 정예군이 의정부와 육조를 지키는 것은 고사하고 병영 경계에도 실패해서 단 한 차례의 기습에 궤멸되고 무장을 해제 당했다. 그 책임은 1차로 군사지휘관들이 져야 하는 일이었다.

다음으로 조선 영토 안에서 청군과 일본군이 전쟁을 벌이는 것을 속수무책으로 바라만 보고 있었다. 아산 앞바다에서 일본 해군이 청의 군함을 공격하고 성환과 평양에서 일본 육군이 청군을 공격한 것은 조선 정부를 무시하는 작태였다. 조선 관군은 자국을 지킬 수 없는 무능함을 여지없이 보여주고 있었다.

　한편 농민들로 구성된 동학농민군의 봉기조차 진압하지 못했다. 국정 문란과 부패가 봉기의 원인이더라도 무장봉기한 농민군을 경군 정예병이 해산시키지 못한 1차 책임도 역시 무관들에게 있었다. 심지어 현지 지휘관이 청군의 차병을 요청하는 판단착오도 범하였다. 그 결과 청군이 파병되고 잇따라 일본군도 들어와 나라가 위기에 처하게 되었다.

　일본군은 경복궁 침범 후 강제로 조일동맹조약을 체결해서 청과 전쟁을 벌이는데 조선 정부의 협력을 강요하였다. 이제 조선 관군은 일본군의 조력자가 되어야 할 처지로 전락하였다. 동학농민군이 재봉기하자 동학농민군의 진압을 전담할 증원군을 파견하고 동시에 강압적으로 조선의 관군을 협조하도록 하였다. 이때 신정희는 양호도순무사로 동학농민군의 진압과 일본군과의 협조를 책임지게 되었다.

　그러나 신정희는 일본에 적극 협조할 의사가 없었다. 결국 동학농민군 진압이 종료되기 전에 양호도순무영은 해산되고, 신정희는 강화유수로 전임되었다. 조카 신팔균이 항일전선에 나선 것은 그 영향이 미친 것이었다. 진천 논실의 신헌 후손들 중에는 일본과 협력하는 사람이 나오지 않았다.

6.

　이 책에 실린 장필기, 최진욱, 박걸순, 임용한, 신영우 다섯 분의 논문은 충북대학교 중원문화연구소 학술발표회에서 발표되고, 『역사와 담론』 57집에 게재된 것을 수정 보완한 것이다. 장인석의 4대 초상화 논문은 추가해서 실리게 되었다. 필자들에게 감사드린다.

2012년 2월
편자

목 차

14

16

鎭川 논실의 平山申氏 將臣閥族家系와 申鴻周

장 필 기

1. 머리말

예로부터 진천 지역은 평야가 넓고 토지가 비옥하여 농사가 순조롭고, 한재·수재가 그렇게 많지 않아 살만한 곳으로 여겨졌다. 그래서 진천 초입에 들어서면 길섶 큰 바윗돌에 이런 구절이 씌어져 있음을 볼 수 있다. "生居鎭川" 그만큼 살기 좋은 고장이라는 뜻이다.[1]

진천 이월면 논실은 그 행정명칭이 老隱里, 老院里인데, 이 지역에서는 '논실'이라 부르고 있다. 논실은 申礎이 사직 후 진천군 梨月面 武帝峰 아래에 은퇴하여 한거하였다 하여 그 마을 이름을 老隱이라 부르게 된 데서 연유한다. 또한 이곳에 百源書院을 건립하고 후학을 모아 강론하니 노 대신이 서원을 일으킨 마을이라 하여 老院이라 부르기도 하였다.[2]

---

1) 이 고사는 본래 '生居鎭川 死居龍仁'이란 말에서 유래한 것으로 살아서는 진천, 죽어서는 용인 땅에 묻히기를 바라는 염원을 나타낸 말이기도 하다. 꼭 그런 연유는 아니겠지만 사대부가의 유명한 선영들이 실제 용인 땅에는 많다.

진천의 평산신씨 일가가 대대로 세거하면서 將臣閥族家門으로 터전을 일군 곳이 바로 이곳이기도 하다.

閥族이란 대개 조선사회에서 名望있는 양반가문을 지칭하는 용어로서 門閥, 門地, 閥閱, 또는 世閥이라고 하였다.3) 구체적으로는 조선후기 17~18세기의 집권세력4)이나 18세기의 정치형태,5) 17세기 후반 이후 戚臣을 중심으로 한 정치권력의 실체,6) 또는 사림정치·붕당정치의 公論·公道가 무너지고 특정한 몇몇 가문이 독점하는 정치형태7)로 보고 있다. 따라서 조선후기의 벌족이나 벌열은 대대로 벼슬을 하며 정치적·사회적 특권을 세습하는 가문이라고 할 수 있다.8) 물론 여기에는 몇 가지 조건들이 포함되지만, 점차 사회 일반화가 되면서는 명망있는 유력한 가문들을 그렇게 부르게 되었다. 논실의 평산신씨 또한 그러한 범주 속에서 대대로 무반 장신들을 배출함으로써 장신 벌족으로 자리매김하게 되었다.

논실의 평산신씨는 무반가계가 중심이 된 文僖公派이면서도, 특히 忠憲公 신잡의 후예들로 구성된 충헌공파이다. 여기에서는 이들 가계의

---

2) 『鎭川郡誌』, 진천군지편찬위원회, 1974 ; 金顯吉 編, 『鎭川郡邑誌』, 상산고적회, 1994 참조.

3) 柳壽垣, 『迂書』 권1, 總論四民·권2, 論門閥之弊 ; 李瀷, 『星湖先生文集』 권30, 雜著 朋黨論.

4) 李樹健, 「高麗·朝鮮時代 支配勢力 변천의 諸時期」, 『韓國史時代區分論』, 소화, 1995, 278~280쪽.

5) 鄭萬祚, 「朝鮮時代의 士林政治－17세기의 政治形態－」, 『韓國史上의 政治形態』, 일조각, 1993.

6) 李泰鎭, 「朝鮮時代의 政治的 갈등과 그 해결－士禍와 黨爭을 중심으로－」, 『朝鮮時代 政治史의 再照明』, 범조사, 1985, 43쪽.

7) 李成茂, 「朝鮮後期 黨爭研究의 方向」, 『朝鮮兩班社會研究』, 일조각, 1995, 394쪽.

8) 車長燮, 『朝鮮後期閥閱研究』, 일조각, 1997 참조.

구성요소와 진천 논실 입향과정, 그들의 관직진출과 사회경제적 지위 그리고 충헌공파를 실질적으로 장신벌족가계로 성장시킨 申鴻周에 대하여 살펴보고자 한다.

2. 평산신씨 文僖公派 무반가계의 구성9)

평산신씨는 여말선초에 貞敏公派 派祖인 仲明 이후 번창하기 시작하여 많은 正卿과 將相을 배출한 가문이다. 세종대 좌의정을 역임한 申槩10) 이후 여러 대에 걸쳐 조정으로부터 많은 특전을 받아 가문의 위상을 견고히 다졌다. 아들 自準이 재상의 자식이라 하여 갑자기 승품되었고,11) 손자 末平은 성종의 국상 중에 딸의 혼사를 치르다가 大明律의 '居喪嫁娶條'에 걸려 불서용되기도 하였지만, 그 아들 鏛이 임금에게 용서를 구하여 풀려나기도 하였다.12) 또 상의 아들 匡國은 의금부 도사가 된 지 겨우 30여 개월 만에 7품에서 금방 6품직을 제수받는 등13) 남다른 면모를 보이기도 하였다. 이러한 가문적 기반을 토대로 평산신씨가 실질적인 무반 벌족으로 성장하는 시기는 조선후기 인조대부터라고 할 수 있다.

평산신씨 무반가계는 대개 文僖公派(槩) 후예들이다. 특히 21세손 '景' 字 항렬부터 실질적인 무반가계로 전환하기 시작하였다. 즉 이 시기는

---

9) 이에 대해서는 拙著, 『朝鮮後期 武班閥族家門 硏究』, 집문당, 2004 참조.

10) 申槩, 『寅齋集』 권4, 附錄 行狀. 文僖公 申槩는 "세종대 좌의정을 지낸 인물로서 한 때 태종이 실록을 열람하려고 하자 그 불가함을 말할 정도로 직언을 잘 하였다." 한다.

11) 『端宗實錄』 권8, 1년 10월 을유.

12) 『燕山君日記』 권29, 4년 5월 갑인.

13) 『中宗實錄』 권83, 31년 12월 임오.

仁祖反正이 있은 뒤 반정 공신들의 私兵化 현상 등, 軍權에 대한 관심이
고조되던 시기였다.[14] 이때 景瑗·景禛·景植·景裕·景禋 등이 모두 공신세
력에 포함되어,[15] 이들을 중심으로 무반가문으로 화하기 시작하였다.
물론 이보다 한 세대 앞서서 磼·砬·硈 같은 선대가 임진왜란 당시 많은
전공을 세우기도 하였다.

이에 비하여 槩의 아우인 曉 계통은 대대로 문반계열로 나아가 인조
대에 영의정을 역임한 欽과 그의 아들 翊聖·翊全, 손자 冕 같은 인물이
배출되었다. 특히 익성은 선조의 駙馬(貞淑翁主와 혼인)로서 東陽尉에
봉해졌고, 광해군의 폐모론이 일어나자 이를 반대하다가 放逐田里되기도
하였다. 인조반정 이후 재등용되어 李适의 亂 때에는 왕명으로 三宮을
호위하였고, 병자호란 때는 도총관으로서 척화를 주장하다가 斥和五臣으
로 지목되어 瀋陽에 볼모로 잡혀가는 수난을 당하기도 하였다. 이렇듯
같은 世系 중 문반과 무반계열로 나아가는 계통이 구분되어지면서 각
계파에 따라 그 성격이 확연히 나눠지게 되었다.[16]

槩의 손자인 叔平·仲平·末平 이후 자손들이 번창하기 시작하여, 숙평은
錘→ 克胤→ 磪→ 景珍·景瑗·景琥·景琛으로 이어졌고, 말평은 己卯名賢
인 鏛→ 匡國·弘國·華國으로 이어졌다. 이 중에서 평산신씨가의 실질적인
무반가계를 이룬 것은 華國 계열이다.

---

14) 李泰鎭, 『朝鮮後期의 政治와 軍營制 變遷』, 한국연구원, 1985.

15) 『仁祖實錄』 권3, 1년 10월 갑진.

16) 평산신씨 貞敏公派 중에서도 申槩계통은 槩→ 叔平·仲平·末平→ 錘·鏛→ 匡國·
   華國대까지는 문반직을 고수하다가 景珍·景瑗·景琥·景示商·景禛·景裕·景禋이
   후 무반직으로 전환되어 세습 무반가가 되었다. 이 시기는 대체로 인조반정과
   같은 시기이다. 이에 비하여 같은 정민공파이지만 개의 아우 曉의 계통은
   自繼→ 世卿→ 琨·瑛→ 承緖→ 欽→ 翊聖·翊全→ 冕·晜으로 이어지는 당시대
   최상의 문반가계를 구성하였다.

叔平系에서는 景瑗·景琥가 각각 총융사와 어영대장으로 인조와 효종
대에 登壇을 하지만 지속적인 무반 관직자를 배출시키지는 못하고 있다.
그보다는 오히려 景珍계에서 무반 이력이 지속되었음을 알 수 있다.[17]

한편 진천 논실에 정착하는 將臣가계는 末平의 증손인 礎으로부터
시작하는데, 잡은 華國의 네 아들 중 장남으로서 礎·砬·砧 등의 맏형이었
다. 이들 중에서 무반직으로 나아가는 계열은 장자 잡과 3자 립계이다.

잡은 무진년(선조 1, 1568) 사마시와 계묘년(선조 16, 1583) 정시문과에
급제하여 대간→ 좌랑→ 전적→ 사예→ 첨정→ 선전관 등을 거쳐 병조판서
를 역임하였다. 잡은 남원양씨(충의위 思謹 女)와의 사이에 2남 3녀를
두었는데, 장자 景禧는 광해군 때 綾昌君事件에 연루되어 화를 당하였고,
景祉는 현감으로서 숙부 砬과 함께 猻川 전투에서 순절하였다.[18] 딸들은
尹民逸(坡平, 도정)·洪繼元(南陽, 첨정)·具憲(綾城, 도사)에게 각각 출가하
였다.[19]

경희계는 塾→ 汝述→ 繼→ 漢章→ 暎·曠·賦으로 이어져 이후부터는
거의 무반직으로 계승되었다. 협은 大儁(방어)→ 鳳周(부사)·應周(통제
사)·鴻周(어장, 훈장, 병조참판)를 두어 대대로 무반 장신을 배출하였다.
특히 순조대에 등단한 홍주를 이어 그 손자 楎(병판)과 증손 正熙(병판)가
각각 헌종과 고종대에 등단하여 무반가의 기풍을 크게 일으켰다.

楎은 무반출신이면서도 文詞에 능하여 특이하게도 많은 문집을 남겼는
데, 당시 그를 儒將이라 하였다.[20] 순조 28년 戊子 식년시 무과에 급제한

---

17) 景珍이 무반으로서 지중추부사를 지낸 이후 그의 현손대인 萬泰(武 부사)→
煥(武 부사)→ 大俠(武 포도대장)으로 이어지는 무반가계를 형성하여 세습 무반
가가 되었다.

18) 『平山申氏系譜』 1권 上編, 「忠憲公礎神道碑銘幷序」(宋秉璿 撰).

19) 위와 같음.

22

뒤 중화부사→ 성진첨사→ 봉산군수→ 우수사→ 훈련도정→ 승지 등을 역임하고 헌종 15년에 "무신이 나이 40이 못되어 등단한 것은 근세에 없는 바다"[21]라고 하는 것과 같이 30대 후반에 금위대장이 되어 등단하였다. 그 뒤 통제사와 형·병·공조판서, 훈련대장 등을 역임하였다. 이때 水雷砲를 제작하였고, 강화 연안의 각 포대를 구축하기도 하였다. 또 조·일수호조약, 조·미수호조약을 체결하는 등 개화시기에 많은 활약을 하기도 하였다. 더불어 그의『民堡輯說』은 茶山 丁若鏞의『民堡議』와 더불어 당시 민보의 중요성과 그 구체적인 설치·운용방안을 밝히는 이론 서가 되기도 하였다.[22]

砬은 선조 즉위년(1567, 정묘)에 무과급제 후 선전→ 도사→ 경력→ 진주판관→ 양산군수→ 훈련첨정→ 내승→ 온성부사 등을 역임하였으며, 임진왜란이 발발하자 八道都巡邊使로서 충주의 달천 탄금대에서 배수진 을 치고 대적하다가 패하여 달천에 투신 전몰하였다. 이 소식을 접한 도성의 선조는 서행길에 오르게 되었고, 당시 남병사였던 아우 硈이 근왕병을 이끌고 통어사가 되어 임진강에서 대적하다가 복병에게 패사하 였다. 또 그의 형 磼은 監役으로서 그 어머니 윤씨를 모시고 영변으로 피난하다가 적을 만나 윤씨가 투신하자 그 또한 어머니를 따라 투신하여 이들 삼형제가 모두 임진왜란으로 전몰하고 말았다.[23]

---

20)『平山申氏系譜』1권 上編,「莊肅公櫶墓碣」.

21) 위와 같음. "武臣之年 未四十而登壇 近世所未有也".

22) 申櫶,「民堡輯說」,『民堡議·民堡輯說』, 국방부 전사편찬위원회, 1989. "民堡者 古名將守邊之法也…禦敵之方 在於善守 善守之要 在於安民"(民堡輯說序)이라 고 하듯, 민보는 적으로부터 民人 스스로를 방어하는 安民之策을 말하는 것으로 서 신헌은 이를 伍甲, 堡制, 堡器, 堡約, 堡糧 등 5가지로 나누어 그 방비책을 설명하고 있다.

23)『平山申氏系譜』1권 上編,「忠壯公砬傳」(朴世采 撰).

립은 景禛·景裕·景禋 등 삼형제를 두었는데, 이들 모두가 인조반정의 靖社功臣이었다. 또 립의 딸이 宣祖의 넷째 아들인 信城君(선조의 후궁 仁嬪金氏 소생)에게 출가함으로써[24) 왕실과 인척이 되었다.

립의 장자 景禛은 광해군의 廢母殺弟에 분운하여 金瑬 등과 함께 반정을 꾀하였으며, 인조 즉위 후 훈련대장·어영대장을 역임하고 영의정에까지 이르렀다.[25) 서인 집권 이래 줄곧 훈련도감을 관장해 오던 경진은 對胡戰에서 도감군사의 약점인 馬軍의 부족을 타개[26)하는 것과 戰馬의 확보에 노력하기도 하였다.[27) 김류는 바로 경진의 부 礚의 종사관이었던 金汝呦의 아들이기도 하여 2대에 걸쳐 인연이 깊었다. 경진의 사후 효종이 그를 일컬어 "在昔中興 二三功臣 功烈尤茂 今不在與享之"[28)라 하고 그 아들들을 천거하였다. 경진의 장자 埈 또한 정사공신으로서 효종대에 어영대장으로 등단하여 형조판서를 역임하였으며,[29) 차자 垓는 敦寧都正으로서 병자호란으로 볼모가 된 昭顯世子를 배종하여 심양으로 가던 중 졸하였다. 그의 사후 조정의 특명으로 후사가 없던 景禋에게 立後되었다. 이는 본인 사후에 出系가 이루어진 매우 특이한 경우이다.[30) 埈의 차자 汝拭系에서는 大顯과 絅이 대를 이어 각각 정조대와 순조대에 登壇하였다. 이들 문희공파의 등단자를 세계도로서 나타내 보면 다음 <표 1>과 같다.

---

24) 『璿源譜略』 참조.

25) 『平山申氏系譜』 1권 上編, 「忠翼公景禛神道碑銘幷序」(宋時烈 撰).

26) 『仁祖實錄』 권29, 12년 5월 기해.

27) 『顯宗改修實錄』 권10, 4년 11월 정축.

28) 『平山申氏系譜』 1권 上編, 「忠翼公景禛神道碑銘幷序」(宋時烈 撰).

29) 앞의 『登壇錄先生案』 참조.

30) 『平山申氏系譜』 1권 上編, 「莊武公汝哲神道碑銘幷序」(李縡 撰).

<표 1> 平山申氏 文僖公派 登壇者

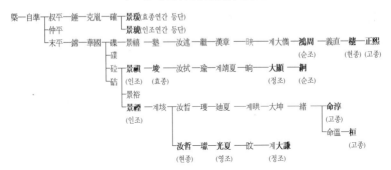

*굵은 표시는 登壇者

<표 1>과 같이 평산신씨 문희공파의 등단자는 조선후기의 등단자 총 202명 중 7.4%인 15명을 차지하고 있다.[31] 이들은 인조대에 景琥·景禛· 景禮 등 3명, 효종대에 景瑗·埈, 현종대에 汝哲, 영조대에 光夏, 정조대에 大顯·大謙, 순조대에 鴻周·綱, 헌종 대에 橲, 고종대에 正熙·命淳·桓으로 이어지는 중앙 핵심 군영장을 여러 대에 걸쳐 지속적으로 배출함으로써 평산신씨 문희공파 무반가계의 벌족화를 더욱 확고히 다지는 기초가 되었다.

적어도 조선후기 무반가문에 있어서 다수 등단자를 배출한다는 그 자체는 바로 그 가계가 무반벌족임을 뜻하는 것이었다. 이는 그만큼 몇몇 특정 가문을 제외하고서는 다수의 등단자를 배출하는 것이 쉽지 않았을 뿐만 아니라, 각 군영장 출신 거의가 몇 가문에 의하여 세습되다시 피 집중되어져 있었기 때문이다.[32]

砬의 차자 景裕는 다른 형제들에 비하여 다소 단촐한 무반 가계를

---

31) 앞의 『登壇錄先生案』 참조.

32) 拙著, 『朝鮮後期 武班閥族家門 硏究』, 집문당, 2004.

구성하여 大觀(武, 방어)→ 純(무, 병사)→ 命源(무, 아장)·命潤→ 晢(무, 선전)·林(무, 수사)→ 鼎熙(무, 부사)·謙熙(무, 정위)→ 鶴均(무, 시어)·鳳均(*부위) 등 무반직을 세습하였으나, 등단자는 배출하지 못하였다.

립의 3자 景禮은 인조대에 등단하였고, 그의 뒤를 이어 汝哲(현종대), 光夏(영조대), 大謙(정조대), 命淳(고종대), 桓(고종대) 등이 대대로 등단하였다. 여철은 효종 8년(1657, 정유)에 장수 재목을 고양시킨다는 특명에 의하여 勸武가 되었으며, 현종 6년(1665, 을사)에 선전관으로 정시무과에 급제하여 어영대장, 공조·형조판서 등을 역임하였다.

汝哲이 일찍이 知申事로 있을 때, 숙종이 여러 자제들을 둔 신하들에게 그 자제들을 무반직으로 나아가도록 권유하자, "대다수 사람들이 업신여기는데 누가 선뜻 그 자제를 무반으로 가르치려 하겠습니까"[33]라고 하여 무를 경시하는 당시의 폐습을 지적하기도 하였다. 부인은 무신인 尹弼殷(파평, 군수)의 딸이다. 그의 손자 光夏 또한 등단한 뒤 참판에 이르렀고, 증손자 旼이 무과에 급제하자 "世方以克紹先業期之云"[34]이라 하여 이미 세상이 무반직의 세습성을 인정하여 당연시하였던 것을 알 수 있다.

이와 같이 평산신씨 文僖公派는 대개 임진왜란을 기점으로 砬 등 무장들을 배출하기 시작하여 인조반정 당시 功臣群에 布列된 '景'字 항렬부터 실질적인 무반가로서의 가업을 전수하게 되었으며, 이후 세습적인 무반 벌족으로서의 지위를 누리게 되었다.

---

33) 『肅宗實錄』 권17, 12년 4월 병자.

34) 『平山申氏系譜』 1권 上編, 「莊武公汝哲神道碑銘 幷序」(李縡 撰).

3. 진천 논실 입향과정

진천 논실의 평산신씨는 대개 17세기 초에 申礏이 진천으로 이거하면서
대대로 세거하게 된 것 같다. 입향조 礏은 1541년(중종 36) 7월 22일
서울에서 출생하였다. 자가 伯俊, 호는 獨松齋로 부는 華國이고, 조는
형조판서 錦, 증조는 主簿 末平이며, 모는 尹懷貞의 딸이다.

礏은 징인·지평·우부승지 등을 거쳐 이조침판·형조침판을 지냈다.
임진왜란 때에는 비변사 당상으로 활동하였고, 이듬해에는 병조참판을
거쳐 평안도병마절도사로 부임하였으나, 관내 철산군에 탈옥사건이 발생
하여 그 책임으로 파직되었다.

1593년 다시 기용되어 밀양부사·형조판서를 거쳐 특진관·동지중추부
사가 되었다. 1600년에 호조판서를 거쳐 병조판서 겸 세자빈객이 되었다.
이어 함경도관찰사·氷庫提調 등을 역임하고 扈聖功臣 2등에 책록되어
平川府院君에 봉해졌으며, 1606년 개성유수를 끝으로 관직에서 물러났
다. 1609년(광해군 1)에 졸하였다. 鵝溪 李山海의 문인이다.

그의 略傳을 정리하면 다음과 같다.[35]

1556년(명종 11) 12월 梁氏(思謹 女)와 혼인(16세)
1561년(명종 16) 5월 장자 景禧 출생(21세)
1568년(선조 1) 증광감시 생원시에 입격하였고, 이 해에 진천에 百源書
          院을 창건하였다.
1578년(선조 11) 5월 平洲公 졸(38세)
1582년(선조 15) 봄에 장자 경희가 생원시에 입격, 10월에 장손 塾이
          출생

---

35) 『獨松齋行蹟』世譜 年譜附.

1583년(선조 16) 정시문과에 병과로 급제하여

1584년(선조 17) 6월 平安道評事로 부임(44세)

1585년(선조 18) 10월 정언으로 병조 儒將薦 兼 宣傳官에 들어 손오병법
서를 頒賜받았다(45세).

1586년(선조 19) 정월 공조좌랑으로 경상도순무어사로 파견

1587년(선조 20) 鏡城判官, 형조좌랑으로 시관이 되어 命牌進去經出로
고신을 박탈당하였다. 12월에 敍用되어 지평으로 승진

1590년(선조 23) 原從 1등공신, 밀양부사(50세)

1592년(선조 25) 임진 2월 동부승지, 우부승지, 4월 왜란, 4월 28일 弟
순변사 신립과 차자인 만경현감 景祉 충주 달천에서
殉節. 5월 大駕를 호위하여 평양도착, 이조참판에 特除.
6월 2일 왕자를 배호하여 出來. 7월 20일 義州에 입거.
대사간 鄭崐壽 등과 세 가지 방도를 論啓하였으나 不允

1593년(선조 26) 정월 병조참판, 대사헌, 30일에 평안도절도사에 특제(53
세)

1595년(선조 28) 8월 비변사당상, 12월 형조판서

1596년(선조 29) 6월 평안도관찰사가 되어 被論而遞

1597년(선조 30) 12월 모부인 졸(57세)

1598년(선조 31) 증손 汝述 출생

1600년(선조 33) 호조판서, 병판, 한성판윤, 함경도관찰사(60세)

1602년(선조 35) 병판 겸 지춘추관사, 세자좌빈객, 형판. 증손 汝逸 출생

1604년(선조 37) 崇政策忠勤貞亮效節恊策扈聖功臣 平川君 陞資, 府院君
에 승록됨. 증손 汝遑 출생

1605년(선조 38) 병판 겸 판의금부사(65세)

1606년(선조 39) 개성유수(66세)

1607년(선조 40) 9월 24일 정경부인 양씨 졸

1609년(광해군1) 4월 12일 졸(69세). 5월 조정 賜祭. 6월 衿川 三聖山(평주
부원군 塋下)에 葬事지냄. 7월 장손 塾 졸

1614년(광해군6) 의정부 영의정에 추증

1774년(영조 50) 진천 노은동에 영당 창건하고 遺像을 봉안

1818년(순조 18) 雙溪 鄭在應 撰 行狀, 우의정 南公轍 撰 諡狀

1821년(순조 21) 충청도 유생 鄭在絅 등 上言 請諡

1822년(순조 22) 2월 賜諡; 臨難不忘國曰 忠, 行善可紀曰 憲

1824년(순조 24) 4월 嫡長 9대손 義綱에게 宣行延諡

礩의 사후에 그를 위한 老隱影堂이 이월면 노원리에 세워져 賜額되었다. 영의정에 추증되었으며 시호는 忠憲이다. 따라서 논실의 평산신씨 가계는 문희공파 중에서도 특별히 충헌공파라 하여 충헌공 申礩을 派始祖로 하고 있다.

신잡이 진천 논실에 터전을 잡게 된 것은 부인 梁氏(남원, 思謹 女)와 혼인하게 되면서였다. 본래 처가는 梨月面 內村里 當谷村이었는데, 처조부상을 당하여 길지를 물색하던 중 논실에 卜居를 정하게 되었다. 이때 堂姑從 형인 栗谷 李珥에게 답사를 청하여 그 이듬해인 1562년(명종 17) 봄에 율곡과 牛溪 成渾이 함께 논실을 둘러보고 터전을 잡도록 하였다 한다.[36]

잡은 1568년에 생원시에 입격한 뒤 논실에 百源書院[37]을 건립하여 후학을 양성하고자 하였다. 그러던 중 우계와 율곡의 권유로 정시문과에 급제하여 벼슬길에 나아가게 되었다.[38] 1607년에 모든 관직에서 물러나

---

36) 『우리고장 마을사』－老隱室 마을의 由來, 진천상산고적회, 2007, 117쪽.

37) 백원서원은 평산신씨 후손들과 향촌 사람들의 건의로 1669년(顯宗 10)에 賜額되었으며, 진천 출신의 儒賢인, 麟齋 李種學(穡의 仲子), 慕庵 金德崇(天益의 자), 松崖 李畬(種學의 5세손, 仁老의 차자), 杏園 李阜(嶔의 자) 등 4位를 배향하였다.

38) 「獨松齋先生平山申礩神道碑 幷序」·「老隱影堂事蹟碑」, 『平山申氏忠憲公派系譜』, 평산신씨충헌공종중, 1992.

노원리로 낙향하여 백원서원을 중건하고 인재 양성에 진력하고자 하였다.
그 뒤 후손들이 노원리를 중심으로 대대로 세거하게 되었다.

4. 관직진출과 사회경제적 지위

평산신씨 무반가계의 일반적인 관직진출 현황은 『武譜』를 통하여
보다 구체적으로 살펴볼 수 있다. 『무보』는 19세기 중·후반 일정의 한정된
무반가문을 중심으로 武科出身者들을 기록한 하나의 종합보이다.[39] 『무
보』를 중심으로 볼 때 이들의 初入仕路는 대개 宣傳官·部將·守門將·權管·
別軍職·郎廳 등의 순으로, 다른 무반가의 일반적인 관로 진출과정과
크게 차이가 나지 않는다.

그러면서도 西班·軍職의 淸要職이라고 할 수 있는 선전관(51.4%)·부장
(10.3%)·별군직(5.6%) 등이 많은 비중을 차지하고 있었다. 더불어 이들은
무과를 통해서 뿐만 아니라 무과급제 이전에 이미 南行·加職·特職·別職
등에 의하여 다수가 관직에 진출하고 있었다.

申櫶은 무과급제 1년 전에 別軍職에 제수되었고, 그의 아들 삼형제인
正熙·奭熙·樂熙는 각각 내금장·별군직·내승으로 특별히 관직을 제수
받았던 상태였다. 또한 木益·命澈·肯鉉 등이 별군직에, 奭浩·絅·從鎬·命
淳 등은 남항으로 선전관에, 性均은 남항으로 부장에 제수되었다.

이와 같이 특별한 경우를 통한 초입사직은 『무보』 전체를 검토해
본 결과 주로 무반 벌족이라고 할 수 있는 특정 무반가문에 집중되고
있었다.[40] 이는 이들 무반가 출신의 자제들이 초입사에서부터 많은 특혜

---

39) 졸고, 「朝鮮後期 『武譜』의 資料的 檢討」, 『朝鮮時代史學報』 7, 조선시대사학회,
   1998.

를 받으며 관로에 들어서고 있음을 반증하는 것이라 하겠다.

더불어 이 같은 바탕 위에 무과를 통하여 한층 더 실질적인 무반 관직으로 나아가게 되는데, 전체 무과 급제자 중 장원 급제자들의 분포를 보면 이들 대부분이 특정한 세습 무반가문 출신이라는 것을 분명히 알 수 있다.[41]

『무보』에 등재된 총 70명의 장원 급제자 중 평산신씨 무반가계 출신은 百熙와 相兒 2명이지만 과거 급제와 동시에 관로에 나아가는 致應·命淳·命義·栢·櫶·木郁·鼎熙·從鎬·在健·肯鉉의 사례에서 보면 그만큼 많은 특혜가 주어졌음을 알 수 있다. 이는 이들 가계가 세습 무반가로서의 확고한 사회적 지위를 확보하고 있었다는 증거이기도 하다. 더불어 서반·군직으로는 정2품 총관에서부터 종6품 부장에 이르기까지 내직은 중앙군영의 훈련대장·어영대장·포도대장·아장 등 종2품 직군이, 외직은 병사·수사직이 주류를 이루고 있으며, 동반직으로는 정2품 판서에서부터 종6품 현감에 이르기까지 다양한 관직에 분포함으로써 이들 무반가계가 끊임없는 관직 진출을 통하여 벌족화하고 있음을 나타내는 것이라 하겠다.

한 가문의 家格은 그 가문이 지니고 있는 여러 가지 조건에 의하여 정해진다고 한다. 조선후기 전통 무반가들 중에서도 전형적인 武班閥族 가문이라고 할 수 있는 몇몇 가문을 보면, 대개 이들은 勳戚가문이면서 대대로 무반직을 세습하는 한편, 5군영을 비롯한 중앙군영에 포진하여 군권의 상층부를 형성한 가문들이다. 그런가 하면 상호 중첩적인 혼인관

---

40) 졸고, 위의 논문 참조.

41) 위와 같음. 『무보』 등재자 총 3,743명 중 장원 급제자는 70명으로 나타나고 있다. 이들은 주로 당시의 유명한 무반가 자제들로서 전주이씨, 덕수이씨, 전의이씨, 능성구씨, 해주오씨, 원주원씨, 남양홍씨, 평산신씨, 수원백씨, 안동김씨, 진주류씨, 연일정씨……등 특정 무반 가계를 중심으로 배출되고 있다.

계를 통하여 또한 그들의 기득권 유지와 함께 상호 의존적인 유대를
꾀하기도 하였다. 특히 당시의 兩班士族 사회에서는 자신들의 가계뿐만
아니라 外家와 妻家의 門地에 따라 그들 자신의 사회적·경제적 지위를
확보하고 또한 보장받을 수 있었던 만큼,[42] 당시의 통혼관계는 동등한
사회적 지위를 갖춘 계층간에 매우 비타협적이고도 폐쇄적인 관행으로
이루어지고 있었다.[43] 이러한 모습은 평산신씨 무반 가계를 통해서도
살펴볼 수 있다.

〈표 2〉文僖公 · 正言公系略

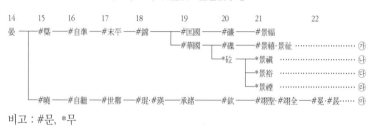

비고 : #문, *무

<표 2>의 세계도는 文僖公 槩와 正言公 曉의 가계를 간략히 나타낸
것으로, 槩계열은 평산신씨 무반가의 주력을 이룬 가계이며 曉계열은

---

42) 李樹健,『嶺南學派의 形成과 展開』, 일조각, 1995 중「嶺南學派 諸家門의 社會·經
濟的 基盤」, 109~208쪽을 보면, 대부분의 재지사족가문이 父邊은 말할 것도
없지만 통혼관계를 통한 母邊·妻邊의 分衿財産 증식을 기반으로 사회적·경제적
성장과 지위향상을 이룩하고 있다.

43) 이러한 것은 柳壽垣의 '門閥弊害를 논하는 글'에서도 여실히 드러나고 있다.
즉, "혹 같은 同氣라도 어머니가 前室인가 後室인가에 따라 門地의 높고 낮음이
구별되니, 동기 중에서 그 행세하는 바가 오히려 外家에 따라 현격히 달라진다.
또한 이보다 더 심한 것은 동기간에도 妻家의 높낮이로서 행세하는 데 큰
차이가 있으니, 무릇 이러한 것들이야말로 추악하고 무지하기 이를 데 없는
것이다."

문반가계를 유지한 계열이다. 여기에서 보면 대체적으로 개계열은 20, 21세손 대에 이르러 무반가문으로 전환하고 있는 반면, 효계열은 줄곧 문반가계를 유지하고 있다.

槩의 손자인 末平(17세손)이 세조조에 좌의정을 역임하였던 權擥(안동)의 사위가 된 이후 鏛은 己卯名賢인 李湜(전주, 桂陽君 증손, 靖難功臣 金礩(안동)의 사위)의 사위가 되었고, 匡國은 李鋼(전주), 華國은 尹懷貞(파평, 첨정)의 사위가 되었다. 이어 광국의 아들 磏과 화국의 아들 磼·礏·砬이 각각 李纘宗(전주, 참봉), 梁思謹(남원, 부사과), 尹仁洽(파평, 충의위), 李聘命(전주, 현감)의 사위가 되었고, 화국의 딸은 具思孟(능성)과 혼인하여 啓運宮을 출산하였다. 계운궁은 바로 元宗妃이자 仁祖의 母后이다. 또한 립의 장녀는 宣祖의 4자인 信城君 珝와 혼인하였고, 차녀는 李爾瞻의 아들 李大華와 혼인하였다.

이로써 평산신씨 무반가계가 형성되기 이전까지는 당시의 주요 문반가문 내지 왕실 또는 종실과 인척관계를 갖게 됨으로써 이들 가문의 위상을 드높일 수 있었다. 이 같은 사실은 지속적으로 문반가계를 유지하였던 ㉮계통의 혼인관계에서도 잘 나타나고 있다. 즉 翊聖이 선조의 駙馬(貞淑翁主와 혼인)가 되고, 그 아우 翊全의 딸이 인조의 자 崇善君 澂과 혼인함으로써 왕실과의 인척관계가 계속 유지될 수 있었다. 동시에 익성의 아들 冕과 昇은 각각 영의정 尹斗壽와 李睟光의 손서가 되었고, 손녀들은 각각 영의정 洪命夏와 판서 金佐明과 혼인하는 등 당시의 名門鉅族들과 통혼관계를 유지시키고 있었다.

그러나 이와 같은 통혼관계는 무반가계의 성립과 더불어 변모되기 시작하였다. 즉 충헌공파인 ㉮계열을 통해서 보면, 문반직으로 나아갔던 景禧의 증손대까지는 또한 문반가문과 혼인이 성사되고 있어서 景祉는 좌찬성 尹任의 손자인 尹琥의 사위가 되었고, 塾은 영의정 柳墺의 손서가 되는 등 당시의 문벌들과 혼인관계를 맺고 있다. 그 반면에 완전히 무반가 문으로 전환이 된 漢章 이후의 혼인관계에 있어서는 거의 대부분 무반가 중심으로 이루어지고 있음을 알 수 있다. 즉 진주류씨, 원주변씨, 풍천임씨, 덕수이씨, 청해이씨, 대구서씨, 해주오씨, 연일정씨, 전주이씨, 전의이씨, 청송심씨, 해평윤씨, 함안윤씨 등 당시의 주요 무반가들과 통혼관계를 이루고 있는 것이 그것이다. 이를 세계로써 정리하면 다음과 같다.

○ #景禧(전주 李鋼, 부정)·景祉(파평 尹琥, 첨추 ←좌찬성 尹任 孫)→ #塾(문화 柳熙緒, 참판 ←柳墺, 영의정)→ 汝述→ #繼→ *漢章(金壽奎) →陜(郭始徵)→ *大儁(우계 李最耈, 병사)→*鳳周·*應周·*鴻周

▲ *鳳周(진주 *柳鎭夏, 총관)→ 義顯(원주 *邊聖和, 방어)·女(=풍천 *任聖皐, 판서)→ *性浩(덕수 *李謹棟, 부사)·*命浩(청해 *李先錫, 부사)·*奭浩(대구 徐彝輔)→ *春熙(해주 吳典常)→ *德基(전주 李周聖, 부사)·女(=연일 *鄭岐永, 별군직).

▲ *應周(전주 *李完謙, 영장)→ *義衡(대구 徐有性, 현감)→ 養浩(전주 ^李憲沂, 도사)→ 果熙(전주 李禮鉉)→ *復均(해주 吳致赫).

▲ *鴻周(전의 *李邦鵬, 수사·청송 *沈禧鎭, 군수)→ *義直(해평 *尹頤東, 수사)→ *橚(기계 ^兪駿煥, 도정)→ *正熙(덕수 *李元熙, 판서)·*奭熙(함안 *尹喜柱, 방어)·*樂熙(예안 李源一, 비랑 ←*李容鉉, 좌윤)→ #惠均(해주 *吳夏泳, 좌윤).

비고 : #문, ^음, *무, ▲은 3형제, ○은 가계

㉯·㉰·㉱계열은 碇의 후손들이다. 먼저 ㉯계열에서 문반출신인 汝挺은 金藎國(청풍, 판서)의 사위이고, 여정의 아들 琓은 趙遠期(임천, 감사)의 사위인데 조원기는 바로 영의정 李景奭의 사위이기도 하다. 또 완의

아들 聖夏는 朴世采(나주, 좌의정)의 사위이며, 성하의 아들 昉은 李世奭(전주, 판관)의 사위이고 방의 딸은 영조대 우의정 洪麟漢(풍산)과 혼인하였다. 그런가 하면 汝拭은 李基祚(한산, 판서)의 사위이며, 여식의 손자 靖夏는 柳得一(창원, 판서)의 사위이다. 이처럼 무반 관직자가 배출되기 전의 문반 관직자들은 당시의 쟁쟁한 문벌가문들과 인척을 맺었으나, 일단 무반가계로 전환되면서부터는 전형적인 무반가문들과 통혼하고 있다. 즉, 여식계에서 보면 大顯은 무반 포장 趙鎭泰(평양)의 사위이고, 絅은 무 참판 徐英輔(대구)의 사위, 命建은 무 참판 李升權(덕수)의 사위, 棡은 무 수사 梁宣洙(남원)의 사위가 되는 등 주요 무반가들과의 통혼이 성립되고 있다.

나아가 ㉰·㉱계열에서도 거의 같은 통혼 형식을 띠고 있는데, ㉱의 汝哲계에서 琢은 趙遠期(임천, 감사)의 사위, 瓁은 대제학 朴文孝(반남)의 사위, 鎭夏는 영의정 鄭太和(동래)의 손서, 暎은 판돈녕 趙錫命(풍양)의 사위, 命浚은 판서 李春躋(전주)의 손서가 되었으며, 汝哲계의 王獻은 영의정 李恒福(경주)의 손서가 되는 등, 역시 무반가계 성립 이전은 같은 주요 문반 가문들과 통혼을 유지하였다. 이후 무반가계가 형성되면서부터는 이러한 통혼형식 또한 전형적인 무반가문들과의 혼인관계로 전환되고 있다.

㉰에서는 평양조씨(趙義復), ㉱에서는 양천허씨(許啓·許檠), 파평윤씨(尹弼殷), 전의이씨(李近植·李熙庚·李熙奎·李熙廷·李敎弼), 평양조씨(趙存卿·趙存恒), 능성구씨(具聖益), 덕수이씨(李升權·李奎男·李奎鳳), 청송심씨(沈宜弘)등 이름 있는 무반가들과 통혼하고 있다.

진천 논실 평산신씨 충헌공파의 경제력에 대해서는 이 집안에 직접적으로 전해오는 경제관련 문서들이 거의 없어서 당시의 실정을 충분히 파악할 수는 없지만, 진천지역의 광무양안을 검토한 종합 연구성과44)를 토대로 유추해본다면 평산신씨가의 경제적 기반을 어느 정도는 추측할 수 있을 것 같다.

우선 「老隱申氏庄記」에 의하면,

　　신씨는 10여 대를 이어 오면서 한 골짜기에 의거하였는데, 다른 성씨가 없었고 벼슬이 조정에 끊어지지 않았다. 남여가 직접 쟁기질하거나 김매는 일이 없지만 모두 입고 먹고 하는 것이 풍족하였다. 질서 있게 삼가고 신칙하여 술을 즐기거나 도박하는 습속을 끊으니 관아에 송사하는 자 중에 신씨의 명단이 없었다. 법을 외경하는 것이 이와 같으니 관리 또한 공경하여 두려워하였다.45)

라고 하는 것과 같이 경제적으로 상당히 풍족한 여유를 지니고 있었던 듯하다. 그 구체적인 토지소유 관계는 1901년에 작성된 진천군 광무양안에 잘 나타나고 있다. 양안상에는 梨月面의 전신인 梨谷面의 토지소유 규모를 보여주고 있는데, 당시 이곡면은 총인구 943戶에 토지가 366.6結로서 1호당 평균 토지소유 면적이 0.39결 정도였다. 이에 비하여 평산신씨가는 총 177호에 소유토지가 115.6결로 이곡면 전체 토지의 31.5%를 점유하고 있으며, 평산신씨가 1호당 평균 소유 면적은 0.65결로 이곡면 1호당 전체 평균 소유 면적보다 훨씬 많은 토지를 소유하고 있음을 알 수 있다. 뿐만 아니라 성씨별 인구수가 가장 많은 이씨가(254호, 95.1결)

---

44) 신영우 편, 『광무양안과 진천의 사회경제 변동』, 혜안, 2007.

45) 『常山誌』 권下, 序記, 老隱申氏庄記. "(鎭川老隱谷)申氏相傳十餘世據一壑無異姓仕宦不絶於朝其男女不親犁鉏而皆足衣食循循謹勅絶去嗜酒博戲之習訟於官者無申氏之名畏法如此而吏亦敬憚之."

보다 훨씬 많은 토지소유를 하고 있음이 밝혀지고 있다.[46)

〈표 3〉 이곡면 성씨별 토지소유 관계

성씨 \ 구분	토지소유면적(結)	호수	1호당 면적(結)
신	115.6	177	0.65
이	95.1	254	0.38
김	28.2	132	0.21
정	15.6	38	0.41
신·이·김·정씨 총계	257.5	601	0.43
전체 이곡면 성씨 총계	366.6	943	0.39

* 신영우 편, 『광무양안과 진천의 사회경제 변동』, 혜안, 2007, 147쪽 재인용.

이처럼 평산신씨 충헌공파 가계는 이월면을 중심으로 상당한 경제력을 바탕으로 향촌사회에서의 사회경제적 지위를 확보하였다. 특히 조사 연구된 바에 따르면 이곡면 대토지 소유자의 절반이 평산신씨로서 甲均·楓·喆熙·兢熙·㦿·宰均 등 모두가 충헌공파 무반가 후예들이다.[47)

이러한 대토지 소유가 이들의 당대에 마련되었다고는 보기 어려운 만큼, 당연히 그 선대로부터 전래된 것이라고 아니할 수 없을 것이다. 더불어 이월면은 대한제국기와 일제강점기를 통하여 지주제가 광범위하게 존재하여 농민층 분화가 심화된 지역이기도 하였다.[48) 이 같은 역사적 사실은 전근대시기 향촌을 중심으로 누대에 걸쳐 세거해 온 동족촌락일수록 그러한 면모가 더욱 강하였음을 말해주고 있다. 그만큼 이월면을 중심으로 한 평산신씨가의 향촌지배력이 상대적으로 강하였음을 시사하

---

46) 신영우, 「한말 진천의 平山申氏家와 토지소유」, 신영우 편, 앞의 책, 147쪽.

47) 신영우 편, 위의 책, 148쪽.

48) 김성보, 「1900~50년대 鎭川郡 梨月面의 토지소유와 사회 변화」, 신영우 편, 위의 책, 172쪽.

는 것이라 하겠다.

5. 申鴻周의 생애와 활동

진천 논실의 평산신씨 무반가를 將臣閥族으로 드높인 이는 申鴻周대부
터가 아닐까 한다. 물론 충헌공파 중 무반으로 진출한 그 선대들이 대대로
무반 관직으로 진출하여 많은 명성을 쌓았지만 登壇者는 없었다. 신홍주
가 순조대에 등단함으로써 비로소 이후 그의 손자 櫶과 증손 正熙가
등단하여 실질적인 장신가문으로 거듭나게 되었다.

신홍주는 1752년(영조 48)에 출생하였다. 景禧의 7세손으로, 아버지는
방어사 大儁이다. 정조 때 무과에 급제한 뒤 1811년(순조 11)에 좌·우포도
대장이 되었다. 그 해 12월에 서북농민항쟁(洪景來의 난)이 일어나자,
난을 征討하던 중에 반군에게 항복한 李近冑를 대신하여 정주목사가
되었고 이어 영변부사가 되어 진압에 공을 세웠다.

평안도병마절도사·전라도병마절도사·함경도병마절도사·삼도통제
사 등을 거쳐 1823년에는 陪往大將과 좌·우포도대장을 거쳐 1824년에
어영대장, 그 뒤 훈련대장·병조참판 등을 역임하였다.

무반 관직자로서 신홍주의 진가가 발휘된 것은 서북농민항쟁에서였다.
홍경래 난이라고 불리는 이 사건은 1811년(순조 11) 홍경래·禹君則 등이
중심이 되어 일으킨 대규모 농민항쟁으로 1811년 12월부터 이듬해 4월까
지 약 5개월간에 걸쳐 이루어졌다.

19세기 봉건사회의 모순이 심화되면서 조선사회의 해체가 촉진되는
가운데 일어난 이 항쟁은 10여 년간의 준비과정을 거친 조직적인 것이었
다. 여기에는 홍경래·우군칙·金士用·金昌始 등으로 대표되는 몰락양반·

유랑지식인들의 『鄭鑑錄』 등에 의한 이념 제공이 있었다.

그리고 농민층 분해 과정에서 새로이 성장한 향중의 부호, 饒戶·富民 등 부농·서민지주층과 私商人층의 물력 및 조직력이 결합되었던 것이다.

이들은 驛奴출신으로 대청무역을 통해 부를 축적한 嘉山의 부호 李禧著의 집이 있는 多福洞을 거점으로 삼고, 각지의 부호·富商大賈들과 연계를 맺었다. 그리고 한편으로는 운산 촛대봉 밑에 광산을 열고 광산노동자·빈농·유민 등을 給價雇用해 봉기군의 주력부대로 삼았다.

즉 이때의 내응세력은 주로 좌수·별감·풍헌 등 鄕任과 별장·천총·파총·별무사 등 武任 중의 부호들이었다. 그러나 곧 전열을 수습한 관군의 추격을 받은 농민군은 박천·송림·곽산·四松野 전투에서의 패배를 계기로 급속히 약화되어 정주성으로 후퇴하게 되었다. 결국 관군의 화약 매설에 의한 성의 폭파로 농민군은 진압되고, 생포자 가운데 男丁 1,917명과 홍경래 등 주모자가 모두 처형되었다.[49]

일찍이 鴻周는 함경북도 병마절도사를 거쳐 우포도대장에 이르는 동안 북방지역의 형편이나 치안에 대해 많은 선경험을 가지고 있었기 때문에 사건이 발발함과 동시에 정주목사로 차임되어 바로 파견되었다. 이는 조정에서도 그의 경험과 능력을 높이 샀기 때문이라고 본다. 따라서 조정에서는, 난적과 접전할 군사를 모으는데 있어서 "便宜從事"해도 좋다고[50] 할 정도였다. 당시 난의 진압을 위해 조정에서 파견된 장신이나 수령들 중에는 특히 별군직 출신들이 많았는데, 신홍주도 그 중의 한 명이었다.

별군직은 조선 효종 때 설치한 국왕 친위조직으로 1636년(인조 14)

---

49) 鄭奭鍾, 「洪景來亂의 性格」, 『韓國史研究』 7, 한국사연구회, 1972.

50) 『순조실록』 권14, 11년 12월 병인.

병자호란으로 瀋陽에 볼모로 간 鳳林大君(뒤의 孝宗)을 陪從한 八壯士軍官의 노고를 생각하여 효종 즉위 초에 설치한 국왕의 소수 정예 친위조직이다.

기능은 국왕의 신변보호를 위한 入直·侍衛·摘奸의 임무를 두루 수행하였으며, 다른 武弁들과는 달리 이러한 기능을 초월하는 임무수행 능력을 부여받았다.

별군직의 지위가 정조·순조대를 통하여 급격히 팽창하여, 중앙군문을 중심으로는 종2품 이상이, 지방관직에서는 종2·3품이 가장 많은 비중을 차지하게 되었고, 결국 국왕의 신변보장은 물론 왕권강화의 일익을 담당할 수 있을 정도의 신분과 지위를 누리게 된 武班要職이었다.[51]

1811년 서북농민항쟁에 파견된 중앙군의 별군직 출신은 申鴻周, 徐春輔, 吳毅常, 金處漢, 김희 등의 召募使를 비롯하여 평안도 병사 朴基豊, 순무중군 柳孝源, 개천군수 柳相弼, 숙천부사 李儒秀 등이었다. 이들 별군직 출신 장수들은 정예 국왕 친위대 출신으로서 그만큼 임금이 믿고 의지할 수 있는 무반 신료들이기도 하였다.

홍주는 무신으로서 원칙을 매우 중히 여기고 志節이 있었던 것 같다. 그가 평안도 병사로 있을 때 평안감사가 순력하면서 帥臣의 延命하는 것을 親裨로 하여금 대신 받도록 하자, 감사가 친히 받지 않는다 하여 끝내 거행하지 않았다. 이 사건으로 삭직 당하는 일까지 있었다.[52]

1814년에 우포도대장이 되었고, 1815년에 삼도통제사가 되었다. 1823년에 순조가 그의 생모인 수빈박씨의 원소인 휘경원에 행차할 시 신홍주로 하여금 陪往大將을 삼았다. 그만큼 국왕의 신망이 두터웠음을 알 수

---

51) 졸고, 「朝鮮後期 別軍職의 組織과 그 活動」, 『史學研究』 40, 한국사학회, 1989.
52) 『순조실록』 권16, 12년 9월 경진.

있다.

특히 이 해에 庶孼許通에 관한 조정의 논의가 크게 대두되었는데, 이는 농민항쟁으로 인한 민심 이반을 무마하고자 하는 회유책에서 나온 것이기도 하지만, 또 한편에 있어서는 이 같은 난세를 당하여 그동안 문반에 비하여 상대적으로 천대받아 온 무반의 사기진작을 위해서도 적절한 조치였다.

이러한 모습은 여러 논의를 거치는 가운데 병조판서 李存秀의 獻議 내용에서도 잘 드러나고 있다.

> 문·무에 등급이 있는 것이 조정의 체제이기는 하나, 무관의 자손들은 비록 문학이 탁월한 사람이 있다 하더라도 문관의 청현직에는 구애됨이 없지 않으니, 이것이 과연 무슨 의의란 말입니까? 서손에 있어서도 모두가 士族의 후예이고 이름나고 훌륭한 가문 출신이 많이 있으나 벼슬길에 한계를 정해 놓았기 때문에 비록 포부가 있어도 펴볼 도리가 없으니, 이게 어찌 治世에 사람을 쓰는 政事라고 하겠습니까? 지금 보통 관료의 자리에 도열해 있는 사람은 거의 도성 안의 世卿의 집안 자제들에서 벗어나지 않는데, 그 중에서 또 명목을 만들고 쪼개어 좁혀 놓았기 때문에 벼슬을 제수할 때나 추천할 때에 반드시 따져 보고 안배하고 있으니, 이는 虞나라의 조정에 '초야에 빠뜨려진 어진이가 없었다.'는 것과 殷나라 湯王이 '어진이를 등용하는 데 제한이 없었다.'는 것과 武王이 '소원한 사람을 잊지 않았다.'는 것과 너무나도 상반되는 것입니다.53)

라고 하여 비록 제도상으로는 문벌을 숭상하나, 그 인재 등용에 있어서는 폐단이 극도에 달하였으니 궁극적으로 변통해야 한다고 하였다.

---

53) 『순조실록』 권26, 23년 9월 갑술.

또한 호군 趙萬永은 "저들도 世族의 후예로서 하늘에서 부여받은 것이 다르지도 않은데 싸잡아 쓸모없는 존재로 금고한 지 이미 몇 백 년이 되었으니, 역시 物理와 事勢가 제대로 시행되지 못한 것입니다"[54] 라고 하여 서얼들의 관직진출을 舊規에 구애됨이 없이 등용해야 한다고 하였다.

이와 더불어 대부분의 문무 대신들이 이에 동의하게 되었으며, 신홍주 또한 그들의 벼슬길을 터주는 것이 옳다하여 관직 소통이 절실함을 피력하였다. 서얼허통은 그 자체로서만 끝나는 것이 아니라, 나아가 문반에 비하여 상대적으로 홀대받던 무반들의 위상까지도 慰撫가 될 수 있는 사안이기도 하였다.

그 뒤 신홍주는 어영대장(순조 24), 훈련대장(순조 26), 좌포도대장(순조 26)을 거쳐 의금부 당상(순조 27)을 역임하였고, 1829년(순조 29) 2월 병인일에 졸하였다.[55]

그의 사후 서북농민항쟁을 진압한 공로로 1품직이 超贈되었다.[56] 이는 신홍주 개인에 대한 예우일 뿐만 아니라, 평산신씨 將臣家門을 한층 드높이는 조정의 배려이기도 하였다.

『贊成公年譜』를[57] 중심으로 그의 略傳을 정리하면 대략 다음과 같다.

---

54) 『순조실록』 권26, 23년 9월 갑술.

55) 『순조실록』 권30, 29년 2월 병인.

56) 『고종실록』 권2, 2년 1월 병진. "고 將臣 申鴻周는 임신년(1812)에 서쪽 匪賊이 일어날 때를 당하여 처음 寧邊府使로서 군사를 불러 모으는 데 힘을 쓰고 곧바로 營梱을 통제하였으며, 모든 大陣의 군량을 마련해 수송하고 병정을 징발하는 등 시종 관할하여 큰 공을 올렸습니다"라고 영의정 趙斗淳이 上言하여 1품직에 추증되었다.

57) 『贊成公年譜』(규장각 한국학연구원 古 4655-25). 贊成公 申鴻周(1752~1829)의 연보로 자신의 기록과 자손들의 기록을 모아 엮은 책이다. 1책(67장), 필사본,

1752년(영조 28) 12월 29일 京城 南部 誠明坊 直洞 본가에서 출생

1766년(영조 42) 全州李氏(水使 邦鵬 女)를 맞아들임(15세).

1772년(영조 48) 부인 李氏 喪을 당함(鎭川 臥羊山 亥坐之原)

1774년(영조 50) 靑松沈氏(郡守 禧鎭 女)를 맞아들임. 이때부터 붓을 던지
고 安靜寺에서 홀로 弓弩를 연마함(23세).

1777년(정조 1) 家貧으로 부 參判公이 水原 柳川에 寓居함.

1778년(정조 2) 南行宣傳官에 제수됨.

1779년(정조 3) 都摠府 都事, 宣傳官, 訓鍊院 僉正

1780년(정조 4) 咸陽府使에 제배되었으나 仲氏 統制公(應周)이 경상도
절도사가 되어 避嫌함(29세).

1781년(정조 5) 司僕寺 內乘

1784년(정조 8) 康津縣監으로서 濟州運穀 1만여 포를 무사히 운송한
공으로 通政大夫에 特加됨(33세).

1785년(정조 9) 僉知中樞府事. 三陟營將에 제배되었으나 사임함. 內廐
馬를 손실없이 모두 건실하게 관리한 공으로 駿馬 1필을

31.5×21cm. 贊成公世譜와 年譜, 遺事, 仕宦來歷 등 4부분으로 되어 있다. 신홍주
의 장자 義直이 편찬한 것으로 되어 있으나 신의직(1789~1825)의 생몰연대에
비춰볼 때 고종 즉위 이후에 손자 觀浩가 편찬한 것으로 보인다. 내용을 보면
찬성공세보에서는 始祖 申崇謙에서 12세까지는 계보만 간략히 기록하였고,
13세부터는 관력과 아들·딸·사위까지를 기록하였다. 27세 홍주부터 31세까지
는 字, 생년, 관력, 기일, 묘지, 배우자에 대한 것 등을 자세히 기록하였다.
32세는 이름만 기록하였는데 필체가 달라진 것으로 보아 나중에 적어 넣은
것 같다. 연보는 찬성공을 祖考라 하고, 觀浩의 출생 기사와 더불어 그가 본인임을
밝힌 것으로 보아 신관호의 기록으로 생각된다. 遺事는 신홍주의 형제 관계와
兵家諸書와 陰陽術書에 통달하였다는 것, 관직생활을 하며 軍校를 부릴 때
반드시 관상을 보았다는 것과 같은 특이한 행적과 항상 검약한 생활을 강조했던
모습 등을 기록하였다. 사환내력은 신홍주 자신이 기록한 것으로 1778(정조
2) 선전관에 제수되었을 때부터 1828년(순조 28) 3월 副摠管 擬望單子에 末擬된
것까지 관직에 임명될 때의 擬望單子와 그 직책에 除授된 이유를 간단히 기록하
였다.

特賜받음. ○12월 19일 父 參判公의 喪을 당함(34세).

1787년(정조 11) 부인 沈氏 喪(積城 洋仙亭 艮坐之原).

1788년(정조 12) 楊州趙氏(學生 百逵 女)를 맞아들임. ○御營 千摠, 宣傳官, 別軍職(特差), 壯勇營 中司 把摠

1789년(정조 13) 昌城府使 兼 防禦使에 제배되어 城堞과 軍器 修補에 진력함.

1790년(정조 14) 특명으로 武科 試官에 落點됨. 일찍이 방어사로서 副試官이 된 예가 없었다고 함.

1791년(정조 15) 行首宣傳官에 제수됨. 이때 "剛明하기는 許杕 같고, 地閥은 申大謙 같은 자를 擬入하라"는 왕명에 따라 신홍주가 注擬됨. ○5월 21일 母 貞夫人 喪을 당함(40세).

1793년(정조 17) 壯勇營 中司 把摠. 考課시에 壯勇營 提調가 "本自詳明"이라 題하자 正祖가 이를 고쳐 "周通有餘"라 함.

1794년(정조 18) 稱病하여 사임함.

1796년(정조 20) 軍銜시에 仲氏(應周)는 關西節度使로서 壯勇營 別將에 차임되어 騎兵을 전담하였고, 鴻周는 步軍을 관할하여 형제가 기·보군을 分領함. 이로 인하여 稱病 引嫌하였다 함. ○忠淸水使를 거쳐 全羅兵使가 되어서는 山賊退治와 城池, 軍器修繕에 진력함.

1797년(정조 21) 庶子 義恒 출생

1798년(정조 22) 전라병사에서 체직. 拜峯鎭 別將 兼 司僕寺 內乘, 壯勇營 別後司 把摠에 제배됨.

1799년(정조 23) 寧邊府使·京畿水使·黃海兵使에 제수되었으나 拜峯鎭 일이 완료되지 않아 仍任됨. ○春塘臺 時原任 別軍職 試射시에 嘉善大夫에 陞資됨.

1800년(정조 24) 楊州牧使에 제배. ○7월 21일 正祖 昇遐. ○9월 江界府使에 제배되었으나 因山 전에 부임할 수 없다하여 몇 달 뒤에 부임함.

1802년(순조 2) 訓鍊都監 別將으로 옮김.

1803년(순조 3) 摠戎 中軍, 副摠管, 御營 中軍. ○장자 義直이 海平尹氏(水
使 瀬東 女)를 맞이함(52세).

1806년(순조 6) 禁衛 中軍으로 옮김.

1808년(순조 8) 都監 中軍. ○12월 寧邊府使에 제배됨.

1810년(순조 10) 장자 義直 武科及第함.

1811년(순조 11) 3월 장손 觀浩 출생. ○10월 右捕盜大將. ○12월 訓鍊院
都正이 됨. 이때 평안도 嘉山에서 洪景來 亂이 발발하여
定州牧使가 되었다가 다시 寧邊府使로 遷職됨.

1812년(순조 12) 2월 平安兵使에 제배됨. 軍糧民食이 匱乏하자 各庫錢
3천여 緡을 내어 商賈輩들을 설득, 貿米運送케 하여
위기를 극복함. ○巡察使가 巡歷하면서 帥臣의 延命하
는 것을 親裨로 하여금 대신 받도록 하자, 감사가 친히
받지 않는다 하여 끝내 거행하지 않음.

1813년(순조 13) 都監 中軍, 左捕盜大將. ○장자 義直이 宣傳官에 제배됨.

1814년(순조 14) 禁軍 別將, 右捕盜大將

1815년(순조 15) 三道水軍統制使

1816년(순조 16) 장자 義直이 仁同府使에 제배됨.

1817년(순조 17) 삼도수군통제사로서 임기를 채워 還朝함.

1818년(순조 18) 義直이 大邱營將에 제배됨.

1819년(순조 19) 7월 자부 尹氏 喪. ○9월 부인 趙氏 喪(觀浩 9세).

1820년(순조 20) 南部 倭館洞契로 이사함.

1821년(순조 21) 2월 御營大將에 登壇함. ○5월 漢城府 左尹. 年滿으로
사직함(70세). ○3월 觀浩가 杞溪兪氏(進士 駿煥 女)를
맞이함. ○5월 義直이 白翎僉使에 제배됨.

1825년(순조 25) 정월 長子 義直 喪事. 刑曹參判이 되어 酒禁에 힘씀.

1826년(순조 26) 訓鍊大將이 되어 御營廳 文簿를 勘調함.

1827년(순조 27) 5월 老病을 칭탁하여 사임함. ○9월 同義禁府事. ○10월

　　　　　　摠管. ○11월 觀浩가 別軍職에 特差됨.
1829년(순조 29) 2월 초2일에 卒하다(78세). ○4월 仁川 田反面 黔谷 黔牛
　　　　　　山 丑坐之原에 부인 趙氏와 合葬함.
1865년(고종 2)　崇政大夫 議政府 左參贊 兼 判義禁府事 五衛都摠府 都摠
　　　　　　管 知訓鍊院事에 追贈됨.

6. 맺음말

　진천 논실의 평산신씨는 대개 17세기 초에 忠憲公 申磼이 진천으로
이거하면서 대대로 세거하게 되었다. 따라서 이들 무반가계는 文僖公派
중에서도 특별히 忠憲公派라고 한다.

　논실의 입향조인 신잡은 1568년에 생원시에 입격한 뒤 논실에 百源書院
을 건립하여 후학을 양성하고자 하던 중, 우계 성혼과 율곡 이이의 권유로
정시문과에 급제하여 벼슬길에 나아가게 된다. 개성유수를 끝으로 1607
년에 노원리로 낙향하여 백원서원을 중건하고 인재 양성에 진력하였다.
그 뒤 후손들이 노원리를 중심으로 번창하기 시작하여 진천 일대에
세거하게 되었다.

　평산신씨 문희공파는 왕실 내지 종실 및 당시의 名門鉅族들과 혼인관계
를 유지하는 한편, 끊임없는 관직 진출을 통하여 많은 正卿과 將相을
배출하였다. 그 중에서도 특히 무반가계는 임진왜란을 기점으로 하여
申砬 등 무장들을 배출하기 시작하였으며, 인조반정 당시 功臣群에 布列
된 '景'字 항렬부터는 실질적인 무반가로서의 가업을 전수하게 되었다.

　뿐만 아니라 이들 가계 구성원 중 다수의 登壇者가 인조대부터 고종대까
지 지속적으로 배출됨으로써 무반벌족으로서의 기초를 확실히 다졌다.

이 같은 사실은 당시 몇몇 특정 가문을 제외하고서는 다수의 등단자를 배출하는 것이 쉽지 않았을 뿐만 아니라, 각 군영장 출신 거의가 몇 가문에 의하여 세습되다시피 집중되어져 있었기 때문이기도 하다.

평산신씨 무반가계 또한 이러한 과정을 통하여 끊임없는 將臣들을 배출함으로써 군사력의 상층부를 형성하는 몇몇 무반가에 속할 수 있었고, 그것은 곧 이들 가계를 무반벌족으로 화하게 하는 기본 전제가 되었던 것이다.

진천 논실의 평산신씨 무반가가 將臣閥族으로 거듭 난 데에는 申鴻周의 공이 크다고 할 수 있을 것이다. 물론 충헌공파 중 무반으로 진출한 그 선대들이 대대로 무반 관직으로 진출하여 많은 명성을 쌓았지만, 신홍주가 순조대에 등단함으로써 비로소 이후 그의 손자 檉과 증손 正熙가 등단하여 실질적인 장신가문으로 거듭나게 되었다고 보인다.

신홍주에게는 서북농민항쟁을 진압한 공로로 1품직이 超贈 되었다. 비록 그의 사후 추증이기는 하지만 문반중심의 조선 관직사회에서 무반으로서 1품직에 제수되었다고 하는 것은 실로 대단한 일이라고 할 수 있다. 이는 신홍주 개인에 대한 예우일 뿐만 아니라, 평산신씨 將臣家門을 한층 드높이는 조정의 배려이기도 하였다.

더불어 충헌공파의 사회 경제력에 대해서는 이 집안에 직접적으로 전해오는 경제관련 문서들이 거의 없어서 당시의 실정을 충분히 파악할 수는 없지만, 후대 진천지역의 光武量案을 검토한 종합 연구성과를 토대로 유추해 보았을 때, 이월면 일대를 비롯한 진천 지역사회에 상당한 경제력과 사회적 영향력을 지니고 있었던 것으로 파악되고 있다.

이처럼 논실의 평산신씨 무반가계는 당시의 권력이 소수 집중화되어가는 과정에 있어서도 그들 나름의 사회 경제력과 끊임없는 관로진출을 통하여 장신 벌족으로서의 지위를 유지하고자 하였다. 따라서 이들 무반 가계는 당시의 이러한 여러 가지 이점을 안고서 대대로 국가로부터 은전과 후대를 받으며 무반의 최상층부를 형성하는 지위에 이를 수 있었다고 하겠다.

申櫶(1811~1884)의 생애와 활동

최 진 욱

1. 머리말

신헌은 19세기 초반에 출생하여 순조, 익종(효명세자), 헌종, 철종, 고종 등 5대의 치세 기간 동안 관료로서 활동하며 시대의 흐름과 생을 같이했던 인물이다. 주지하다시피 이 시기는 세도정치기에서 대원군집권기, 고종친정기로 이어지며 피지배층의 저항 및 서구 열강의 침략이 거세어지는 격동의 시대였다. 이러한 시기를 살아야 했던 신헌 역시 시대의 파고를 피하지 못하고 한편으로는 휘말리기도 하고 한편으로는 적극적으로 난세를 헤쳐 나가는 데에 앞장서기도 했다.

1860년대 들어 안팎의 모순이 격화되자 신헌은 현실 조건에 부합하는 해결책을 제시하기 시작했다. 그는 1862년 처음으로 民堡防衛論을 제시하여 전통적 방법을 통해 국내문제와 대외문제를 타개하려 하였다. 이어서 병인양요 직후인 1876년 초에는 「陳軍務疏」를 올려 '師夷制夷'에 의한 海防論을 주장하는 한편 직접 실천에 나서기도 했다. 한편 民의 자발성을 유도하기 위해 지배층의 일정한 양보를 전제로 하는 과감한 개혁을 주장하였다. 그리고 잘 알려진 대로 1876년에는 강화도조약을 직접 체결하였다. 그러므로 신헌은 대내적으로 개혁을 추진한 정치가이고, 대외적으로 서양 침략을 물리친 군사전문가이며, 강화도조약을 평화적으로 체결한 외교전문가라고 볼 수 있다.

그동안 신헌에 대해서는 개화사상의 형성 문제와 관련하여 단편적으로 언급되거나,[1] 대원군집권기 군사 문제를 다루는 연구에서 부분적으로 서술된 경우가 많았다.[2] 본격적으로 신헌을 대상으로 한 논문은 3편에 불과하다.[3] 이들 연구는 대개 신헌의 생애와 활동 중 일부만을 조명하는 데에 그치고 있다. 즉 신헌을 '초기개화파'의 범주에 넣고 그와 관련된 내용만을 추출한다든가, '軍史' 연구의 관점에서 군사전문가의 면모만을 부각한다든가, 또는 신헌의 전 생애 중 특정 시기만을 규명한 한계가 있다.

위와 같은 연구들의 한계는 오랜 기간 학계를 지배해왔던 연구 시각과 무관하지 않다. '초기개화파'나 '군사' 연구가 진행됨으로써 신헌의 활동 중 전진적, 발전적 모습이 일정하게 확인된 것은 소중한 성과라 할 수 있다. 그러나 기존 연구틀은 연구자의 시각을 주로 대외적 측면에 한정시켰고, 특히 시간의 흐름에 따라 역동적으로 변모해가는 신헌과 그의

---

1) 金泳鎬, 「實學과 開化思想의 聯關問題」, 『韓國史研究』 8, 1972 ; 崔震植, 『韓國近代의 穩健開化派 研究』, 영남대 박사학위논문, 1990 ; 李憲柱, 『姜瑋의 開國論 研究』, 고려대 박사학위논문, 2004.

2) 陸軍士官學校 韓國軍事研究室, 『韓國軍制史－近世朝鮮後期編』, 陸軍本部, 1977 ; 崔炳鈺, 『開化期의 軍事政策研究』, 경인문화사, 2000 ; 연갑수, 『대원군집권기 부국강병정책 연구』, 서울대출판부, 2001 ; 裵亢燮, 『19世紀 朝鮮의 軍事制度 研究』, 경인문화사, 2002.

3) 朴贊殖, 「申櫶의 國防論」, 『歷史學報』 117, 1988 ; 權正義, 「申櫶의 軍制改革論」, 전남대 석사학위논문, 1978 ; 최진욱, 「申櫶(1811~1884)의 內修禦洋論 研究」, 『韓國史學報』 25, 2006.

시대상을 맥락적으로 이해하는 데에 장애가 되었다.

이에 필자는 19세기 중엽을 '海防論의 전개과정'이라는 관점에서 바라 보며 신헌의 대내외적 활동을 풍부하게 담아내는 시도를 한 바 있다.[4] 해방론은 대체로 동아시아 국가들이 자본주의 세계체제에 포섭되기 시작하는 1840년대를 전후하여 나타난, 대외방어와 대내개혁을 추구하는 사조를 말한다. 동아시아 3국의 해방론자들은 기본적으로 전통적 지식인 들로서 전통 질서를 고수하는 데에 1차적 목표를 두고 있었다. 이들은 피지배층의 저항, 외세의 압력이 급증하고 자신들의 경험이 축적되는 속에서 가장 효과적인 방법을 모색하고 있었다. 그 결과 자신들이 원래 고수하려 했던 구체제의 토대를 해체하는 지점에까지 나아가게 된다. 이러한 과정은 개화사상이 실현되는 과정이었다기보다는, 어디까지나 구체제를 유지하려던 전통지식인의 치열한 고민과 실천의 결과 역설적으 로 초래된 것이었다. 조선에서 해방론의 전개과정은 신헌의 논의와 활동 을 통해 가장 전형적으로 살펴볼 수 있다.

본고에서는 이러한 관점을 가지고 선행연구의 성과를 아우르면서, 양요기 대내외적 활동과 강화도조약의 체결 과정에서 보인 활약을 중심으 로 신헌의 생애와 활동을 일별하려 한다. 제2장에서는 신헌의 가계를 소개하고, 그의 개명적 성향에 영향을 끼친 사승관계 및 교유관계와 관직 이력의 변천을 개략적으로 살펴볼 것이다. 제3장에서는 1860년대 대외방어 활동과 대내적 개혁론이 병인양요를 기점으로 하여 질적으로 변화되는 양상을 확인할 것이다. 그리고 제4장에서는 강화도조약에서 결코 무지하거나 수동적이지 않았던 조선측 대표로서의 활동을 확인하고,

---

4) 최진욱, 『19세기 海防論 전개과정 연구─申櫶의 海防論을 중심으로─』, 고려대 박사학위논문, 2008.

조약체결을 통해 조선의 개방론자들 및 국왕의 대외 인식이 급변하였음을 보여줄 것이다. 강화도조약과 관련해서는 신헌 본인이 기록한 『沁行日記』를 기본 사료로 삼고, 최근 새로운 시각으로 재해석을 시도한 연구 성과들을 반영하였다.[5]

2. 생애의 개요[6]

1) 가계와 교유관계

신헌의 본관은 平山이고, 자는 國賓, 初名은 觀浩, 호는 威堂을 비롯하여 琴堂·東陽·于石 등을 썼다. 1811년(순조 11) 윤3월 25일, 申義直과 海平尹氏 사이에서 출생하여, 어려서 부모를 여읜 뒤 조부의 슬하에서 성장했다. 그리고 1884년(고종 21) 12월 10일에 74세의 나이로 충청북도 진천에서 그 일생을 마쳤다.

「莊肅公櫶墓表」와 『平山申氏系譜』에 의하면, 평산신씨의 시조는 고려 태조대 장절공 신숭겸이며, 신헌은 그로부터 30세에 해당된다. 15세손 신개는 세종 때 좌의정을 지낸 인물로서 한때 태종이 실록을 열람하려고 하자 그 불가함을 말할 정도로 직언을 잘 하였다.[7] 신헌은 바로 이 신개의

---

5) 윤소영, 「朝日修好條規의 역사적 위치」, 『韓日關係史研究』 18, 2003 ; 이근관, 「朝日修好條規(1876)의 再評價—傳統的 東아시아 國際秩序의 觀點으로부터」, 『서울국제법연구』 11-1, 2004 ; 이태진, 「1876년의 강화도조약의 명암」, 『한국사시민강좌』 36, 2005 ; 김흥수, 『한일관계의 근대적 개편과정』, 서울대학교 출판문화원, 2009 ; 제홍일, 「근대 여명기 일본의 조선정책과 宮本小一」, 『역사와 세계』 37, 2010.

6) 생애와 관련한 전반적 내용은 朴贊殖, 「申櫶의 國防論」, 『歷史學報』 117, 1988 참고.

직계인 文僖公派에 속한다.

이후의 후손들 중 18세 신상은 중종 때 이조판서를, 20세 신집은 선조 때 병조판서를 지내는 등 문무의 관직을 지냈던 사람이 많았다. 평산신씨 문희공파는 인조반정을 계기로 하여 무반가계로 전환되었는데, 이중에서 평산신씨의 실질적인 무반가계를 이룬 것은 19세손 華國의 후손들이었다. 華國은 신헌의 11대조이다.

조부 申鴻周(1752~1829)는 순조대에 훈련대장을 역임하였고, 부친 申義直(1789~1825)은 순조대에 仁同府使·平山府使를 지냈으며 신헌이 15세이던 1825년에 졸하였다.[8] 신헌 자신은 18세에 무과에 합격한 이후로 주요 무관직을 두루 역임하였다. 아들은 넷인데, 대부분이 무과에 합격하여 무관으로 활약하였다. 장남 신정희(1833~1895)는 형조판서·어영대장·통위사를 지냈으며, 차남 신석희(1836~1907)는 한성부 판윤을 거쳐 광무년간에는 경무사·중추원 일등의관 등을 역임하였다. 그리고 신석희의 장남 신팔균(1882~1922)은 구한국군 정위였고, 국권상실 후 만주로 망명하여 항일투쟁을 전개하다 전사하였다.[9]

이와 같이 신헌은 전형적인 무관가문 출신이면서도 적지 않은 문집을 남길 정도로 文詞에 능하여 당대에 儒將이라고 불리었다. 그는 생전에 자주 말하기를, "배워서 경세에 능하지 못한다면 배우지 않고 차라리 기예를 배우는 것이 남들에게 도움이 된다"고 하였다. 서구 열강의 개방압력에 직면하여 그가 추구하였던 현실적이고 탄력적인 대응은 이와 같은 학문 성향을 토대로 한 것이었고, 그의 사승관계 및 교유관계가

---

7) 申檃, 『寅齋集』 권4, 附錄 行狀.

8) 『日省錄』 순조 16년 6월 20일, 순조 23년 1월 17일.

9) 박걸순, 「申八均의 생애와 민족운동」, 『역사와 담론』 57, 2010.

여기에 영향을 주었을 것이다.

김택영(1850~1927)은『韓史綮』에 "어려서 丁若鏞, 金正喜 사이에서 노닐었고 자못 文翰經濟에 명성이 있었다"라 하여, 신헌이 정약용 (1762~1836)과 김정희(1786~1856) 밑에서 수학하였음을 알리고 있다. 그런데 정약용과의 사제관계를 말해주는 직접적인 자료는 더 이상 찾아볼 수 없다. 그러나 정약용과 친하였던 초의선사, 그리고 정약용의 장남인 정학연과 교유하였던 것으로 보아, 그를 직접 스승으로 모셔서 공부하지 는 않았지만 사숙하였을 가능성은 높다고 보여진다.[10] 또한 신헌이 작성 한 군무관계 상소문이나『민보집설』의 내용을 살펴보면, 정약용으로부터 일정하게 영향을 받았다는 점을 확인할 수 있다.[11]

김정희는 제주도 유배 중 신헌의 글씨를 받아보고, "隷帖에 대해서는 出藍의 기쁨이 있다"[12]라는 답장을 보내온 적이 있다. 다른 편지에서 신헌의 詩幅과 隷幅·楷幅 등에 대해 "金馬門·承明殿에 출입하는 여러 名工들에게 부끄러울 것이 없겠습니다"라고 극찬을 하기도 했다. 이를 근거로 신헌이 김정희의 수제자였다고 평가되기도 한다.[13]

당대 최고의 학자이며 예술가였던 김정희의 제자로서 스승의 직접적 영향을 받았을 뿐 아니라, 김정희를 중심으로 구축되어 있던 방대한 인맥과도 연결될 수 있었다. 그 중 草衣 意洵(1786~1866)과 姜瑋(1820~ 1884)와의 긴밀한 교유관계는 신헌의 개방적 사상 형성과 개항 전후의 활동에 적지 않은 영향을 끼쳤다고 생각된다.

---

10) 朴贊殖,「申櫶의 國防論」,『歷史學報』117, 1988.

11) 최진욱,「申櫶(1811~1884)의 內修禦洋論 研究」,『韓國史學報』25, 2006.

12)『阮堂先生全集』권二,「與申威堂觀浩」三, "盛什 若有加妄評點 哂存是望 隷帖 有出藍之喜 便覺形穢矣."

13) 崔完秀,「秋史實記-그 파란의 생애와 예술」,『澗松文化』제30집, 1986.

신헌이 초의선사와의 교유를 시작한 것은 전라우도수군절도사에 재직하던 시기부터였고, 이후 유배 시절이나 중앙 고위직에 있을 때에도 간단없이 교유가 지속되었다. 초의선사가 입적한 후에는 그 제자들의 요청에 의해 신헌이 「草衣禪師塔碑銘」을 짓기도 하였으며, 초의선사의 문집인 『一枝庵詩稿』의 발문에서는 초의를 가리켜 '귀의처는 같으나 길을 달리하는 사람'이라고 표현하기도 하였다.14) 한편 신헌은 초의로부터 시작되어 이후 1세기 가까이 지속되는 불교계의 禪 논쟁에 뛰어드는 모습을 보이기도 하였다.

초의는 白坡 亘璇(1767~1852)의 삼종선론에 반박하는 『禪門四辨漫語』를 지어 禪 논쟁의 단초를 열었다.15) 이 논쟁에는 당시 대표적인 유학자들도 대거 참여하였는데, 김정희는 전통 옹호 경향이 강한 백파를 비판하며 불교가 개혁을 통해 나름대로 사회적 역할을 하기를 기대했다.16) 같은 맥락에서 신헌은 "지금 禪林의 무식한 무리들 중 좌선만 하는 이들은 思而不學하는 자들이고, 스스로 講師라 하며 私記에만 골몰하는 이들은 學而不思하는 자들이다"17)라고 비판하며 불교계의 혁신을 주장하였다.

강위는 개항을 전후한 시기 조선의 대표적인 지식인으로서 대외적 위기의 고조에 따른 대외인식의 변화과정을 극적으로 보여주는 인물이었다. 그는 서구 열강의 도전에 직면하여 전통적 방법의 어양론을 제시하였

---

14) 『草衣禪師全集』, 「一枝庵詩稿跋」, "余以爲如草衣者 深有悟於易所謂同歸而殊塗者歟."

15) 논쟁의 전모는 한기두, 『한국불교사상연구』, 일지사, 1980 참고.

16) 조성산, 「19세기 전반 노론계 佛敎認識의 정치적 성격」, 『韓國思想史學』13, 1999.

17) 『申櫶全集』, 「答草衣禪師書」, "今之禪林無識之輩 坐禪床打瞌睡者 皆所謂思而不學者也 自命講師 汨沒私記者 皆所謂學而不思者也."

다가 개항 직전 문호개방을 주장할 정도로 대외인식의 선구적 발전을
이루었다. 신헌과 강위의 교유가 언제부터 시작되었는지는 알 수 없다.
그런데 신헌이 무주에 유배되었을 때 강위가 자신의 가솔까지 거느리고
내려가 살았다든지, 신헌이 삼도수군통제사로 부임하자 자신도 경상도
통영에 가서 문객 생활을 한 것으로 보아 두 사람의 관계는 대단히
돈독했던 것으로 보인다.[18]

이들은 밀착된 관계 속에서 시대문제에 대한 고민과 견해를 함께
하였을 것으로 생각된다. 당대 최대의 문필가로서 강위는 시대적 문제를
해결하기 위한 다양한 저술들을 남기는 한편, 신헌의 글들을 적지 않게
대필하기도 하였다. 예컨대 병인양요 직후 신헌이 서양세력을 방어하기
위한 방략을 제시한 상소문이 『신헌전집』에 「論兵事疏」라는 제목으로
실려있는데, 강위의 『고환당집』에도 「請勸設民堡增修江防疏」라는 제목
으로 남아있다. 강화도조약 체결시 그는 신헌의 伴倘으로 수행하여,
신헌이 조정 및 주요 당로자들과 연락하는 서신을 대필하기도 하였다.
이를 볼 때 신헌은 강위를 절대적으로 신뢰하며 시대문제에 대한 견해를
공유하고 있었던 것으로 보인다.

2) 정치적 성장 과정

신헌은 17세 되던 1827년(순조 27)에 국왕의 시위 및 경찰사무를 맡아보
는 별군직에 차출됨으로써 관직에 들어서게 되었다. 그 해 국왕 순조는
효명세자(이하 翼宗)에게 국정을 물려주었다. 신헌이 별군직에 나아간
11월은, 이미 2월부터 정무를 시작한 익종이 의욕적으로 국정쇄신을

---

18) 이헌주, 『姜瑋의 開國論 硏究』, 고려대 박사학위논문, 2004, 20~21쪽.

추진하여 어느 정도 국정을 장악한 시기였다. 따라서 신헌의 관직 진출은 조부 신홍주가 훈련대장이었다는 후광뿐 아니라, 향후 자신의 정국운영을 지원할 신진관료를 육성하려던 익종의 배려가 작용하였을 것으로 보인다.

국정을 주도하려는 익종과 이에 저항하여 제동을 걸려는 안동김씨 세력 간에 격심한 갈등이 빚어지고 있던 시기, 군사권 장악은 익종에게 가장 절실한 과제로 떠올랐을 것이다. 모화관에 있는 서총대에서 익종이 직접 甲冑를 입고서 열무를 행했던 점이나,[19] 대리청정 기간에 試射가 12회나 시행되었던 점은[20] 바로 이러한 사정을 뒷받침한다. 당시 19세의 익종은 17세의 신헌을 召對하여 특별히 활을 하사하며 잘 익히라고 교시를 하는가 하면,[21] 신헌이 착용하고 있던 臂韝를 자신에게 바치도록 했다가 다시 돌려주기도 하면서 친밀감을 표현하기도 하였다.[22] 이를 볼 때 익종은 친위 무신세력으로 신헌을 양성하려는 의도를 가지고 있었다고 할 수 있을 것이다.

그런데 1830년 익종이 급서함으로써 신헌의 개혁정치에의 참여는 3년 만에 끝나고 말았다. 그러나 소년시절 처음 관직에 들어서면서 참여한 개혁정치는 강렬한 경험으로 남았을 것이고, 이후 고위직으로 활동하게 되는 시기에 그가 개혁론을 펼치는 데에 중요한 영향을 끼쳤을 것으로 보인다. 한편 이 시기 문관으로 익종의 총애를 받았던 박규수·김세균

---

19) 『申櫶全集』, 「孝明世子哀詞二十首」(제10수), "戊子春 行瑞蔥臺于慕華館 世子代臨 御甲冑 仍行閱武."

20) 김명숙, 『19세기 정치론 연구』, 한양대출판부, 2004, 85쪽.

21) 『申櫶全集』, 「孝明世子哀詞二十首」(제18수), "丁亥 余被南宣薦 召對壽康齊 仍賜弓 畢竟習此爲敎."

22) 『申櫶全集』, 「孝明世子哀詞二十首」(제15수), "余以陪衛近侍 其時新製臂韝上繡雙虎 脫解以上之意爲敎 故上之矣 其翌日還下 至今尚在."

등은 훗날 고종 즉위 후에 신헌과 함께 개혁적 시책을 추진하게 되는 중요한 인물들이다.

헌종대부터 신헌은 관료로서의 본격적인 활동을 시작하였다. 헌종이 즉위한 1835년부터 신헌은 중화부사, 훈련원정, 절충경기 중군, 성진첨사, 승정원동부승지, 전라우도수군절도사, 봉산군수, 동지중추부사, 도총부 부총관 등을 역임하였다. 그러다가 1849년(헌종 15) 30대의 나이로 금위대 장이 되어 등단함으로써, "무신의 나이 40이 못되어 등단한 것은 근세에 없는 바이다"라는 평가를 받았다. 이 무렵부터 신헌은 헌종이 하루걸러 한번씩 부를 만큼 국왕의 총애를 받고 있었다.[23]

헌종대에는 풍양조씨 세력이 안동김씨 세력을 견제하여 양파가 함께 세도정치를 행하고 있었다. 당시 김정희(경주김씨)는 조씨 일문과 관계를 맺었다가 안동김씨 세력에 의해 배척되어 1840년(헌종 6) 제주도로 유배되 었다. 그러나 1848년(헌종 14) 12월에 헌종의 배려로 사면되었다. 그런데 김정희가 사면된 직후인 1849년(헌종 15) 정월에 신헌이 금위대장에 오르게 되었다. 이로 보건대, 금위대장으로 임명함에 있어 김정희의 영향이 있었을 것으로 추측된다. 즉 김정희의 제자였던 신헌은 그 스승의 영향으로 헌종의 신임을 받았던 것으로 보여진다.

그러나 1849년 헌종이 급서하게 되자, 조씨 일문과 김정희가 속해 있는 경주김씨 일문 등의 반안동김씨 세력은 다시 치명적인 타격을 받게 되었다. 그리하여 신헌도 철종이 즉위하자마자 안동김씨 세력에 의하여 배척되어, 1849년(철종 즉위년) 8월에 전라도 녹도에 유배하게 되었다.[24] 그리고 1853년(철종 4)에 감형되어 무주로 이배되었다가,[25]

23) 平山申氏大宗中,「莊肅公楗墓表」,『平山申氏文獻錄』, 1978.
24)『철종실록』철종 즉위년 8월 20일.

1857년(철종 8) 정월에 사면되었다.26) 따라서 철종 초기 8년 간에 걸쳐서
활동은 거의 정지 상태에 있었다고 볼 수 있다. 철종 말년에 그는 다시
정계에 복귀하여 주요 관직을 역임하였다. 이때의 복귀에는 철종의 배려
가 작용하였던 것으로 보여진다.27)

신헌은 고종이 즉위하여 대원군이 정권을 장악했을 때, 병조판서·훈련
대장 등 군사상으로 중요한 관직을 역임하였고, 품계에 있어서도 정헌(정2
품)에서 보국숭록(정1품)으로까지 상승하였다. 잘 알려진 대로 대원군은
집권하자마자 자신의 집권 기반으로 무장들의 권한을 증대시키며 새로운
인물들을 중용하였다. 이때 신헌은 대원군이 신임하는 무관 중의 한
사람이었다. 그런데 대원군은 김정희와는 8촌친의 인연이 있고, 그로부터
학문적인 가르침을 받기도 하였다.28) 따라서 대원군이 신헌을 등용하였
던 것은 김정희에게서 수학하였다는 학연에 따른 것으로 볼 수도 있다.
이 시기에 그는 대원군의 국방강화정책에 발맞추어 가장 두드러진 군사
관계 활동을 전개하였다.

대원군이 하야하고 고종 친정이 이루어졌을 때, 고종은 대원군 세력의
물적·인적 기반을 제거하면서 대대적인 인사 개편을 추진하였다. 그러나
신헌은 여전히 중용되어 당시 서구 열강이 2번씩이나 침입경로로 이용했
던 강화도에 진무사겸강화유수로 나아갔다.29) 신헌이 대원군정권에서

---

25) 『철종실록』 철종 4년 3월 2일.

26) 『철종실록』 철종 8년 1월 4일.

27) 신헌의 유배형이 감형될 때 여러 관료들이 철종에게 감형을 철회할 것을
요청하였으나, 철종이 단호하게 거부하였다. 이로 보아, 후에 사면될 때에도
철종의 특별한 배려가 있음을 짐작할 수 있다(박찬식, 앞의 논문, 주35)에서
재인용).

28) 崔完秀, 『金秋史硏究艸』, 知識産業社, 1976, 52쪽.

중요한 역할을 수행했음에도 불구하고 중책을 맡긴 이유는, 아마 신헌의 실무 능력을 높이 평가했기 때문일 것이다. 또한 고종은 명분상 익종을 계승한 왕이기 때문에 익종의 지우를 받은 신헌을 아무 거부감없이 중용했다고 볼 수도 있다.

이어서 1876년(고종 13) 일본과의 강화도조약 체결에 조선의 대표로 임명되어, 개항을 하는 데 중요한 역할을 수행하였다. 1878년(고종 15)에는 병으로 총융사를 사직하고 한동안 노호(노량진)의 은휴정에서 지냈다. 1882년(고종 19) 병든 몸을 이끌고 전권대신의 자격으로 조미수호조약을 체결하기도 하였다.

3. 양요기 군사활동과 대내개혁론

1) 師夷制夷에 의한 대외방어 활동

1840년 전후 서구 열강은 조선에 대한 개방 압력을 본격화하였으나, 실제 조선인들이 감지한 위기감이 심각한 수준에 도달하지는 않고 있었다. 당시 해외의 학술변화에 가장 민감하고 해외정세에도 밝았던 金正喜의 경우, 이양선의 출몰은 심각하게 우려할 필요가 없으며 민심의 소동을 막는 정도의 대책을 세우면 된다는 의견을 표출하고 있었다.[30] 또『闖衛新編』을 저술하여 중국의 선진적 해방사상을 수용하고 있던 尹宗儀는 서양 군사력에 대한 방어보다 국내 천주교도들과 서양인들의 연결을

---

29) 『承政院日記』 고종11년 1월 6일.

30) 『阮堂先生全集』 권3 書牘, 「與權彝齋敦仁32」, "番舶之出沒南北 恐不足深憂 (중략) 愚見淺識 別有深憂者 不在番舶 而在我人公然騷動 (중략) 民無騷動 雖千萬 番舶 有何憂乎哉."

차단할 것을 강조하고 있었다.31) 영국 선박 사마랑호가 내항했을 때 전라도우수사를 맡고 있었던 신헌도, 일단 이양선에 대한 경계심을 표명하고 대책 수립이 필요하는 원론적인 차원의 건의를 제안하는 데에 그치고 있었다.32)

북경함락의 소식이 전해진 1860년대 초부터 신헌은 강렬한 위기의식을 갖고 구체적인 대비책을 강구하기 시작하였다. 그러한 내용은 1862년에 작성된 「論兵事狀」과 「擬論兵事疏」에서 확인할 수 있다. 신헌은 북경함락 이후 이양선의 출몰이 잦아지자 민심이 동요하고 있는데, 그것은 백성들이 믿고 의지할 군사적 대비책이 없기 때문이라고 하였다.33) 그런데 당시 국방을 담당해야 할 지방군은 이미 조선후기부터 형해화되어 있었다. 따라서 시급히 마련하여 효과를 기대할 수 있는 방법으로 제기된 것이 '民堡防衛論'이었다. 이후 신헌은 군사관계 상소문을 작성할 때마다 빠짐없이 민보의 설치를 주장하였으며, 병인양요 직후에는 『民堡輯說』을 저술하여 전국에 보급하기도 하였다.

민보방위는 향촌의 소규모 邑城을 근거로 하여, 관군을 동원하지 않고 민으로 하여금 自守自戰케 하는 방위 양식이다. 이러한 민간방위론은 이미 조선후기 실학자들에게서 나타나고 있었다. 18세기 말 安鼎福은 유사시 향촌방위가 매우 어려운 실정임을 우려하며, 종래에 시행되어온

---

31) 차기진, 「『闢衛新編』을 통해 본 尹宗儀의 斥邪論과 海防論」, 『조선후기의 西學과 斥邪論 연구』, 한국교회사연구소, 2004.

32) 『申櫶全集』, 「上宰相書」, "見今異船 非曰必貽憂虞第 其閃忽叵測 又近輕視 至於 恐脅島民而極矣 且年前中國沿海之憂 濟州牛馬之竊 亦皆此類 足可爲鑑顧 其行 事亦不過偸竊之類 如是沁洩 安知無後日滋蔓之慮 非特爲此目今當時之務 其在 陰雨備袽之策 恐難全然疎虞."

33) 『申櫶全集』, 「論兵事狀」, "見今 中國大亂之會 氣運難諶 番舶出沒之際 民心不靖 一聞熹微之說 輒有騷屑之訛 大小疑懼 中外胥動 以其不備 因無所恃故也."

鄕約的 체제에 중국의 保甲法적 성격을 가미한 자위단적 향촌편제로 鄕社法을 구상하였다.[34] 이어서 19세기 초 丁若鏞은 『民堡議』를 통해 향촌자위단의 조직과 운용을 보다 더 치밀하게 구상하였다. 그것은 尹耕의 『堡約』, 茅元儀의 『武備志』 등에 있는 자위단 조직 방법에 柳成龍의 城制를 가미한 것으로, 장차 있을지도 모르는 일본의 침입에 대비하기 위한 것이었다.[35]

　신헌의 민보방위론은 정약용의 논의를 계승하되, 서양의 침략이 가시화되어가는 조건에서 새롭게 조정한 것이었다. 그러나 전통적인 방위 양식인 민보방위만으로 자본주의 물리력을 토대로 하는 서구 열강을 효과적으로 방어하기는 어려웠다. 따라서 1862년의 논의에는 제1차 중영전쟁 이후 魏源(1794~1856)이 『海國圖志』에서 주장한 海防策의 일부를 수용하고 있다. 예컨대 內河戰의 중시, 山城에 의지하는 방어 전략, 土城의 건설, 土兵·어부의 활용 등은 『해국도지』가 담고 있는 해방론 중 소극적 방어전략의 영향을 받은 것으로 볼 수 있다. 요컨대, 1860년대 초 신헌이 구상한 대외방어책은 실학자들의 전통을 19세기 중엽의 현실에 맞추어 계승하면서, 조선보다 앞서 서구 열강의 무력을 경험했던 중국의 해방책을 일부 채용한 것이었다고 할 수 있다.

　병인양요 이후 조선의 군비는 질적으로 변화하게 되는데, 그 방향을 제시한 이가 바로 신헌이었다. 강화도에 1개월여 머물던 프랑스군이 철수하자 일부 조선인들은 승리의 자만심을 갖기도 하였으나, 군사전문가인 신헌은 냉철하게 피아의 현격한 전력 차이를 인정하였다. 병인양요가

---

34) 潘允洪, 「順菴 安鼎福의 향촌자위론」, 『韓國近世 社會思想攷』, 朝鮮大學校出版部, 2003.

35) 鄭景鉉, 「19세기의 새로운 國土防衛論－茶山의 『民堡議』를 中心으로」, 『韓國史論』 4, 1978 ; 최진욱, 「정약용의 民堡防衛論의 성격」, 『史學研究』 87, 2007.

종결된 후 신헌은 「陳軍務疏」를 올려 서구 열강의 군사적 침략에 대한 종합적인 방어대책을 건의하였고, 그 내용의 대부분이 정부의 정책으로 수용되었다. 그리하여 이 상소문은 이후 조선에서 군비확충을 공론화하는 계기가 되었으며 군사전략의 기조를 이루게 되었다. 이때 신헌이 제시한 것은 京兵團操·奬選鄕砲·勸設民堡·北沿制兵·篤修內政·審料夷變의 6개 조항이었다.[36]

정부에서 가장 적극적으로 수용한 내용은 京兵團操와 奬選鄕砲 조항이었다. 京兵團操에서 신헌이 구체적으로 제안한 것은 훈련도감의 26개 哨 중에서 挾輦軍과 別破陣을 비롯한 잡색군 6개 초를 따로 편성하고 실병력 만으로 구성된 20개 초를 만들자는 것이었다. 신헌은 京兵의 團操를 위해 步軍의 훈련에서 그동안 등한시되었던 총포를 쏘는 훈련을 강화하자고 했다. 이를 위해 총기를 제조·수선할 것과 자신이 지은 『煮硝新方』을 간행 보급하여 각 지방에서 화약을 만들어 올리게 하자고 건의했다. 그리고 奬選鄕砲 항목에서는, 기예는 銃手가 으뜸이라며 총수의 중요성을 강조하면서 총수 중에서도 가장 정예병인 西北人들 중 100명을 선발하여 상경시키자고 제안했다.

중앙정부에서는 신헌이 「陳軍務疏」를 올린 직후부터 기존의 무기를 보수하고 새로운 무기를 제조하는 작업이 활발하게 이루어졌다.[37] 1867년(고종 4) 한 해 동안 중앙에서 무기 보수에 쓰도록 지출한 당백전 85,000냥 중 신헌이 운용한 비용만 45,000냥에 이른다. 당시 신헌은 훈련대장과 군기시제조를 겸하고 있었다. 정월에 20,000냥을 받아 무기 수보에

---

36) 『承政院日記』 고종 4년 정월 21일.

37) 이하 무기 제조와 신무기 개발에 관한 내용은, 연갑수, 「대원군 집권기 무기개발과 외국기술 도입」, 『고종대의 정치변동 연구』, 일지사, 2008을 주로 참고하였음.

착수했던 훈련도감에서는 9월에 이르러 '전에 지급한 비용이 다 떨어졌으니 다시 호조에서 새로 주조한 돈 20,000냥을 획급해 달라'고 요청하여 고종의 윤허를 받았다.[38] 그리고 4월에는 군기시에 5,000냥이 지급되었다.[39] 무기 수보와 관련된 비용이 신헌에게 집중된 점은, 대원군과 신헌이 이 문제에서 같은 견해를 가지고 있었음을 보여준다.

신헌은 이때 생산된 무기의 제작법에 대하여 圖說로 정리할 필요를 느껴『訓局新造軍器圖說』과『訓局新造器械圖說』이라는 책을 작성하였다. 여기에는 신헌이 새롭게 개발한 무기들뿐만 아니라 1812년 훈련대장이었던 박종경이 간행한『戎垣必備』에 실려 있는 무기들도 소개되어 있다. 그런데 여기에서 신헌이 소개한 것은 주로 화기류가 중심을 일루고 있었다. 그리고 소개된 鋒刀類의 경우에도 화염 분사통이 달린 창이라든가, 연탄 발사 화통이 달린 창으로써[40] 변형된 화약무기 종류였다. 이처럼 화약무기에 대한 의식적인 선별은 병인양요를 거치면서 재래식 무기의 한계와 화약무기의 필요성을 절감하였기 때문이었을 것이다.[41]

한편 이 무렵 신헌이 제작한 水雷砲는 그 자신도 자부심을 가지고 중요하게 여겼던 듯 가장 먼저 소개되어 있으며, 또한 부품별로 자세하게 설명되어 있다. 사실 이것은 서양의 기술 수준으로 보자면 초보적인 무기에 불과하나, 조선으로서는 전혀 새로운 신기술인 뇌관, 나사못, 판 스프링, 가죽 패킹 등을 사용한 첨단무기였던 셈이다. 특히 銅火帽는 근대적인 개인화기인 충격식 소총의 제작에도 응용될 수 있는 핵심

---

38)『承政院日記』고종 4년 1월 24일 ; 9월 19일.

39)『承政院日記』고종 4년 7월 27일.

40) 전상운 解題,「戎垣必備」,『新傳煮硝方·戎垣必備』, 誠信女子大學校出版部, 1986.

41) 병인양요 이후 삼수병 중심체제를 극복하고, 화약무기를 사용하는 砲軍 중심체제로 변화된 것에 대해서는 연갑수, 앞의 책, 147~185쪽 참조.

부품이었다. 이에 대해서는 신헌도 그 중요성을 알고 있었다.[42] 그가
『해국도지』를 모방하여 무기를 제작했다는 것은 조선에서도 일종의
양무운동의 발전 가능성을 보인 것이었다.

2) 관민통합을 위한 대내개혁론

신헌이 민보방위론을 처음 제기한 시기는 '1862년 농민항쟁'이 발생한
해이다. 단성, 진주를 필두로 농민항쟁이 시작되었을 때 신헌은 삼도수군
통제사로서 만 1년이 넘게 통영에 머무르고 있었다.[43] 당시 국왕의 지시에
따라 전국의 지식인과 관료들 수백 명이 삼정이정책을 제시했으나, 신헌
이 삼정이정책을 올렸는지 여부는 확인되지 않는다. 다만, 통영은 막대한
양의 통영곡에 의지하여 운영되어 왔으며 일찍부터 그 폐단이 노정되었던
곳이므로, 통제사로서 이 문제와 관련하여 올린 상소문과 장계를 통해
그의 입장을 파악할 수 있을 것이다.[44]

이 시기 통영곡의 폐단을 시정하기 위한 논의에서 주요한 쟁점은
民情과 軍政 중 어느 것을 우선할 것인가에 관한 문제였다. 1862년에
경상도 선무사로 활약하고 이어서 1865년에 경상감사로 내려간 이삼현은

---

42) 1876년 강화도조약을 마치고 복명하는 자리에서 신헌은, 자신인 훈련대장
시절에 동화모를 사서 모아두었다고 하였다(『承政院日記』고종 13년 2월 6일).

43) 신헌은 1861년 1월 12일에 통제사에 임명되었다(『철종실록』, 철종 12년 1월
12일).

44) 통영곡의 구조와 운영에 관하여 참고되는 연구성과들은 다음과 같다.
金鉉丘, 「조선후기 統營穀의 운영실태」, 『歷史學報』124, 1989 ; 장명희, 「18세기
후반~19세기 중반 還穀 운영의 변화 : 移貿立本과 耗條 金納化의 성립배경을
중심으로」, 부산대 석사학위논문, 1997 ; 文勇植, 『朝鮮後期 賑政과 還穀運營』,
景仁文化社, 2001.

66

이 문제의 논점을 명확하게 정리해주고 있다.[45] 그런데 민정보다 군정을
더 중시하는 입장에 있던 통제사로서 신헌은 농민항쟁의 주요 원인이
환곡에 있다 할지라도 그 제도를 바꾸어서는 안 된다고 강조하였다.

　　조종조의 구법과 성헌을 어찌 일시적인 국내의 民擾를 이유로 방패가
되고 울타리가 되는 병사들을 생각하지 않아서야 되겠습니까? 지금
강역이 무사한 때에도 군량을 빠뜨리고 있으니, 만약 군사를 징발하여
먹여야 할 일을 당하여 급보가 연달아 이어진다면 그 급한 상황에 무엇을
믿겠습니까? 그것을 폐지할 수 없다는 것이 이처럼 분명합니다.[46]

　농민항쟁을 일시적인 반발로 치부하고, 환곡이 조종성헌임을 들어
단호하게 구법의 유지를 주장한 것이다. 그는 오히려 새롭게 환곡을
설치하고 그것을 전분취모에 의해 운영할 것을 제안하기도 했다.
　그렇다고 민정을 아예 도외시한 것만은 아니었다. 조선후기부터 환곡
운영의 주체들은 무미입본의 방법으로 막대한 이익을 남기고 있었다.
그런데 곡물유통에 화폐가 개입함으로써 곡물 운송에 호조건을 갖춘
연읍의 곡가는 치솟고 산읍의 가격은 상대적으로 약세를 보이게 되었다.
이에 따라 환곡 운영자들은 연읍의 환곡을 방매하여 이익을 추구하고서는
장부상으로만 산간의 환곡을 운영한 것으로 바꿔놓음으로써, '산간에는

---

45) 『承政院日記』 고종 2년 6월 17일, "前道臣徐憲淳之納節也 以統穀作錢事 筵奏
聖旨誕宣 府關頒降 聞者胥告 北望攢祝 比脫之溝壑 而措之袵席 未幾而因統使狀
請 反汗前令 一係本道之民情 一係本道之戎政 此不可不恤 彼不可不念 臣屢商便
否 敢此條陳."
46) 申櫶, 「論餉穀狀」(1), "況祖宗朝 舊法成憲 豈可以一時國內民擾 而廢擱之 不思所
以屛翰藩蔽也哉 以今疆域無事之時 尙闕軍食 則若當徵發 饋餉飛輓相屬 則緩急
之間 復何所恃 其不可廢者 若是其明矣."

향곡이 쌓여있으나 연읍은 향곡이 없게' 되는 사태에 이르게 되었다. 신헌은 이러한 문제가 폐단 발생의 핵심 원인이라 주장하고 있었다.

이렇듯 신헌에게 환곡의 폐단은 운영상의 문제에서 발생한 것으로 파악되었기 때문에, 그 제도는 이전과 같이 유지하면서 원칙을 준수하는 방식으로 문제를 해결할 것을 강조하고 있었다. 구체적으로 山沿互換을 엄금하고 摘奸을 강화하며 위반자를 엄벌에 처할 것 등을 주장하였다.[47]

병인양요를 계기로 조선은 대외정책뿐 아니라 대내정책에서도 중대한 전환을 가져오게 되었다. 서구 열강은 기존의 외침 세력이었던 北虜南倭와는 차원을 달리하는 세력이었고, 조선이 전통적인 방식으로 막아낼 수 없는 막강한 군사력을 동반하고 있었다. 이들에게 대항하기 위해서는 전국의 인적, 물적 자원을 총동원하여야 했으며, 나아가 민들이 지배층을 신뢰하며 자발적으로 반침략전쟁에 나서게 할 필요가 있었다. 그러므로 농민항쟁 과정에서 나타났던 민심 이반을 수습하는 것이 가장 시급한 과제였다.

불과 3년 전 농민항쟁 시기에 삼정 문제와 관련하여 '일시적인 국내 민요 때문에 조종성헌인 환곡제를 폐지해선 안된다'고 주장했던 신헌은 병인양요를 계기로 적극적인 삼정개혁론을 제기하고 있었다.

　무릇 지금의 백성들이 가혹함을 참을 수 없고 지탱하고 보존하기 어려운 것은 糴弊 때문입니다. 그러므로 드디어 몇해 전에 온 나라에 광적인 소요가 일어나서 법과 기강을 두려워하지 않고 死地로 가는

---

47) 申櫶, 「論糴穀狀」(1), "盖糴穀之斂散 於嶺湖列邑者 每因會案去來 山沿穀摠 互換無常 以致山峙沿朽 糴運紲縮 遂至割犯元穀 糴法之乖弊 實由於此 昔之糴穀 猶今之糴穀 今民之言苦 有甚於昔民 雖似究說 不得者 亦因糴穀不均 糴政不平 欠逋夥多 措備極艱 亦豈統糴之咎也."

것을 마치 달려가듯이 했던 것을 생각하지 않을 수가 있겠습니까? 때문에 당시 廟堂으로부터 釐整을 강구하여 환곡 상납의 탕감에 관한 일을 강구하기도 했습니다. 그러나 잠깐 탕감했다가 다시 회복하여 그 혜택을 시행하지 못했으니 신은 심히 안타깝게 여깁니다.[48]

이제 환곡은 백성들의 재생산을 위협할 정도의 가혹한 제도로 파악되었으며, '일시적 국내의 민요'로 폄하되어있던 농민항쟁은 법과 기강을 무너뜨리는 광적인 소요라고 표현되고 있었다. 농민항쟁 당시 그는 환곡 제도의 유지를 여러 차례 주장하였고, 나아가 새로운 환곡의 설치와 운영 강화까지 역설하기도 하였다. 그러나 이제 三政釐整廳의 조치인 '罷還歸結'이 2개월 만에 무산되었던 사실을 새삼 안타까워하고 있었던 것이다.

위와 같은 인식의 전환은 프랑스군의 제1차 침입을 계기로 시작되었고, 이후 시간이 지날수록 보다 강경하게 대내 개혁의 필요성을 주장하였다. 1867년 1월에 올린 「陳軍務疏」 제5조 '篤修內政'에서는 민심 이반을 심각하게 우려하며 '비상한 염려와 전에 없던 은택으로 사랑과 위엄을 함께 펴서 백성들에게 믿음을 받'아야 함을 강조하였다. 이어 1867년 봄에 작성된 것으로 보이는 「擬再陳軍務疏」에서는 '삼정을 통렬히 개혁'해야 함을 역설하며, 그 방안을 구체적으로 논의하였다. 이때 백성들의 생존을 위협하며 관과 민의 괴리를 심화하는 '4대 폐단'으로 '民庫, 債庫, 還穀, 良役'을 들었다.

신헌은 특히 환곡으로 인한 폐단을 상세하게 거론하였는데, 그것은 1862년 삼정이정청의 조치 이래 다양한 대책이 나왔음에도 불구하고

---

48) 申櫶, 「擬再陳軍務疏」, "夫今之民 不忍苛酷 莫能支保者 翟櫜也 故逐有年前 擧國狂擾 不畏法紀 而走死地 如鶩也 可不念乎 所以當時 有自廟堂 講求釐正蕩還 之擧 而乍蕩旋復 未究其惠 臣甚惜之."

여전히 그 폐단이 심각한 상태였기 때문이었다. 신헌에 의하면, 당시 환곡은 민들의 재생산을 불가능하게 할 정도로 가혹한 수탈의 수단이 되고 있었다. 이로 인해 민이 관을 도둑으로 여기며 조정을 원망하고 있어 민심을 잃은 정도가 이보다 심할 수 없다고 하면서, 환곡을 역사상 가장 나쁜 제도로 평가하고 있었다. 민고, 채고에 대해서도 존엄한 조정이 장사치들의 일을 행함으로써 더럽고 천함이 이보다 심할 수 없다고 비난하였다. 그러므로 급대 마련책을 이유로 반대하는 시론에 구애되거나 목전의 이익에 급급하지 말고 근본적인 개혁을 취해야 한다고 역설한 것이다.

4. 문호개방의 추진과 개화정책의 제안

1) 강화도조약의 체결

19세기 후반 조선은 지구상에서 유일하게 자본주의 세계체제에 편입되지 않은 지역으로 남아있었다. 서구 열강의 문호개방 요구를 끝까지 거부하였던 조선을 우회적으로 자본주의 시장체제에 편입시킨 세력은 동일 문명권의 인접국가 일본이었다. 잘 알려진 대로 일본은 서구 열강의 포함외교를 모방하여 1875년 운양호사건을 도발하고, 이를 빌미로 강화도조약(병자수호조규)의 체결을 강요해왔다. 조선측 대표로서 이 조약을 체결했던 신헌은 당시 강화도에 1개월 정도를 머무르며, 조약이 평화적으로 타결되는 한편 그 내용에 조선측의 입장이 최대한 반영되도록 노력하였다.

강화도에서 회담이 한창 진행 중이던 정월 18일 대원군은 의정부

諸大臣에 서한을 보내 정부의 對日弱體外交를 통렬히 비난하며, 家僮을 이끌고 순국하겠노라고 극언하였다.[49] 한편 불과 2년 전 고종 친정의 결정적 계기를 마련하였던 최익현도, 50여 명의 유생을 이끌고 광화문 앞에 負斧伏坐하여 철야 항의하였다. 정부는 최익현을 흑산도에 圍籬安置하는 조치를 취하였으나, 그의 행동을 따르는 자가 속출하고 도성의 민심은 더욱 불안에 빠졌다.[50] 국내의 여론에 영향을 받은 신헌 수하의 장졸들마저 울분을 터뜨리고 있어서 언제 어떤 행동을 하게 될지 불안한 상황이었다.[51]

강화도에서 신헌은 이와 같은 국내의 상황을 의식하면서 외교 협상에 임해야 했다. 공식적 장계를 통해 조정과 조율하는 한편, 수십 통을 사신을 주고 받으며 당로자들과 의견을 조율하고 있었다. 서신교환은 주로 박규수, 이최응, 이유원 등 문호개방을 지향하는 인물들과의 사이에서 이루어졌으나, 반대론의 중심 인물인 대원군과의 사이에서도 이루어지고 있었다. 박규수에게 보낸 편지에서, 자신이 원래 戰守를 중히 여기는 무인임에도 불구하고 외교에 집중해야 하는 어려움을 토로하며 조정의 여론을 환기시켜줄 것을 간곡히 요청하고 있었다.[52]

현지에서 발생할지도 모르는 돌발적인 사태가 우려되기도 하였다. 업무상 과실이 뚜렷하지 않은 강화유수 조병식의 업무를 정지시키고

---

49) 田保橋潔, 『近代日鮮關係の研究』上, 朝鮮總督府中樞院, 1940, 509~510쪽.

50) 『日省錄』 고종 13년 1월 23일 ; 27일 ; 28일 ; 30일.

51) 姜瑋, 『古歡堂集』, 「沁行雜記」, "始廟堂之飭勿先犯也 防守將卒不知彼己之形 皆懷憤鬱章疏紛紜."

52) 姜瑋, 『古歡堂集』, 「代上瓛齋朴相公珪壽書」, "侍生武臣也 惟知戰守二字而已 外此則非其任也 惟當受成而行之而已 而濫及此事者 後日之議必謂 使臣不能覘敵以致償事 亦不免於萬世之譏 此非但侍生獨當此厄 恐是盈廷之臣所當同議共商者也."

스스로 그 업무를 대행한 것도, 예상치 못할 충돌을 미연에 방지하기 위한 것이었을 것이다.[53] 부하들에게도 먼저 공격하지 말 것을 거듭 신칙하는 한편, 스스로도 黑田淸隆의 위협적인 언사나 훈련을 빙자한 군사적 시위에 자극받지 않으려고 노력하였다.

일본측 특명전권 黑田淸隆은 조선으로 출발하기에 앞서 훈조 및 내훈을 통해 조약체결에서 확보할 사명들을 자국의 정부로부터 구체적으로 지시받고 있었다.[54] 이에 비해 신헌은 "먼데 사람을 어루만지는" 차원에서 한번 만나보라는 지시를 받았을 뿐이었다. 그러므로 조약을 직접 체결해야 하는 당사자로서 신헌은, 조약의 목표와 방법을 스스로 결정해야 했다. 이에 신헌은 박규수와 서신을 교환하며 중국으로부터 유입된 정보를 분석하여 일본 측의 의도를 파악하고 그에 따른 적절한 대응책을 강구하고 있었다.[55] 이와 관련하여 강화도에서 신헌이 박규수에게 보낸 편지에는 다음과 같은 내용이 있다.

그 요구하는 바가 무엇일까요? 만약 그 요구하는 바를 알아서 들어준다면 반드시 動兵하지 않을 것이요, 들어주지 않는다면 반드시 動兵할 것입니다. 이것이 오늘날 일의 기미가 반드시 이르는 형세입니다.……제 생각으로는, 이른바 '우리(일본)가 요구하는 바를 거절하지 않는다는 것'은 곧 丁卯年 咨文에 저들이 칭한 바 '압박하여 通商和約을 취한다'는

---

53) 『沁行日記』 1월 12일, 「留守廢務之由判官代封啓草」.
54) 훈조는 수호조약 체결, 무역항 개설, 일본 선박의 조선영해 항행과 측량의 자유를 확보하라는 내용을 담고 있었고, 내훈은 담판 진행방법에 관한 것으로 모든 경우의 수를 고려한 것이었다.
55) 중국측으로부터 입수한 정보는 森有禮가 청의 총리아문 및 이홍장과 회담한 내용이다. 중국은 이 회담 직후 조선에 자문을 보내어 유화적인 외교정책 추진을 권유하였다.

말입니다. 그런즉 日本이 稱兵하는 연유는 이 한 조목 외에는 모두 긴요하게 타결하려는 것이 아니고 오로지 이 한 가지 일을 구하여 온 것입니다.[56]

운양호사건 직후 일본은 향후 對조선 외교에 청이 개입하는 것을 차단하기 위해 森有禮를 파견하였다. 森有禮는 李鴻章과의 담판 중 "(일본이) 요구하는 바를 (조선이) 거절하지 않으면 영구히 평화를 보존할 수 있을 것"이라고 발언한 적이 있는데, 이 내용이 조약 체결 직전에 조선에 전달되었다. 신헌은 자문의 내용 중 이 구절에 주목하는 한편, 1867년 八戶順叔이 중국 신문지상에 게재했던 망언과 관련하여 분석하였다. 그 결과 일본의 의도는 '通商和約'에 있다는 결론을 내렸다.

1872년 이후 조선의 일부 지식인들과 국왕 고종은 조선만이 국제정세의 변화 속에서 고립되고 있다는 사실과 對外修好의 필요성을 자각해가고 있었다. 특히 고종 친정 이후에는 문호개방을 위한 움직임이 적극적으로 이루어지고 있었다.[57] 대표적인 문호개방론자인 박규수에 의해 접견대관으로 추천된 신헌 역시 같은 노선을 지향했던 것으로 보인다. 이미 문호개방의 필요성을 인식하고 있었던 데다가 일본의 의도를 정확하게 파악한 신헌은 회담 과정에서 결코 수세적이지 않은 태도를 견지할 수 있었다.

운양호사건 및 서계문제를 둘러싼 공방이 강화도회담의 초입을 장식했다는 사실은 널리 알려져 있다. 黑田淸隆이 이를 제기한 것은 단순히

---

56) 姜瑋, 『古歡堂集』, 「代上瓛齋朴相公珪壽書」, "其所求者何事也 若知其所求之事 而聽從則必不動兵 不爲聽施則必然動兵……以愚淺之見 竊揣彼情 所謂不拒我 所求者 卽丁卯北咨彼所稱迫取通商和約一語也 然則日本稱兵之由 外此一條皆 不打緊 專求此一事而來."

57) 尹素英, 「1870년 전후 조선의 對日認識과 정책」, 『한국근현대사연구』 25, 2003.

조약체결을 강요하기 위한 포석만은 아니었고, 당시 일본의 政情과 관련하여 조선측으로부터 사죄문서를 받아가기 위한 것이었다.58) 여기에서 신헌은 일본의 무단적인 경내침입과 전통적 예교 논리에 입각하여 침착하게 대응함으로써 일본측 시도를 간단히 무산시켰다. 이후에도 黑田淸隆은 과장된 위협을 거듭하기도 하고 자신의 입장을 은연중 드러내기도 하는 등 사죄문서를 받기 위한 노력을 계속하였으나,59) 결국 사과 문구가 들어있지 않은 조선측의 문서를 사죄문서로 그가 간주하여 가져갈 수밖에 없었다.60)

　가장 큰 논란을 벌였던 국왕의 이름을 명기하는 문제는 조약체결에 대한 합의가 사실상 완료된 뒤에 발생하였다. 이 문제로 신헌은 黑田淸隆과 子時까지 설전을 벌였는데, 결국 黑田은 얼굴을 붉히며 "훗날 후회하지 말라"는 협박과 함께 문을 박차고 나가버렸다.61) 하지만 신헌은 상대방이 엄청난 비용을 소요하여 조약체결에 대한 합의를 마친 처지에서, 협상을 결렬시킬 리 만무하다고 확신하고 기다렸다. 그냥 기다리기만 한 것이

---

58) 오쿠보정권은 강화도사건을 도발하여 내각분리의 위기를 봉합했으나, 사건을 조작 왜곡한 결과 정한론이 걷잡을 수 없이 비등하여 軍內의 정한파와 불평사족이 결합할 위기에 직면하였다. 黑田淸隆은 자국내에 팽배한 정한열기를 해소시켜야 하는 부담을 지게 되었고, 이 때문에 '問罪使'로 가장하기 위해 군함을 대동해야 했다. 이는 강화도조약에서 일본측 대표단에게 커다란 제약요인으로 작용하고 있었다(김흥수, 「운요호사건과 이토 히로부미」, 『한일관계사연구』 33, 2009).

59) 1월 19일의 3번째 회담에서 黑田은, 일본의 軍民들이 조선으로 출동하기 위해 집결해서 아직까지 해산하지 않고 있다고 협박하는 한편, "귀 조정에서 致謝의 처분을 내리고 悔悟하는 뜻을 가진 후에야 우리가 복명할 말이 있을 것이다"라고 하였다(『沁行日記』 1월 19일).

60) 『沁行日記』 1월 26일.

61) 『沁行日記』 1월 26일.

74

아니라 일본측 통역을 反間으로 활용하여, 순조로운 협상을 방해하던 森山茂를 黑田淸隆으로부터 분리시키는 데에 성공하기도 하였다.62)

조약의 구체적 문구에 관한 실질적 교섭은 한국측 신헌과 일본측 외무대승 宮本小一 사이에 진행되었다.63) 일본측이 제시한 13개 조항의 초안에 대해 조선측이 이의를 제기하며 수정을 요구한 것은 국호에 大字를 표기하는 문제(제1조), 상대방 수도에 공사를 주차시키는 문제(제2조), 최혜국대우에 관한 문제(제13조)였다. 이중 大字 표기, 최혜국대우 문제는 정부의 의견이 도착하기 전 신헌이 독자적으로 제기하여 자신의 의견을 관철시켰다. 즉 조선과 일본 모두 '大朝鮮', '大日本'으로 표기하기로 하였으며, 일본 이외의 외국에 대해 개항할 의사가 없으므로 최혜국대우 조관은 불필요하다는 조선의 요구가 간단히 수용되어 삭제된 것이다.

공사주차 문제에 대해 조선측은 부득이한 경우 10~15년에 한 번씩 사신을 왕래시킬 것을 수정 제안하였다. 이것은 전통적인 통신사 파견의 형식을 염두에 둔 것이었다. 宮本小一은 "도부에 서로 사신을 재류"시키는 것의 의미를 설명하였으나, 결국 조선측의 주장이 반영되어 수시로 파견하는 사신의 "駐留久暫"이라는 표현으로 결론지어졌다. "久"의 해석상의 여지를 남겨둔 채 별다른 논란 없이 합의에 이른 것이었다.

치외법권 규정(제10조)은 불평등조약의 대명사격으로 알려져 있다. 그런데 이 조항의 결정에 조선은 전혀 이의를 제기하지 않았고, 또한

---

62) 『沁行日記』 1월 28일.

63) 전권을 위임받기 이전 신헌은 조정 및 당로자들과 의견 조율이 필요했으나, 이미 조선 문제에 정통하고 충분한 검토를 마친 宮本小一은 본국의 허락은 물론 일일이 黑田淸隆의 허락을 받은 흔적조차 보이지 않는다(제홍일, 「근대 여명기 일본의 조선정책과 宮本小一」, 『역사와 세계』 37, 2010). 이하 조약 내용의 교섭과 관련하여 제홍일의 글을 참고하였다.

일본으로부터 어떠한 형태의 강요도 없었다는 점을 주목할 필요가 있다. 이 규정은 조선시대의 관행과 일치하는 것이었다. 조선후기 왜관에서 범죄를 저지른 일본인은 본국의 법에 따라 처결하도록 대마도에 송환되었고, 반대로 조선인은 일본에 체류하지 않았으므로 조선인에 대한 규정은 불필요하였다. 그러므로 조선측이 여기에 논란을 가할 필요가 없었던 것이다. 이 조항은 조선측의 전통유지의 의도와 조일간의 현상유지를 도모하는 일본측 실무자의 의견이 합치된 결과였다. 결과적으로 전통적 관계의 유지인 동시에 근대적 치외법권의 인정이었으나, 여기에 결코 어떠한 강요도 논란도 없었던 것이다.

강화도조약을, 이후에 전개된 동아시아 역사의 전개과정에 일직선으로 연결하여 본다면 그 한계점만이 두드러질 수밖에 없다. 그러나 조약 체결의 배경과 협상 과정, 조약문의 주요 내용 등을 맥락적으로 이해해 볼 때, 그것은 전통적 질서와 상당한 연속성을 지니고 있는 것이었다.[64] 당시 시대적 흐름은 전통적 동아시아 국제질서가 더 이상 유지되는 것을 용인하지 않았으나, 그렇다고 해서 단기간에 서구식 국제질서로 환골탈태할 만큼 그 전통이 미약한 것도 아니었다. 강화도조약은 舊好를 重修한다는 조선측의 의도와 전통적 조일관계의 최소한의 개혁을 시도하는 일본측의 주장이 충돌하여 어느 일방의 의지가 관철되지 못하고 절충된 양상으로 나타난 것이었다. 그리하여 조약 전체나 특정 조항의 의미 파악은 일방의 입맛에 맞게 해석될 수 있는 여지를 남기고 있었다. 이러한 긴장은 조약 체결 이후 동아시아의 역사가 일본측의 입장에 유리한 방향으로 급속하게 전개되면서 해소되어갔다.

---

64) 이근관, 「朝日修好條規(1876)의 再評價－傳統的 東아시아 國際秩序의 觀點으로부터－」,『서울국제법연구』11-1, 2004.

2) 근대적 부국강병론

신헌을 수행했던 강위, 오경석 등은 위정척사론이 여론을 압도하던 분위기 속에서도 이미 문호개방의 필요성을 인식하고 있었던 인물들이었다. 이들은 신헌과 함께 강화도에 약 1개월 가까이 머무르는 동안 일본측 전권대신과의 공식 회담에 참여했을 뿐 아니라 여러 차례에 걸쳐 실무진들과의 비공식적인 접촉을 갖고 있었다. 이 과정에서 일본측 수행원들은 변화된 세계정세와 일본이 수용한 西器의 우수성을 거듭 소개하며 조선의 개화정책을 유도하였다. 그것은 물론 일본이 주도하는 새로운 동아시아 국제질서에 조선이 스스로 편입되어 오길 원했기 때문이었다. 이러한 경험은 조선의 문호개방론자들이 근대 세계질서에 대한 인식을 심화하고 개화자강책을 모색하는 데에 중요한 계기가 되었다.

조약을 체결하고 서울로 복귀한 신헌이 복명하며 국왕에게 강조한 것은 외교와 국방의 문제였다. 이날 보고의 내용은 당연히 국왕이 묻는 사항에 신헌이 답변하는 방식으로 이루어졌다. 마지막으로 신헌은, 국왕의 질문과 관계없이 조선이 앞으로 추진해야 할 전반적인 정책전환의 방향을 다음과 같이 피력하였다.

> 지금 천하의 대세를 돌아보면 각국이 용병하여 전후에 수모를 당한 것이 이미 여러 번이거니와, 이러한 사실이 혹 각국에 전파된다면 그 깔보는 것이 장차 어떠할는지 모르겠으니, 신은 참으로 매우 근심합니다. 兵志에, '공격에는 부족해도 수비에는 넉넉하다'고 하였습니다. 천하에 어찌 그 나라로 그 나라를 지키지 못하는 자가 있겠습니까. 滕·薛 같은 작은 나라로도 한편으로 事大交隣하고 한편으로 備禦守國함으로써 전국시대에도 온전히 보전할 수 있었습니다.[65]

당시 중앙군은 그 숫자가 많지 않고 지방군은 아예 없었고, 이러한 사실이 그동안 수차례 전쟁을 치르면서 다른 나라에 알려진 상태였다. 그러므로 외세로부터 국가의 독립을 유지하기 위해서는 부국강병에 힘써야 하는데, 그 방법으로는 事大交隣과 備禦守國 즉 외교와 강병책에 힘써야 한다는 것이다.

부국강병과 관련하여 일본이 현재 사용하고 있는 서양 기기의 우수성을 특히 자세하게 설명하며 그 수용을 주장하였다. "기계가 정밀하고 예리해서 농사에 편하고 적합하므로 그 공효를 거두는 것이 전에 비해 세배나 이롭다"[66]라는 말이나, "만약 우리나라에서 이 선박(화륜선 : 필자)을 이용한다면 조운에 매우 편리할 것입니다"[67]라는 제안은, 국부의 증진을 위한 서기 수용의 당위성을 구체화하여 표현한 것이라 할 수 있다.

일본측 전권대신이 조선측에 선물로 남기고 간 무기들이 과연 뛰어난 성능을 가졌는지의 여부에 국왕이 관심을 보였다. 이에 대해 신헌은 '回旋砲'를 예로 들어 그 구조와 핵심기술, 발사 방법, 성능 등을 상세하게 설명하였다. 그리고 "그 제도가 매우 교묘하니 과연 적을 막을 수 있는 훌륭한 기계입니다"[68]라고 하여 서양 무기의 도입에 적극적 태도를 보이고 있었다.

이때 신헌이 주장한 서기수용은 단순히 서양식 기계를 모방하자는

---

65)『承政院日記』고종 13년 2월 6일, "顧今天下大勢 各國用兵 前後受侮 亦已屢矣 兵力之如此 若或播之各國 臣未知其所護侮 又將如何 臣實甚憂 兵志 攻則不足 守則有餘 天下寧有以其國不守其國者乎 所以滕薛之小 亦一以事大交隣 一以備禦守國 亦能全保於戰國之世."

66)『承政院日記』고종 13년 2월 6일, "櫶曰 器械之精利 耕作之便宜 其所收功 比前三倍利云矣."

67)『承政院日記』고종 13년 2월 6일, "我國若用此船 則漕運最便矣."

68)『承政院日記』고종 13년 2월 6일, "其制甚巧 果爲禦敵之好器械也."

수준이 아니었다. 그는 "그 묘법을 터득해서 귀국에 시행한다면 실로 많은 효과를 거둘 수 있을 것이다"[69]라는 宮本小一의 말을 전하는 방식으로, 그 제작 원리의 습득을 제안하고 있었다. 특히 서양 무기의 핵심 기술과 연관되는 동화모는 "천하가 모두 사용하는데 우리나라에만 없"다고 하였다. 그리고 "저들(일본)이 최근에 그것을 만들었으니, 그 제조법을 모방해서 배울 수 있을 것"[70]이라고 하였다. 이를 볼 때, 이제 신헌은 『해국도지』 등에 담긴 해방사상의 수준을 넘어 이제 일본을 통한 적극적 서양 수용을 전망하고 있었던 것으로 보인다.

조약 체결의 경험은 신헌의 정치와 외교에 있어서도 질적인 전환을 이룬 계기였다. 예컨대 道라는 것은 목숨을 바쳐서라도 반드시 지켜야 하는 절대적 존재가 아니라 백성을 살리는 수단이어야 한다는 사고의 전환은 정치에서의 리얼리즘을 예고하는 것이라고 볼 수 있을 것이다.[71] 그동안 중인들에게만 맡겼던 통역의 한계를 인식하여 朝紳 자제 중에서 외교 전문가를 양성할 필요가 있음을 파악하기도 하였다.[72] 또한 외교사절은 품질과 상례에 구애받지 말고 '일을 아는 사람'을 보내야 한다고 주장하였다.[73] 이러한 인식 전환은 개항 직후 추진된 제1차 수신사의 파견에 크게 반영되고 있었다.

---

69) 『承政院日記』 고종 13년 2월 6일, "若得其妙法 可行於貴國 則實多收效云矣."

70) 『承政院日記』 고종 13년 2월 6일, "銅火帽之洋吹燈 天下皆用之 獨本國無此種 彼人近製其法 可以倣得云矣."

71) 姜瑋, 『古歡堂集』, 「沁行雜記」, "夫所謂道者所以保國安民之物也 今日危國殺民 而後可以衛道 則吾不知其所謂道者果何物也."

72) 姜瑋, 『古歡堂集』, 「沁行雜記」, "且聞彼國少習漢文十年之後當用國文 然則倭語 一學 輅(?)譯之外加意攻習 然後始可以通異國之情 而朝紳之中亦可以儲使材矣."

73) 『承政院日記』 고종 13년 2월 6일.

일본측이 전권대신과 부대신을 파견한 것에 대한 회례의 명분으로 조선측에서도 사신을 파견해달라고 하였다. 그리고 그 시기는 부속조약과 통상장정을 체결해야 하는 6개월 이전이 좋겠다는 것이었다. 그런데 조선 정부에서는 약 보름 만에 수신사를 파견하기로 결정하였고,[74] 수신사로 임명된 김기수가 사폐한 것은 강화도조약 체결로부터 2개월만의 일이었다. 이것은 조선이 강화도조약을 체결하는 과정에서 국제정세에 대한 인식이 비약적으로 깊어지고 있었음을 의미한다.

辭陛하는 자리에서 고종은 김기수에게 일본의 물정을 상세히 탐지하라고 당부하면서 "들을만한 모든 일들은 하나도 빠뜨리지 말고 반드시 기록해오라"는 지시를 내렸다.[75] 한편 박규수는 김기수에게 서한을 보내 "내 나이와 지위가 헛되이 이에 이르러 이번 使行을 나의 벗에게 양보하게 된 것이 한스럽다"고 토로하였다.[76] 신헌과 함께 해방사상에 입각한 정책을 앞장서 추진했던 박규수의 이러한 변화는 이제 조선이 본격적으로 개화정책을 지향하리라는 점을 예고하는 것이었다.

이후 조선은 1880년 제2차 수신사가 가져온 『朝鮮策略』을 적극적으로 이용하면서 본격적인 개화정책에 돌입하게 된다.[77] 개화정책을 추진할 기구로 통리기무아문을 설치하고 영선사와 조사시찰단을 각각 청과 일본에 파견하는가 하면 서구 열강과 직접 조약을 체결하는 데까지 나아가게 된다.

조선은 강화도조약 체결 이후 6년 만인 1882년 5월 미국과 수호조약을

---

74) 『高宗實錄』 고종 13년 2월 22일.

75) 『日省錄』 고종 13년 4월 4일.

76) 『日東記游』 권1, 「差遣」, 2쪽.

77) 李憲柱, 「1880년대 초반 姜瑋의 聯美自强論」, 『한국근현대사연구』 39, 2006.

체결하였다. 이때 신헌은 72세의 적지 않은 나이였음에도 불구하고, 조선측 전권대표로 선정되어 노구를 이끌고 제물포에 나아가 미국측 슈펠트와 조약을 성사시켰다.

5. 맺음말

서구 열강이 처음으로 조선에 개방 압력을 시도한 것은 영국 선박 암허스트호가 내항한 1832년이었고, 그로부터 정확히 반세기가 지난 1882년에 조선은 조미조약을 체결함으로써 적극적인 서구 수용으로 정책을 전환하였다. 신헌은 1827년 관직에 첫발을 디딘 후 1884년 생을 마칠 때까지 집권관료에 편입되어 있었다. 따라서 그의 전 생애는 조선이 서구의 충격에 대응하는 과정과 함께 한 셈이었다. 그는 각 시기마다 민의 동향, 외압의 강도, 경험의 축적 등에 영향 받으면서 적절한 해방론을 제시하고 실천하였다.

신헌은 정약용, 김정희 등으로부터 수학하여 儒將이라는 별호를 받을 만큼 유학적 소양을 갖추는 한편, 그 스승들을 통하여 실학의 실사구시적 성향을 이어받았다. 또한 불교계의 보수적 경향을 비판하며 개혁을 촉구하던 초의선사와의 교유를 통해 사상적 탄력성을 갖추게 되었다. 개항 전 조선에서 문호개방의 필요성을 앞장서 주장했던 강위는 유배지에까지 따라와 같이 살 정도로 신헌과 특별한 관계를 장기간 유지하였다. 그 과정에서 신헌의 대외인식의 심화와 진전이 이루어졌던 것으로 보인다. 한편 신헌이 관직에 들어서 초기 3년 동안 익종의 개혁정치에 참여한 경험은, 훗날 고위 관료로서 제시했던 대내개혁론과 일정하게 연결되었을 것으로 보인다.

서구 열강의 침략이 가시화된 1860년대 초 국방을 담당해야 할 지방군은 사실상 존재하지 않는 형편이었는데, 당시 조선의 사회경제적 상황 등을 고려할 때 단기간에 군제를 복구한다는 건 불가능한 일이었다. 그러므로 신헌은 먼저 民들의 자발성에 기초한 민보방위론을 주장하였다. 이어서 양요기 서양인들이 가지고 온 무기의 위력을 직접 체험하고 나서 그들의 우수성을 인정하여 師夷制夷論을 주장하고 실천하였다. 최종적으로 그는 해양세력의 침략 원인을 근본적으로 해소하기 위해 문호개방이 필요함을 인식하고 직접 실천하였다. 신헌에게 강화도조약은 '攘夷를 위한 문호개방'이었던 것이다.

그동안 강화도조약에 대해서는, '세계정세에 무지한 조선이 아무런 준비없이 외압에 굴복한 수동적인 조약'이었다는 평가가 이루어져왔다. 그러나 본문에서 확인했듯이 조선측 대표는 결코 수동적이거나 굴욕적인 태세로 조약에 임하지 않았다. 비록 조약 초안은 일본측에서 먼저 제시하였으나, 전통적 외교논리를 내세운 조선측이 오히려 주도권을 발휘하여 최종적인 합의에 이르고 있었다. 그리고 강화도 현지에서 신헌과 실무진들의 경험은 향후 조선이 개화정책의 방향을 구체적으로 가늠하는 데에 중요한 토대를 이루게 되었다.

근대 동아시아 국제질서의 개편이라는 관점에서 볼 때, 조약의 결과는 어느 일방의 의지가 관철되지 못하고 절충된 양상으로 나타난 것이었다. 그리하여 조약 전체나 특정 조항의 의미 파악은 일방의 입맛에 맞게 해석될 수 있는 여지를 남기고 있었으며, 그 긴장은 조약 체결 이후 동아시아의 역사가 일본측의 입장에 유리한 방향으로 급속하게 전개되면서 해소되어갔다고 봐야 할 것이다.

한편 조선의 집권층은 1862년 임술민란이 상징하듯 피지배층의 전면적인 저항에 직면하고 있었다. 피지배층의 저항은 그것 자체로 양반지배체제에 위협이 되기도 하였고, 나아가 외부로부터 침략해오는 세력과 연결될 수도 있는 심각한 문제였다. 그리고 서구 열강은 자본주의 물리력을 토대로 밀려오는 세력으로서, 전통적인 침략세력과는 질적으로 다른 세력이었다. 그것은 일회성의 우연적 침략이 아니라 세계사적 대세로 거부할 수 없는 것이었다. 그 위기는 피지배층의 자발성에 기초하여 조선의 모든 인적, 물적 자원을 총동원할 것을 요구하는 것이었다.

농민항쟁기 신헌은 삼도수군통제사로서 농민항쟁이 시작된 주요 지역을 일정하게 관할하고 있었다. 농민항쟁의 발발에는 삼정 중에서도 특히 환곡이 주요 원인으로 작용하고 있었음에도, 당시 신헌은 그 제도가 조종성헌임을 내세우며 단호히 구법의 유지를 주장하고 있었다. 그 폐단이 운영상의 문제에서 발생한 것이므로, 원칙은 준수하되 적간을 강화하며 위반자를 엄벌에 처해야 한다는 입장이었다. 그러나 병인양요를 거치면서부터는 민에 대한 일정한 양보를 전제로 하는 개혁을 제안하였다. 시간이 흐를수록 구제도에 대한 문제점을 지적하는 내용은 증가하였고 비판의 강도도 높아졌다. 당시 대원군의 절대적 신임을 받고 있던 신헌의 이러한 논의는 대원군집권기의 과감한 대내개혁을 이끌어내는 데에 영향을 주었을 것으로 보인다.

이와 같이 볼 때, 신헌을 단지 강화도조약을 체결했던 인물로만 기억하는 것은 지나치게 단편적인 것이다. 그는 우리 역사 최대의 격변기에 전통적 지식인이자 집권층의 핵심에 위치하여 주어진 시대적 과제를 해결하기 위해 가장 치열한 고민과 실천 속에서 살다 간 인물이라고 평가되어야 할 것이다.

將臣 申正熙의 仕宦 이력과 활동

신 영 우

1. 머리말

1894년 9월 26일 高宗은 扈衛副將 申正熙(1833~1895, 字 元中, 號 香農)를 都元帥에 상응하는 품계가 맡는 兩湖都巡撫使에 임명하면서 이 직임이 宰相의 班列이라고 하였다.[1] 그러면서 "卿은 世家의 훌륭한 재목이며 宿將의 뛰어난 후예"라고 말하며, "兩湖를 진정시켜야 하는 책무를 지고 있는 만큼 무력을 쓰지 않고 굴복시키는 데에 더욱 힘써야 할 것"이라고 하였다.

그 이틀 전 議政府에서 兩湖의 '匪類'가 近者에 다시 영남·관동·경기·해서 등지로 세력을 펼치고 있기 때문에 "각처에서 토벌하고 진무하는 일을 모두 巡撫使로 하여금 일체 맡아 처리"하도록 하자고 上奏하였다. 동학농민군이 전국에서 재봉기하는 전에 없는 難題에 부딪친 것이다. 朝廷에서는 당시 최고위 무관인 신정희에게 이 사태를 수습하는 책임을 맡겼다.

---

[1] 『승정원일기』 1894년 9월 26일자.

고종 연간은 조선왕조에서 커다란 변란이 거듭된 격동의 시기였다. 內憂外患의 위기에 직접 대처해서 이를 극복해야 했던 武將은 참담한 시기를 보내야 했다. 官軍은 유명무실해서 正兵은 얼마 되지 않았고 강력한 外敵을 막을 수 있는 역량은 갖추지 못했다. 신식군대가 양성된 이후에는 구식군대가 소홀한 처우에 반발해서 1882년에 軍亂을 일으켰으며, 1884년에는 개화파의 정변을 막지 못하고 淸軍이 개입하여 이를 진압하였다. 관군을 지휘하는 무장의 위상은 약화될 수밖에 없었다.

최대의 사건은 1894년 6월 21일에 일어났다. 일본군이 경복궁을 기습 점거하고 고종을 인질로 삼고 京軍 兵營을 습격해서 무장해제했던 것이다. 신정희는 扈衛副長으로 고종의 보위가 최고 책무였지만 이를 막지 못하였는데, 오히려 그 다음날 군 지휘관을 교체할 때 統衛使를 겸대하도록 하였다.[2] 이처럼 고종이 武將 중에서 가장 신뢰하던 인물 중 한 사람이 신정희였다.

1894년 가을 동학농민군이 대규모로 봉기하는 시기에는 다시 호위부장 신정희가 양호도순무사로서 國亂에 대처해서 동학농민군의 진압을 책임지게 되었다. 왕조정부로서는 일본군이 서울에 주둔하면서 내정을 간섭하고 있던 최대의 外侵 위기에서 시급한 현안인 內戰 종식의 임무를 신정희에게 부여한 것이다. 이것은 조정에 仕宦하던 무장에게 부과된 피할 수 없는 責務이기도 했다.

이 글은 將臣 신정희의 仕宦 과정과 활동에 관해 검토하려는 것이다. 지금까지 이루어진 조선후기 將臣에 관한 연구에서 신정희는 제외되었다. 父親이며 先代 將臣인 신헌은 학식을 갖춘 무장으로서 國防論을 구상한 『民堡輯說』이 주요 연구 대상이 되었고, 일본 및 미국과 통상수호조약을

---

2)『승정원일기』1894년 6월 2일자.

맺을 때 조선 대표를 맡았던 사실 등으로 주목을 받아왔다. 아들 신정희도 그에 못지않은 활동을 한 무관이었지만 전혀 연구된 바가 없다.

신정희는 19세기 후반 1880년대와 1890년대에 여러 관직을 역임하면서 중요한 역할을 맡아왔다. 나라의 기강이 이완되었던 시기에 포도대장으로서 엄격히 사회질서를 유지하려고 노력하였고, 여러 京軍 군영의 대장으로서 정예 軍營을 지휘하였다. 동시에 이른바 老人亭회의의 정부 대표로서 일본의 내정 간섭을 막으려고 하였고, 동학농민군의 전면 봉기에 직면해서는 그 진압을 책임지고 있었다.

이같이 활동한 신정희의 생애와 활동을 밝혀내는 연구가 나오지 않았던 것은 무엇보다 자료 부족 때문이었다. 그의 삶을 밝혀줄 많은 단서가 있는 문집인『香農集』은 소장처가 확인되지 않아 연구에 활용되지 못하고 있다. 관찬사료에는 여러 단편 기록들이 실려 있지만 개인의 활동상을 구체적으로 파악하는 주자료가 되기에는 매우 부족하다. 따라서 이 글은 앞으로 본격적인 연구가 나오기 위한 기초 작업이 될 것으로 생각한다.

2. 香農 申正熙의 入仕와 宦歷

〈申正熙의 仕宦 年表〉

1833년생

(憲宗 : 재위기간 1834~1849)

1849년 17세　　　壯勇衛 額外 司僕寺 內乘, 春塘臺行總衛營別試射 貫一中
　　　　　　　　　邊二中 直赴殿試, 內乘 申正熙 陞六

(哲宗 : 재위기간 1849~1863)

1858년 26세　　　參考官

1859년 27세　　爲訓練副正

1860년 28세　　端川府使

1861년 29세　　海伯 幕賓, 訓練院 正

1862년 30세　　京畿道 中軍

(高宗 : 재위기간 1863~1907)

1864년 32세　　同副承旨, 參贊官, 右承旨, 左承旨, 吉州牧使

1866년 34세　　同副承旨, 公忠道 水使(以病改差), 左承旨, 右承旨, 訓練
　　　　　　　院 都正, 右承旨, 參贊官, 左承旨, 內禁將(以病改差), 同副
　　　　　　　承旨

1867년 35세　　宣傳官, 訓練院 都正, 內乘, 右承旨, 副摠管, 摠戎廳 中軍,
　　　　　　　禁軍別將

1868년 36세　　長陵 獻官, 副摠管, 二所試官, 護軍

1869년 37세　　摠管, 副摠管, 護軍, 漢城府 右尹, 經筵 特進官, 摠戎廳
　　　　　　　中軍, 禁軍別將

1870년 38세　　參贊官, 副摠管, 左副承旨

1871년 39세　　同知義禁府事

1872년 40세　　左承旨, 副摠管, 護軍, 御營廳 中軍, 訓練都監 都正

1873년 41세　　訓練都監 中軍, 承旨

1874년 42세　　副摠管, 護軍, 別軍職, 禁軍別將

1875년 43세　　副摠管, 禁衛營 中軍, 咸鏡道 兵馬節度使(南兵使)

1877년 45세　　禁衛營 中軍, 左捕將, 善騎別將, 同知義禁府事, 兼訓練院
　　　　　　　都正, 右捕將

1878년 46세　　善騎別將, 春川府使, 副摠管, 善騎別將, 護軍, 御營大將,
　　　　　　　左右捕將 兼察, 刑曹參判

1879년 47세　　御營大將, 左捕將, 右捕將, 同知三軍府事, 禁衛大將, 知三
　　　　　　　軍府事(自引賜批)

1880년 48세　　大護軍, 同知三軍府使, 禁衛大將, 知三軍府事

1881년 49세　　知義禁府事, 訓練大將, 統理機務衙門堂上(機械軍物船

艦堂上), 刑曹判書, 兼察總戎使, 兼察禁衛大將, 經理事
(軍務司堂上), 壯禦大將

1882년　50세　知三軍府事, 御營大將(壬午軍亂으로 靈光郡 荏子島 定
配)

1883년　51세　放逐鄕里

1884년　52세　知義禁府事, 前營使, 大護軍, 後營使, 右捕將(起復 後營使
仍任)

1887년　55세　後營使, 左捕將, 大護軍, 知義禁府事

1891년　59세　知義禁府事

1892년　60세　知訓鍊院事, 左捕將, 知義禁府事

1893년　61세　左捕將 兼察 右捕將, 漢城府 判尹, 協辦內務府事, 扈衛副
將, 知訓鍊

1894년　62세　扈衛副將, 工曹判書, 漢城府 判尹, 左捕將, 督辦內務府事,
軍務司 句管, 統衛使, 判中樞院事, 兩湖都巡撫使, 江華留
守

1895년　63세　江華留守

香農3) 신정희는 조선후기 무반 명문가에서 태어났다. 6대조인 漢章
(1649~1720)은 숙종대에 충청수사, 충청병사, 부총관 등 무반직과 여주목
사, 춘천부사, 제주목사 등 외직을 역임하였고, 고조부인 大儁(1720~1785)
은 무과에 급제한 후 영정조 년간에 오위장, 총융청 중군, 내금위장
등 무반직과 삼수부사, 인동부사, 선천부사 등을 지냈다.

증조부 鴻周(1752~1829)는 정조대에 무과에 급제한 후 순조 년간에
좌우포도대장, 평안도·전라도·함경도 병마절도사, 삼도통제사, 배왕대

---

3) 秋琴 姜瑋의『古歡堂收艸』詩稿 4권 중 신정희와 관련된 시에 '香田農客'이란
　표현이 거듭 나오는데 香農은 이를 뜻하는 것이 아닌가 한다.

88

장, 어영대장, 훈련대장과 병조참판을 역임하였다. 진천 논실의 평산신씨 무반가가 將臣閥族으로 위상을 갖게 되는 것은 증조부 때부터이다. 조부 인 義直(1789~1825)은 무과 급제 후 선전관과 평산부사를 지냈으나 30대 중반에 작고하였다.

증조부의 명성은 아버지 橞(초명 觀浩, 1811~1884)이 이어간다. 신정희 의 아버지 헌은 철종과 고종대에 고위 무관직을 역임했던 저명한 將臣으로 서『民堡輯說』등 병서를 저술해서 체계적인 국방론을 제시하였다. 또한 흥선대원군과 고종에게도 신뢰 받아 洋擾와 軍事力 강화를 위한 국가적 사업에 앞장섰으며, 무장으로서는 오르기 힘든 정1품 보국숭록대부로서 한성판윤·형조판서·공조판서·병조판서 등 여러 요직을 역임했다.

신정희는 무관으로 일가를 이룬 집안 배경으로 일찍부터 관직에 오를 수 있었다. 1848년(헌종 14) 10월에 병조판서 趙翼永이 헌종(1827~1849) 에게 "將臣家의 후예에게 무과를 권해서 서용하는 전례가 많이 있다"고 하면서 前兵使 申觀浩의 아들 申正熙 등 3명을 別薦으로 뽑도록 해달라고[4] 상주하였다. 이 요청이 수용되어 신정희는 사복시 내승으로 관직생활을 시작하게 된다.[5]

그러나 집안 배경만으로 출세를 할 수 있었던 것은 아니었다. 우선 같이 入仕하였던 세 사람 가운데 신정희만 將臣에 오르게 되는 과정을 보면 알 수 있다. 兵使 具信喜의 아들 秉祖는 선전관, 전 병사 趙岐의 손자 存天은 부장에 임명되어 오히려 軍職으로는 유리한 위치에서 시작하

4)『일성록』1848년(헌종 14) 10월 3일자, "兵曹判書 趙翼永啓言 將家後進之勸武收 用多有已例 北兵使具信喜子秉祖 前兵使申觀浩子正熙 故兵使趙岐孫存天 人地 俱合獎拔別薦施行 先付軍門哨官例也 而此三人時帶額外壯勇衛 今番則權付哨 官請置之從之 敎以宣傳官 內乘 部將加設口傳單付."

5)『武譜』V. 2, "申正熙 景賢 癸巳 ; 己酉庭 ; 別薦 戊申內乘."

였으나 중도에 커다란 실책으로 승진에서 밀려나고 신정희만 장신까지
오르게 된다.[6] 신정희에게는 오랜 재임 기간 중 재물을 탐하는 부정행위와
관련된 문제가 전혀 나오지 않았는데 이것이 출세의 주요 기반이 되었던
것 같다.

신정희의 능력은 文武에 걸쳐 일찍부터 발휘되고 있었다. 1849년에는
春塘臺에서 열린 總衛營 別試射에 참가하여 貫一中 邊二中으로 殿試에
直赴하는 영예를 얻었다.[7] 전시에 급제한 뒤 무관으로서 출세를 예약하는
정통 관직을 밟기 시작했다.[8] 憲宗은 이러한 신정희의 무예에 관심을
가졌을 것이지만 그뿐이 아니었다. 무엇보다 신정희는 "別軍職으로 禁中
에서 독서하면서 크게 총애를 받았다."[9] 그의 부친이 학식이 높은 장신으
로 이름이 난 것과 같이 궁중에 들어와서도 독서에 열심이었던 17세의
소년 신정희에게 22세의 청년 왕 憲宗이 관심을 보였던 것이다.

헌종은 불우한 왕이었다. 8세의 어린 나이로 즉위해서 안동김씨와
풍양조씨 두 외척 사이에 정권을 둘러싸고 벌이는 경쟁에서 속수무책이었
다. 재위기간(1834~1849) 동안에 전국에서 전염병과 홍수 등 재해가
빈번히 일어났고, 삼정문란에 불만을 품은 농민들이 민란을 일으키는
혼란한 상황이 이어졌다. 20대에 들어선 헌종은 1846년 총융청을 개칭한
총위영을 기반으로 자신의 권력기반을 만들려고 하였다.[10] 총위영은

---

6) 구석조는 1864년 상주영장 재임시 勒取와 討索 혐의로 숙천으로 정배 간
　이후 벼슬길이 늦어져서 1893년 뒤늦게 禁軍 別將(『일성록』 1890년 10월 9일),
　평창군수와 통위영 兵房을 맡고 있고, 조존천은 1858년 公貨를 범한 것(『일성록』
　1864년 6월 3일)이 문제가 된 바 있었는데 1864년 渭原군수가 되었으나 다음
　해에 재임 중 사망하였다.

7) 『일성록』 1849년(헌종 15) 4월 17일자, "竝加資額外壯勇衛 申正熙等五人."

8) 張弼基, 「朝鮮後期 別軍職의 組織과 그 活動」, 『史學研究』 40, 1989.

9) 黃玹, 『梅泉野錄』 제1권 上(1894년 이전).

경기 일대와 북한산성의 경비를 담당하는 군영으로 사직동 북쪽에 군영이 있기 때문에 왕이 직접 통제하면 강력한 물리력이 될 수 있었다. 신정희는 헌종이 미래에 활용할 인재로서 눈에 띄었던 것이 아닌가 한다.

청년 왕과 소년 무관은 궁궐 안에서 친밀하게 시간을 보냈던 것 같다. 헌종은 제왕 수업을 착실히 받아, 다음 기록처럼, 건실한 자세를 갖고 있었다. "왕은 端嚴하고 正直하셨다. 날이 밝기 전에 세수하였으며, 피로하고 권태로워도 몸을 기우듬히 기대지 않고 낮에는 누운 적이 없었다. 한가히 쉴 때에도 의관을 갖추지 않고서는 조정의 신하를 만나지 않으셨으며……여가에는 늘 책을 대하여 밤이 깊기에 이르고 평소 懋實에 스스로 힘쓰셨다."[11] 이러한 헌종은 자신과 비슷한 소년 신정희의 근실한 자세와 독서에 호감을 가졌고 총애했던 것이다.

하지만 그 기간은 오래 가지 않았다. 신정희가 殿試를 보았던 그해 6월 헌종은 23세의 나이로 창덕궁 중희당에서 일찍 세상을 떠났다.[12] 소년기에 至尊과 가까이하고 밀접히 교류했기 때문에 그의 애석한 감정은 매우 깊었을 것이다. 그래서 오랜 뒤에도 헌종의 탄생일에는 진천 논실의 향리에 머물다가 서울에 올라와 헌종의 眞殿에서 열리는 茶禮式에 참석해서 "당시의 일을 들먹이면 오랫동안 눈물을 흘렸다"[13]고 한다. 헌종과의

---

10) 『헌종실록』 헌종 12년 8월 5일, "하교하기를, '숙위의 소홀함이 근일에 막심하니, 변통하지 않을 수 없다. 전에도 전례가 있었으니, 총융청을 고쳐 총위영으로 만들고, 번을 나누어 금중에 입직하게 하여 숙위를 엄하게 하되, 모든 절목은 묘당으로 하여금 잘 마련하여 계하하게 하라.' 하였다."

11) 『헌종실록』 부록 묘지문.

12) 위의 자료, 헌종 15년 6월 6일.

13) 黃玹, 위의 자료, 申正熙의 경력. "노후에 그는 비록 시골집에 있었지만 헌종의 탄생일에는 서울에 와서 眞殿의 茶禮式에 꼭 참석하고, 무슨 이야기를 하다가도 이야기 중 당시의 일을 들먹이면 오랫동안 눈물을 흘렸다."

관계는 신정희의 仕宦 생활에 큰 영향을 미쳤던 것 같다. 특히 궁궐 안의 근무와 생활에 익숙해져서 후대의 왕과 격의 없이 지내는 경험이 되었다.

왕위를 계승한 철종(1831~1863)은 신정희보다 두 살 위의 왕이었지만 가깝게 지내지는 못하였다. 철종의 재위기간(1849~1863)에는 신정희의 활동이 잘 드러나지 않는다. 여러 무관직을 역임했지만 일부를 제외하고는 어떤 관직을 거쳤는지도 잘 확인되지 않는다. 관찬자료에는 하급 무관에 관한 기록이 나오지 않기 때문이다.

이 시기에 벼슬자리도 순조롭게 올라가지 않았다. 금위영 대장이었던 아버지 신관호가 헌종이 위독할 때 '不正한 경로로 醫員을 궁중에 들'이고 私家에서 만든 약을 복용하도록 한 죄로 귀양을 가게 되었는데 이 때문에 宦路가 영향을 받았을 수도 있다.[14]

일부 단편적인 기록은 남아있으나 이것만으로는 20대의 신정희를 잘 알 수 없다. 1858년 慕華館에서 열린 武科에 考官인 南秉哲, 洪說謨, 李元夏를 도와 參考官으로 참여하였다. 1860년에는 28세의 나이에 함경 도의 端川府使로 나갔다. 처음 나간 외직에서도 별다른 문제는 없었던 듯하다. 무사히 외직을 마치고 돌아온 신정희를 李裕元이 1861년에 황해

---

14) 『철종실록』 1849년(철종 원년) 7월 16일, "春間에 大行大王께서 患候가 더하시자, 전라감사 南秉哲이 늘 신을 대하여 걱정하여 애를 태웠는데, 이내 성상께서 方外의 정통한 醫員을 만나보고 싶어하신다는 말을 들었습니다. 마침 신의 집에 시골 무변들이 軍門의 일로 올라와 묵고 있었는데 꽤 의술에 精通한 자가 있어 신이 과연 말씀을 올렸었으나, 이름이 內醫院에 올라 있지 않았으므로 역시 천단하여 들여보낼 길이 없었습니다. 그 얼마 후에 대행 대왕께서 그 때에 禁營의 哨官으로 있던 그 사람을 생각하시고 금위영 대장 申觀浩더러 데리고 들어오라 명하시어 診候케 하셨으니, 이 일의 전말은 이와 같을 뿐입니 다."

도 감사로 나가면서 鄭雲龜와 함께 幕賓으로 동행하였다.15) 그런 뒤
같은 해에 정3품 당하관직인 訓鍊院 正을 맡는다. 이를 보면 철종대에도
무관으로서 주요 직임을 역임하고 있는 것을 알 수 있다. 1862년에는
경기도 中軍에 임명되고 있었다.

고종(1852~1919)이 즉위한 후 신정희는 近侍가 된다. 그 후 평생 국왕이
의지하는 무장으로 여러 관직을 역임하고 있다. 1863년 갑자기 궁궐에
들어와서 외로움을 견뎌야 했던 10대 소년인 고종에게 이때부터 31세의
그가 믿음직한 조력자로 등장한 것이다.

1864년(고종 1) 3월 7일 동부승지에 신정희가 낙점되었다.16) 무관도
승지로 발탁하는 것이 관례였지만 신정희가 선임된 것은 그의 학식이
고려되었을 것이다. 품계가 올라 정3품 당상관으로 소년 왕을 모시게
된 그는 이미 헌종과 밀접한 관계를 가졌던 경험이 있었기 때문에 측근으
로서 처신에 어려움은 없었다. 신정희는 인품에서 평가가 높았던 인물이
었다. "그는 용모가 단정하고 재주가 영민"17)하였으며, 진실하면서도
강직한 성품을 가졌다. 고종은 그런 신정희를 신뢰하였다.

고종은 1864년에서 1874년까지 근 10년 동안 그를 承旨와 禁軍 別將18)

---

15) 李裕元,『林下筆記』25권, 春明逸史, 啓請幕僚, "道伯이 된 자는 매양 이름난
   武臣을 골라서 幕賓으로 삼아 주기를 계청하는데, 그러한 사례가 많이 있다.
   내가 전라도 관찰사에 임명되었을 때에는 訓鍊院 正 申檜과 司僕寺 內乘 李章濂
   을 계청하였고, 황해도 관찰사에 임명되었을 때에는 절충장군 申正熙와 鄭雲龜
   를 계청하였는데, 모두 고르고 또 고른 것이었다. 그 뒤 몇 년 지나지 않아서
   이장렴도 강화유수로서 대장의 반열에 올랐고, 그 나머지 세 막료들도 모두
   承宣과 亞將의 반열에 이르렀는데, 세상 사람들이 더러 나의 鑑識을 칭찬하기도
   하였다." 영의정으로 오른 이유원이 이런 기록을 할 정도로 신정희는 당대
   '이름난 무신'으로 꼽히고 있었다.
16)『승정원일기』1864년 3월 7일자, "承旨前望單子入之 趙鳳夏申正熙落點."
17) 黃玹, 앞의 자료.

등으로 임명해서 측근에서 떠나지 못하게 하였다. 1864년에 동부승지, 우부승지, 좌승지 등을 번갈아 역임하다가 12월 말에는 吉州牧使로 부임해서 1866년 6월까지 재임한다. 신정희는 고종대의 긴 관직생활 중 외직은 세 차례만 나가는데, 이때 길주목사로 부임한 것과 1875년에 함경도 南兵使로 부임한 것, 그리고 1878년 1월 춘천부사로 잠시 있었던 것뿐이었다.

1866년 길주목사를 마치고 돌아와 승지를 맡을 때 벌어진 일을 보면 사정을 짐작할 수 있다. 이때 공충도 水師와 경상도 左兵使로 선임되었는데, 신정희는 모두 병이 있다는 이유로 부임하지 않았다. 그런 며칠 후에는 승지에 임명되는데 이때는 신병에 관한 설명도 없이 관직을 맡고 있다. 이를 보면 실제로 병이 있었던 것 같지는 않다. 심지어는 궁궐에서 숙직하는 內禁衛將도 병을 핑계로 맡지 않는데 바로 그때 승지에 임명되면 그대로 맡고 있다. 이런 상황은 홍선대원군이 섭정으로 전권을 행사하면서 신정희를 외직에 보내려고 할 때마다 고종이 붙잡아 둔 것이 아니라면 이해가 되지 않는다.

1867년에는 오위도총부 摠管을 모두 바꾸라는 傳敎에 따라 병조에서 선임한 도총관과 부총관 단자를 올리니까 고종이 신정희의 이름을 더 써넣어 부총관에 낙점하였다.[19] 역시 이례적인 일이었다.

고종과 신정희의 관계를 보여주는 사례가 『매천야록』에 다음과 같이 기록되어 있다.

---

18) 이하 仕宦 관련 자료는 『비변사등록』 『고종실록』 『일성록』 『승정원일기』의 고종 연간 기사 중 신정희 기록을 중심으로 정리한 것이다.

19) 『승정원일기』 1867년 8월 4일자. 이때 같이 더 써넣은 인물이 승지를 지낸 李志謙이었다.

고종은 13세에 등극하였다. 수년이 지난 후 경연에서 『맹자』를 講하다가 「湯以七十里 文王百里」란 대목에 이르러 慨然히 좌우를 돌아보며, "70리와 100리의 작은 땅으로 천하에 정치를 하였는데 우리나라는 삼천리나 되니 말할 필요가 있겠습니까? 어떻게 하면 燕雲을 평정하여 祖宗의 치욕을 씻을 수 있겠습니까?"라고 하였다. 좌중에는 아무도 대답하는 사람이 없었다. 이때 武班의 승지로 입시하였던 申正熙가 班列을 넘어와서 "이것은 매우 쉬운 일입니다"라고 하였다. 이에 고종은 "그 대책이 무엇입니까?"라고 묻자, 그는 "전하께서 덕을 닦으십시오"라고 하였다.

국왕 앞에서 하기 어려운 말이었지만 이런 말을 쉽게 할 수 있었던 것은 궁궐에서 보낸 오랜 세월과 더불어 선대 헌종 때부터 가졌던 국왕들과의 교류 경험 때문인 것으로 보인다.

1867년 4월 6일 고종이 즉위하기 전에 살던 운현궁으로 거둥하는 커다란 행사가 벌어졌다. 이 행차는 대원군의 위세를 높여준 행사로 이야기되는 것이다. 이 행차에 六房承旨를 비롯한 近臣들이 참여해서 侍立하였는데 좌승지 신정희도 운현궁 길을 陪行하였다.[20]

신정희는 승지를 지내면서 두 가지 커다란 경험을 하게 된다. 첫째는 당대의 뛰어난 才士들을 만나게 된 것이다. 일부 사례만 든다면, 1864년 처음 동부승지가 되었을 때 며칠 뒤 朴珪壽가 도승지가 되고 閔奎鎬가 우승지가 되었다. 북학파 박지원의 손자로서 개화파 형성에 영향을 발휘한 박규수가 평양감사와 우의정으로 정계의 주요한 역할을 맡은 사실은 잘 알려져 있는데 아버지 신헌 대장과 막역하게 교유하는 사이였다. 박규수가 경연의 강관으로 어린 왕 고종에게 학문과 정치를 가르치는 자리에 승지 신정희도 자리를 같이 하고 있었다.

---

20) 『비변사등록』 1867년 4월 6일자.

고종이 당대의 석학과 함께 공부하는 경연 자리에 參贊官으로 참여한 것은 경륜을 넓히는 중요한 기회가 되었다. 신정희는 무관이었지만 학식이 높았다. 이는 관료들 사이에서 인정을 받은 바였다. 그래서 경연에 참석해서 일정한 직분을 담당하고, 발언을 하기도 한다. 경연은 그에게 문무를 넘나드는 역량을 기르는 자리가 되었다.

민규호는 영조대에 좌의정을 지낸 閔鎭遠의 9세손으로서 1873년 대원군이 하야한 후 閔氏 戚族의 대표적인 정치인이 된다. 민영익이 출현하기 전까지는 "兩殿의 눈치를 잘 살펴 교묘하게 뜻을 잘 받들었으므로 兩殿은 항시 그를 의지하였다"[21]고 할 정도로 수완가였다. 신정희보다 3살 아래인 그는 예조판서와 이조판서를 역임했을 뿐만 아니라 어영대장에 올라 軍營의 長이 된다. 1875년에는 훈련도감과 龍虎營 그리고 扈衛廳을 武衛營으로 합치는데 그 책임자인 武衛都統使가 된다. 1878년 10월에는 병중이라서 활동할 수 없었지만 우의정까지 오른다.[22] 학식이 높아 『阮堂集』 서문을 쓰기도 하였다. 매천 황현은 신정희가 민규호와 가까운 것을 비판하기도 하지만, 이 친분은 관직생활에 적지 않은 도움이 되었을 것이다.[23]

---

21) 『매천야록』 제1권, 上 민규호의 사망.

22) 『고종실록』 1878년(고종 15) 10월 15일, "右議政 閔奎鎬가 卒하였다. 전교하기를, '이 大臣은 문학과 경제에 깊은 조예가 있고 언제나 변함없는 자태가 있었으니, 실로 온 나라가 의지하던 사람이었다. 그러나 근래에 와서 병이 심하게 된 것은 일찍이 몹시 수고하여 몸이 쇠약해졌기 때문에 그렇게 된 것이 아닐 수 없다. 이즈음 부르지 않던 끝에 정승으로 위임하였는데 미처 조정에 나오지 못하고 갑자기 세상을 떠났으니, 내가 나오게 하려고 고심하던 것이 이제는 그만이다. 의젓하고 단정하던 모습과 충성으로 도와주던 재능을 다시 볼 수 없게 되었으니, 거듭 슬퍼하는 마음을 어찌 말로 표현하겠는가?"

23) 『梅泉野錄』 제1권, 上 ⑦ 14, 將臣 신정희 부자, "申正熙가 禁衛營의 대장이 되었다. 옛날부터 무신은 부자가 한 시대에 登壇할 수 없었으나, 신정희는

이들을 비롯해서 승지로 같이 일하게 되는 인물들은 과거 급제 후 淸職을 거치던 역량이 있는 사람들이었다. 당대의 대표적인 학자와 고위 관료로 활동하게 되는 인물들이 사관으로 주요 자리에 함께 참석하였다. 이들과 만나 교류의 폭을 넓히게 된 것도 신정희에게 힘이 되었다.

둘째는 고종에게 올리는 각종 보고를 대신 아뢰거나 왕명을 직접 전하면서 큰 경험을 쌓게 되는 것이다. 당시는 대원군이 과감하게 국정개혁을 추진하고 있던 시기였다. 안동김씨의 세도정치를 청산하면서 부패한 관료를 물러나게 하는 등 백성들의 생활을 안정시키고 왕권을 강화하는 일련의 조치가 취해졌다. 국정은 대원군의 손에서 처결되었으나 정치는 궁궐을 중심으로 움직였기 때문에 승지로서 이를 지켜보는 것은 안목을 넓힐 수 있는 기회였다.

당시 러시아가 연해지역에 들어오면서 경보가 발해지고 있었고, 1866년에는 병인양요가 일어났다. 조정에서는 좌의정 김병학의 건의에 따라 훈련대장 李景夏를 畿輔沿海巡撫使로 임명해서 中軍을 먼저 파송하였고, 총융사 신헌에게 명하여 馬步軍 1초, 보병 2초 등을 영솔하여 한강 연안을 순찰하도록 하고 좌우 포도대장에게 성 내외를 순찰하였다.[24] 아버지 신헌 대장이 직접 한강 연안을 순찰하며 일선에서 전쟁에 대비하고 있던 시기에 신정희는 궁중을 지키는 업무를 맡고 있었다. 국난을 맞아 각종 대책이 세워지고 시행되는 전말을 목격한 것은 무관으로서 중요한 경험이었다.

1867년 9월 신정희는 禁軍別將을 맡는다. 고종의 친병인 금군은 무예가 탁월하거나 권세가 자제들을 선발해서 구성하였고, 이들을 별장이 통솔하

고종의 총애를 받는데다가 민규호와 친한 사이라 이런 除命이 내린 것이다."
24) 『승정원일기』 1866년 9월 8일자.

였다. 또한 궁궐의 숙위를 담당하는 五衛都摠府의 부총관을 겸직함으로서
무관으로의 출세도 이어졌다. 1867년부터 도총부가 폐지되는 1882년까지
부총관을 겸직하면서 종2품직인 한성부 우윤, 훈련도감 중군, 금군별장으
로 일하고 있었다. 고종이 계속해서 부총관에 낙점한 것은 이 군직이
갖는 중요성 때문이었다.

1874년에는 궁궐을 수위하기 위해 武衛所를 신설하였다. 都統使는
趙寧夏와 閔奎鎬로 이어졌는데 신정희는 李鳳儀와 함께 善騎別將에
선임되었다.[25]

나이 43세가 된 1875년 8월, 申正熙는 함경도 병마절도사[26]가 된다.
길주목사 역임 이후 외직으로 처음 나가는 기회였다. 북청의 南兵營을
지휘하는 병사로서 재임기간에 특별한 사건은 없었다. 內醫院에서 쓸
약재인 鹿茸을 진상하는 책임이 있었는데 품질이 떨어지는 하등품을
보내서 반송되는 경우[27]가 예외적인 경우였다. 함경도 이원에는 4개의
봉수대가 설치되어 모두 400명의 烽燧軍이 책임을 지고 있었는데 그
보충 등에 문제가 많이 나타났다. 이원현감이 함경감사와 남병사에게
첩정으로 그 딱한 사정을 알리자 감사 李會正[28]과 함께 남병사를 역임한

---

25) 『武衙登選錄』. 규장각에 소장된 武衛所 관원록으로 "都統使 趙寧夏, 提調 李康輔,
　　從事官 李憲稙, 善騎別將白樂貞, 提調 金輔鉉, 都統使 閔奎鎬, 善騎別將 金箕錫·
　　李鍾承·李奎夾, 從事官趙臣熙, 善騎別將 李鳳義·申正熙 순으로 職名·姓名·生
　　年·字·登科年 나이·科種과 除授年 나이·前職·本貫·號 등"이 기록되어 있다(규장
　　각 한국학연구원 해제 참조).

26) 함경도 병마절도사의 별칭은 南兵使이다.

27) 『승정원일기』 1876년 8월 5일자.

28) 이회정(1818~1883)은 충청도 청천 출신으로 대원군의 측근이었다. 효령대군의
　　14대손인 그는 1864년 교리, 1866년 북청부사, 1870년 대사성, 1871년 이조참의,
　　1872년 병조참의, 1874년 도총관·冬至正使·공조판서, 1875년 한성판윤·강원감

신정희가 三軍府에 전해서 斗應峙邑 주봉의 양편에 설치된 봉수를 하나로
줄이게 하였다.[29] 함경도는 러시아 군함이 출현해서 보고되는 곳이었지
만 신정희가 남병사로 재임했을 때에는 외국 군함이 출몰하지 않았다.

1876년 일본이 함대를 보내 강화도에서 충돌을 하는 방법으로 통상조약
의 체결을 강요하였다. 조선 정부는 군사력으로 대응해야 할 상황에서
정책을 전환해서 새로운 형식의 조약을 맺기로 했다. 그렇지만 근대
외교 관행을 잘 알고 있는 인물도 없었고, 대비도 되어 있지 않았다.
정부는 무장이면서 학식이 있는 신헌 대장을 접견대신에 임명해서 일본과
강화도조약을 체결하도록 하였다. 그 과정은 신헌이 『심행일기』에서
자세히 전말을 기록하고 있다.[30] 근대의 외교 관행을 잘 알지 못하던
아버지 신헌 대장이 접견대신으로 활동하고 있던 시기에 신정희는 함경도
임지에 있었다.

3. 捕盜大將 申正熙와 治安維持

외직 남병사 직임을 무사히 마치고 돌아온 1877년 3월 금위영 중군을
거쳐 4월에는 左邊 捕盜大將이 된다. 신정희가 45세 때의 일이다. 이때부터

사·함경감사, 1878년 한성판윤·도총관, 1880년 한성판윤·도총관, 1882년 판의
금부사 등을 지냈다. 임오군란 이후 민비의 衣襯葬禮에 찬성한 까닭에 정배
후 사사되었다. 그의 증손자가 李承晚의 비서, 국방장관, 서울시장, 국회의장직
을 역임하고 1960년 정부통령 선거에서 부정선거로 부통령에 당선되었으나
4·19혁명으로 아들 이강석에 의해 4월 28일 권총으로 사살된 晩松 李起鵬
(1896~1960)이다.

29) 『승정원일기』 1877년 2월 28일자.

30) 신헌, 『沁行日記』. 이 자료는 2010년 도서출판 푸른역사에서 김종학 번역본으로
간행되었다.

1894년에 이르기까지 신정희의 관직에는 좌우 포도대장의 이력이 주요
위치를 차지하게 되었다.

신정희가 처음 포도대장에 추천된 때는 6년 전인 1871년이었다. 포도대
장은『兩銓便考』[31]에 훈련도감 중군과 한성부 좌우윤을 모두 지낸 사람만
추천하는 규정이 있었다. 신정희는 한성부 우윤은 지냈지만 훈련도감
중군을 역임하지 않았기 때문에 추천된 것은 법을 어긴 일이 되었고,
영의정 김병학이 이를 지적해서 취소시킨 적이 있었다.[32] 고종이 신정희
를 1873년에 훈련도감 중군에 임명한 것은 포도대장을 시키기 위한
이력을 갖춰놓은 것이기도 하였다.

일단 포도청의 책임을 맡자 신정희는 나라의 기강을 바로잡는 강력한
포도대장으로서 부각이 되었다. 백성들에게 '포도대장 신정희'를 각인시
킬 기간은 충분하였다. 1894년에 이르기까지 무려 18년 동안 7차에 걸쳐
다른 주요 軍職이나 관직을 맡으면서 포도대장을 겸하게 되었다. 포도대
장 자리에서 떠난다고 하더라도 곧 다시 그 임무로 돌아오고, 좌변포도대
장과 우변포도대장을 번갈아 맡거나 두 포도대장 자리를 겸직하기도
했다.[33] 또 한성 판윤과 같이 도성 안의 치안 유지를 담당하는 직책을

---

31)『고종실록』1865년 9월 26일자, "『大典會通』의 原編은 체제가 근엄한 것인
    만큼 단지 綱領만을 들어 보충하고, 吏典과 兵典의 허다한 條例들은 별도로
    수집하여『兩銓便攷』라는 이름을 붙여 늘 볼 수 있는 자료가 되게 하는 것이
    좋을 것 같습니다."

32)『승정원일기』1871년 7월 30일자, 영의정 김병학의 箚剌에서 "포도대장은
    일찍이 훈련도감 중군, 한성부 좌우윤을 지낸 사람으로 의망해 들이는 일이
    바꿀 수 없는 법전"이라고 밝히면서 신정희가 훈련도감 중군을 지내지 않고
    포도대장에 추천된 것을 지적하고 있다. ;『兩銓便考』37, "捕將以曾經訓中亞尹
    人擬差."

33) 조선의 중앙 관직은 임기가 없이 수시로 교체되는 것이 관행이었다. 포도대장의
    재임기간을 조사한 논문(朴銀淑,「開港期 捕盜廳의 運營과 漢城府民의 動態」,

이어 맡았다.34)

포도대장은 고종이 신임한 사람들로 임명하였는데 1877년 이후 포도대장을 맡았던 인물은 여러 명이었다. 이들 중 金箕錫·李鍾健·趙義復·李景夏·李鳳儀·鄭洛鎔·韓圭㞢·申正熙 등은 "왕의 두터운 신임 아래 강력한 실권을 행사한 것으로 보인다."35) 여기서 흥미 있는 사실은 포도대장을 역임한 여러 인물들이 '전형적인 武人家'를 이루고 있는 경우가 많고, 형제가 함께 포도대장에 임명되는 경우가 있었다는 것이다. 李鍾健과 李鍾承 형제, 韓圭稷과 韓圭㞢 형제, 申正熙와 申奭熙 형제가 그들이다.

신정희의 3살 아래의 아우 신석희는 樂熙와 쌍둥이 형제들인데 이들의 仕宦도 家兄 신정희와 비슷한 과정을 밟고 있었다.36) 석희는 별천으로

『서울학연구』 V, 1995, 148~150쪽)을 보면 이 시기에 가장 오래 포도대장을 맡았던 사람들을 金箕錫(7차 4년 이상), 신정희(7차 3년 반 이상), 李鍾建(4차 3년 이상)으로 꼽고 있다. 그러나 자료가 명확하지 않아 재임기간을 정확하게 아는 것은 어려운데, 韓圭㞢이 1985년 10월에서 1892년 10월까지 1차에 7년을 재임했다고 파악한 것은 적절하지 않아 보인다. 같은 시기에 신정희가 좌우 포도대장을 겸찰한 시기가 있었고, 다른 사람과 좌우 포도대장을 나누어 맡은 기록이 여러 차례 나오고 있다.

34) 다만 임오군란 이후 2년 간 관직에서 떠날 때가 예외였다.

35) 朴銀淑, 위의 논문, 2 捕盜廳의 運營主體.

36) 申奭熙(1836~1907)

1860년	25세	別軍職
1861년	26세	試記柳葉箭 貫一中邊二中 直赴殿試, 宣傳官
1863년	28세	康翎縣令
1864년	29세	京畿中軍
1868년	33세	右承旨, 左承旨
1871년	36세	坡州牧使
1876년	41세	黃海道 水使
1880년	45세	全羅道 兵使
1882년	47세	禁衛營 中軍

별군직에 임명된 후 殿試에 급제하고 선전관으로 사환을 시작[37]하였고, 낙희도 역시 별천으로 내승에 임명된 후 무관으로 벼슬살이를 하게 된다. 신석희는 형에 이어서 승지를 역임하고 병사와 수사를 지낸 다음 1884년과 1890년에 포도대장이 되었던 것이다.

포도청의 군사와 관속은 한성부의 관원보다 많았다. 조정에서 금지한 각종 행위를 공권력으로 막아야 하고 경기도까지 관할하면서 치안을 유지해야 했다. 고종이 적임자를 선정해서 포도대장을 맡기게 된 것은 궁궐 호위뿐 아니라 궁궐 밖에 행차할 때에 수행하는 직무 때문이기도 하였다. 성내 순행이나 陵幸 등에서 어가를 호위하는 포도군사의 지휘 책임을 신뢰하지 않은 인물에게 맡길 수는 없었다.

1884년	49세	右營 兵房, 左捕將
1890년	55세	陪往大將, 漢城府 判尹, 左捕將, 兼察右捕將
1893년	58세	黃海道 兵使
1894년	59세	忠淸道 兵使, 漢城府 判尹, 統衛營 兵房
1896년	61세	內部協辦, 內部大臣 署理
1898년	63세	中樞院議官, 警務使

申樂熙(1836~1886)

1863년	28세	別薦
1864년	29세	內乘
1865년	30세	都摠府 都事, 都摠府 經歷, 宣傳官
1866년	31세	武試官
1967년	32세	訓鍊院 僉正, 武一所試官
1868년	33세	摠戎廳 把摠
1870년	35세	宣傳官
1871년	36세	价川郡守(1874 襃賞 陞)
1876년	41세	長淵府使
1878년	43세	黃海道 水使

37) 『武譜』 V. 2, "申奭熙 丙申 庚申別軍 辛酉庭."

고종대의 포도청은 할 일이 많았다. 도적 등 각종 사회사범과 경제문란을 일으키는 사범을 잡아야 했고, 동학을 비롯한 사교를 금지하는 직무도 맡았다.[38] 갖가지 사건들이 일어나서 혼란을 야기하고 있었지만 섣불리 통제를 시도하면 오히려 포도청이 저항의 목표가 되기도 하였다.[39]

신정희는 가차 없는 형벌을 통해 사회질서를 잡으려고 하였다. 그 결과 전국에 이름을 떨치게 된다. 그러한 과감한 조치를 취하는 포도대장은 시국이 요청하는 인물이라고 평가되었고, 고종도 신정희가 포도대장에 맞는 적임자라고 믿고 있었다.[40]

1892년 10월 29일, 다른 軍職을 맡아 오래 포도청의 업무에서 떠나있던 신정희가 진천 향리에 머물러 있던 중 긴급히 조정에 불려오게 된다. 좌변포도대장에 다시 제수되었던 것이다.[41] 우의정 鄭範朝가 차대하는 자리에서 사회소란을 우려하면서 좌우 포도대장의 교체를 상주했는데 그에 따라 신정희의 발탁이 결정되었다. 정범조가 상주한 말에는 당시의 혼탁한 사회사정이 그대로 드러나 있다.[42]

근래에 도적들이 일으키는 소요가 갈수록 더욱 심해져서 대낮에 큰길

---

38) 『捕盜廳謄錄』 下, 左捕盜廳謄錄 15책, 保景文化社, 1985. 포도청의 업무는 1866년 11월 대원군의 지시에 따라 사교 금지를 비롯 각종 경제사범과 逆獄에 관한 일까지 확대된다.

39) 朴銀淑, 「개항기(1876~1894) 漢城府 하층민의 저항운동과 그 성격」, 『韓國史研究』 105, 1999.

40) 황현, 앞의 자료.

41) 『승정원일기』 1893년 10월 29일, "새로 제수된 좌변포도대장 신정희가 현재 충청도 鎭川에 있습니다. 명소, 대장패, 전령패를 전해 주는 일이 한시가 급하니, 속히 역말을 타고 올라오도록 하유하는 것이 어떻겠습니까?"

42) 『고종실록』 1892년 10월 29일.

의 여기저기에 떼를 지어 다니며 가게들을 모두 털고 길가는 사람의
물건을 약탈하며 나라에 바치는 公物을 빼앗고 守令이 다니는 길을
탐지하여 물건을 약탈하므로 길이 막혀 소문이 몹시 소란합니다. 심지어
도성문 안이나 수도에서까지 남의 옷이나 갓을 빼앗는 변고가 왕왕
있는데 都下가 이러하니 지방에 대해서도 짐작할 만합니다. 이것은
참으로 지난날에 없던 일로 이웃 나라에 전해져서는 안될 일입니다.
　지난 날 매우 엄하게 명령하지 않은 것이 아니지만 끝내 체포한 성과가
없었으니 해당 관리들이 만일 성실한 마음으로 對揚하였다면 어찌 이
지경에까지 이르렀겠습니까? 법망이 분명히 있으니 갈수록 놀랍고 한탄
할 일입니다. 左右捕將에게 譴罷의 형전을 시행하고 철저히 규찰하며
기일을 정하고 도적들을 쓸어내도록 해야 합니다.

　도적이 사방에서 일어나며 민간은 물론 공물까지 빼앗기는 사태가
되어도 막지 못했다고 한다. 더욱이 도성 안에서까지 강탈이 자주 일어나
는데 외국에 알려지면 나라의 수치가 될 것이 걱정될 정도였다. 매천
황현은 시중에 전해지는 일화를 또한 다음과 같이 전하고 있다.

　신묘년(1891)과 임진년(1892)이 바뀔 무렵 서울에서는 火賊이 크게
일어나서 약탈과 살인 등 끔찍한 사건이 종종 대낮에도 발생하고, 심지어
는 대궐 안의 員役들까지 도적질을 하였다. 고종이 동쪽 방에서 서쪽
방으로 가면 동쪽 방의 물건이 없어지고, 서쪽 방에서 동쪽 방으로
가면 서쪽 방의 물건이 없어졌다.
　고종은 이것을 매우 걱정하고 있었으나 어찌할 도리가 없어, 하루는
時原任大臣 金炳始와 金弘集을 모두 대궐로 모이게 하였다. 그들은 서로
말하기를, "우리를 부르시는 것은 포도대장을 추천하라고 하는 것이니
누가 그 임무에 적합하겠습니까?"라고 하자 김홍집이 말하기를, "申正熙
입니다" 하였다. 김병시는, "그러면 누가 그와 짝이 될 수 있겠습니까?"라

고 하자 김홍집은, "마지못하면 李鳳儀가 어떻습니까?"라고 하였다.

이때 김병시는 손을 저으며 "임금께서는 자기 앞에 있는 사람을 두둔하시므로 우리는 상 앞에서 절대 말하지 말아야 합니다. 그러면 상께서 스스로 선택할 것입니다. 상께서도 보시는 눈이 있으시니 반드시 이 두 사람에서 벗어나지 않을 것입니다"라고 하였다. 그 후 그들이 대궐로 들어가자 고종은, "경들은 火賊이 있다는 말을 듣지 못했습니까? 그 쥐 같은 놈들이 대궐까지 스며들어 있으니 이것은 포도대장이 포도대장 같지 못하기 때문에 일어난 일이므로 경들이 각기 한 사람씩 추천하여 주시오"라고 하였다. 이에 그들은, "신들이 어찌 말할 수 있겠습니까? 신하는 주상같이 잘 아는 사람이 없으므로 전하께서 재량대로 하시기 바랍니다"라고 하자 고종은, "신정희가 어떻습니까?"라고 하였다.

이때 고종은 또 "신정희와 짝이 될 만한 사람은 누구입니까?"라고 하더니 잠시 후 다시 "이봉의가 어떻습니까?"라고 하므로, 그들은 일제히 "聖意가 지당하십니다." 하고 서로 돌아보며 미소를 지어 보였다. 고종이 그들의 웃음을 보고 그 이유를 묻자 김병시가 말하기를, "신들이 밖에서 이미 두 사람을 점치고 있었습니다. 그러나 성상의 뜻을 예측할 수 없어 감히 말씀을 드릴 수 없었습니다"라고 하였다. 고종은 이 말을 듣고 크게 웃으며, 적합한 인재를 기용하는 데 대해 기뻐하며 신정희를 左捕將, 이봉의를 右捕將으로 임명하였다.

신정희는 도박이 절도의 원인이 되는 것으로 생각하여 도박꾼들도 엄히 다스리고 그들을 잡으면 즉시 죽였으므로 반년도 안 되어 그가 죽인 사람은 400명이나 되었다. 도성 사람들은 그를 두려워하여 일찍 자고 늦게 일어났다. 그들은 마치 귀신이 자기 문 앞에 있는 것처럼 무서워하며 저울눈 하나도 속이는 일이 없었다. 이때 여론을 좋아한 사람들은, 신정희 한 사람을 기용하여 농간을 부리는 사람이 세상에 없어졌으니 시국을 구제할 인재가 없는 것이 아니라 그런 인재를 기용하지 않는 것이 우려될 뿐이라고 하였다.

포도대장으로서 엄하게 죄인을 처벌했다는 것은 사실이겠으나 반년도
안 되어 400명이나 처형했다는 것은 과장된 기록이 아닐 수 없다. 하지만
신정희가 도성의 치안을 잘 유지해서 주민들이 살기가 좋아졌다고 한
것에는 일정한 의미가 담겨있다. 19세기 후반에는 사회질서가 혼탁해진
것은 잘 알려진 사실이었다. 고을마다 화적이 들끓어서 길을 다니기가
어려울 정도였고 조직을 가진 떼도적들이 마을을 횡행해도 관아에서는
막을 수가 없었다. 도적을 막아서 사회불안을 줄여주는 것은 체제를
안정시키는 일이었다.

신정희가 포도대장으로서 수행한 일은 엄격하게 법을 시행한 것이었다.
도박을 금지하자 도성 사람들이 "일찍 자고 늦게 일어났다"고 했다.
도박을 하지 않게 되었기 때문이었다. 얼마나 도박이 유행해서 많은
폐단을 야기시켰는지 짐작할 수 있는 말이었다. 또 저자거리에서도 "저울
눈 하나도 속이는 일이 없었다"고 하였다. 늦게 잠을 자던 일상생활의
습관마저 바꾸게 하고 상행위 질서를 바로 잡는 포도대장은 인기가
높았다.

심지어는 어지러운 '시국을 구제할 인재'라는 칭송까지 받았다고 했다.
그것은 이례적인 표현이었다. 신정희 한 사람을 기용해서 농간을 부리는
사람이 없어졌다고 하면서 "시국을 구제할 인재가 없는 것이 아니라
그런 인재를 기용하지 않는 것이 우려될 뿐"이라는 말까지 나왔다는
것이다. 당시 포도대장 신정희가 시중에서 크게 호평을 받았다는 것을
전해주는 말이다.

신정희는 불법을 저지른 자를 처벌할 때 閔泳駿과 같은 세도가의
측근도 피하지 않았다.[43]

---

43) 위의 자료.

　민영준의 하인 한 사람이 매우 교만하여, 많은 사대부들이 그에게 모욕을 당하였다. 하루는 申正熙가 민영준을 방문하였으나 그를 만나지 못하자 자기의 종자들에게 눈짓을 하여 그 하인을 잡아갔다. 이 소문을 들은 민영준은 크게 놀란 나머지 신정희에게 서신을 보내 그를 보내 달라고 간청하였으나 그때는 이미 그를 교살한 뒤였다.

　민영준 (1852~1935)은 민씨 척족의 중심인물이었다.[44] 30대 젊은 나이에 도승지, 평안감사, 강화유수 및 형조판서, 예조판서 등 요직을 역임하고 선혜청 당상을 지내면서 고종에게 큰 영향력을 미쳤다. 갑신정변 때 청군을 빌려서 개화파의 정변을 진압하게 만든 공로자였으며 袁世凱와 결탁한 후 전권을 휘둘렀다. 특히 탐관오리로 이름이 높았는데 부정한 재물을 늘려 커다란 자산을 축적한 거부가 되었다. 그조차 엄격히 법을 집행하는 신정희의 조치를 막지 못했다. 황현은 "이 때 민영준은 眞靈君의 威福으로 세력이 당당하여 사람들은 그에게 이를 갈고 있었으나, 오직 신정희에게만은 그의 하인을 죽였어도 끝까지 손을 대지 못하였다"고 하였다.

4. 申正熙의 將臣 登壇과 活動

　무관으로서 최고의 영예는 將臣이 되는 것이다. 신정희는 1878년 46세에 御營大將이 되어 將臣 班列에 오르게 된다. 장신은 각 군영의 우두머리를 일컫는 말이다. 재상을 의미하는 相臣과는 지위에서 차이가 있지만

---

44) 閔泳駿(1852~1935)은 뒤에 이름을 閔泳徽로 바꾼다. 관직에 있을 때 수탈한 재물을 늘려서 일제 강점기에 최고 갑부가 되어 휘문의숙과 풍문여고를 세우고, 동일은행을 설립했다.

그에 상대되는 무신의 최고 반열을 이르는 말이었다. 증조부 申鴻周와 아버지 申櫶에 이어 장신 지위에 오른 것인데 아우 申奭熙도 장신에 올라서 일찍 작고한 조부를 제외하더라도 한 가계에서 4대에 걸쳐 4명이 장신이 되는 드문 사례를 보여주는 것이다. 증조부 신홍주는 집안에서 贊成公으로 부른다. 1865년 1월 20일 영의정 조두순의 건의에 따라 수렴청정을 하던 趙大妃가 일품직을 추증45)하였기 때문이다. 아버지 신헌은 이미 헌종대에 登壇해서 장신으로 활동한 지가 오래되었다.

　신정희가 장신이 되었을 때 구설수가 있었다. '父子 將臣'의 문제 때문이었다. 역대 기록을 찾아보면 '父子 相臣'과 '兄弟 相臣'이나 '三代 大提學' 또는 '父子 領相'이 간혹 나오고 있다. 그 경우 같은 기간에 아버지와 아들이 영의정과 좌의정으로 있거나 형제가 예문관과 홍문관의 대제학을 나눠서 맡았다는 것을 의미하는 것이 아니다. 시차를 두고 같은 벼슬을 했다는 것을 말할 때 그런 표현을 한다. 그런데 '부자 장신'은 같은 시기에 장신이 되었다는 것을 의미한다. 영의정 좌의정 우의정은 세 자리밖에 없고 나이 차가 많이 나는 부자가 같은 시기에 상신 위치에 오른다는 것은 불가능한 일이다. 하지만 장신은 수가 많고, 무장은 나이가 적어도 능력에 따라 임명될 수 있기 때문에 '부자 장신'이 가능하게 된다. 따라서 구설수도 나오게 된 것이었다.

　황현은『매천야록』에 그 사정을 다음과 같이 썼다.46)

　申正熙가 禁衛營의 대장이 되었다. 옛날부터 무신은 부자가 한 시대에

---

45)『일성록』1865년 1월 20일자, "大王大妃殿命 故將臣申鴻周 贈一品職." 이에 따라 집안에서는 추증된 의정부 贊成의 직함에 의해 贊成公으로 부르고 있다.

46) 황현, 앞의 자료.

登壇할 수 없었으나, 신정희는 고종의 총애를 받는데다가 민규호와 친한 사이라 이런 除命이 내린 것이다. 이에 대하여 많은 사람들의 논란이 분분하였다.

고종의 총애는 여러 사례에서 드러나는 것으로서 사실이지만 민규호와 친한 사이라서 장신이 되었다는 말은 오해일 수 있다. 이미 신정희는 헌종과 철종내에 이어 고종대에 계속 요직을 이어 맡으면서 경력상 장신에 오를 위치에 있었다. 헌종대 장신이 된 아버지 신헌은 철종대에 안동김씨의 배척을 받아 유배지를 전전하다가 대원군 집권기에 발탁되어 대표적인 무장으로 국방 강화에 진력했던 인물이었다. 민씨 정권에서도 신헌의 위치는 격하되지 않았다. 그런데도 '부자 장신'이 된 것은 아버지가 고령으로 사환을 했기 때문에 일어난 일이었다. 신헌은 노약해서 물러나려고 해도 허락하지 않았고, 향리인 진천 논실에서 쉬고 있을 때에도 나라에 긴급한 일이 있으면 다시 조정에서 불러들이고 있었다. 그래서 46세 장년의 아들과 68세 노년의 아버지가 함께 장신직을 맡게 된 것이다.

이미 이전부터 국정을 논의하는 자리에는 간혹 부자가 같이 참석하기도 했다. 이를테면 1868년 5월 시원임대신 45명을 고종이 만날 때 신헌은 판의금부사로, 아들인 신정희는 護軍으로 동석하였다. 다시 9월에 시원임대신 43명이 만날 때 신헌은 判三軍府事로, 아들인 신정희는 호군으로 자리를 같이하였다.[47] 그러나 업무상 상하관계와 같이 서로 마주치는 관직에는 오르지 않았다.

한 군영에서 아버지의 지휘를 받는 참모나 하급지휘관으로 있었던 적은 없었지만 부자가 같이 사환하고 있고 더구나 장신으로서 같은

---

47) 『일성록』 고종 5년 7월 25일 ; 『일성록』 고종 5년 9월 10일.

군사 직무를 맡는 것은 어색할 수 있었다. 신정희가 고위 군직에 오른 후에 신헌은 원로로서 도성에 위치한 군영의 지휘를 맡지 않고 지삼군부사나 판의금부사로 국정에 자문하고 있었다. 그리고 강화유수로 나가서 유수가 겸직하는 鎭撫使를 맡아 강화도의 방어 시설을 강화하는데 진력하였다. 장신으로서 부자가 함께 군무에 종사하는 기간은 길지 않았다. 아버지 신헌은 1878년 병이 깊어 총융사를 사임하고 노량진의 恩休亭에서 요양하였다.

　그렇지만 미국과 수호조약을 맺던 1882년에 다시 신헌은 조정의 부름을 받게 된다. 미국과 조약을 체결하기 위한 회담에서 조선측 대표로 나가도록 全權大官에 임명된 것이다. 그래서 經理統理機務衙門事로서 슈펠트(Shufeldt, R. W.) 제독과 조약을 체결하였다.

　고종대의 군사제도는 수시로 바뀌었다. 각종 군영도 신설과 통합이 잇달았고 신식군대를 설치해서 조련하였다. 신정희는 禁衛大將, 訓練大將, 壯禦大將, 經理使, 後營使 등 계속해서 軍營을 지휘하면서 군사력을 강화하는 사업에 노력하였다. 1878년 어영대장을 맡았을 때 신정희는 仁川 富平 등지에 砲臺를 설치하는 사업을 서둘렀다.[48] 병인양요와 신미양요 때 경험했던 것처럼 외세는 군함을 타고 바다를 통해서 들어왔다. 부친 신헌 대장은 강화유수로서 강화도의 방어시설을 갖추었고, 아들 신정희는 강화도의 건너편인 인천 등지로 군함 접근을 막기 위한 포대를 설치하였다. 신정희는 1881년 統理機務衙門에서 機械軍物船艦堂上으로 일하며 신식군대의 정비 실무를 담당하거나 軍務司를 맡는 經理使로

----

48) 『고종실록』 1878년 10월 5일자, "하교하기를, '御營大將이 인천의 공사를 감독하였는데, 그동안 과연 공사를 시작하였으며 지금 어느 정도 진척되었는가?' 하니, 어영대장 申正熙가 아뢰기를, '그 사이에 이미 공사를 시작하여 먼저 제물포부터 砲臺를 쌓았습니다.' 하였다."

일하기도 하였다.

신정희의 仕宦 과정에서 가장 큰 위기는 壬午軍亂 때문에 초래된 것이었다. 부패한 민씨정권은 막대한 군사비가 들어가는 신식군대인 別技軍을 양성하면서 구식군대를 박대하여 13개월이나 급료를 주지 않았다. 뒤늦게 1개월치 급료인 쌀을 지급하면서 겨와 모래가 섞였을 뿐 아니라 분량도 절반만 주자 구식군대의 불만이 폭발하였다. 그래서 군란이 일어났는데 그 지휘 책임을 신정희가 지게 된 것이다.

처음 선혜청 고직이와 싸움을 벌인 것은 무위영 소속의 옛 훈련도감 군병들이었으나 군란이 확대되면서 武衛營과 壯禦營의 많은 구식군대가 가담하였다. 임오군란이 일어나기 1년 전인 1881년 말 5군영 제도는 統帥權의 분산을 해결하기 위해 訓鍊都監, 龍虎營, 扈衛廳을 합하여 무위영을 만들고, 다른 군영은 장어영으로 통합해서 2軍營을 만들었다.[49] 그리고 李景夏를 武衛大將에, 신정희를 壯禦大將에 임명해서 구식군대를 이끌도록 하였다. 따라서 군란이 수습된 후 신정희에게도 책임을 묻게 된 것이다.

고종은 군란의 원인이 민씨 척족 등 집권세력의 부패와 무능에 있었고, 대원군이 亂軍을 조종해서 군란을 확대한 것을 잘 알았기 때문에 처음에는 이경하와 신정희에게 책임을 묻지 않으려고 하였다. 그러나 신정희는 장어대장으로서 군란을 막지 못한 것을 스스로 책임지겠다는 상소를 올렸다.[50]

고종은 아끼는 장신들이 처벌을 받는 것을 꺼려해서 "이미 지난 일을

---

49) 이 시기의 군사제도는 배항섭, 『19世紀 朝鮮의 軍事制度硏究』, 국학자료원, 2002 참조. 조정의 동향과 집권자 등에 관한 것은 연갑수, 「개항기 권력집단의 정세인식과 정책」(『1894년 동학농민전쟁 3』 수록) 참조.

50) 『승정원일기』 1882년(고종 19) 6월 21일자, 知三軍府事 申正熙가 올린 상소.

가지고 무엇 때문에 引嫌하는가? 즉시 兵符를 받음으로써 군사의 체모를 엄숙하게 하라"고 하였다. 이처럼 덮어두려고 했으나 대원군은 국정 재결의 권한을 가진 직후인 6월 9일 무위대장 이경하를 이재면으로 바꾸었고, 장어대장 신정희를 파출하였다. 하지만 대원군의 국정 장악 기간은 오래 가지 못했다. 김윤식 등의 요청을 받아 국내에 진주한 청군은 대원군을 天津으로 납치하였고, 7월 16일에는 왕십리와 이태원을 기습해서 군란 참여자 170여 명을 체포하였다.

다음날인 7월 17일부터 책임 추궁이 시작되었는데 그 첫 번째가 구식군대의 지휘관인 전 무위대장 이경하와 장어대장 신정희를 처벌하는 것이었다. 두 장신에게 추궁이 집중되었으나 고종은 "사형을 감하여 섬으로 유배 보내는 형"을 결정하였다. 그래서 이경하는 강진현 古今島에, 신정희는 영광군 荏子島에 圍籬安置되었다.[51]

당시 신정희의 동생인 申奭熙(1836~1907)는 금위영 중군 직위에 있었는데 형이 커다란 죄목으로 정배되는 때에 그대로 군직에 있을 수가 없었다. 그래서 신병을 칭탁하고 자리에서 물러났다. 신낙희는 1878년에 황해도 水使[52]를 마지막으로 환로가 마감되었지만 신석희는 벼슬을 내놓아야 했다.

고종은 신뢰하던 장신들의 정배를 1년이 채 안 되어 풀어주었다. 1883년 5월 1일 加棘 죄인 이경하와 신정희를 각각 향리로 放逐하라는 고종의 명이 있었던 것이다. 그러자 승정원에서 兵權을 장악한 將臣이 병졸을 조련하는 직임에 있으면서 방임한 책임이 무겁게 때문에 은전을 베풀 수 없다며 반대하였으나 고종이 듣지 않았다.[53] 8월에 들어와 고종은

---

51) 金衡圭, 『靑又日錄』 1, 壬午 8월.

52) 『일성록』 1879년 12월 15일자.

112

두 사람에게 다시 관직을 주려고 停啓를 명하였다. 이때는 진천 출신인 동부승지 홍승헌도 강력히 반대하였고, 더구나 사헌부까지 연명해서 강력히 반대하자 고종도 더 이상 정계를 주장하지 못하였다.[54]

申正熙의 복직은 1884년 5월 14일에 와서 비로소 이루어졌다.[55] 11월 3일 후영사에 임명되고 11월 15일 우변 포도대장에 임명되었다. 그래서 知義禁府事, 후영사, 우포장 등 환수된 職牒을 돌려받고 파직 전에 역임했던 직임에 다시 오르게 되었다.

이해 12월 10일 부친 신헌 대장이 별세하였다. 고종은 起復하여 전에 맡던 직책을 계속 맡으라고 하였으나 조정에 나오지 않았다.[56] 1885년 3월에도 전영사에 임명했으나 맡지 않았다. 갑신정변 이후 혼란한 조정과 도성의 질서를 신뢰하는 장신에 의지하여 극복하려고 관직을 맡으라고 고종이 요청한 것이었으나 효성이 지극한 신정희에게는 부모를 섬기는 일이 먼저였다. 고종은 기복 명령에 응하지 않은 신정희에게 귀양을

---

53) 『승정원일기』 1883년 4월 29일자. 좌부승지 권응선과 우부승지 조명교 등은 "이경하와 신정희는―나라의 두터운 은혜를 받고 함께 병권의 자리에 있었으니, 남보다 갑절 보답을 도모해야 마땅합니다. 그런데 관할에서 변고가 일어나 위급함이 지척에 있게 하였으니, 이런 일은 바로 만고에 이르도록 없을 것입니다. 자신이 병졸을 거느리는 직임에 있으면서 이미 조련하고 제어하는 방법을 상실하였습니다. 또 의리에 달려가는 데 어두워서 이에 감히 편안하게 팔장을 낀 채로 가만히 있으면서 그들의 창궐을 방임하였으니, 너그럽게 용서하는 은전을 베풀 수 있겠습니까." 하며 명령을 거두어 달라고 하였다.

54) 위의 자료, 8월 2일자. 동부승지 홍승헌은 李景夏와 申正熙의 鄕里 放逐명도 너그럽게 처분한 것인데 다시 停啓하라는 명은 국법의 한계를 넘었다고 반대했지만 고종은 즉시 반포하라고 명했다. 다음날 대사헌 曹錫興 등도 반대하자 고종은 물러서지 않을 수 없었다.

55) 『고종실록』 1884년 5월 14일, "放逐鄕里 죄인 李景夏와 申正熙를 특별히 방송하였다."

56) 위의 자료, 1884년 12월 14일.

명하거나57) 刊削의 법전을 시행했지만58) 끝내 관직을 떠나 3년 동안 居喪하였다. 1887년에 3년상을 마치고 起復하면서 다시 후영사에 기용되었고, 이후 주요 군무를 잇달아 맡게 된다.

아버지 신헌은 무장으로서 특별한 위치에 있었던 인물이었다. 당대의 석학 丁若鏞과 金正喜 문하에서 다양한 학문을 수학하여 학문적 소양이 매우 높았다. 또한 개화파 姜瑋와 朴珪壽 등과 폭넓게 교유해서 현실에 밝으면서 서양문화에 대한 식견을 가질 수 있었다. 草衣禪師와도 친분이 있으면서 불교에도 상당한 관심을 두었다. 신정희와 신석희·낙희 형제들도 이러한 부친의 영향으로 무장으로서는 교류관계가 남달랐다.

秋琴 강위(1820~1884)의 시문집인 『古歡堂收艸』에 보면 권3 『西笑集』에 威堂 신헌,59) 香農 신정희60) 부자와 酬唱한 詩가 실려 있다. 권4에는 신헌, 三琴 신낙희, 小琴 申贊熙 등과 수창한 시가 있다. 신찬희(1838~1909)는 신헌의 넷째 아들로 무과에 급제하고 부평군수를 지냈다. 신헌과 강위는 大官과 幕下를 넘어선 知己로서 신헌의 아들들도 가까이 지내고 있던 관계를 보여주고 있다.

艮齋 田愚(1841~1922)와도 친분이 있었다. 『艮齋集』에는 1887년(고종 24) 3월 신정희가 來訪한 일이 기록되어 있다. 梅泉 黃玹은 『梅泉集』에 1883년 직접 임자도에 찾아가서 정배 중인 신정희를 만났다는 기록이

---

57) 위의 자료, 1885년 3월 16일.

58) 위의 자료, 1885년 4월 11일.

59) 『古歡堂收艸』, "「申威堂台丈. 寓居西阹. 專价餽酒. 且惠以詩. 次韻奉酬」. 琴堂夫子志峨峨. 九曲流杯到薛蘿. 偶愛東籬見山色. 不堪北望耿秋河. 舟行眼底難求劒 棊罷人間易爛柯. 且就壺中耽小隱. 纖塵不到嬾雲多."

60) 『古歡堂收艸』, "「錦涧月夜. 懷申香農 正熙 太僕」 香田農客烟霞骨. 久墮塵中厭汨滑. 似聞早晏辦貰來. 買取西阹一規月."

있다.61) 신정희의 교유를 보여주는 자료들이다.

신정희 형제의 사환 관련 기록에서 확인되는 특이한 내용은 지극한 효성이다. 아버지 신헌 대장이 노환으로 병석에 있을 때 지극히 모신 것은 물론 아버지 사후에는 어머니를 정성껏 모셨다. 1893년 신석희가 황해병사로 나갈 때 어머니의 나이를 이유로 사직을 요청하였다. "모친의 나이가 83세이기 때문에 법으로 볼 때 멀리 부임할 수 없다"는 법전에 따라 체직을 요청한 것이다. 하지만 고종은 "늙은 부모를 모시고 부임하라"고 특명을 내린 일이 있다.

그 후 연로한 어머니는 진천 논실에서 거주하였는데 병환이 나면 큰아들 신정희가 직접 가서 병구완을 하였다. 고종은 사직소를 올릴 때마다 사직을 하지 말도록 하고 있고, 심지어는 호위부장의 직함까지 지닌 채 진천 논실까지 가서 병구완을 하도록 하였다. 1894년 8월 충청도 지역이 동학 세상이 되어 가던 위급한 시기였다. 모친의 병구완을 위해 벼슬에서 면하게 해달라고 요청하자 고종은 이를 받아들이지 않고 현직을 가지고 고향으로 돌아가게 한 것이다. 특히 통위사와 판중추원사와 같은 막중한 직책을 겸직하고 있으면서 근친하도록 한 것은 예외적인 일이었다.62)

신정희는 1895년에 작고하는데 마지막 3년 동안 중요한 직책을 집중해서 역임하고 있다. 捕盜大將, 扈衛副將, 內務協辦, 內務督辦, 統衛使, 兩湖都巡撫使, 江華留守 등이다. 시국이 급박해지고 위기가 닥치게 되자 신정희에게 주요 직임을 맡겨서 대처하도록 한 것이다. 일본공사와 담판

---

61) 『梅泉集』에 智島 유배 중인 신정희를 방문했다고 했는데 이는 임자도를 잘못 기억하고 쓴 것으로 보인다.

62) 『승정원일기』 1894년 8월 2일자, "申正熙疏陳母病乞遞副將之任批許從便歸覲/命統衛使 李埈鎔兼察扈衛副將/扈衛副將 申正熙以覲親事鎮川地出去也."

하는 老人亭 회담에도 대표로 나갔다. 연일 격무에 시달렸다.

61세가 되는 1893년부터 1894년까지 계속 이어진 관직은 포도대장이었다. 동학도들이 대규모 집회를 열고 무장봉기에 나섰을 때 고종은 다시 신정희에게 포도대장을 맡겨서 치안 유지를 책임지게 하였다.

동학도들이 장내리집회를 열고 이어 서울로 들어와 광화문 앞에서 복합상소를 할 때 신정희는 엄한 처벌을 주장하였다.[63] 성균관 유생들의 극단적인 배격상소와 같은 주장이었다. 당시 좌의정 趙秉世와 우의정 鄭範朝는 장내리에 많은 사람들이 모여서 집회를 여는 원인이 邪說의 유혹만이라고 생각하지 않았다. 농민항쟁의 원인을 진단하는 것처럼 탐관오리의 침탈과 학대를 견디지 못해서 일어난 사건이라고 보고 정치개혁을 주장했던 것이다.[64] 그러나 포도대장 신정희는 공권력으로 사태를 수습하는 것을 우선으로 생각하였다.

고종이 기만책으로 동학도들을 해산시키고 주모자들을 잡아들이도록 했을 때 신정희는 기민하게 徐璋玉과 徐丙鶴을 체포해서 심문하였다.[65] 동학교주 최시형을 설득해서 교조신원운동을 표방하고 동학도들을 사회운동과 정치운동으로 이끌었던 지도자들을 체포한 것은 1894년의 사태 전개에 결정적인 영향을 주게 된다.

서장옥은 전봉준, 김개남 등 남접지도자들을 동학에 이끌고 변혁운동을 꾀하면서 전라도와 충청도의 동학지도자에게 영향력을 가졌던 인물이

---

63) 『매천야록』 제1권, 2. 권봉희 상소의 배경, 동학도의 복합상소.

64) 졸고, 「1894년 왕조정부의 동학농민군 인식과 대응」, 『한국근현대사연구』 51집, 2009.

65) 『고종실록』 1893년 4월 10일. 서병학과 金鳳集 그리고 서장옥을 체포해서 옥에 가두도록 하라는 의정부의 상주를 윤허해서 추적한 일이었다. 김봉집이라는 가명을 사용한 전봉준만 체포되지 않았다.

었다. 서장옥을 포도청에 수감하고 있을 동안 전라도에서 전봉준이 무장
봉기를 시작하였다. 충청도에서는 회덕 등 일부 군현에서만 동조하였다.
만약 서장옥이 전봉준과 함께 1차 봉기를 주관했다면 그의 영향력에
의해 넓은 지역에서 더 크게 봉기가 전개되었을 것이다. 그럴 경우 동학농
민혁명은 다른 양상으로 벌어졌을 수 있다. 1차 봉기가 전라도 지역에
한정되도록 만든 원인 중 하나가 서장옥의 체포였던 것이다.

　서병학은 어윤중에게 보은집회의 내막에 관해 알려준 사람인데 서장옥
과 같이 최시형을 설득하여 교조신원운동을 벌이게 하였고, 장내리집회에
서는 동학도의 대표로 부각된 인물이었다. 포도청이 서병학을 체포한
후 전향시킨 것은 커다란 성공이었다. 더구나 서병학은 1894년 동학농민
군이 봉기했을 때 관군의 參謀官이 되어 경리청의 隊官 金明煥이 이끄는
진압군을 영동 西齋村 등지로 안내해서 동학농민군 지도자 수십 명을
체포하도록 하였다.66) 서병학이 동학도로 활동했을 때 다녔던 영동과
옥천 등지의 동학 근거지는 이 때문에 궤멸되었다.

　신정희는 동학 지도자들을 심문한 결과 '오직 목적하는 바는 지방정치
의 개량을 요구'하는 것이라고 알게 되었다.67) 동학은 요망한 邪說이지만
동학도들의 집회는 정치 문란 때문에 일어난 것이라고 파악했던 것이다.

---

66) 『先鋒陣呈報牒』, 前經理廳右參領官爲牒報, "隊官金命煥與參謀官徐丙鶴 率兵丁
　一小隊 到永同西齋村是乎 則各處亡命匪類隱伏其處 故四面環圍 捉得匪類數十
　餘名."
67) 『주한일본공사관기록』 2권, 141. 「捕盜大將 兼 扈衛大將 申正熙氏의 直話」,
　"나는 작년부터 東學黨을 잡기 위해 힘을 다 했고 이미 그 중 주요인물 5,
　6명을 잡아서 지금까지 囚禁中이다. 그리고 나는 여러 번 그들을 심문해 보았다.
　그들의 말로는 따로 특별한 뜻이 있어서가 아니라, 오직 그 목적하는 바는
　지방정치의 개량을 요구함에 있었으며 결코 세상사람들이 지껄이는 것과 같은
　요상한 술법이니 종교이니 하는 것은 아니었다(일부 오자 필자 교정)."

직접 주요 인물을 체포해서 알아낸 것은 풍문과 달랐다. 수많은 사람들이 동학에 들어가서 활동하고 있는데 지방관의 폭정에 항의하는 사람들이 官民 구별 없이 합세하였고, 동학도들의 목적은 '무고한 백성을 이 비참한 재난에서 구하는 것'이라고 하였다.

신정희가 동학이 일어난 원인으로 지목한 것은 명쾌했다. "기강이 점차 무너지고 풍속이 크게 문란해져서 저들 지방관리라는 자는 목민에 힘쓰지 않고 탐학을 일삼아서 이에 민요가 무리져 일어나 현재는 온 8道에 거의 편한 날이 없다"고 하면서 "지방제도를 크게 혁신하고 여기에 기강을 바로잡고 풍속을 규정하지 않고서는 아무리 동학당을 진멸하는데 마음과 힘을 다 하여도 도저히 그 실효를 거둘 수 없을 것"이라고 하였다.

문제는 정치에 있다는 판단이었다. 신정희가 핵심을 파악하고 있더라도 정책에 반영시키는 것에는 한계가 있었다. 일본공사관의 정보는 신정희의 속내까지 들여다보았다. "申氏는 무관이므로 내정에 관여할 수 없으며 비록 내정에 관여할 수 있다 하여도 현재 국정을 전적으로 장악하고 있는 것은 閔氏一家이므로 도저히 그의 말이 채용될 가망이 없을 것이다. 그래서 申氏도 이를 개탄하고 있는 것 같다"고 하였다.

1893년 7월 7일 신정희는 扈衛副將[68]이 되어 다음해 호위청이 해산되기까지 이 직책을 겸하고 있었다.[69] 호위청은 인조 원년에 궁중 호위를

---

[68] 『일성록』 1893년 1월 26일자. "命扈衛副將曾經將臣人差除別將以左右別將稱號敎曰扈衛廳之體制自有別焉凡係事務大將旣總之而又有副將之管攝古例卽然禁旅之有左右別將亦可以取倣副將一員曾經將臣人差除俾治戒務別將以左右別將稱號事著爲定式"

[69] 『승정원일기』 1893년 7월 7일자, "방금 호위청 將官이 와서 말하기를, '본청의 副將은 전교로 인하여 일찍이 將臣 이상을 지낸 사람을 차임하되 大將을 차출할 때의 법규를 모방해 稟旨하여 거행하도록 한 정식이 있습니다.' 하였습니다. 부장을 차출하는 일은 어떻게 합니까? 감히 여쭙니다." 하니, 전교하기를,

118

위해 창설되었다가 비용문제를 폐지와 복구를 거듭했던 것인데[70] 1892년 옛 규례대로 다시 설치한 것이다.[71]

호위청은 궁중을 지키기 위해 설치된 정1품 아문이었다. 호위대장이 별장 3인과 군관 350인을 지휘해서 궁중의 깊은 곳까지 지키는 임무를 맡는 것인데 대장 직임은 大君 등 왕실이나 國舅가 겸임하도록 하였고, 大臣은 勳戚이 아니면 겸하지 못하도록 하였다.[72] 그래서 실질적인 호위청의 책임은 군사에 관한 실무를 장악한 호위부장이 맡았다.[73]

신정희는 1893년 2월에서 다음 해 5월까지 內務府 協辦으로 일을 한다.[74] 그리고 민영환에 이어서 1894년 5월 1일부터 6월 25일까지 내무부 督辦을 맡았다. 내무부는 "1885년 5월 25일 王命에 의해 설치되어 1894년 7월 20일까지 '國家 機務를 總察하고 宮內사무를 管掌'했던 最高의 國政議決·執行기구였다."[75] 신정희가 협판과 독판으로 나라의 중요한 일을 처리하는 책임을 맡았을 때 커다란 사건이 연이어 일어났다.

1894년에는 동학농민군이 전라도와 충청도에서 대규모로 봉기하자 홍계훈을 양호초토사로 임명하여 이를 진압하도록 했다. 京軍이 전라도의

"한성 판윤 申正熙를 제수하라." 하였다.

70) 『만기요람』 군정편 1, 호위청 ; 『연려실기술』 별집 제8권, 官職典故, 扈衛廳.

71) 『고종실록』 1892년 1월 1일자.

72) 『兩銓便考』 26 ; 『만기요람』 군정편 1, 호위청, "정조 2년 무술(1778년)에 兩廳의 大將 1명을 폐지하여 議政이나 國舅(임금의 장인)로 겸임케 하였다."

73) 『고종실록』 1893년 1월 26일자. 관찬문서에 扈衛大將에 관한 기록이 나오지 않는 것을 보면 호위부장이 전권을 행사한 듯 보인다.

74) 韓哲昊, 「閔氏戚族政權期(1885~1894) 內務府 官僚 研究」, 『아시아문화』 12호, 1995, 275~287쪽.

75) 韓哲昊, 「閔氏戚族政權期(1885~1894) 內務府의 組織과 機能」, 『한국사연구』 90, 1995.

동학농민군을 제압하기 어려운 것을 알게 된 고종은 總理交涉通商事宜로
도성에 주재하던 袁世凱를 통해 청군 파견을 요청하였다. 청군이 파병되
자 이를 기회로 여긴 일본이 여단 병력을 서울에 진주시켰다. 갑신정변
당시 군사력의 열세로 후퇴한 일본이 10년 간 국력을 기울여 양성한
군대를 조선에 파견한 것이었다.

　조선 정부는 강력히 철군을 요청했으나 일본공사 오오토리(大鳥圭介)
는 동학농민군의 봉기 원인이 내정 문란 때문이라고 하면서 개혁을
강요하였다. 이에 따라 6월 8일과 9일의 남산 老人亭에서 조선 정부의
대표와 일본공사 간에 회담을 열었다. 조선 정부의 대표가 내무독판
신정희였다. 협판 金宗漢·曹寅承과 함께 나간 이 회담에서 신정희는
일본공사가 제시한 일방적인 내정개혁안 5조항과 그 실시방안에 대하여
강력히 반대의사를 표시하였다. 그리고 불법으로 조선에 들어온 일본군의
철수를 요구하였다.76)

　일본공사는 위압적으로 기한을 정해 개혁을 실시하라고 강요하였다.77)
5개 조항은 중앙과 지방정부의 개혁 및 재정 개혁을 비롯해서 새 사법제도
와 경찰제도 그리고 교육제도의 실시까지 포함된 것이었다. 국가제도

---

76) 3차 노인정회의에서 신정희는 오오토리 공사에게 내정간섭은 조선의 독립을
　　해치는 결과가 될 것이니 우선 일본이 주둔시키고 있는 군대를 철수시키고
　　기한부 실행안을 철회하여 주기를 주장하였다(『舊韓國外交文書 2 : 日案 2』,
　　No. 2929, 「同上改革案의 駐留日兵撤收後措辦回答」, 1894. 6. 14).

77) 『舊韓國外交文書』 2 日案 2918호, 1894년 6월 10일자. 이 5개조의 많은 항목이
　　갑오개혁 이후 실제로 정책으로 채택되었다. 1. 중앙정부의 제도와 지방제도를
　　알맞게 개정하고 인재를 빨리 기용할 것. 2. 재정을 정리하여 재원을 개발할
　　것. 3. 법률을 정리하고 재판법을 개정할 것. 4. 군대의 수비를 빨리 정리하고
　　국내의 민란을 진압하여 국가의 안녕을 유지할 것. 5. 교육에 관한 제도를
　　확립하여 시행할 것(『주한일본공사관기록』 2권, 六. 撤兵請求 및 談判破裂까지
　　往復文書 (3)[內政改革勸告를 둘러싼 諸文書]).

전반에 걸쳐 일신하는 대개혁을 하라고 강요하면서 기한을 정한 것이다.

심지어 몇 개의 조항은 3일 내에 상의하여 10일 내에 결정하라고 하였는데, 거기에는 6개월을 기한으로 한 조항도 있고 몇 년을 기한으로 한 조항도 몇 개 있었다. 신정희는 이에 강한 언사로 항의하였다.[78]

오오토리 공사와 일본인 통역의 협박성 강요에 강력한 언사로 반박한 신정희는 정부 내 반일 의지를 상징하게 되었다. 회담 내용을 기재한 의사록을 각 대신에게 회람시켰는데 이것은 일본에게 '여러 가지로 욕설을 퍼부은 것이 기재'된 것이었다. 이를 알게 된 일본공사는 직접 사람을 신정희에게 보내 항의하는 일도 있었다.[79]

노인정 회담은 불법으로 군대를 파견한 일본이 철군 요청을 거부하고 시간을 벌기 위한 방법으로 내정개혁안을 내놓고 벌인 것이었다. 회담 중 일본공사가 "만일 10일이 지나면 아마도 흥하든지 망하든지 하는 일이 있을 것입니다"[80]고 한 말은 사실로 드러났다.

1894년 6월 21일 조선왕조는 치욕을 경험하게 된다.[81] 경복궁이 일본군

---

78) 『주한일본공사관기록』 1권, 三. 全羅民擾報告 宮闕內騷擾의 件 三 (9) [內政改革勸告에 대한 朝鮮政府의 反應], "두 나라의 회의에 어찌 이와 같이 협박하는 일이 있어서 되겠습니까? 그리고 기한을 정하여 督責하기를 마치 채권자에게 질책하듯이 하면, 이것이 어찌 국가의 체통을 세운다고 할 수 있겠습니까? 우리들이 정부로 돌아가서 이 사실을 보고하면 정부에서 어떤 조치가 있을 것인데, 어찌 기한을 재촉하면서 협박을 합니까?(豈有兩國談辨卽有此脅迫之擧乎 定限督責便同責債者 豈國體乎 吾曹歸告政府 政府自有措處 豈可督限而迫之者耶)."

79) 위의 자료. 신정희는 '단지 구두로 각 대신에게 復命했을 뿐'이라며 해명했지만 일본공사는 이를 믿지 않았다. '復命書를 일람한 老 大臣들은 申氏의 일처리 솜씨가 좋다고 크게 칭찬했다'는 정보까지 파악하였다.

80) 위의 자료, "彼曰若過十日恐有興亡云."

81) 일본인이 사실대로 쓰지 않고 고친 실록의 기사는 다음과 같다. 『고종실록』

에게 기습 점령당해서 고종이 인질 상태가 된 것이다. 광화문 가까이 있는 장위영 병영은 일본군에게 무장해제를 당하였다.[82] 그리고 고종을 자의대로 조종하게 된 일본공사는 친일개화파를 등장시켜서 갑오개혁을 추진하도록 하였다. 한편 일본군은 풍도 앞바다에서 청의 군함을 공격한 것을 개시로 성환에 있던 청군을 공격해서 청과 전면전을 시작하였다. 조선에는 동맹을 강요해서 일본군에 협력하도록 하였다.

신정희는 조선의 무장으로서 참담한 지경에 빠졌다. 궁궐을 보위하는 책임을 진 호위부장과 국가의 기무를 총찰하는 내무독판인 신정희는 일본군이 궁궐을 점령한 후 외무독판 趙秉稷과 함께 궁궐에 들어갔으나 전혀 대응할 방도가 없었다. 다만 고종을 옆에서 시위하고 있었을 뿐이었다. 다음날부터 모든 국정과 군무를 대원군의 재결을 받고 시행하도록 하였는데 그 첫 조치가 좌우 포도대장과 경군 지휘관을 새로 임명하는 것이었다. 신정희는 6월 22일에 호위부장으로서 統衛使를 겸대하라는 영을 받았다.[83] 책임을 져야할 위치에 있었지만 오히려 군권까지 더 맡긴 것이었다. 통위사는 민씨 척족의 핵심 민영준이 겸직하고 있던

1894년(고종 31) 6월 21일자, "일본 군사들이 새벽에 영추문으로 대궐에 난입하다. 日本 군사들이 대궐로 들어왔다. 이날 새벽에 日本軍 2개 大隊가 迎秋門으로 들어오자 시위 군사들이 총을 쏘면서 막았으나 상이 중지하라고 명하였다. 일본 군사들이 마침내 宮門을 지키고 오후에는 各營에 이르러 무기를 회수하였다."

82) 나카츠카 아키라 저, 박맹수 역, 『1894년, 경복궁을 점령하라!』, 푸른역사, 2002.

83) 『고종실록』 1894년 6월 22일, "扈衛副將 申正熙를 統衛使로 삼아 兼帶시키고 李鳳儀를 總禦使로 삼아 經理使를 겸대시키라고 명하였다. 趙義淵을 壯衛使로, 李元會를 左邊捕盜大將으로, 安駉壽를 右邊捕盜大將으로, 金鶴鎭을 兵曹判書로, 朴齊純을 全羅道觀察使로, 李奎遠을 春川府留守로, 魚允中을 宣惠廳提調로 삼았다."

군직이었다.[84] 그러나 7월 15일 통위사의 직임은 李埈鎔[85]에게 넘어간다. 대원군이 손자인 이준용에게 군권을 장악하도록 한 것이다.

일본은 청과 대결하기 위해 10년 간 양성해온 군대를 조선에 증파하였다. 5사단을 보내서 평양에 들어온 청군과 결전을 벌이도록 하였다. 조선 관군은 무력하였다. 일본군이 내륙을 통해 북상하고 부산과 서울을 잇는 요지에 병참망과 군용전신망을 세워도 제어할 수 없었다. 오히려 강요된 동맹조약에 의해 협력해야 했다.

이때 전국에서 동학 조직이 일본군을 축출하기 위해 무장봉기를 준비하였다. 그 과정에 병참망을 위협하고 전신선을 단절시켜서 일본군의 전쟁 수행을 방해하였다. 일본군은 시급히 최대의 반일세력인 동학농민군을 진압하기로 결정하였다. 조선에서 적대하는 세력을 제거하려고 한 것이다.

조선 정부에서도 동학농민군의 재기에 대처하여 관군을 총동원해서 진압을 지휘할 양호도순무영을 설치하였다. 兩湖都巡撫使에는 9월 22일 신정희가 임명되었다. "軍營을 설치하고 군사들을 지휘하게 하여 형편에 따라 토벌하거나 무마할 수 있게 하는" 全權을 부여한 것이다.[86] 이에

---

84) 일본공사관은 민영준이 통위사를 사임하고 호위부장 신정희가 겸임한 사실을 주요 정보로 탐지하여 일본 외무대신 陸奧宗光에게 보고하고 있다(『주한일본공사관기록』1, 三. 全羅民擾報告 宮闕內騷擾의 件 三 (7) [淸國軍 出兵動向과 이를 둘러싼 諸報告], "민영준은 지난 날 그가 겸직하고 있던 統衛使(統衛營大將)를 사직했는데, 그 사직원을 받아들이고, 후임에는 扈衛副將 申正熙를 겸임하게 한다는 것이 다음 날 23일 朝報에 실렸다.").

85) 이준용(1870~1917)은 대원군의 아들인 李載冕의 장자. 대원군은 한때 그를 국왕으로 추대하려고 하였다.

86)『고종실록』1894년 9월 22일자, "扈衛副將申正熙 兩湖都巡撫使差下 使之設營 節制諸軍 以爲隨機勘撫之地何如."

따라 신정희는 12월 27일 양호도순무영을 혁파할 때까지 약 3개월 동안 軍務에 진력하게 된다. 전국 각 군현에서 올라오는 보고를 받고 지시를 하면서 경군 각 병영이 삼남 여러 군현에서 벌이는 동학농민군 진압 활동을 지휘하였다. 이때 주목할 것은 양호도순무영 종사관으로 소론계 강화학파에 속한 鄭寅杓를 발탁했던 것이다. 정인표는 일본의 내정간섭에는 반감을 가진 동시에 동학의 邪說도 배격하는 인물이었다.[87]

이 시기에 개화파 정권을 좌우하면서 내정간섭을 자행하던 일본공사관은 외부대신 金允植을 통해 외교 문제나 군사 문제를 논의하면서 실제 군사 업무를 관장하는 신정희와는 협조를 요청하지 않았다. 각종 기밀 자료와 정보를 모아놓은 『주한일본공사관기록』에는 군무와 관련해서 도순무사 신정희와 협의하거나 순무영 종사관과 논의하는 문서가 나오지 않는다. 신정희는 남산 노인정 회담 때부터 일본공사관의 기피인물이 된 것처럼 보인다.

11월 21일 김홍집 정권이 세워질 때 칙령 1호로 호위부장 등을 폐지하면서 신정희는 양호도순무사 직임만 맡게 되었다. 호위부장을 폐지한 것은 궁중을 보위하는 호위부대를 총지휘하는 직제 즉 고종을 전담 경호하는 부서의 지휘관 제도가 없어지게 된 것을 의미한다.

양호도순무영의 혁파는 갑자기 이루어졌다. 군사활동이 종식되더라도 잔무 처리와 수습 및 공적 확인 등을 위해 일정 기간 동안 지휘부를 잔존시키는 것인데 서둘러 문을 닫은 것이다.[88] 이 시기에 대신과 협판의

---

87) 졸고, 「한말 일제하 충북 진천의 유교지식인 연구－洪承憲 鄭元夏 鄭寅杓를 중심으로」, 『광무양안과 진천의 사회경제 변동』, 혜안, 2007 참고.

88) 예를 들면, 청일전쟁 지휘부로 일본이 운영한 히로시마대본영은 1895년 4월 17일 시모노세키(下關)에서 청일 간 강화조약이 체결된 후에도 활동을 계속했는데 1896년 4월 1일 해산 조칙에 의해 비로소 폐지되었다.

124

임명 및 정부 구조의 변경 등 중요한 결정이 내정간섭을 하던 일본공사의 손에 의해 이루어지고 있었는데 이로 미루어 보면 양호도순무영의 폐지도 외압에 따른 것으로 보여진다. 그 외압의 주요 대상이 양호도순무사 신정희였다.

1895년 1월 17일 신정희는 江華留守에 임명되었다. 마지막 관직이었다. 강화도는 이미 도성을 방위하는 기능이 상실되었고, 일본군은 인천과 부산 그리고 원산에 군함을 입항시켜서 국내 진공이 언제나 가능하게 되었다. 도성에서 멀리 떨어진 강화도에 신정희를 보낸 것도 일본공사의 농간으로 보인다. 고종은 절절한 내용의 교서를 내렸다.[89]

교서에서는 鎭撫使를 겸하여 沁營의 병대를 지휘할 수 있으니 동학농민군을 초멸해서 이를 소탕했다는 보고를 올리라고 하였다. 그리고 선대 신헌 대장도 강화유수를 지내 대대로 강화를 다스리는 것이 영광이 아니냐고 했으나 이는 위로의 말에 불과했다.

강화유수로 부임해서 근무하던 중 신정희는 6월 18일 세상을 떠났다. 향년 63세였다.[90]

---

89) 『승정원일기』 1895년 1월 17일, "경에게 行江華留守 兼 鎭撫使를 제수하노니, 경은 힘써 훌륭한 계책을 펼쳐 공경히 총애어린 명에 따르라. 두루 진무하여 속히 비적을 소탕하고, 깨끗이 물리쳐 속히 성과를 보고하라. 여러 해 많은 군사를 거느리면서 나만 수고롭다는 탄식을 하겠지만, 대대로 이곳을 맡아 다스림은 또한 보기 드문 영광이로다."

90) 시호는 정익으로 결정되었다. 故判書申正熙諡號望 靖翼[寬樂令終曰靖 思慮深遠曰翼] 落點 武肅[折衝禦侮曰武 執心決斷曰肅] 孝靖[慈惠愛親曰孝 寬樂令終曰靖] 시호로 검토된 글자는 靖·翼·武·肅·孝 다섯 자이다. 모든 글자가 신정희의 생각과 삶을 드러내는 내용을 담고 있다(『東國諡號』 왕실도서관 장서각 디지털 아카이브).

5. 맺음말

香農 신정희에 관한 인물연구를 위해서는 『香農集』과 같은 1차 자료를 확보해야 한다. 평생 살아온 과정과 함께 詩文이 실려 있기 때문에 구체적인 활동상과 사상을 파악하는 기본사료가 되기 때문이다. 19세기 후반 중앙 정계에서 장신으로서 일정한 역할을 했던 신정희에 관한 연구가 없었던 것은 자료 부족이 가장 큰 원인이었다.

이 글은 앞으로 연구를 진행시키기 위하여 관찬사료를 중심으로 신정희의 사환과 將臣으로서 활동한 내용을 간략하게 정리한 것이다. 부족하지만 이런 검토를 통해서 개항과 개혁 그리고 外侵에 의해 급박했던 시기에 장신 신정희가 처했던 여건과 국난을 극복하려고 노력했던 모습의 일단을 확인할 수 있었다.

신정희는 무반 명문가에서 성장하여 선대의 음덕에 의해 일찍이 관직에 나아가 주요 무관직을 경험하면서 국왕의 近侍로서 그리고 武將으로서 활동하였다. 신정희는 "용모가 단정하고 재주가 영민"하면서 公事에 엄격했기 때문에 고종이 신뢰하고 의지했던 인물이었다. 사회혼란을 막기 위해 포도대장으로 발탁하자 발군의 성과를 보여주었다. 만약 신정희에 대한 연구가 충분히 이루어진다면 전설처럼 전해지는 박문수의 일화와 더불어 '암행어사 朴文秀와 포도대장 申正熙'라는 對句가 성립할 수 있을 것이다.

19세기 후반은 국정 문란에 따른 사회 혼란이 극심하던 때였다. 삼정문란, 농민반란, 대원군의 개혁정책, 강화도조약, 임오군란, 청군 진주, 갑신정변 등 잇달았던 여러 사건들은 기존 질서의 유지를 불가능하게 만들었다. 서울 도성은 사회 동요로 인한 각종 반체제 사건과 불법 행위가 집약해서 발생하여 기강을 잡아야 했다. 포도대장은 치안책임을 맡은 자리로서 적극적인 대처와 과감한 결단이 필요한 직책이었다. 신정희는 과단성 있는 조치를 취하여 '시국을 구제할 인재'라는 평가를 받았다.

신정희는 아버지 신헌의 일정한 영향을 받아 강위 등 실학자와 황현 등 양명학자들과 가깝게 지냈다. 양호도순무영 종사관에 소론계 강화학파인 정인표를 발탁할 정도였다. 시국과 사회현실을 비판적으로 보고 고민하는 자세를 가진 보기 드문 무장이었다.

1892년에서 1894년에 이르는 시기에 사회 내부에서 가장 강력하게 개혁을 주장하고 집단행동을 통해 왕조에 위협을 준 것은 동학이었다. 그러나 고종이 청군을 차병해서 동학농민군을 진압하려고 하자 일본군이 기회로 보고 불법으로 대군을 파병해서 내정개혁을 강요하였다. 신정희는 남산의 노인정회담에서 강력히 철병을 요구하였다. 그 이후 정부 안의 반일 관료로서 일본 세력과 대치하는 위치에 서게 된다.

신정희는 여러 명의 동학 지도자를 심문한 결과 시위의 목적이 지방정치의 개량인 것을 확인하였다. 그러나 1894년 동학농민군이 대규모로 봉기를 해서 관치질서를 무너뜨리자 신정희는 양호도순무사에 임명되어 그 진압을 책임지게 되었다. 갑오개혁의 과정에서 각종 개혁이 진행되면서 신정희가 맡았던 扈衛副將 제도가 폐지되었다. 고종을 호위하던 부서의 책임자를 없앤 것이다. 양호도순무영도 갑자기 혁파해서 순무사의 자리에서 떠났다. 마지막 관직은 도성 방위의 의미가 사라진 강화도를 지키는 강화유수였다.

신정희의 아들들은 무관으로서 광무 연간에도 활동하고 있으나 일본 침략이 노골화된 이후에는 이에 협력하지 않고 관직을 떠났다. 아우 신석희는 1898년 경무사와 중추원 의관을 끝으로 관직에서 물러났다.

신석희의 장남 申八均은 대한제국의 장교로 근무하다가 1907년 군대가 해산된 후 국권이 상실되자 만주로 망명해서 독립운동의 일선에서 활약하였다.

일제 침략에 협력하지 않은 명문가들과 마찬가지로 진천 논실의 평산신씨 장신가는 쇠락의 길을 걸었다. 일제강점기의 암담했던 시절에 사회적 정치적으로 성장할 방향을 잃었고, 재물에 집착하지 않은 선대의 가르침에 영향을 받아 恒産도 지키지 못했다. 안타까운 일은 儒將의 후손들이 선대의 遺墨을 보존하지 못한 것이다. 申鴻周, 申檍, 申正熙, 申奭熙 將臣 4代의 유묵만 남아있어도 조선의 대표적인 무장 가문의 시대흐름에 관한 苦心과 적극적인 對應을 사실 그대로 보여줄 수 있었을 것이다.

東川 申八均의 생애와 민족운동

박 걸 순

1. 머리말

申八均(1882~1924)은 전통적인 무반 가문에서 태어나 그 자신도 대한 제국 육군무관학교를 졸업하고 1902년 장교로 임관하였으며, 중국으로 망명한 뒤에는 항일무장투쟁을 주도한 인물이다. 그는 김경천, 이청천과 함께 '南滿洲 三天', '軍人界의 三天'이라 칭해질 만큼 남만주 일대의 무장투쟁에서 뛰어난 활약을 하였다.[1] 그가 참여하거나 주도하였던 서로 군정서, 신흥무관학교, 대한통의부 등은 남만주 지역 무장투쟁의 대표적 단체였다. 뿐만 아니라 지금까지 전혀 알려지지 않았으나, 그는 일제가 1920년대 전반기까지 북경에 거주하는 주요 '不逞鮮人'으로 파악하고 주시할 만큼 북경에서의 활약도 컸다. 또한 그는 1923년 박용만 등과 함께 국민대표회의에서 創造派를 이끌어 나갔다. 1924년 대한통의부가 내분으로 혼란에 빠졌을 때 북경에 있던 그를 초치하여 군사위원장 겸 의용군사령관에 임명한 것은 그의 무장투쟁사에서의 위상을 잘 보여주

---

[1] 『東亞日報』 1924년 7월 30일자.

는 것이라 할 수 있다.

따라서 신팔균은 독립운동사, 특히 만주지역 무장투쟁사에서 중요한 인물이라 할 수 있다. 그러나 그에 대한 종합적 연구는 전혀 없으며, 그에 대한 단편적이고 산발적인 기록들도 부정확하거나 틀린 것들이 적지 않다.[2] 그 까닭은 자료의 결핍 때문이다. 그가 망명한 이후 일제의 기록에 최초로 나타나는 것은 1922년 10월이다.[3] 따라서 그에 대한 일제 측 기록은 전사하는 시기까지 불과 2년도 되지 않는 시기의 몇 건이 고작이며, 우리 측에서는 그의 전사 후 신문 보도가 전부라 해도 과언이 아닐 정도이다.

본고는 이 같은 자료의 한계를 인지하면서도 신팔균의 생애와 민족운동을 살펴보려 하는 것이다. 먼저 그의 가계와 무관생활을 살펴보고 국내에서 전개한 계몽운동에 대해 검토하기로 한다. 이어 망명 이후의 활동을 서간도와 북경에서의 활동과, 대한통의부 참여로 양분하여 살펴보기로 한다. 특히 지금까지 자료에 근거하지 않고 논의되는 사실에 대해 검증을 하고, 기존 서술에서 간과되어 온 그의 북경에서의 활동과 창조파로서의 활동 등을 처음으로 밝히게 될 것이다. 이를 발판으로 삼아 신팔균에 대한 연구가 진전되기를 기대해 본다.

---

2) 본고를 탈고할 무렵 신팔균을 주제로 다룬 논문이 발표되었다(김주용, 「東川 申八均의 독립운동 연구」, 『한국민족운동사연구』 60, 2009, 45~76쪽). 본고와 분석 자료 등은 유사하나, 각론에서 적지 않은 차이가 있다.

3) 高警第3194號, 1922. 10. 9, 「不逞鮮人ノ組織セル敎育會ニ關スル件」, 『不逞團關係 雜件-朝鮮人の部-在支那各地(2)』.

2. 가계와 무관 생활

신팔균은 1882년 5월 19일 서울 정동에서 출생하였다. 본관은 平山이며, 그의 관원이력서에는 그의 거주지가 忠北 鎭川郡 梨谷面 老谷里(現, 鎭川郡 梨月面 老院里)로 되어 있다.

「莊肅公橞墓表」와『平山申氏系譜』에 의하면 그의 시조는 高麗太師 壯節公 申崇謙이며 그는 그로부터 32세에 해당한다. 그의 선대에는 병조판서를 지내는 등 무관 벼슬을 하였던 사람들이 훨씬 많다. 특히 그의 직계인 文僖公派에는 무과에 급제하여 무관을 지낸 사람들이 압도적으로 많다.[4]

그의 고조부 鴻周(1752∼1829)는 4형제인데, 그는 무과에 급제하여 순조대에 훈련대장을 지냈고 그의 형 鳳周와 應周도 모두 무과에 급제하여 府使와 捕盜大將을 지냈다. 증조부 義直(1789∼1825)도 무과에 급제하여 부사를 지냈으나 일찍이 세상을 떠났다. 그의 조부는 신헌으로 18세에 무과에 급제한 이후 주요 무관직을 역임하였다. 그는 무반이라는 한계를 안고 관료 조직 속에 편입되어 있었지만 개혁적 관료 또는 초기 개화파 인사로서 특히 국방 문제 등에 있어서는 자기 의견을 적극적으로 개진하였다.[5] 그는 무관이었으나 어느 문인 학자 못지않은 經世家로서 글씨와 문장에 능통한 '儒將'으로서 유명하였다.[6]

申橞은 4남을 두었는데, 이 중 正熙·奭熙·樂熙도 무과에 급제하여

---

4) 그의 가계에 대하여는 朴贊植,「申橞의 國防論」,『歷史學報』117, 1988, 43∼44쪽의 <표 1> 참조.

5) 최진욱,「申橞(1811∼1884)의 內修禦洋論 硏究」,『韓國史學報』제25호, 고려대사학회, 2006, 249∼254쪽.

6) 黃玹,『梅泉野錄』, 國史編纂委員會, 1955, 10쪽.

무관의 주요직임을 역임하였다. 정희는 刑曹判書, 御營大將, 統衛官 등을
지냈는데, 그가 금위대장이 되었을 때 '父子 將臣' 논의가 일어나기도
하였다.[7] 奭熙는 신팔균의 부친으로서 한성부 판윤을 거쳐 경무사, 중추원
일등의관을 역임하였다.

신팔균의 동생으로 가균과 필균이 있었는데, 可均은 그와 함께 무관학
교를 졸업하고 군인의 길을 걸었다. 가균은 육군무관학교를 졸업하고[8]
민영환의 부관으로 근무하다가,[9] 군대해산 직후인 9월 3일자로 해직되었
다.[10]

이 같은 무인적 배경에서 자라난 그가 무관의 길을 걷는 것은 자연스런
일이었다. 그는 1900년 10월 14일 대한제국 육군무관학교에 입학하여
제2기생으로서 1903년 9월 20일 步兵科를 졸업하였다.[11] 육군무관학교
에 입학하기 위해서는 軍部 將領尉官이나 各部院廳 勅任官의 추천을
받아야 하고, 무관학교 입학 請稟狀에 관찰사의 날인을 받아야 하는
까다로운 규정을 적용하였기 때문에 입학자는 정부 유력자의 친족이거나
양반 지배계층의 자제들이 대부분이었다. 이들의 경쟁률도 높아 1898년

---

7) 黃玹, 『梅泉野錄』, 24, 45쪽.

8) 『皇城新聞』 1902년 7월 14일자. 신가균의 참위 임관일은 신팔균과 같은 7월
   6일자였다. 이 사실은 『日省錄』(6월 2일자)에서도 확인된다.

9) 『東亞日報』 1958년 11월 30일자.

10) 『皇城新聞』 1902년 9월 24일자. 可均은 해방 이후 조선독립운동사편찬 발기인(『매
   일신보』 1945년 10월 18일자), 민주국민당 감찰위원회 부위원장(『朝鮮日報』
   1949년 2월 15일자), 舊韓國將校團 부회장(『東亞日報』 1952년 2월 2일자) 등을
   역임하였다.

11) 『大韓帝國官員履歷書』 14책, 360쪽에는 그가 1902년 졸업한 것으로 되어 있으나,
   육군무관학교장 李學均이 발급한 1903년 9월 20일자 「卒業證書」(독립기념관
   자료번호 2-000088-000)가 남아 있기 때문에 졸업은 1903년으로 보는 것이
   타당할 듯하다.

에는 8.5 : 1, 1906년에는 14 : 1을 기록할 정도였다. 입학자 중에는 신교육을 받았거나 관료생활을 하다가 들어온 자도 있을 만큼 무관학교 입교는 선망의 대상이었다.[12] 그의 이력서에 '被選武官學校'라고 표현한 것도 입학의 어려움을 말해주는 것으로 생각된다.

그러나 초창기 육군무관학교 학도의 수학연한은 군부대신과 원수부 검사국장이 정하는 바에 따르다가 1904년 9월 24일 조칙 15호로 만 3년으로 확정하였다. 물론 이때에도 幼年學校 졸업 학도 외에는 6년으로 하였다. 따라서 시기에 따라서는 임관과 졸업이 2년 또는 3년으로 달랐다. 그런데 임관을 먼저 하고 후에 졸업을 하는 것은 보편적 현상이었으며, 신팔균처럼 1900년 입학자의 경우는 상당수가 1902년에 임관을 먼저 하고 1903년에 졸업하는 양상을 보인다.[13] 따라서 정식으로 졸업하기 이전이라도 먼저 임관을 하고 장교 견습을 하였던 것이다.[14]

신팔균은 재학 중인 1902년 7월 6일 육군 참위로 임관하였다.[15] 그리고 이듬해 3월 25일 시위대 제1연대 3대대 견습을 거쳐 1906년 7월 20일 정식으로 이곳에 배속되었다.[16] 1907년 3월 12일에는 6품으로 승진하였고, 4월 30일에는 보병 副尉로 승진하고 이날자로 鎭衛 步兵 제7대대 부관에 보임되었다. 이어 이해 8월 26일 近衛 步兵대대 중대로 배속되었다.[17]

12) 林在讚,『舊韓末 陸軍武官學校 硏究』, 第一文化社, 1992, 32~37쪽.

13) 林在讚,『舊韓末 陸軍武官學校 硏究』, 145~171쪽의「陸軍武官學校官制」와 「『大韓帝國官員履歷書』에 나타난 육군무관학교 출신자 현황」 참조.

14) 신팔균이 이력서에 '受卒業證書'라 기록한 것은 졸업 자체에 그리 의미를 두지는 않았기 때문으로 보인다.

15)『皇城新聞』1902년 7월 12일자.

16)『皇城新聞』1906년 7월 28일자.

그런데 그는 육군대신 李秉武로부터 1907년 10월 25일에 개최 예정인 奬忠壇 致酹행사에 접대위원에 위임하는 訓令을 받았다.[18] 이는 이해 7월 구한국 군대가 일제에 강제해산 당하고 난 뒤의 일이다. 1907년 7월 24일 이완용과 이토 히로부미 사이에 丁未七條約이 강제되고, 附隨覺書를 교환할 때 재정의 곤란과 후일 징병법을 실시할 때까지 잠정적 조치로 군대를 해산하기로 하였다. 이때 군대해산 관련 조치를 보면 '육군 1개 대대를 존치하여 황궁 수위를 담당케 하고 그 외의 군대는 해산할 것과, 교육 받은 士官은 한국 군대에 유임시킬 필요성이 있는 자를 제하고 나머지는 일본 군대에 부속케 하여 실지 연습을 시키며, 일본에서는 한국 사관 양성을 위하여 상당한 설비를 할 것'이 규정되었다.[19]

이에 따라 7월 31일 군대해산 詔書가 내려졌고, 대부분의 장교는 해임되고 병졸들도 귀가조치 되었다.[20] 군대해산 이후 군부 관제도 개편되어 대신과 차관 밑에 2국 8과를 두었으나, 군대가 해산되었으므로 단지 황실의 儀仗과 守衛를 맡은 1개 대대 近衛步兵隊(정원 634명)와, 1개 중대의 近衛騎兵隊(정원 99명) 등 733명의 近衛隊만 남았다.[21] 군대해산

---

17) 『皇城新聞』 1906년 8월 31일자.

18) 독립기념관 소장자료(2-000083-000).

19) 鄭喬, 『大韓季年史』 下卷, 光武 11年 7월 24일, 278쪽.

20) 예컨대 1907년 9월 3일 일괄 해임 당한 26명의 무관학교 출신자 가운데에는 곧 9월에 장례원, 시종원, 탁지부 등으로 복직된 자가 4명 있었고, 12월에 군부로 복직된 자가 6명 있었으나, 나머지 16명의 복직은 확인되지 않는다(林在讚, 『舊韓末 陸軍武官學校 研究』, 46쪽 <표 10> 「軍隊解散 時 解任된 武官學校 出身者 現況」).

21) 車俊會, 「韓末 軍制改編에 대하여」, 『歷史學報』 제22집, 1964, 85쪽. 군사국 휘하에 인사보상과·마정과·병기과·교육과·군법과·위생과가, 경리국 휘하에

직전 병력이 약 9,500명이었던 것에 비하면 사실상 완전 해산이나 다름없는 상황이다.

그런데 신팔균은 군대해산에도 불구하고 곧 바로 해임되지 않았음이 분명하다. 이는 전술한 바와 같이 군대해산 이후 장충단 致酹행사에 접대위원에 위임한 훈령뿐만 아니라 1909년 두 차례에 걸쳐 육군 부위 자격으로 仁政殿 오찬에 초청되고 있기 때문이다. 그는 궁내부 대신 閔丙奭 명의로 1909년 1월 6일의 인정전 신년 오찬회와, 3월 26일의 오찬에 초청되었다.22) 게다가 그는 1909년 7월 30일 보병 正尉로 승진한 사실이 확인된다.23) 이는 그가 군대해산 이후 최소한 2년간 부위로서 현직에 있었을 뿐만 아니라, 정위로 승진까지 하였음을 알려주는 증거인 것이다.

이로써 보면 신팔균이 경쟁이 극심한 무관의 길을 들어서서, 시위대와 근위대 등 요직에 근무하며 군대해산 이후에도 계속 근무할 수 있었던 것은 가문의 배경이 크게 작용한 것으로 보아야 할 것이다. 또한 그 경험은 그가 이후 만주로 망명하여 무장투쟁을 주도할 소중한 자산이 된 것으로 이해된다.

3. 낙향과 계몽운동의 전개

지금까지 신팔균은 군대해산과 더불어 진천으로 낙향한 것으로 논의되

제1과와 제2과 등 2국 8과가 있었다.

22) 독립기념관 소장자료(2-000085-002, 2-000085-000).

23) 『皇城新聞』 1909년 8월 8일자. 한편 독립기념관에 그의 正尉 임용장이 보관되어 있다(5-001124-000).

136

어 왔다.24) 그런데 앞의 자료에 의하면 그는 1909년 8월 이후 낙향한 것이 분명하다. 따라서 그가 고향에 사립 보명학교를 세워 교육구국운동을 펼친 것이 군대해산 직후라거나 1907년이란 견해25)는 수정되어야 할 것이다.

낙향 후 그는 구국운동의 일환으로 교육사업에 매진하였다. 이는 그와 비슷한 처지에 있었던 신규식이 무관학교 재학을 전후하여 향리에서 교육구국활동을 벌인 것과 같은 사유로 이해된다.26)

그런데 신팔균이 설립하여 운영하였다고 하는 普明學校의 설립 주체와 시기도 재고할 필요가 있다. 즉, 그가 낙향하기 이전인 1908년 11월, 그의 동생인 申必均이 일가인 신재균과 함께 고향인 이곡면 노곡에서 학교를 설립하고 학생들을 많이 모집하여 열심히 교수하였다는 보도가 있기 때문이다.27) 또 한 자료에는 申㭱이 1897년 노곡에 사립학교를 세운 것을 그 후 신필균이 자택으로 옮기고 보명학교로 개칭한 것이라고 되어 있다.28) 따라서 보명학교는 신팔균이 설립한 것이 아니라, 1897년에 설립된 사립학교를 동생 필균이 1908년 문중적 기반을 바탕으로 인수하여 운영하던 것으로, 그는 낙향 이후 망명할 때까지 운영에 참여한 것으로 보는 것이 타당할 듯하다.

---

24) 金厚卿, 『大韓民國獨立運動功勳史』, 光復出版社, 1983, 644쪽 및 국가보훈처 독립유공자 사이트 등.
25) 鎭川常山古蹟會, 『100년 전 우리 진천에는 어떤 일이 있었나?』, 2006, 103쪽.
26) 姜英心, 「申圭植의 생애와 독립운동」, 『한국독립운동사연구』 제1집, 1987, 228~230쪽.
27) 『大韓每日申報』 1908년 11월 21일자 「신씨 열심」.
28) 『常山誌』, 59쪽. 보명학교는 1910년 사립 보통학교로 인가되고, 1922년 공립으로 인가되었으며 長楊里에 교사를 신축하였다.

보명학교에서는 한문, 국어, 지리, 역사 등을 교수하며 민족사상을 고취하였다. 교사로는 신팔균과 동생인 가균, 필균 및 조카인 이조영 등이 활동하였다고 한다.[29] 당시 신팔균은 신헌 고택에 머물며 강당 고개에 있는 학교를 왕래하기도 하였으나, 학교 내에 작은 부속 건물을 짓고 여기에 머물기도 하였다고 한다.[30]

그런데 보명학교는 학부의 인가를 받지 못한 것으로 보인다. 왜냐하면 1909년 9월 현재 진천에서 학부의 인가를 받은 사립학교는 李相稷이 진천군 府下에 설립한 文明學校와 鄭雲稷이 만승면 광혜원에 세운 光明學校 뿐이기 때문이다.[31] 보명학교가 인가되지 않은 까닭은 알 수 없으나, 재정 곤란 등으로 그리 성황을 이루지는 못하였던 것으로 판단된다.

이 시기 그의 계몽운동을 보여주는 또 하나의 사례는 大同靑年黨 관련 활동이다. 대동청년당은 1909년 대구에서 安熙濟, 金東三, 윤세복 등이 구국계몽운동을 위해 조직한 비밀결사였다.[32] 신팔균은 이들은 물론 서상일, 신백우, 곽재기 등 근대교육을 받은 애국 청년들과 함께 힘을 합쳐 구국의 신사상과 방략을 교류한 후 각기 그들이 처한 곳에서 이를 전파하여 구국의 힘을 결집하고자 하였다. 즉, 그는 대동청년당 동지들과 연계를 통해 체득한 구국의 사상과 방략을 보명학교 교육을 통해 전파시켜 나가고자 하였던 것이다.[33] 대동청년당 구성원은 대부분

---

29) 정상훈, 「신팔균장군」, 255쪽.

30) 申應鉉 증언(진천군 이월면 노원리 거주, 2008년 7월 인터뷰. 당시 78세).

31) 정삼철 편역, 『100년 전 충북의 옛 모습-진천군편-』, 충북학연구소, 2004, 66쪽.

32) 金承學, 『韓國獨立史』, 독립문화사, 1965, 159쪽 및 박영석, 「대한독립선언서」, 『한민족독립운동사』 3, 국사편찬위원회, 1988, 126쪽.

33) 채영국, 「동천 신팔균 장군」, 『월간 독립기념관』 1994년 5월호 참조.

138

대종교와 관련이 있다. 따라서 신팔균의 대동청년당 활동과 만주의 활동을 볼 때 대종교와의 관련 가능성을 배제할 수는 없다.[34]

대동청년당의 조직과 활동 등의 구체적 사실은 자료의 결핍으로 알 수 없다. 그러나 신팔균이 남긴 서한을 보면 그가 낙향 이후 교육 등 계몽활동을 폈던 정황과 대동청년당과 관련된 내용을 짐작할 수 있다. 즉, 신팔균이 낙향 이후 독립운동에 뜻이 있는 사람에게 보낸 편지가 남아 있는데, 여기에는 보명학교의 재정적 어려움을 호소하는 한편, 대동청년당의 결성을 촉구하면서 동지들의 단결을 강조하는 내용을 담고 있다.[35] 또 하나의 서한은 그가 충북 음성에 거주하는 宋達容에게 보낸 것으로서, 그 내용은 대동청년당에 관한 것과 계몽운동의 어려움을 피력하고 있으며, 나라를 걱정하는 마음을 담고 있다.[36]

이로써 보면 신팔균이 낙향 이후 만주로 망명하기 이전까지 동생들과 함께 보명학교의 운영에 참여하였으며, 대동청년당에도 관여하였음을 알 수 있으나, 상세한 내용은 자료의 결핍으로 알 수 없다.

4. 망명과 서간도, 북경에서의 활동

1) 망명과 서간도에서의 활동

신팔균의 정확한 중국 망명 시기는 알 수 없다. 그의 망명 시기는 대개 경술국치 이후로 알려져 있으나, 기록에 따라서는 '辛亥年'(1911)[37]

34) 박명진, 「대종교독립운동사」, 『국학연구』 8, 국학연구소, 2003, 419쪽.
35) 독립기념관 소장자료(5-001121-000).
36) 독립기념관 소장자료(2-000079-000).
37) 「大韓統義府 義勇軍司令長 軍事委員長 東天申八均將軍事蹟碑」(1993년 충북

또는 '3·1운동의 뜨거운 물결을 타고'[38)라고 되어 있다. 그런데 그가 두 번째 부인인 林壽命을 만난 시기가 1912년이고, 혼인한 시기가 1914년 임을 감안하면, 그의 망명은 적어도 경술국치 직후나 1911년 보다는 이후의 사실로 판단된다. 또한 그가 일제 측 자료에 최초로 등장하는 것이 1922년 10월이란 사실도 그의 망명이 그보다는 늦은 시기였음을 추론케 한다. 그가 만주와 국내를 오가면서 독립운동을 하였다는 주장도 있으나,[39) 이 또한 근거가 없다.

그런데 그의 망명 시기를 알려주는 중요한 단서가 있다. 즉, 韓溪 李承熙의 기록에 그가 등장하는 것이다. 이승희는 1914년 1월 5일 아들 基元과 芮大僖 등과 함께 북경으로 가서 西河沿 東昇棧에 머물렀다. 북경에서 그는 孔敎會의 韓人支會 설치를 위해 노력하였는데, 1월 17일에 는 북경 본부로부터 東三省韓人孔敎會支會 설치를 승인받고 착수에 들어가, 龍潭厚의 요청으로 「孔敎敎科論」을 저술하는 등 분주하였다.[40)

이때 신팔균이 그에게 신년 인사를 온 것이었다. 이승희는 신헌의 손자인 그를 맞이하여 환담한 사실을 자신의 문집에 기록해 두었다.[41) 그런데 이 기록에는 신팔균이 이전에는 安東縣에 있었다고 기록되어 있다.[42) 곧 이에 의하면 신팔균은 1914년 이전에는 중국으로 망명하였음

진천군 이월초등학교 교정 내 건립, 碑文撰 國史編纂委員長 朴永錫) 및 『평산신씨 족보』, 317쪽.

38) 大倧敎總本司, 『大倧敎重光六十年史』, 1971, 382쪽.

39) 김주용, 「東天 申八均의 독립운동연구」, 6쪽.

40) 琴章泰, 「韓溪 李承熙의 生涯와 思想(Ⅰ)」, 『大東文化硏究』 제19집, 성균관대학교 대동문화연구원, 1985, 18~19쪽.

41) 李承熙, 『韓溪遺稿』 七, 554쪽에 "申正尉八均來謁 韓人大將橞孫"이라 기록하고 있다.

42) 『韓溪遺稿』 七에는 "前於安東縣有舊", 『韓溪遺稿』 一에는 "曾在安東縣有舊"라

이 확실하며 안동현에서 머물다 1914년에는 북경으로 옮겨 살았음을
알 수 있다.

지금까지 신팔균의 서간도 활동으로 거론되는 것은 중광단 참여, 대한
독립선언서 발표 참여, 서로군정서와 신흥무관학교 교관 역임 등이다.
그의 활동에 관한 자료는 蔡根植의 기록이 유일하며, 이 밖에 다른 자료에
서는 확인할 수 없다.

1919년 2월 길림에서 각지의 독립운동가들을 망라한 대한독립선언서
가 발표되었다. 이때 신팔균이 '東三省 革命 巨頭'의 한 사람으로 여기에
서명하였다고 한다.[43] 그러나 서명자 39인 명단에 신팔균은 없다. 그럼에
도 불구하고 신팔균이 대한독립선언서에 참여하였다고 운위되는 까닭은
그가 신헌의 손자이자 신석희의 아들이라는 가문의 배경과, 그 자신이
대한제국의 정위 출신이란 이력 등의 威名이 작용한 때문으로 보인다.
대한독립선언서 서명자의 활동지역을 보면 만주지역 24명, 중국 본토
6명, 러시아 4명, 미주 4명, 국내 1인인데,[44] 신팔균과 친분이 있거나
후에 같이 활동을 한 사람들이 다수 있는 것은 사실이다. 그러나 그가
대한독립선언서에 참여했다는 사실은 채근식의 기록 이후 대부분의
독립운동사 관련 기술이 이를 근거로 한 것이기 때문에 사실로서 단정하기
는 곤란하다.[45]

신팔균의 서간도 활동과 관련하여 또 하나 논의되는 것이 서로군정서와

하여 그가 북경에 오기 전에 안동현에 거주하였음을 밝히고 있다.

43) 蔡根植, 『武裝獨立運動秘史』, 大韓民國公報處, 1946, 78쪽.

44) 朴永錫, 「大韓獨立宣言書 研究」, 『汕耘史學』 제3집, 汕耘學術文化財團, 1989,
   15쪽.

45) 국가보훈처의 신팔균 공적조서에도 그가 대한독립선언서에 서명하였다고
   되어 있다.

신흥무관학교 교관 역임 사실이다. 3·1운동 이후 한족회가 서로군정서로
개편되었다. 서로군정서에는 만주지역 독립운동계의 '거물급과 군사전
략가'가 총망라되었는데, 신팔균은 이청천, 김경천과 함께 교관으로 임명
되었다고 한다.46) 또한 신흥강습소가 신흥무관학교로 개편되었을 때에
신팔균은   吳光鮮·李範奭·金光瑞(金擎天)·成駿用·元秉常·朴章燮·金成
魯·桂龍輔 등과 교관으로 활동하였다는 것이다. 신흥무관학교 출신인
元秉常의 기록에서 신팔균은 확인되지 않으나,47) 대부분의 독립운동사
기술에는 그가 신흥무관학교의 교관으로 활동하였다고 되어 있다.48)
신팔균을 이청천, 김경천과 함께 '남만주 삼천'이라 지칭한 것은 여기에서
유래한 것으로 보이며, 신흥무관학교에 참여했을 개연성은 크다고 보인
다.

　여기에서 더 논의할 사실이 있다. 그것은 그와 대종교와의 관련 문제이
다. 그와 함께 독립운동을 한 인사 가운데에는 대종교도가 많다. 그러나
그가 대종교도였다는 사실은 확인할 수 없다. 대종교 측 기록도 그의
신흥무관학교 교관 재임 사실은 기술하면서도 그를 교도로 명시적으로
기술하지는 않았다.49) 그런데 그가 중광단에 참여하여 활동한 것을 근거
로 대종교도로 보는 견해가 있으나,50) 중광단 참여 자체를 확인할 수

46) 朴永錫, 「日帝下 西間島地域 共和的 民族主義系의 民族獨立運動」, 『日帝下
　　獨立運動史硏究』, 일조각, 1984, 17쪽.

47) 元秉常, 「신흥무관학교」, 『독립운동사자료집』 제10집, 29쪽.

48) 박환, 『滿洲韓人民族運動史硏究』, 일조각, 1991, 332쪽 ; 한국독립유공자협회,
　　『中國東北地域 韓國獨立運動史硏究』, 집문당, 1997, 239쪽 ; 서중석, 『신흥무관
　　학교와 망명자들』, 역사비평사, 2001, 178쪽.

49) 大倧敎總本司, 『大倧敎重光六十年史』, 382~383쪽.

50) 김주용, 「東天 申八均의 독립운동연구」, 5쪽.

없기 때문에 이를 근거로 확정하기는 어려울 것으로 생각한다. 그러나 전술한 바와 같이 그가 대동청년당에 가입하여 활동한 사실은 그가 대종교와 밀접한 관련을 맺고 있었음을 알려주는 것으로 이해된다. 따라서 그가 망명 이전부터 대종교도였을 가능성은 크다고 판단된다.

2) 북경에서의 활동

신팔균은 망명 이후 북경과 서간도를 왕래하며 독립운동을 펼쳤다. 북경 거주 시기 그는 韓僑敎育會와 高麗共産黨에 가입하여 활동하였고, 國民代表大會 때 創造派의 주요 인물로 활동하였다. 이는 지금까지의 연구에서 거의 논의되지 않은 사실이다.

韓僑敎育會는 1922년 8월 30일 이세영 등이 일제의 간도학살 때 발생한 한인 고아를 교육시키기 위해 조직한 단체였다. 일제는 이를 군사통일회 당시 만주로부터 참집한 군인 중 이세영이 회장이 되어 조직한 기호파에 속하는 단체로 파악하였다.[51]

韓僑敎育會의 조직은 다음과 같다.

○會長 : 李世榮
○副會長 : 金成煥
○會員 : 李光, 曹成煥, 韓世良, 趙東隱, 申八均, 黃鶴秀, 李世榮, 崔泰允, 成駿用, 金元植, 金承煥, 李社隱, 文秉武, 趙澗松[52]

---

51) 公第92號, 1924. 3. 6,「北京在住朝鮮人ノ最近狀況報告ノ件」,『朝鮮人ニ對スル施政關係雜件－一般ノ部(2)』.

52) 高警第3194號, 1922. 10. 9,「不逞鮮人ノ組織セル敎育會ニ關スル狀況」,『不逞團關係雜件－朝鮮人の部－在支那各地(2)』. 다른 자료에는 회원으로 李成鐘, 洪明學 등의 명단이 보이는데, 회원은 22명 정도였다(關機高收 第160162號, 1923. 11.

한교교육회는 조직 직후인 9월 8일, 교육회 선언서와 중국인에 대한 기부권유서를 인쇄하여 성준용으로 하여금 山西지방으로 출장케 하였다.53) 이는 한교교육회를 홍보하고 자금을 확보하기 위한 것이었다. 또한 이들은『不得已』라는 신문을 발행하고 18개 조항으로 된「韓僑敎育會 簡章」을 마련하고 활동에 노력하였다. 이에 의하면 회의 본부는 북경에 두되, 필요로 할 때에는 중요한 지방에 지회를 분설할 수 있도록 하였다. 회의 목적은 '교민의 자녀를 배양'하는 데 종지를 두었으며, 회원은 '大韓 民族'으로서 품행단정하고 상당한 지식이 있는 자로 한정하였다. 회의 운영은 8인으로 구성된 이사회 중심으로 하되, 이사장은 이사들이 호선하도록 하였다.54)

실제로 한교교육회는 일제의 간도학살 때 고아가 된 아이들과 일반 한인 자제들을 西山 부근의 香山에 모아 執義學校를 세워 교육을 하였다. 그러나 이 학교는 경비의 부족으로 1923년 여름경에 해산하고 말았다.55)

신팔균은 이미 자신이 낙향하여 고향에서 보명학교를 운영한 데에서 교육에 관심이 있었음을 알 수 있다. 또한 그는 망명하고 난 뒤 일제에게 부모가 학살된 동포 자녀의 참상을 목도하며 이들을 교육시키는 것이 무장투쟁 못지않게 중요한 독립운동의 일환이라고 여겼던 것으로 보인다.

한편 신팔균은 北京高麗共産黨에 가입하여 활동하였다.56) 또한 그는

1,「北京ニ於ケル鮮人團體ノ組織ニ關スル狀況」,『不逞團關係雜件－朝鮮人の部－鮮人ト過激派(5)』).

53) 일제는 韓僑敎育會의 기금 모금을 敎育會의 美名을 빙자하여 호구를 충당하려는 것으로 파악하였다.

54) 高警第3194號, 1922. 10. 9,「不逞鮮人ノ組織セル敎育會ニ關スル狀況」,『不逞團關係雜件－朝鮮人の部－在支那各地(2)』.

55) 公第92號, 1924. 3. 6,「北京在住朝鮮人ノ最近狀況報告ノ件」,『朝鮮人ニ對スル施政關係雜件－一般ノ部(2)』.

144

1923년 11월 경 김해산, 박건병 등과 함께 北京韓僑俱樂部를 조직하는
데에도 참여하였다.[57] 이 단체는 1924년 7월경 원세훈, 신숙 등과 합세하
여 북경한교동지회로 발전하지만[58] 신팔균은 이미 1924년 4월 서간도로
이동하여 대한통의부에서 활동하기 때문에 실질적으로 한교구락부에서
의 활동 기간은 그리 길지 않았다. 한편 그는 中韓互助社에서도 활동하였
는데, 그 구체적인 상황은 확실하게 드러나지 않는다.[59]

따라서 신팔균은 북경에 머무는 동안 한인의 친교와 교육은 물론
중국과의 협력 등을 모색하며 폭넓은 활동을 하였음을 알 수 있다. 일제의
보고와 마찬가지로 신팔균은 북경 한인사회를 이끈 중요한 인물의 한
사람이었던 것이 틀림없다.[60]

신팔균의 북경 재주 중 그의 독립운동계에서의 위상을 잘 보여주는
것은 창조파 활동이었다. 1923년 1월 3일 우여곡절 끝에 62명의 대표가
참여한 가운데 국민대표회의가 열려, 이후 6월 7일까지 임시회의·정식회
의·비밀회의 등 총 74회의 회의가 개최되었다. 그러나 민족해방투쟁전선
의 통합과 활동 방안을 모색하기 위한 국민대표회의는 이른바 개조파와

56) 關機高收 第160162號, 1923. 11. 1, 「北京ニ於ケル鮮人團體ノ組織ニ關スル狀況」,
『不逞團關係雜件－朝鮮人ノ部－鮮人ト過激派(5)』. 북경고려공산당은 1920년
경 창립된 것으로, 임원은 部長 李成, 副長 李信哲, 總務 蔡成龍, 幹事長 金啓執,
會計 韓圭先, 幹事 朴承晚 등이었고 회원은 신팔균 등 20명이었다.

57) 국사편찬위원회, 『韓國獨立運動史 資料』 37, 2001, 122쪽.

58) 신주백, 『1920~30년대 중국지역 민족운동사』, 선인, 2005, 181~182쪽.

59) 「北京在住朝鮮人ノ最近狀況報告ノ件」, 『朝鮮人ニ對スル施政關係雜件――般ノ
部(2)』(公第92호, 1924년 3월 6일).

60) 일제는 신팔균이 북경을 떠나기 직전인 1924년 3월의 조사 보고에서 그를
북경에 재주하는 중요 조선인 55인 중 한명으로 파악하였다(公第92號, 1924.
3. 6, 「北京在住朝鮮人ノ最近狀況報告ノ件」, 『朝鮮人ニ對スル施政關係雜件――
般ノ部(2))』).

창조파의 대립으로 인해 실패하고 말았다.

이때 신팔균은 창조파의 주요 인물로 활동하였다. 당시 서로군정서 대표로서 국민대표회의에 참가한 김동삼은 북경군사통일회에 '제2정부'를 설립하지 말 것과 임정 안의 위임통치 청원자를 퇴거시킬 것을 제의하였다. 그러나 이 주장이 받아들여지지 않자 그는 임정 탈퇴를 선언하면서 국민대표회의를 통한 임정 개조를 주장하였다. 이로써 보면 만주지역 무장투쟁론자들은 임정을 무장투쟁노선에 입각한 민족해방투쟁의 지도기관으로 개조하자는 입장을 지녔었음을 알 수 있다.[61] 그런데 신팔균은 북경군사통일회의 입장과 마찬가지로 임정의 외교론과 실력양성노선을 비판하면서 무장단체를 중심으로 새로운 중심기관을 설립하려는 창조론을 지니고 있었던 것이다.

1923년 6월 7일, 창조파들은 개조파가 탈퇴한 가운데 회의를 열어 18조로 이루어진 임시 헌법을 새로 제정하고 국민위원회를 조직한 후 국민위원 33인, 국무위원 5인 중 4인, 고문 30인을 선출하고 국민대표회의를 폐회하였다.[62] 이때 창조파가 발표한 헌법과 국민위원회의 내용을 보면 신정부를 지향하고 있음이 분명하다. 특히 국민위원회의 활동은 내무·외무·재무·군무·경제 등 임정과는 다른 신정부였다.[63]

신팔균은 국민위원회 위원으로 선임되었다. 국민위원회는 대개 고려공산당 이르크츠크파 중 국민의회 관계자와 북경군사통일회 관계자를 중심으로 구성되었는데,[64] 위원제 정부건설론은 북경군사통일회의 주장

---

61) 조철행, 「국민대표회(1921~1923) 연구」, 『史叢』 제44집, 고대사학회, 1995, 163~164쪽.

62) 『獨立新聞』 1923년 6월 13일자.

63) 『獨立新聞』 1923년 4월 4일자.

64) 박윤재, 「1920年代初 民族統一戰線運動과 國民代表會議」, 『學林』 제17집, 연세

이었으므로 군사통일회가 보다 주도적 세력이었음을 알 수 있다. 여기에 신팔균이 참가하였다는 것은 그가 북경군사통일회와 지향점이 같았음을 확인시켜 주는 것이라 할 수 있다.

국민위원회는 위원 오창환을 노령에 파견하여 코민테른과 협의케 한 결과 적극 원조하겠다는 통지를 받고 1923년 8월, 국민위원을 비롯한 50여 명이 블라디보스토크에 도착하였다. 블라디보스토크 공산당 고려부 중앙집행위원은 러시아 극동혁명위원회의 양해를 얻어 '鮮人의 정치적 최고기관'인 한인위원회를 조직하였다. 그리고 동년 10월 중순 국민위원회는 노농정부와 제3국제공산당과 교섭한 결과 그들의 동의를 얻어 고려공산당 중앙집행부에 합병하고, 國務執行委員長에 朴容萬을, 軍務委員長에 申八均을 선출하고 行政區와 軍管區를 두었다. 신팔균이 관할하였던 5개 軍區의 내용은 다음과 같다.[65]

〈신팔균 관할 군구표〉

軍區	司令官	區域	附屬 士官養成所 所在地
第1軍區	金擎天	露領 沿海縣	露領 水靑, 이만
第2軍區	崔振東	東支鐵道 沿線	東寧縣 南溝嶺
第3軍區	金 鼎	琿春, 汪淸縣	汪淸縣 羅子溝
第4軍區	安 武	額穆, 敦化, 延吉, 和龍, 安圖縣	額穆縣 黑石河, 安圖縣 三道河子
第5軍區	金虎翼	撫松, 長白縣	撫松縣 頭道江

신팔균은 부하들에게 屯田制에 입각한 군사교육을 실시하였다. 이외에 별동대도 있었는데, 제1별동대장은 林炳極, 제2별동대장은 崔俊衡이

대학교 사학연구회, 1996, 178쪽.

65) 關機高收第18622號1, 1923. 12. 7, 高警第3172號, 1923. 9. 29, 「露領方面ニ於ケル鮮人情況」, 『不逞團關係雜件-朝鮮人ノ部-鮮人ト過激派(5)』. 일설에는 國務執行委員長에 文昌範이 선임되었다고도 알려졌다.

맡았다. 별동대의 구역은 전반에 걸쳐 넓게 있었으며 國稅의 징수와
파괴, 암살의 활동을 하였다.[66] 각 군관 사령관은 만주의 무장독립운동계
를 대표하는 인물이었다. 신팔균이 이들을 통합하는 군무위원장으로
피선된 것은 당시 그가 만주와 노령의 무장독립운동계에서 차지하고
있던 위상과 창조파에서의 위상을 가늠해 볼 수 있는 것이다.

그의 창조파에서의 구체적인 활동상은 알 수 없다. 그는 국민대표회의
에도 참가하지는 않은 것 같다. 일제 측 자료에 의하면 1923년 12월
20일 박용만이 북경을 출발하여 상해로 가고 난 뒤 블라디보스토크에서
黃旭과 李某 양인이 북경으로 와서 國民委員인 姜九禹·金世俊·朴健秉과
申八均에게 1인당 銀 75弗을 여비로 주고 박용만을 따라 상해로 가도록
하였음을 알 수 있다. 이 중 강구우와 박건병은 곧 상해로 출발하였으나,
신팔균은 여비를 써버려 출발을 단념하였다고 한다.[67]

국민위원회는 1924년 신년회를 니콜리스크에 있는 문창범의 집에서
가졌고, 2월 19일부터 블라디보스토크에서 회의를 열어 한국독립당 조직
안을 의결하고 임시헌법을 고쳤는데, 위원제 정부의 성격이 크게 후퇴하
였다. 그런데 「國民委員會 第1會 會議記事錄」(1924. 2. 19~2. 23)에 확인해
보니 그는 이 회의에도 참가하지 않았다.[68] 「國民委員會 公報 第1號」
(1924. 7. 10)는 위원소식란에 그가 7월 2일 적과 교전 중 전사하였다고

---

66) 高警第3172號, 1923. 9. 29, 「極東鮮人統一機關組織ニ關スル件」, 『不逞團關係雜
件－朝鮮人ノ部－鮮人ト過激派(4)』.

67) 北第號, 1924. 1. 25, 「朴容萬及其同志ノ行動幷ニ創造派ノ行動ニ關スル件」, 『不逞
團關係雜件－朝鮮人ノ部－在西比利亞(15)』. 따라서 신팔균이 상해를 왕래하며
독립운동을 하였다는 일부 기록(『東亞日報』1924년 7월 30일자, 1924년 8월
10일자)은 확인되지 않는다.

68) 北第號, 1924. 1. 25, 「朴容萬及其同志ノ行動幷ニ創造派ノ行動ニ關スル件」, 『不逞
團關係雜件－朝鮮人ノ部－在西比利亞(15)』.

보도하였다.[69]

　이로써 보면 신팔균은 국민대표회의 때 창조파의 주요 인물로서 국민위원에 피임되어 만주와 노령의 무장부대를 총지휘하는 중요한 역할을 하였음을 확인할 수 있다. 다만, 그는 상해나 노령에서 개최된 회의에는 적극적으로 참가하지는 않았다.

5. 大韓統義府의 참여와 순국

1) 대한통의부의 내분과 참여 요청

　대한통의부는 1920년대 서간도 일대의 통합 무장투쟁 조직으로서 한국독립운동사상 매우 중요한 위치를 차지하는 단체라 할 수 있다. 그런데 대한통의부의 조직과 활동은 통합과 이탈과정에 따라 5시기로 나누어 살펴볼 수 있다.[70]

---

69) 機密第395號, 1924. 8. 29, 「國民委員會公報第一號送付ノ件」, 『不逞團關係雜件－朝鮮人ノ部－上海假政府(5)』.

70) 박걸순, 「大韓統義府 硏究」, 『한국독립운동사연구』 제4집, 독립기념관 한국독립운동사연구소, 1990, 221~254쪽. 대한통의부의 5시기 구분 내용은 다음과 같다.
　1) 제1기(태동기) : 대한통의부의 전신인 大韓統軍府 시기로서 그 조직시기에 대하여 여러 학설이 있으나 자료와 당시의 상황을 종합할 때 1922년 1월 연합 결성된 것으로 파악하는 것이 타당하다. 대한통군부는 일부 무장투쟁을 전개하기도 하였으나, 통합 후 한인 호적·재정·교육 등의 업무에 더욱 주력하였던 것으로 보인다.
　2) 제2기(성립기) : 대한통군부가 1922년 6월 3일의 중앙직원회에서 문호의 개방을 천명하여 대한통의부로 확대 발전된 시기이다. 대한통의부는 서로군정서·광복군총영 등 이른바 8단 9회의 회의 결과 확대 통합된 단체로서 본격적인 무장투쟁과 함께 한교자치활동을 강화하여 준정부적 성격을 지니고 있다.

대한통의부는 1922년의 이른바 '西間島事變'을 계기로 복벽적 민족주의 계열이 이탈하여 義軍府를 분립하였고,[71] 양자의 대화와 재결합의

3) 제3기(분열 및 재정비기) : 무조건적 통합으로 말미암아 이념상의 대립과 갈등을 초래하여 1922년 10월 14일의 이른바 '西間島事變'을 계기로 복벽적 민족주의 계열이 이탈하여 義軍府를 분립, 활동하는 시기를 말한다. 그런데 의군부의 조직도 종래의 1923년 2월 설보다 상향될 수 있으리라는 가능성을 제기하였다. 뿐만 아니라 통의부와 의군부의 관계를 지나치게 대립과 반목의 연속으로만 서술할 것이 아니라 그 내면에서 꾸준히 전개된 재통합의 노력을 중시하여야 할 것이다.
4) 제4기(위축기) : 내분의 와중에서도 관망적 태도를 보이던 의용군 제1·2·3중대와 유격대, 독립소대 및 제5중대가 분립, 임시정부 군무부 직할의 참의부를 조직하고 활동한 시기인데, 이후에도 대한통의부는 계속적으로 대화와 재통합의 노력을 기울였다.
5) 제5기(해체기) : 1924년 11월 정의부가 조직되며 대한통의부의 지도부는 이에 흡수되었는데, 하부조직인 의용군은 정의부에 참여하지 않은 채 三府의 통합 시까지 독자적으로 활동한 시기를 말한다.
71) 이 사건은 1922년 10월 14일 관전현에 있던 梁起鐸 일행을 全德元 계열의 군인이 습격, 金昌義(통의부 선전국장)를 사살하고 梁起鐸·高豁信·玄正卿 등 주요 간부를 포박, 구타한 것을 말한다. 이는 세력 간 이념의 대립과 보직에 대한 불만에서 비롯된 것인데, 1922년 1월의 대한통군부 결성시 총장(채상덕), 군사부장(이웅해), 경무관(전덕원) 등의 요직에 복벽계 인물이 중용되며 복벽적 성향을 띠게 되었다. 그러나 이해 8월 대한통의부로 확대 개편 시 전덕원 등 紀元獨立團 계열이 배제되고, 총장도 김동삼으로 체임되며 중앙부서의 간부에 韓族會, 西路軍政署 등 共和的 민족주의 계열의 인물이 대부분 임명되었다. 이에 政體 理念과 권력 분배를 둘러싸고 불협화음이 발생하게 되었고, 청년층의 지지를 받고 있던 양기탁과 의병계열의 추앙을 받고 있던 전덕원 간의 불화로 표출되었다. 이 사건의 발단은 전덕원이 요직에서 배제된 데 대한 복벽계 군인들의 불만에서 비롯된 것이었으나, 지도층 상층부는 공화적 민족주의 계열이 주도하고 직접 독립전쟁을 수행할 의용군 중대장급 지휘관들은 복벽적 사상을 지니고 있는 인물로 구성된 지도층 상하부간의 구조적 모순이 초래한 결과였다. 사건 발생 직후 당사자인 전덕원과 양기탁이 원만한 해결에 노력하였고, 상해의 박은식·안창호·이동녕 등 40여 명의 인사가 조문단과 진상조사단을 파견하는 한편 양측에 忠告南滿東志書란 편지와 전보를 통해 화해를 권유하였다. 이때 전덕원계인 제1중대장 朴日楚가 중대를 대표하여 양기탁

노력도 성과를 거두지는 못하였다.[72] 1924년 들어 더욱 심각한 난관에 봉착하였다. 1924년 8월 4일 조선군참모부의 보고는 대한통의부가 의용 군의 이탈, 간부의 내홍, 재정난 등으로 처해 있던 어려운 상황을 잘 보여준다.

……三. 北滿獨立團과의 連絡 중앙총부에서는 먼저 의용군 제1, 2, 3중대의 분립, 간부의 내홍에 이어 금회 의용군 제5중대의 脫隊 선언이 있어 장래 통일의 가망이 없는 상황에 있으므로 차제 北滿獨立團과 제휴하여 이들의 원조 하에 세력을 만회하려고 行政委員長 玄正卿은

등 9인에 대한 '범죄사실 심판요구 28개항'을 총장대리 채상덕에게 제출하였다. 당시 전덕원 지지 세력들 중 일부는 대한통의부 의용군에 편성되었으나, 일부는 편성되지 않은 채 사태가 이에 이르자 독자노선을 천명하고 의군부를 別立하여 이탈한 것이었다(박걸순, 「大韓統義府 硏究」, 230~231쪽). 전덕원이 이 같은 행위를 촉발한 것은 鄭伊衡이 회고한 것처럼 '감투'로 인한 것이었다(國家報勳 處, 『雙公 鄭伊衡 回顧錄』, 1996, 65~75쪽).

72) 일제는 의용군이 대한통의부를 이탈한 이후에도 이들의 타협과 결합을 예의 주시하였다. 조선군참모부의 보고 중 "……義勇軍 제1, 2, 3중대가 分立한 이래 중앙 간부는 오로지 이의 타협에 분주하나 하등 奏效하지 못하고 더욱더 양자 간에 알력이 생겨 서로 적대하려는 기운으로 향하고 있는 것 같다. 그리고 分立派의 首領은 李雄海를 필두로 하여 全德元 白狂雲이 있으며 이들의 주장은 자기가 중앙총부의 重職이 되려는 야심에서 現 중앙총부 간부의 대경질을 부르짖고 있으며 현 간부는 어디까지나 그 요구를 들어주지 않는다. 특히 吳振東과 같은 사람은 자기의 세력을 방패로 이를 固持하여 결국은 李雄海派 대 吳振東派의 당파적 세력다툼이며 중립태도를 假裝하는 玄正卿, 金東三 등은 장래 統義府의 不統一을 자각하고 南滿統一을 주장하며 統義府 대표자 명의로 吉林으로 가서 목하 체재 중이다. 요컨대 李 對 吳 양파의 암투는 금후 적극적인 행동을 취하여 오로지 자기세력을 발양하려 하고 있으므로 양파의 통일은 장래 예상하기 어렵고 금후는 종래와 같이 공동동작을 취할 것이라 함은 誤聞이 아닐까 한다"는 부분은 이를 잘 보여준다(朝特報 第82號, 「大韓統義府の現況」, 『朝鮮軍參謀部發 朝特報ニ關スル綴(2)』).

6월 18일부터 吉林城裡에서 개최된 南滿洲統一會議에 출석한 이래 그곳에 체재 중이며 세력 만회책에 대하여 분주 중이다.

四. 資金調達策 통의부에서는 자금 궁핍으로 먼저 소액 지폐를 발행하였으나 이주 한인의 비난을 받고 부득이 이의 통용을 중지하였다. 그러나 자금조달의 일환으로 아편 제조를 계획하고 이미 통의부 명령으로 寬東總官 鄭錫臺 寬西總管 朴元俊 외 20여 명은 3월 중순 寬甸縣 滴水砬子에 집합 협의한 후 이주 한인 중 아편제조에 경험을 가진 자 40명을 모집하여 寬甸縣 化皮甸子 산중의 중국인 소유지 1만 2천여 평을 5백 원에 빌려 罌粟을 재배하고 목하 아편을 채취 중이다.

五. 所屬軍隊의 新編成 목하 통의부 중앙총부 측에 속하는 군대는 의용군 제4중대와 제1, 2, 4유격대(제3유격대는 의용군 제1, 2, 3중대 분립 당시 탈대하여 행동을 같이 하고 있다 한다)와 保衛隊員 약 3백 명이며 이들로 의용군 3개 중대를 편성할 계획으로 이의 정원(1個 중대 150명이라 함) 보충을 위해 목하 이주 한인으로부터 군인을 모집 중이다.……73)

대한통의부는 무장투쟁 단체였던 만큼 의군부의 분립과 의용군의 이탈은 매우 심각한 문제였다. 대한통의부의 1차 분열과 이탈 세력이 의군부를 조직한 것이라면, 제2차 분열과 이탈 세력이 참의부를 조직한 것이었다. 그런데 의군부의 별립이 이념과 노선 및 인선의 대립과 불만으로 복벽계가 이탈한 것이라면, 참의부의 별립은 중도계 또는 복벽적 성향의 군인들이 상쟁에 회의를 느끼고 공화계로 전환한 것으로 해석된다. 이는 이들의 탈퇴성명서에서

"……局部的 사회의 지휘 하에서 활동함을 초월하여 전민족의 최고기

---

73) 朝特報 第82號, 「大韓統義府の現況」, 『朝鮮軍參謀部發 朝特報ニ關スル綴(2)』.

관이요 世界 列邦이 묵인하는 임시정부 기치 하로 모이려 한다.……임시
정부에 대한 인물의 평과 제도론이 有하지만 이것이 불완전함도 우리의
책임이며 이것을 완전케 함도 우리의 당연한 의무다. 어찌 이것으로만
구실을 삼아 당당한 임시정부를 總히 반대함이 일시적 오해가 아니라
하리오.……"74)

라는 부분에서 분명히 알 수 있다.

참의부 분립 후 대한통의부는 대거 이탈한 의용군을 잔여병력으로
재정비하는 한편 참의부와 대립하는 양상을 보인다. 즉 1925년 6월 26일
참의부가 발표한 성명서 중

"통의부 간부들은 참의부를 질시하여 南滿 군대가 임시정부에 종속됨
이 치욕스럽다는 성토문을 발표했다."75)

는 내용이나,

"……참의부는 원래 통의부에서 유래되어 따로 설립된 것인 고로
兩府는 늘 不睦하고 무력 충돌하여 무수한 희생이 있었다."

는 기록76) 등은 그 대립상을 보여준다.

의용군이 분립하자 당시 군사부장이던 이천민은 의용군을 출동시켜
의군부를 토벌하도록 하여 동족상잔의 상황이 벌어졌다. 이때 우세한

---

74) 『獨立新聞』 1924년 5월 31일자.

75) 『朝鮮民族運動年鑑』, 201쪽.

76) 金學奎, 「三十年來韓國革命運動在中國東北(續)」, 『光復』 第1卷 第3期, 1941,
25쪽.

무력을 지녔던 통의부 군은 의군부를 공파하여 전덕원 등 간부를 체포하였
다.[77] 그러나 지휘부는 이를 반성하고 수습책의 일환으로 전덕원을 방면
하고 李天民을 군사부장에서 면직시켰다.[78] 따라서 대한통의부 초기부터
주도적으로 참여하였던 이천민은 1924년 1월 북경으로 돌아갈 수밖에
없었다.[79]

이 같은 상황에서 대한통의부 지휘부는 1924년 1월 8일 개최된 중앙의
회에서 위원장 제도로 개편하고,[80] '북경 군사학의 태두로서 일찍이
그들 사이에 敬慕를 받고 있던' 신팔균에게 사람을 보내 위원장에 취임해
줄 것을 요청하였다. 신팔균은 대한통의부의 요청을 수락하고 1924년
4월 20일 왕청문에 도착하였다. 그의 도착과 더불어 대한통의부는 중앙부
와 군인파간의 내홍이 일변하여 원만히 해결될 것으로 기대하였다.[81]

2) 군사위원장 겸 의용군사령장 취임

신팔균은 대한통의부의 조직 초기부터 참여한 것은 아니었으나, 어려

---

77) 1924년 현재 대한통의부와 의군부의 武勢를 비교하면 총인원은 900 : 120명
   (13.3%), 무장 병력은 450 : 40명(8.9%), 무기수는 550 : 60(10.9%)로 의군부가
   절대적 열세였다(朝鮮軍司令部,『不逞鮮人ニ關スル基礎的研究』, 1924, 51쪽의
   「不逞團實力判斷表」).

78) 독립운동사편찬위원회,『독립운동사』제5권, 436쪽.

79) 公第92號, 1924. 3. 6,「北京在住朝鮮人ノ最近狀況報告ノ件」,『朝鮮人ニ對スル施
   政關係雜件――般ノ部(2)』.

80)『獨立新聞』1924년 3월 1일자.

81) 機密受 第486號, 1924. 5. 19,「大韓統義府ノ近況」,『不逞團關係雜件－朝鮮人の部
   －在滿洲の部(39)』. 일제는 이 보고에서 신팔균에 대하여 군사학에 능통할
   뿐만 아니라 문장가로서 의열단의 조선혁명선언을 기초하고 조선사를 저술하
   여 조선인 사이에 유명한 인물이라 하여 신채호와 일부 혼동하고 있다.

운 시기에 군사위원장에 취임함으로써 중요한 역할을 맡았다.[82] 이천민이 북경으로 돌아가고 난 뒤 일시적으로 군사부위원장은 행정위원장인 金東三이 겸임하였고, 司令長은 金昌煥이, 副司令長은 金氣海가 맡고 있었다. 그가 군사위원장에 취임하기 직전 대한통의부의 조직은 다음과 같다.[83]

○ 行政委員長 : 金東三
○ 行政委員會 委員 : 金東三·金履大·玄正卿·李鍾乾·金筱廈·金東石·李雄海·康濟河·吳東振·金秉祚
○ 秘書部(秘書長兼) : 玄正卿
○ 民事部委員長 : 李雄海
○ 財務部委員長 : 吳東振
○ 生計部委員長 : 玄正卿
○ 宣傳部委員長 : 康濟河
○ 學務部委員長 : 李雄海
○ 軍事部委員長(兼) : 金東三
○ 法務部委員長 : 李鍾乾
○ 會計檢查委員長(兼) : 李鍾乾

신팔균이 왕청문에 도착하고 난 뒤 그를 군사위원장으로 하는 대한통의부의 조직 개편이 있었다.[84] 당시 일제는 대한통의부를 남만주 거주

---

82) 독립운동사편찬위원회, 『독립운동사』 제6권(하), 690쪽에는 신팔균이 의용군 사령관에 취임한 시기를 1월이라고 하였는데, 이는 명백한 오류이다.

83) 高警第1297號, 1924. 4. 18, 「大韓統義府ニ關スル件」.

84) 당시의 간부는 학무위원장 김동삼, 재무위원장 오동진, 행정위원장 현정경, 선전위원장 강제하, 생계위원장 이종건, 비서장 김이대, 중앙의회부의장 孟喆浩, 군사위원장 신팔균으로서 그가 군사위원장에 취임하여 일부 변동이 있음을

한인의 대부분을 지배하는 독립단으로 평가하며, 그 무력이 1천 명 이상이라고 하며 매우 주의하였다.

대한통의부는 신팔균의 부임 이후 잔류한 제4중대와 유격대 등 잔여 병력으로 조직을 재정비하는 한편 대대적인 모병으로 5개 중대로 재편하였다. 재편된 의용대의 사령관은 申八均, 부관 金昌憲, 李泰亨, 제4중대장 洪基柱, 제5중대장 安鴻, 제6중대장 文學彬, 제7중대장 李奎星, 제8중대장 金昌龍, 헌병대 車用勳, 金昌憲, 중앙호위대 安相奉, 孟賢九로 구성되었다. 각 중대의 인원은 30~40명 정도였으나, 중앙호위대는 2隊로 나누어 각 100명씩 200명으로 편제되었다. 이는 대한통의부가 일제와 중국 관헌 및 반통의부 세력으로부터 중앙본부와 간부의 호위에 주력했음을 보여주는 것으로 당시 통의부가 처해있던 실상을 잘 보여주는 편제라 할 수 있다.85)

일제는 대한통의부 소속 군인들을 대다수 하등의 교육도 받지 못하였고, 제대로 사회 상태도 알지 못하며 단지 생활을 위해 가입한 자들로서 '대부분 何等의 主義 方針도 없는 이른바 朝鮮 馬賊으로서 살육과 강도 등을 저질러 지방 거주 鮮人에 미치는 해독은 실로 심대'하다고 판단하였다.86)

이는 다소 악의적 평가이나, 신팔균으로서는 제대로 무위를 갖추기

알려준다(機密受第204號, 1924. 6. 7, 「大韓統義府 ノ 狀況報告 ノ件」, 『不逞團關係雜件－朝鮮人の部－在滿洲の部(39)』).

85) 박걸순, 「大韓統義府 硏究」, 242쪽.

86) 機密受第204號, 1924. 6. 7, 「大韓統義府 ノ 狀況報告 ノ件」, 『不逞團關係雜件－朝鮮人の部－在滿洲の部(39)』). 당시 일제가 파악한 대한통의부의 군사 현황은 다음과 같았다. 물론 이는 이탈한 부대까지 포함된 것이라 실상과는 다른 것이다.

어려운 군사를 훈련시키는 일이 가장 시급한 과제였을 것이다. 1924년 6월 21일 개최된 대한통의부의 '行政委員 非常會議'는 군사위원장 신팔균이 임시예산을 신청하여 추인을 받고, 의용군사령장까지 兼攝하였음을 알려준다. 이는 대한통의부의 모든 군사적 권한이 그에게 집중되었음을 반증하는 것이다. 이날의 행정위원 비상회의에서는 행정위원 공동 명의로 13개 조항이 의결되었는데, 그 내용은 다음과 같다.

<대한통의부 행정위원 비상회의 의결사항>
1. 遊擊隊 명의를 취소하고 中隊를 본위로 하여 개칭함
2. 義勇軍 3개 중대를 增置함
3. 6월 14일 비상회의의 결의안인 司令部 사무 임시 정지의 건은 이를 취소함
4. 금후 賞勳制度를 실시하기 위해 敍勳 章程 기초위원 2인을 선정할 것
5. 군사위원장 보고에 첨부된 장교회의 결의안은 군사부에서 채택 실시할 것
6. 全滿統一會 대표 선거 규정 및 의안은 별표와 같음(별표 생략)
7. 작년과 금년 양년도 模範學校 교육비는 학무부에서 직접 징수하고 조속히 중학교를 설립할 것
8. 재무부에서 징납한 구휼비는 민사부에서 직접 그 미수액을 조사하여 구휼을 실시함

部隊名	所在地	中隊長	인원(명)
제1중대	寬甸	白狂雲	100
제2중대	桓仁, 輯安	崔錫淳	120
제3중대	柳河	崔志豊	120
제4중대	通化	洪基柱	60
제5중대	興京 等 各 縣	金鳴鳳	100
유격대	興京 等 各 縣	文學彬	50

9. 接客委員 金東三의 신청한 임시비 소양 52원 40전과 군사위원장 申八均이 신청한 임시비 소양 24원은 모두 이를 추인함
10. 관전총관소 검무원 1인 증치의 경비는 임시비에서 지불함
11. 軍事委員長 申八均으로 義勇軍司令長의 직무를 兼攝케 함[87]
12. 의용군 소대장 문학빈, 이규성, 김창룡을 모두 의용군 중대장에 승임함
13. 행정위원 이웅해는 행정위원 회규 제56조에 의거 해직함
大韓統義府 行政委員(吳東振, 金東三, 玄正卿, 金履大, 申八均, 李鐘乾, 康濟河, 金昌煥, 白南俊, 李奎星, 金昌龍, 李雄海)[88]

그런데 여기에서 주목하여야 할 것은 제5조의 장교 회의와 관련된 사항이다. 이 회의는 6월 16일 洪基柱·文學彬·金錫夏·金保國·車用陸·玄日天·金昌龍·李奎星·金昌憲·申浩永·金國柱 등 의용군 장교 11명이 모여 개최한 것인데, 이튿날 이들이 연명으로 발표한 서약문과 결의록에는 그 내용이 잘 나타나 있다. 이들 장교들은 "오등은 절대적 독립정신으로서 3만호 인민의 의사를 근거로 하여 本府의 神聖을 보장하고 진행의 방침은 대한민국 6년 6월 16일 임시장교회의의 결의에 基因하여 통일운동에 의하여 오인의 광복사업을 완성하고자 이에 서약함"이라는 서약문을 발표하였다. 이는 의용군 장교들이 일부 의용군의 이탈로 흐트러진 군사 기강을 바로 잡고 대한통의부에 충성을 다하겠다는 결의였다. 신팔균이

---

87) 『不逞團關係雜件－朝鮮人ノ部－在滿洲ノ部(39)』, 「大韓統義府 行政委員 非常 會議 開催」(機密受제763호, 1924년 7월 8일). 대한통의부 행정위원회의 의결에 따라 대한통의부 군사위원장인 신팔균이 의용군 사령장도 겸임하게 되었다. 그는 이로부터 불과 10여일 만에 순국한 것이다.
88) 臨時報第763號, 1924. 7. 8, 「大韓統義府行政委員非常會議開催」, 『不逞團關係雜件－朝鮮人の部－在滿洲の部(39)』.

대한통의부에 참여하고 군사위원장에 취임한 직후 의용군 장교들의
회의와 결의는 신팔균에 대한 신뢰와 충성의 의미를 담고 있다고 보아도
좋을 것이다.

장교 회의에서 결의된 11개 항 중 신망 있는 인물을 사령장으로 선임해
달라는 그들의 요구는 이를 의미하는 것으로 보인다.[89] 그렇기 때문에
행정위원 비상회의는 장교회의의 결의안을 신팔균에게 알아서 처결하도
록 하고 그로 하여금 의용군 사령장의 직책까지 맡긴 것이라 할 수
있는 것이다.

당시 대한통위부가 처한 당면 과제는 재정난을 타개하고 흐트러진
군대 기강을 바로 잡아 무위를 갖춰 항일투쟁의 역량을 정비하는 일이었

---

[89] 대한통의부의용군 장교 임시회의 결의록의 내용은 다음과 같다(公第266號,
1924. 7. 8, 「大韓統義府金東三ノ書面並不穩文書寫送付ノ件」, 『不逞團關係雜件
－朝鮮人ノ部－在滿洲ノ部(39)』).
1. 군인과 무기 혼성은 各 隊가 금월 30일 이내로 군적과 무기대장을 일절 정리하여
군사부에 납입하도록 하고 일반 회원은 그 때 참관하도록 함.
2. 各隊 현존 금액은 무기와 군적 납부와 동시에 군사부에 취합하고 이 금액은
무기 구입비로 충당하고 무기위원 2인을 선정하여 군사부 지휘 하에 두고 무기구입
에 관한 專責을 담당하도록 함.
3. 무기위원은 鄭伊衡, 玄日天을 선정하고 위원의 유고시에는 차점의 표를 얻은
김석하를 후보자로 하여 그 임무를 맡도록 함.
4. 군대 편제는 탈퇴한 군대를 제외하고 다시 혼합하여 새로 편제함.
5. 각 대는 이전 부대의 이름을 취소하고 중대를 본위로 하여 4개 중대로 개편함.
6. 司令部의 事務를 조속히 계속 視務하도록 하고, 司令長은 신망이 있는 인물을
선거하도록 요구함.
7. 군인 募捐은 해당 금액을 모두 군사부에 直納하도록 함.
8. 表勳賞功은 금후 이를 실행하도록 군사부에 요구함.
9. 5중대와 駐臨(?)소대는 장교 중에서 특파원을 선정할 것. 駐臨隊에는 安鴻을
5중대에는 김국주, 김보국을 특파함.
10. 중대 사무실은 중앙소재지에서 50리 이내 떨어진 곳에 설치함.
11. 장교회의는 매월 (음) 15일에 통상 개최함.

다. 대한통의부는 1923년 1월 17일 「財政處理條例」(府令 제5호)를 공표, 시행하여 왔는데, 1924년 4월 3일 제4회 통상회의에서 개정안을 만들고 5월 20일 행정위원 7인 명의로 「改正大韓統義府財政條例」(府令 제164호)를 공표하고 이전의 조례를 폐지하였다.[90] 개정된 재정 조례는 3장(總則·財政處理·財政簿記) 36조에 달하는 매우 상세하고 구체적인 것이었다. 즉, 대한통의부는 실력자인 오동진을 재무위원장으로 선임하고, 관련 조례를 대대적으로 정비하여 재정난을 타개하고자 하였음을 알 수 있는 것이다.

신팔균이 6월 21일 개최된 행정위원 비상회의에서 신청한 임시비는 이에 근거한 것으로서, 군사훈련과 관련된 것으로 보인다. 그는 대한통의부에 참여하여 군사위원장에 취임하자마자 각지에 주둔하던 중대원 중 '學術課가 부족한 군인'을 선별하여 무관학교와 같이 사관 자격을 갖춘 군인을 양성하기 위한 '사관 학원'을 운영하여 큰 성과를 거두었다.[91] 신팔균의 참여로 대한통의부의 실력이 강대해져 '독립단 중 제1위'가 되었다는 평가는 이 같은 정황을 잘 알려준다.[92]

3) 순국

---

90) 關機高收 第13646號, 1924. 6. 28, 「改正大韓統義府財政條例」, 『不逞團關係雜件－朝鮮人の部－在滿洲の部(39)』. 당시 행정위원은 현정경·김이대·신팔균·김동삼·오동진·이종건·강제하 등 7인이었다.

91) 『東亞日報』 1924년 8월 10일자. 여기에는 그가 4~5개월 동안 군사훈련을 시켰다고 되어 있어 그가 대한통의부 참여와 동시에 군사훈련에 착수하였음을 알려주다.

92) 機密受第324號, 1924. 8. 19, 「義成團長片康烈陳述書送付ノ件」, 『不逞團關係雜件－朝鮮人の部－在滿洲の部(39)』.

1924년 7월 2일[93] 이른 아침부터 신팔균은 흥경현 이도구의 산악지대에서 부하들의 훈련을 지휘하고 있었다. 그런데 이날 오후 1시경, 대한통의부 군대는 중국군의 공격을 받아 약 3시간 동안 응전하였으나 탄환의 부족으로 신팔균과 유창열이 전사하고 2명의 부상자가 발생하였으며, 중국군도 8명이 사상하는 '흥경사변'·'이도구사변'이 발생하였다.[94]

그런데 대한통의부군을 공격하여 신팔균을 전사케 한 중국군의 실체와 공격 사유에 대하여는 여전히 미진한 점이 많다. 자료에 따라서는 중국군을 '支那降隊兵(歸順 馬賊)',[95] '支那 巡警',[96] '中國 地方兵',[97] '中國 土匪',[98] '中國 土軍',[99] 馬賊[100] 등으로 지칭하고 있다.

대한통의부는 조직 초기부터 선전부와 교섭부를 내세워 중국 측과의 교섭에 유의하였다. 통의부는 중국 지방 관헌을 초치하여 연회를 베풀거나, 의용군은 부대별로 중국 교섭원을 따로 두거나 중국 순경을 초치하여 우호적 관계를 유지하고자 하였다. 특히 중국인들의 침해와 土匪들의

93) 신팔균이 전사한 이른바 '二道溝事變'은 1924년 7월 2일 발생하였다. 그런데 蔡根植은 이를 1922년이라 기술하였고(『武裝獨立運動秘史』, 130쪽), 이를 근거로 신팔균의 전사년도를 1922년이라 잘못 기술한 논저도 있다(朴永錫, 「正義府 硏究」, 『日帝下 獨立運動史硏究』, 65쪽).
94) 『獨立新聞』 1924년 7월 24일자 ; 『東亞日報』 1924년 7월 30일자, 1924년 8월 10일자 등.
95) 機密受 第827號, 1924. 7. 28, 「大韓統義府ノ近況」, 『不逞團關係雜件－朝鮮人ノ部－在滿洲ノ部(39)』.
96) 機密第32號, 1924. 8. 23, 「歸順鮮人ノ陳述書送付ノ件」, 『不逞團關係雜件－朝鮮人ノ部－在滿洲ノ部(40)』.
97) 『獨立新聞』 1924년 7월 24일자.
98) 『東亞日報』 1924년 7월 30일자.
99) 『東亞日報』 1924년 8월 10일자.
100) 蔡根植, 『武裝獨立運動秘史』, 130쪽.

憂亂을 방지하기 위해 상비군을 배치하거나 중앙기관에서 교섭처를 별도로 배치할 것이 검토되기도 하였다. 따라서 대개의 중국 지방 관헌들은 대한통의부의 활동을 묵인하였다.101)

반면, 중국 관헌 중에는 대한통의부에 금품을 요구하여 불응하면 군대를 출동시켜 공격하는 경우도 있었다.102) 중국 官軍인 山林隊는 수차 수백 명이 의용군을 공격하여 중대장 이하 다수의 의용군을 살상하였으며, 保甲隊도 여러 차례 의용군을 공격하였다. 중국군의 대한통의부군 공격은 일제의 사주에 의한 경우도 있었으나, 대개는 금품과 무기 탈취가 목적이었다.103)

한편 마적과의 충돌로 인한 희생도 컸다. 일제의 馬賊 이용정책은 이미 훈춘사건으로 극명하게 드러났다. 그런데 신팔균을 습격한 중국군 부대가 일제의 사주를 받은 마적이라는 견해가 있어 주목된다. 당시 사건을 보도한 『東亞日報』는 중국군의 습격이 '자동인지 피동인지' 알 수 없다며 일제의 사주 가능성을 제기하였다.

……7월 2일 이른 아침부터 군사위원장 신팔균씨 지휘로서 산 공간에서 야외 연습을 하였는데 독립군과 중국 군대와는 적대시 한 일이 없고 간혹 개인이 언어불통으로 충돌된 일이 있었던바 그날 오후에 토군 300여 명이 자동인지 피동인지 알 수 없으나 사관학원의 야외 연습하는

---

101) 박걸순, 「大韓統義府 研究」, 239~240쪽.
102) 朝鮮軍司令部, 『不逞鮮人ニ關スル基礎的研究』, 34~35쪽.
103) 중국 산림대의 경우 의용군을 습격하여 무기와 금전을 탈취하였음은 물론 시체로부터 시계와 양말까지도 벗겨갔다(『獨立新聞』 1923년 1월 10일자). 한편 通化縣 岡山頭道溝 保甲長 周岐山은 의용군에게 탄환을 사주겠다고 속여 돈을 착복하고, 또 다시 돈을 요구하다가 의용군이 응하지 않자 발포하여 6명을 사살한 바 있다(『獨立新聞』 1924년 2월 2일자).

산곡을 포위하고 사격을 함으로 신팔균씨는 적의 형세가 흉함을 관찰하였으나 졸지에 준비도 없이 당한지라 사세부득이 응포 교전하여 학원의 선두에서 지휘하여 오후 4시 후까지 약 3시간을 교전하다가 학원의 휴대한 탄환이 다하므로 퇴각을 명하고 신씨는 탄우 중에 전사하였다. 학원 편에서는 2명이 전사하고 2명은 중경상을 당하였으며 토군 편으로는 8명의 사상자가 있었다드라.[104]

한편 당시 사살된 마적의 시체를 검색한 결과 자국의 밀명을 받은 일본인이 3명 있었고, 그들의 주머니에서 중국 통일운동 방해 지시서와 조선 혁명운동 단체 궤멸지시서가 발견되었기 때문에 일제의 마적 사주로 벌어진 참극이라는 주장도 있다.[105] 이 주장은 근래의 연구에까지 영향을 미치고 있는데,[106] 만일 이것이 사실이라면 일제의 마적 사주에 의한 독립군 공격이 명백하지만, 다른 기록에서 확인되지 않기 때문에 신중한 판단을 요한다.

오히려 중국군이 통의부 군대를 공격하기 전후 사정을 고려하면 그들의 무기 약탈 과정에서 벌어진 충돌일 가능성도 배제할 수 없다.

……간도에서 독립운동에 힘쓰는 통의부에서는 금년부터 여러 가지 일을 진행하던 터이므로 그의 본부를 흥경현 모처에 두고 직원들이 모여서 사무를 집행하였었는데 중국의 토비로 관군에게 항복하야 다시 관군으로 편성된 중국 군대 얼마가 그 근처를 지나다 통의부에 총이 많이 있다는 것을 듣고서 그 전에 행하던 토비의 마음이 또다시 나서

---

104) 『東亞日報』 1924년 8월 10일자.

105) 蔡根植, 『武裝獨立運動秘史』, 1946, 130쪽.

106) 김병기, 「대한통의부 의용군의 조직과 활동」, 『史學志』 제37집, 단국대학교 사학회, 2005, 386쪽.

통의부 직원에게 향하여 총을 모두 자기들에게 달라고 요구를 하고
태도가 점점 무리하게 강경하여지므로 총을 생명과 같이 하는 독립군들
은 마주 나서서 대항하기를 시작하여 총을 서로 놓은 결과로 동포 세
사람이 죽고 두 사람이 상하였고 중국사람 네 사람이 죽고 네 사람이
상하였는데 독립군으로 죽은 사람으로는 통의부 군사위원장으로 있던
신팔균씨도 있다는 바……107)

또한 중국군이 7월 3일에 다시 그곳을 습격하여 민가를 약탈하고
7월 8일 통의부 유격대와 재차 충돌하여 인명 피해는 없었으나, 무기
10여 정을 피탈 당하였다는 사실과, 중국군이 통의부가 발행한 어음을
가지고 다니면서 한인들에게 강제로 현금으로 환전하는 등의 행악을
저질렀다는 기사108)를 보면 단순한 약탈 과정에서 벌어진 충돌일 가능성
이 크다고 여겨진다. 홍경현 지사가 이 사건이 '귀순 마적'의 소행으로
벌어진 것이므로 대한통의부에 동정을 표하고 원만한 해결에 나섰다는
기록은 중요한 사실을 시사한다. 즉, 일제는 대한통의부를 습격한 주체는
마적이었다가 중국군에 편입된 군대라고 판단한 것이었다.

　……7月 4日 大韓統義府의 保衛隊員과 中國兵(歸順馬賊)과의 충돌사건
으로 간부는 종래의 근거지인 興京縣 旺淸門 二道溝를 떠나 興京縣
興端으로 피난하여 임시사무소를 개설 중에 있으며 목하 간부는 오로지
충돌사건의 해결에 부심하여 홍경현 지사와 교섭 중인데 동 지사도
상대가 귀순 마적인 관계로 통의부 측에 많은 동정의 뜻을 표하고 이의
원만한 조정에 힘쓰고 있으므로 조만간 상호 양해 하에 왕청문으로
복귀하게 될 것이다.……109)

---

107) 『東亞日報』 1924년 7월 30일자.
108) 『獨立新聞』 1924년 7월 24일자.

이상을 종합하면 신팔균의 전사는 무기를 탈취하고자 하는 귀순 마적으로 구성된 중국 지방군의 습격을 받아 항전하는 과정에서 발생한 비극이라할 것이다.110) 신팔균의 전사는 충격적 사건이었다. 사건 직후 대한통의부본부는 이도구 왕청문을 떠나 興端으로 피난하여 임시 사무소를 차리지않으면 안 될 정도로 존립의 근간을 위협 당하였다. 곧 대한통의부는이 난관을 극복하기 위해 오동진을 군사위원장 겸 의용군 사령장으로임명하였으며, 김동삼이 학무와 재무위원장을 겸임하는 등 일부 간부의이동을 단행하였다. 그리고 부진을 만회하기 위해 의열단 폭탄사건과같은 강력한 국내 투쟁을 계획하기도 하였다. 그의 장례는 대한통의부장으로 치러졌으며, 北京 天道敎宗理院에서는 신팔균 등 희생자에 대한추도회가 개최되기도 하였다.111)

그의 죽음은 독립운동계의 큰 손실이기도 하였으나 가족사에서도비참한 결과를 가져왔다.

……씨의 가정에는 칠순이나 되는 모친이 있고 부인과 아들 4형제와
7, 8개월 된 유복자가 있으며 두 아우가 있는데 씨의 흉변이 있은 후로는
가정도 매우 비참하여졌으며……112)

그의 부인 임수명은 남편의 전사를 모르는 채 주변의 강권에 의해

---

109) 朝特報 第82號, 「大韓統義府の現況」, 『朝鮮軍參謀部發 朝特報ニ關スル綴(2)』.
110) 물론 일제가 자신들의 행위를 은폐하기 위해 대한통의부를 공격한 부대를
    귀순 마적으로 구성된 중국 지방군으로 강변하였을 가능성도 있으나, 현재로서
    는 일단 이를 신뢰하는 수밖에 없을 것 같다.
111) 北情第97號, 1924. 9. 8, 「北京地方在住鮮人一般狀況」, 『不逞團關係雜件−朝鮮人
    の部−在支那各地(3)』.
112) 『東亞日報』 1924년 8월 10일자.

귀국하였다. 그러나 남편의 죽음을 안 그녀는 남편이 죽은 지 꼭 4개월이
지난 11월 2일 유복녀인 季英과 함께 음독 자결하였다.113)

6. 맺음말

본고는 신팔균의 생애와 민족운동을 살펴 본 것이다. 이상을 요약하면
다음과 같다.

신팔균은 전통적인 무반 가문의 후예로 태어나 그 영향을 받아 입학이
어려운 육군무관학교를 졸업하고 장교의 길을 걸었으며, 선대의 후광으로
시위대나 근위대의 요직에서 근무하였다. 특히 1907년 8월 군대의 강제해
산 때에도 해임 당하지 않고 부위로서 근위대에서 근무하였고, 1909년
7월말 정위로 승진하는 등 계속 군에 머물 수 있었던 것으로 보인다.
그의 대한제국 장교 경험은 후일 남만주에서 항일무장투쟁을 주도하는
자산이 되었다.

그는 1909년 8월 이후 낙향하여 이미 동생 필균 등이 문중적 기반을
배경으로 인수하여 운영하고 있던 보명학교에 참여하여 구국교육운동을
펼쳤다. 이 시기에 참여한 대동청년당 활동은 그의 계몽운동의 일환으로
서 그와 대종교와의 관련성을 짐작케 해준다.

신팔균의 중국 망명 시기는 정확치는 않으나 1914년 이전에 망명하여
안동현에서 살다가 이때에는 북경에 거주하였다. 망명 후 그가 중광단에
참여하거나 대한독립선언서 발표에 참여하였다는 기존의 견해는 그와
선대의 위명에 따른 오류로 보인다. 그러나 그는 서로군정서와 신흥무관

---

113)『開闢』第54號, 1924. 12,「千態萬象」및『東亞日報』1924년 11월 4일자.

학교 활동을 통해 '남만주 삼천', 또는 '군인계의 삼천'이라는 별호를 얻었던 것으로 보인다.

망명 이후 신팔균은 북경과 서간도를 왕래하며 활동하였다. 북경에 거주하던 1922년 그는 일제의 간도 한인 학살 때 발생한 고아 교육을 위해 조직된 韓僑敎育會에 가입하여 활동하였는데, 이는 보명학교 운영 경험을 통해 교육을 중요한 민족운동의 한 분야로 인식한 때문이었다. 이밖에도 그는 북경고려공산당, 북경한교구락부, 중한호조사 등에 참여하였음이 확인된다. 특히 그는 1923년 초에 국민대표회의 때 창조파로서 활동하였고, 창조파로 구성된 국민위원회의 국민위원으로 피선되었다. 1923년 10월경 국민위원회는 고려공산당 중앙집행부에 합병되었는데, 이때 그는 군무위원장에 피선되어 김경천·최진동·김정·안무·김호익 등 쟁쟁한 무장들을 휘하로 하여 만주와 노령의 5개 관구를 총지휘하였다. 이러한 그가 일제에 의해 북경 재주 '불령선인'으로서 요시찰인으로 지목된 것은 당연한 일이었다.

1924년 초, 남만주의 통합 무장투쟁 단체였던 대한통의부는 의용군의 분립과 상호 무력 충돌과 재정난 등으로 매우 어려움을 겪고 있었다. 이에 대한통의부는 이해 1월 8일 개최된 중앙의회에서 위원장 제도로 개편하고 북경으로 사람을 보내 신팔균에게 군사위원장을 맡아줄 것을 요청하였다. 신팔균은 이를 수락하고 1924년 4월 20일 왕청문에 도착하였다. 그의 도착 직후 대한통의부는 그를 군사위원장으로 하는 조직 개편을 단행하는 한편, 잔여 병력과 모병 인원으로써 의용대를 5개 중대로 재편하였다. 신팔균은 6월 16일에 개최된 의용군 장교회의에서 11명의 장교들로부터 충성을 서약 받았고, 6월 21일 개최된 '행정위원 비상회의' 결의에 따라 의용군 사령장을 겸섭하게 되었다. 이로써 신팔균은 대한통의부의 가장 중요한 군사 활동에 관한 총책을 맡게 된 것이었다.

대한통의부 참여 이후 신팔균은 곧 바로 군사 훈련에 착수하였다. 그는 각 중대별로 인원을 선별하여 사관 양성소와 같은 '사관 학원'을 개설하고 직접 훈련을 지휘하였다. 그러나 신팔균은 뜻하지 않게 7월 2일, 무기를 탈취하고자 하는 귀순 마적으로 구성된 중국 지방군의 습격을 받아 항전하는 과정에서 전사하고 말았다. 이는 그가 대한통의부에 참여한 지 2개월만의 일이고, 의용군 사령장을 겸섭한 지 불과 10여 일만의 일이었다. 그의 전사는 독립운동계의 큰 손실이었으며, 가족사에서도 비참한 결과를 가져왔다.

요컨대, 그는 대한제국의 육군 장교로서 망국 후 북경과 남만주 일원에서 항일무장투쟁을 주도함으로써 비록 대한제국의 군대는 해산되고 국가라는 외형은 망하였으나, 그 정신은 망하지 않았다는 사실을 실증하는 인물이라 할 수 있다. 즉, 그는 대한제국 군대와 만주 독립군을 연계하는 가교적 인물로서 평가되어야 마땅하다.

한말 진천 평산신씨가의 경제기반
-신헌, 신정희 가문을 중심으로-

임 용 한

1. 머리말

이 연구는 광무양안을 이용하여 한말의 대표적인 將臣 가문인 申櫶 (1811~1884) 일가의 토지소유와 경영형태를 규명한 것이다.[1] 신헌은 진천 출신으로 평산신씨가는 진천군에 세거한 대표적인 사족 가문이었다. 평산신씨가가 진천에 거주하게 된 것은 선조조에 평천부원군으로 봉해진 申礋(1541~1609)이 1608년 진천 이곡면 老谷[2]에 내려와 거주하기 시작하면서부터였다고 알려져 있다. 신잡은 인근에 있는 서원리에 백원서원을 세웠다.[3] 이후로 평산신씨가는 이곳에 집성촌을 형성하고, 노곡의 이름을 따서 논실신씨라고도 불리면서 진천의 대표적인 사족 가문이 되었다.[4]

---

1) 이 글은 진천군양안의 통계자료를 재검토하여 통계상의 오류를 수정하고, 내용을 교정한 것이다.

2) 노곡은 현지에서는 논실이라고 부른다. 현재의 진천군 이월면 노원리이다.

3) 봉원용, 이두희 외 편역, 『국역 상산지』, 진천상산고적회, 2002, 149쪽.

4) 백원서원이라는 명칭은 1669년(현종 10)에 사액서원이 되면서 붙여진 이름이다.

　이 평산신씨 가문 중에서도 신헌, 신정희 부자 일가의 경제 기반을 분석하는 것은 두 가지 목적이 있다. 첫째로 이 일가가 진천에 세거한 평산신씨가 중에서도 고종조에 중앙 관료로 가장 크게 활약한 집안이라는 사실이다. 이에 따라 대부분의 일가가 서울에서 활동하며 거주했지만 진천과의 관계가 완전히 끊어진 것은 아니다. 신헌 부부는 은퇴 후에 진천의 본가로 돌아와 사망할 때까지 진천에 거주했다. 이에 신정희 등이 부모 간병을 위해 휴가를 받아 진천을 다녀오기도 했다.[5] 신정희도 은퇴 이후에는 진천에 거주했다고 한다.[6] 신정희가 사망한 후에는 신정희 의 후손 중 한 명이 차례로 노곡의 중앙에 위치한 기와집에 거주하면서 신씨가의 중심 가문이 되었다. 따라서 신헌가와 같은 지역에 거주하는 다른 평산신씨가와는 묘한 공통점과 차이점이 발생했다. 즉 만년에는 같은 지역에 거주하며 유대관계를 유지한다는 공통점이 있는 반면 성장기 와 활동기에는 상경하여 고관으로 종사함으로써 진천에 남아 있는 다른 신씨가와는 정치, 사회적 입장에서 두드러진 차이가 있었다. 이처럼 중앙의 명문가적 성격과 지방에 세거하는 사족의 성격을 동시에 보유한 이 가문은 진천에서의 토지소유와 지주-전호관계에서는 다른 평산신씨가 와 어떤 차이가 있을지 궁금해진다.[7]

　1871년 흥선대원군의 사원 철폐 때 폐지되어 지금은 터만 남아 있다.

5)『승정원일기』고종 21년 12월 10일.

6) 황현,『매천야록』권1 상. 신정희가 노후에는 시골에 있었지만 헌종의 탄생일에 는 서울에 와서 꼭 진전의 다례식에 참석했다고 했다. 여기서 말한 시골은 진천을 의미하는 것이 틀림없다고 보인다.

7) 진천군에 거주한 평산신씨가의 경제기반과 한말, 일제하의 변동과정에 대해서 는 다음의 연구가 참조된다. 신영우,「한말 진천의 평산신씨가와 토지소유」, 『광무양안과 진천의 사회경제 변동』, 혜안, 2007 ; 김성보,「1900~50년대 진천 군 이월면의 토지소유와 사회변화」,『한국사연구』130, 2005. 9(앞의 책 재수록).

조선시대 내내 소위 상경종사는 개인적인 입신양명으로서도 의미가
있었지만, 가문과 지역의 위상을 제고하는 데도 큰 역할을 했다. 그런데
이 같은 상경종사는 지역 내에서 가문의 위상과 권력을 확대하는 근거가
되기도 했지만, 서울에서 고관으로 출세하게 되면 대대로 서울에 거주하
면서 가문이 분화하는 현상을 가져오기도 했다. 이러한 양상에 대해서는
고려~조선시대를 통털어 정치, 사회사 연구에서 중요한 요소로 지목되어
왔지만, 그 과정에 대해서는 사환과정, 거주지, 족보 등을 통해 추정해
왔을 뿐이다. 그러므로 양안을 이용하여 상경종사한 가문과 그렇지 않은
가문과의 차별성을 규명하는 것은 상경종사와 사족가문의 분화가 지니는
정치, 사회적 의미를 실증적으로 파악하는 단서가 될 것이라고 생각된다.

두 번째는 신헌가가 고위 관료이기는 했지만 한말 세도정권기를 장악했
던 벌열세력과는 명확하게 구분되는 집안이라는 점이다. 일단 신헌 부자
는 대를 이어 무관으로 종사한 무신 가문이었다. 고종조에 이들의 활약이
나 정치적 성향을 보아도 전통 문벌세력과는 차이가 있다. 이들 부자는
일정하게 개화에도 관심을 보였으며, 외세의 침입과 민란, 농민전쟁으로
나라가 어지러운 상황에서 적극적인 활동을 통해 고종의 신임을 얻은
전형적인 입지전적 관료였다.[8] 특히 신정희는 민란 발생 지역이나 소요지

이 연구는 양안을 이용해서 한 사족 가문의 경제적 실상을 규명한 최초의
연구이다. 다만 이 연구에서는 주로 진천군 양안과 진천군의 토지대장을 이용하
여 전체 평산신씨가의 현황과 변화과정을 토지소유 규모를 중심으로 고찰하였
다. 본고에서는 신헌 가문에 집중해서 고찰하는 한편 토지소유 이외에 다양한
요소를 분석하고, 비교할 것이다. 양안도 진천군 양안만이 아니라 인근 충주,
여주군 양안을 포함하여 이용하였다.

8) 신헌에 대해서는 다음의 연구가 있다. 박찬식, 「신헌의 국방론」, 『역사학보』
117, 1988 ; 최진욱, 「신헌(1811~1884)의 內修禦洋論 研究」, 『한국사학보』 25,
고려사학회, 2006.11 ; 노영구, 「신헌의 國防論과 해안 砲臺 건설」, 『문헌과

역에서 보여준 해결능력과 공정함으로 인해『매천야록』에서 실력과 양심을 겸비한 모범적인 관료로 높은 평가를 받고 있다. 매천 황현은 세도정치와 민씨 일족에 대해서는 대단히 비판적이었다. 이런 기준에 의해 국왕인 고종과 명성황후에 대해서조차 신랄한 비판을 가했다. 그런 매천이 신정희에 대해서는 대단히 호의적이었다는 사실은 황현이 신정희를 문벌 출신과는 대비되는 바람직한 관료상으로 이해했기 때문이다.9) 그렇다면 이들 일가의 경제적, 지역적 기반 역시 민씨 일가와 차이를 보일 가능성이 높다고 생각된다.

신헌가의 토지소유와 경제규모를 파악하기 위해서 진천군, 충주군, 여주군의 광무양안을 이용하였다.10) 양안의 사료적 가치와 정확성에

해석』48, 문헌과 해석사, 2009.9 ; 정민, 「신헌의 琴堂記珠와 다산의 佚文」, 『문헌과 해석』 48, 2009.9.

9) 매천이 신정희를 좋게 평가하고 있는 것은『매천야록』에서 그의 일화를 비교적 많이 소개하고 있는데서도 엿볼 수 있다. 물론 매천의 평가에는 유학자적인 관점이 반영된 부분도 있다. 그는 신정희가 무관이면서 독서를 즐기고, 고종의 기복 교지에도 불응하고 부모의 상기를 지켰으며, 의례를 소중히 했다는 점을 높이 평가했다. 그런데 신정희와 다른 인물을 함께 언급할 때 다른 인물에 대해 뇌물을 밝힌다거나 무능력하다는 비판을 가하면서 신정희는 언급하지 않는 경우가 여러 번 있다. 이것은 매천이 신정희에 대해서는 그러한 평가를 하고 있지 않다는 사실을 암묵적으로 반영하는 것이라고 하겠다. 황현이 신정희를 가장 높게 평가한 사례는 1891년과 1892년 신정희가 포도대장을 역임할 때의 기사이다. 신정희의 활약으로 사회가 크게 안정되자 황현은 신정희가 시국을 구제할 인재이며 당시에 시국이 어지러운 것은 인재가 없는 것이 아니라 신정희 같은 인재를 등용하지 않기 때문이라고 했다는 여론을 소개하고 있다. 이것은 매천의 평가도 반영한 것이라고 생각된다. 이러한 평가에는 농민전쟁 등으로 시대적 혼란기와 하극상을 경험하고, 범죄와 하극상에 대해서는 강력한 대처를 선호했던 정치 사회관도 투영된 것이기는 하지만 관료의 품성과 도덕, 공정함, 특히 민씨가의 부정축재에 대해서는 굉장히 엄격했던 황현이 신정희를 바람직한 관료의 전형으로 평가한 것은 주목할만한 부분이라고 하겠다.

대해서는 회의적인 시각도 있다. 그러나 그것이 오늘날의 토지대장만큼 정확하지는 않다고 해도 국가에서 작성한 공식 문서로서 생각보다는 일정하고 엄격한 기준에 의해서 작성된 것은 분명하다. 그렇기 때문에 국가는 양안을 이용해서 토지와 조세를 파악하고 국가 운영의 기초자료로 사용하였다. 관청이나 개인들도 양안을 자신들의 토지를 파악하고 관리, 운영하는 문서로 사용하였다.

좀 더 검토가 필요하겠지만 양안의 가치와 정확성에 대해서는 앞으로 재평가가 이루어질 것이라고 확신한다. 양안의 전산화가 지속되면 훨씬 다양한 연구주제와 방법도 개발할 수 있을 것이다. 내용적으로도 그동안 알지 못했던 한말 사회의 구체적인 변화, 사람들의 삶의 모습에 대해서 지금과는 다른 심층적인 규명도 가능해질 것으로 기대된다. 이 연구도 근본적으로는 양안을 이용한 새로운 연구 방법론의 개발이라는 목적 하에서 추진한 것이다. 다만 1개군 양안을 전산화하는 데만 1~3년이 걸릴 정도로 양안이 방대한 자료라고는 하지만 그래도 통계와 사례를 통해 새로운 사실을 확정하기에는 현재까지 전산화된 3개 군(진천, 충주, 여주)의 케이스만으로는 부족한 부분이 많았다. 게다가 신헌 일가에 남아 있는 토지관련 문서나 자료가 전혀 없었다. 이러한 사정으로 본고도 여러 면에서 부족한 부분이 많고 아직은 부족한 사례를 바탕으로 추론에 의존할 수밖에 없는 부분도 있었다. 그러나 앞으로 양안의 전산화가 축적되면 이런 의문은 분명히 해소될 것이라고 믿는다. 현재까지는 실험 적이고 방법론을 개척하는 단계라는 사정을 양지하고 이해해 주시기를

---

10) 충북대학교 중원문화연구소에서는 2002년부터 2007년까지 한국연구재단(구 학술진흥재단)의 지원을 받아 양안의 데이터베이스화 작업을 수행하였다. 그 결과 진천군, 여주군, 충주군 양안의 입력을 완료하였다. 이 연구에서는 이 데이터베이스의 도움을 받았다.

174

부탁드린다.

2. 토지소유와 분포상의 특징

1) 진천군의 토지소유 양상과 세거 지주와의 차이

진천에 세거한 신잡의 후예들은 많은 문무관료를 배출했다. 특히 무관이 많았다. 고종조의 대표적인 무관이 신잡의 10대손인 신헌이다. 그는 김정희의 수제자라고도 불렸고, 정약용에게 사사받았다는 설도 있다. 박규수 등 개화파 관료들과도 교유하면서 사회변화와 외세에도 상당한 관심을 보였다. 그가 판중추부사, 통리기무아문사를 역임하면서 외세의 침공에 대한 방비책을 수립하고, 강화도조약, 조미수호조약에 참여한 것은 이러한 배경이 있었기 때문이다.[11]

신헌은 4명의 아들(정희, 석희, 낙희, 찬희)를 두었다. 신정희와 신석희는 무과에 급제해서 고종조까지 무관으로 활약했다. 신정희는 포도대장, 어영대장, 승지, 형조판서, 통위사를 역임했다. 신석희는 한성판윤, 경무사, 중추원 일등의관을 역임했다. 신낙희는 별천남행을 거쳐 무과에 급제했고, 수사를 역임했다.[12] 이런 사정으로 그의 아들들도 대부분 진천을 떠나 서울에서 교육받고 활약했던 것으로 보인다. 대표적인 인물이 신팔균으로 1907년 군대해산으로 진천에 낙향하기까지는 진위대 正尉로 서울과 강계에서 근무했다. 그러나 이들 형제들 대부분이 광무양안 작성기에는 아직 젊었고, 국권상실 등으로 인해 크게 출세하지는

---

11) 신헌 일가의 관력과 사우관계에 대해서는 박찬식, 앞의 논문, 41~55쪽에 자세히 정리되어 있다.
12) 박찬식, 위의 논문, 44쪽.

못한 듯하다.

광무양안을 작성하던 1900년 경에 신헌과 1남 신정희, 3남 신낙희는 이미 사망했다. 2남 신석희와 4남 신찬희는 생존해 있지만, 얼마 후인 1907년과 1909년에 사망한다. 손자는 모두 10명을 두었는데, 1900년을 기준으로 생존해 있는 인물은 7명이었다(아래 <표 1> 참조). 따라서 1900년을 기준으로 양안에 등재될 요건을 갖춘 인물은 모두 9명이 되는데, 진천군과 충주군 양안에 토지 소유주로 등재되어 있는 인물은 7명이다.

〈표 1〉 신헌가의 가계

30세	31세	32세
申櫶(1811~1884)	장남 正熙(1833~1895)	장남 惪均(1855~1889)
		차남 懿均(1867~1895)
		삼남 甲均(1871~1905) ＊,■
		사남 慶均(1875~1913)
		오남 億均(1882~1911) ＊
	차남 奭熙(1836~1907)	장남 八均(1882~1924) ＊,■
		차남 可均(1884~1959) ＊
		삼남 弼均(1887~1943) ＊
	삼남 樂熙(1836~1886)	
	사남 贊熙(1838~1909)	장남 永均(1863~1909) ＊,■
		차남 明均(1882~?) ■

＊표는 진천군 양안, ■표는 충주군 양안에 기재된 인물

신석희와 신찬희는 자식들의 토지는 양안에서 발견되지만 본인들의 토지는 발견되지 않는다. 이때 신석희와 신찬희는 노년이어서 토지들을 이미 분배했을 가능성이 있다. 한편 손자대에서는 유독 신경균의 토지만 발견되지 않는다. 그런데 신명균의 토지가 충주에만 있는 것을 보면 그의 토지가 다른 지역에 있었을 가능성도 있다. 후손들의 증언에 의하면 신헌가의 토지가 그리 많지는 않았지만 경기도 부천 등지에 약간의

토지가 있었다고 한다. 다만 집안의 토지문서는 모두 상실되고, 전래되는
토지도 없어서 후손들도 선대의 토지에 대해서는 제대로 알지 못하고
있다.

따라서 현재 신헌가의 토지를 확인할 수 있는 문서는 양안 뿐이다.
광무양안에 기재된 이들 일가의 진천군 소재 토지와 가옥을 면별로
정리한 것이 아래의 <표 2>이다.

<표 2> 신씨가의 진천군 토지 및 가옥소유 현황

토지 순위	성명	면	면적(정보)	비율(%)	소유가옥	방아
13	신갑균(정희3자)	합계	20.8	100	16	1
		이곡면	13.3	70.4	14	0
		만승면	0.9	3.7	0	0
		월촌면	3.4	14.5	2	0
		소답면	3.3	11.4	0	1
156	신억균(정희5자)	합계	6.1	100	0	0
		월촌면	6.1	100	0	0
281	신가균(석희2자)	합계	4.1	100	4	0
		이곡면	3.6	89.7	4	0
		월촌면	0.5	10.3	0	0
2318	신필균(석희3자)	합계	0.8	100	0	0
		이곡면	0.4	61.4	0	0
		만승면	0.4	38.6	0	0
3451	신팔균(석희1자)	합계	0.5	100	1	0
		이곡면	0.5	100	1	0
4054	신정희(?)	합계	0.4	100	0	0
		만승면	0.4	100	0	0
4401	신영균(찬희1자)	합계	0.3	100	0	0
		이곡면	0.2	63.7	0	0
		만승면	0.1	36.3	0	0

신헌 후손들 중에서 진천의 토지소유자로 나타나는 인물과 토지 현황은

<표 2>와 같다. 이들은 양안을 작성하던 1900년 전후한 시기에 생존해 있던 인물들이다. 유일한 예외가 1895년에 사망한 신정희의 토지 약 1,200평이 만승면에 있다. 이것이 기재상의 실수인지 동명이인인지는 확인할 수 없다.

〈표 3〉 진천의 20정보 이상의 소유자 명단(단위 : 정보)

순위	성명	토지	순위	성명	토지
1	이경팔	49.0	10	정도원	22.9
2	안대복	42.5	11	채규봉	22.8
3	신귀	38.1	12	채규진	21.7
4	한규설	33.7	13	신갑균	20.8
5	민영준	27.8	14	민원식	20.7
6	이종건	26.6	15	신철희	20.4
7	조백만	26.3	16	조창호	20.22
8	김진달	24.2	17	조태복	20.1
9	정일춘	23.5	18	이상설	19.7

후손 중 가장 많은 토지를 소유한 사람은 신정희의 3자이지만 생존한 아들 중에서는 서열상의 연장자인 신갑균이다. 그의 소유지는 진천에만 20.8정보이다. 진천군 양안에는 총 13,412명의 인명이 등장한다.[13) 이중

---

13) 양안에는 토지 소유주와 경작자를 표시하는데 농가의 대표인 세대주 명의로 표기했다고 보여진다. 그런데 1909년의 조사에 의하면 진천군의 호수는 7,457호, 인구는 33,223명, 농업호는 6,402호에 30,427명으로 1호당 4.75명으로 구성되어 있다. 그런데 양안에 기재된 가옥수는 6,700여 채로 비슷한데 반해, 인명수는 13,413명이나 되어 세대주로 보기는 어렵다(최윤오, 「대한제국기 광무양안의 토지소유구조와 농민층의 동향 - 충북 진천군 양안을 중심으로」, 『역사교육』 86, 2003.6(『광무양안과 진천의 사회경제변동』, 49~50쪽 재수록)). 이런 현상은 가족 간에 한 명은 토지소유주로, 가족은 경작자로 기재되거나 한 세대에 거주하는 인물이 서로 다른 시주의 토지를 경작할 경우, 각기 경작자로 기록되었기 때문이라고 생각된다. 따라서 특히 경작자의 경우는 이들을 세대주로 보기는 어렵다. 하지만 토지소유자의 경우는 세대주이든 가족이든 개인이 토지소유

토지를 소유한 사람은 9,332명, 소유지가 없고 경작지만 소유한 사람은 4,080명이다. 이 전체 인물 중에서 신갑균은 토지소유 면적으로 보면 14위(생산량 기준 16위)에 해당한다. 충주군에 있는 토지도 2.5정보로 일가 중에서는 제일 많았다.

신갑균은 이곡면(현 이월면) 노곡에 위치한 30칸의 기와집의 거주자이기도 했다.[14) 소답면 芹洑坪(현 덕산면 대월이들 부근)에 물레방아도 1칸 소유하고 있었다.[15) 이것은 신헌가 중에서 유일하게 소유한 물레방아이다.

신갑균이 거주하던 기와집이 현재의 신헌 고택으로서 문화재(충청북도 문화재자료 1호)로 지정되어 있다.[16) 노곡의 평산신씨가 마을에서도 제일 큰 기와집으로 사실상 마을의 중심적인 위치를 차지하고 있는 가옥이었다. 재미있는 사실은 이 집이 지니는 특별한 의미이다. 이 가옥은 이 일대에서 제일 큰 기와집으로 진천군에서 평산신씨가의 위세를 보여주는 상징이었다. 그런데 신헌 일가의 입장에서 보면 일가의 제일 어른이 거주하면서 집안의 대소사와 대외적인 일을 관장하는 중심이자 센터로서의 의미도 있었던 것 같다. 그것은 이 가옥이 종손에게 세전되지 않고 일가의 지도자격 인물에게 이전되고 있는 것을 통해서도 유추할 수 있다.

1900년 양안 작성 당시 이 집에는 신갑균이 거주하고 있었다. 그는 신정희의 3자이지만 위의 두 형이 사망하여 당시에는 서열상 제일 어른이

주체이므로 소유순위를 비교하는 것은 무리가 없다고 생각된다.

14) 『진천군양안』 이곡면 老谷里垈, 亦 81.

15) 『진천군양안』 소답면 芹洑坪, 辨 24.

16) 이 집의 위치는 진천군 이월면 노곡리 826번지로 대지 786평이다.

었다. 신갑균이 1905년에 사망하자 이 집은 신정희나 신갑균의 후손에게 전해지지 않고, 신헌의 차남인 신석희의 장남 신팔균에게 전해졌다.[17) 신정희의 아들인 4남 신경균과 신억균이 생존해 있고, 나이로도 신경균이 신팔균보다 많고, 신억균과 신팔균은 동갑이었다. 그러나 신경균은 진천에 가옥도 토지도 없었다. 신억균은 토지는 있지만 가옥이 없는 것을 보아 역시 생활 근거지는 다른 지역이었던 모양이다. 따라서 진천에 거주하는 인물로서 서열상의 어른은 신팔균이었다. 신팔균도 부친 신석희를 따라 경성과 외지에서 살았다. 1907년까지 진위대 장교로 근무하다가 1907년 군대해산을 당하자 진천으로 낙향했다. 고향에서 이월청년학교를 설립하고, 대동청년단을 조직하는 등 애국계몽운동과 항일운동에 종사하다가 1910년에 망명했다. 그가 진천에 머문 기간은 3년 정도였는데, 그 사이에 이 집이 신팔균의 소유로 기재되었던 것이다.

신갑균의 토지는 거의가 이곡면과 주변인 월촌면, 만승면에 분포되어 있다. 이곡면은 신헌 고택이 있는 지역으로 진천에 있는 15개 면 가운데서 신씨의 세력이 제일 강력하고 밀집하여 살았던 지역이다. 진천군의 토지 중 관아, 학교, 사찰 등 기관 소유가 아닌 개인 소유지는 7,302정보이다.

17) 이 집은 1912년 토지사정 당시에 신팔균의 소유로 등재되어 있었다. 신갑균이 1905년 사망한 후에 신팔균의 소유가 되었던 것 같다. 그런데 신팔균은 1910년에 만주로 망명하면서 재산을 모두 처분했다고 한다. 이때 신헌 고택도 사실상의 소유권이 넘어간 것 같은데, 집을 구입한 사람은 신정희란 인물이다. 그는 신헌의 아들 신정희와는 다른 사람으로 신헌가의 직계가 아니라 진천에 거주하는 평산신씨가의 일족인 듯하다. 신정희는 1914년에 그 무렵 경성에서 진천으로 이주해 온 부호 방선용에게 매각해서 현재까지 이 집은 방씨가의 소유가 되어 있다. 이 집을 매입한 후 방씨가는 새로운 지역의 실력자가 되었다. 원래 1914년까지 이곡면의 면장은 평산신씨가 거의 도맡아 왔다. 그러나 방선용은 이곳에 정착한 후 면장, 학교 평의원을 역임하며 지역 유지로 활약했고, 방기태는 이월공립초등학교 교감을 역임했다(김성보, 앞의 글, 160, 165쪽 참조).

이중 가장 많은 토지를 소유한 성씨는 李씨로 전체 토지의 22.5%인 1,642정보를 소유하고 있다.[18] 그 다음은 金씨가 995정보(13.6%)를 소유하고 있다. 신씨는 3위로서 627정보(8.6%)를 소유하고 있다.

〈표 4〉 이곡면 토지소유 상위 성씨

성(한자)	소유지	소유가옥
申	230.63	131
李	197.65	168
金	60.70	32
鄭	32.73	15
朴	10.39	8
盧	10.15	9
沈	9.45	8
崔	9.25	12
吳	8.89	1
尹	8.38	15
柳	8.13	4
兪	5.13	7
劉	5.03	2

토지소유자의 수로 보면 전체 소유자가 9,332명, 이중 이씨가 1,718명, 김씨는 1,421명으로 전체 토지소유자[19]의 18.4%와 15.2%를 차지하고 있다. 반면 신씨는 404명으로 4.3%밖에 되지 않으며 소유자 수에서도 5위이다. 그럼에도 불구하고 토지 소유지는 3위로 8.6%를 소유하고 있다.

그런데 신씨가는 전체 토지 중 36%에 해당하는 약 231정보를 이곡면에 두고 있다. 이곡면과 인접한 월촌면과 만승면에도 각각 103정보와 93정보를 소유하고 있는데, 이것은 진천 전체에 소유한 신씨가 토지의 69%에

---

18) 양안의 성격상 본관까지는 구분할 수 없다. 다만 진천군의 신씨가는 대체로 평산신씨가 압도적이었던 것으로 보인다.

19) 이들은 부재지주를 포함한 수이다.

해당하는 양이다.

이처럼 이곡면에서 신씨가의 세력은 우월하다. 그렇다면 이곡면 내부의 사정은 어떨까? 이곡에 토지를 소유한 성씨는 모두 47성이다. 이중 新씨가 1명 있는데, 이는 오기라고 보면 46성이다.

이곡면의 개인 소유 토지는 641정보인데, 신씨가 약 231정보로서 약 36%의 토지를 소유하고 있다. 2위가 이씨가로 약 30정보를 소유하고 있다. 이씨가의 토지가 많은 것은 이씨가 진천의 최대 인구를 지닌 성이기도 하고, 이천의 최대 지주인 이경팔의 거주지가 이곡면에 있었던 것도 영향을 미쳤다고 생각된다.[20]

〈표 5〉 이곡면의 성씨별 거주가구현황

성(한자)	인구수	백분율
李	123	24.0%
申	91	17.7%
金	85	16.6%
尹	15	2.9%
崔	14	2.7%
朴	14	2.7%
趙	11	2.1%
鄭	10	1.9%
張	10	1.9%
盧	10	1.9%

그런데 이곡면에 소재한 가옥에 거주하는 인물을 성씨별로 보면(<표 5> 참조) 전체 513가구 중에서 이씨가 123가구(24.0%)로 제일 많고 신씨가는 91가구(17.7%)로 2위이다. 그 다음이 김씨로 85가구(16.6%)이다. 사실

---

20) 이경팔은 진천군에만 41채의 가옥을 소유하고 있었다. 이중 제일 큰 가옥이 이곡면 이곡대에 있었던 초가 18칸 가옥이다(『진천군양안』 封字丁 18). 이 가옥이 이경팔의 거주지로 추정된다.

상 이 세 성씨가 거주인의 58.3%를 차지하고 있다. 인구수에서는 이씨가가 더 많지만 토지 소유량은 신씨가가 더 많다. 이것은 신씨가의 가구별 토지 소유량이 훨씬 안정적이라는 의미이다. 이곡면의 성씨별 개인 소유 평균은 이씨가 0.96정보, 김씨가 0.7정보인데 반해 신씨가는 1.56정보이다. 신씨가 평균 자영농 이상의 토지를 소유하고 있다. 게다가 이씨는 신씨에 비해 본관이 다양한 점을 감안하면 이곡면에서 평산신씨가의 세력은 우월하다고 하겠다.

이월면에서 신씨가의 힘은 문헌기록으로도 확인된다. 19세기의 문신으로 신정희와 교유가 있었던 壺山 朴文鎬(1846~1918)는 노곡을 방문한 뒤 소감을 남겼다. 이 글에서 그는 노곡 마을 전체가 강한 단결력과 상호부조의 정신으로 살아가고 있다고 칭찬하고, 자신이 놀랄 정도였다고 했다.

진천의 老谷 신씨는 능히 그러하다. 신씨가 서로 10여 대를 전해오면서 한 계곡에 의지하여 다른 성이 없고 벼슬한 사람도 조정에 끊어지지 않으며 남자들은 밭 갈고 호미질을 하지 않아도 모두 의식이 족하여 법도를 따르고 삼가고 몸을 단속하여 술을 즐기거나 도박하고 바둑 같은 것을 익히는 일을 중지하고 관에 소송을 하는 자도 신씨의 이름을 가진 자는 없다. 법을 두려워함이 이와 같음에 아전들도 공경하고 꺼리며 시골에 사는 자들이 모두 추대하여 따를 수 없다고 한다.

나는 두려워하면서 이상하게 여기고 신군 정희(申正熙)에게 고하여 말하기를 "가령 그대의 족속이 불행하게 가난하고 주리면서 초췌한 자 있으면 서로 도와야 하니 그대는 홀로 어찌 하겠습니까? 그들을 구호해준다면 항상 구호할 수도 없는 일이요 버리고 돌아보지 않으면 인심이 없다고 할 것이고, 또 집 사람을 모아 홀로 배부르게 지내면 마음이 편안할 수 없습니다. 불행히 미련하고 사나운 자 있어 소송을 좋아하고 싸우기를 즐기며 마을에서 못된 짓을 하면 그대는 또 어찌 하겠습니까? 온화한 빛으로 타일러도 교화되지 않고 엄하게 단속해도 방자하게 도리어 반항하면 그대로 두고 생각하지 않는 일은 차마 할 수 없는 일이니 이는 사람이 살아가는 데 있어 항상 있는 일입니다. 지금 (신씨는) 그런 일이 없어 빈한한 자와 부유한 자의 이름이 없고 은연중에 불초한 자와 현명한 자의 자취가 없으며 모두 大同하여 서로 잊고 사는 데로 돌아가 그런 속에서 화목하게 지내니 무슨 즐거움이 이것과 바꿀 수 있습니까?"21)

이 글은 이월면 중에서도 노곡의 풍경을 묘사한 것이지만, 본문 중에 "아전들도 공경하고 꺼리며 시골에 사는 자들이 모두 추대하여 따를 수 없다고 한다"는 표현으로 보면 신씨가의 영향력이 주변에도 강력하게 미치고 있음을 볼 수 있다. 그리고 그 중심에는 대대로 경관을 지내고 있는 신헌 일가가 있었다.

신갑균의 토지가 이곡면과 그 인근인 월촌, 만승면에 집중된 것은 이런 사정에 기인한 것으로 신씨가 전체의 토지소유 방식과 큰 차이가 없음을 말해준다. 구체적으로 살펴보면 신갑균의 토지는 이곡면에 있는 것이 13.3정보로 전체의 70.4%로 제일 많다. 월촌면에 10% 정도가 있으며 만승면의 토지는 소량이다. 노곡에서 떨어진 곳으로는 소답면(덕산면)이 유일하다. 소답면은 벌판이 좋고 논농사에 유리한 지역이어서 이곳에 일정한 토지를 확보했던 것 같다.

70%의 토지가 분포한 이곡면에서도 신갑균의 토지는 노곡리, 서원동, 현재 논실 남쪽 고동이들이라고 생각되는 외고동, 서원 앞들인 피이들골, 사곡리 반지마을, 월촌면 가암(현 진천읍 가산리), 월촌면 니동(진천읍

21) 『호산집(壺山集)』, 「노곡신씨장기(老谷申氏庄記)」.

송두리 진밭골), 장양들 등에 주로 분포했다. 이 역시 노곡과 가깝고 동선상으로 이동이 편리한 곳이다.

신억균은 156위로 6정보의 토지를 소유하고 있다. 그의 토지는 월촌면, 현재의 이월면 동성리 성평, 율목동, 자래에 있다. 6정보는 양안 상에서는 적지 않은 토지인데, 100% 월촌면 동성리에 집중되어 있는 점이 특이하다. 또한 당시 지주들은 가옥도 많이 소유하고 있는 것이 일반적인데 그의 소유가옥은 단 한 채도 보이지 않는다. 이것은 신억균이 진천을 떠나 다른 지역에 기반을 갖추고 거주했기 때문이라고 생각된다. 진천에 거주하지 않았기 때문에 토지를 한 곳에 집중시켜 놓는 것이 더욱 더 관리가 편했을 것이다. 그럼에도 불구하고 이 정도의 토지가 있다면 이를 자본으로 여기저기에서 소량씩이라도 토지를 집적할 수 있었을 것이다. 총리대신을 지낸 한규설의 경우를 보면 그는 진천에 34정보의 토지를 소유하고 있었다. 그도 부재지주여서 34정보 중 27정보가 월촌면에 집중되어 있고, 소유가옥 12채도 모두 월촌면에 있다. 이 가옥의 거주자들이 마름을 포함해서 한규설의 토지 관리와 관련이 깊은 사람들이었다고 생각된다. 그러나 한규설의 토지는 월촌면 외에 남변면, 북변면, 방동면, 이곡면, 소답면에도 소량씩 소유지가 있다. 이중 방동면, 이곡면, 소답면의 토지는 1정보도 되지 않았다.22) 이런 소량의 토지는 한규설이 직접 확보했다기보다는 현지의 관리인의 재량과 노력에 의해 조금씩 집적된 토지들이라고 생각된다. 이렇게 토지를 획득하는 데는 총리대신이라는 한규설의 명성과 위망도 배경으로 작용했을 것이다.

이러한 방식은 한규설에 국한된 것이 아니라 이 시기 관료형 부재지주의

---

22) 최윤오, 「대한제국기 광무 양안의 토지소유구조와 농민층의 동향」, 앞의 책, 68~69쪽.

일반적인 형태였다. 민영준도 진천에 28정보를 소유했는데, 성암면과 소답면에 22정보가 몰려 있고, 문방면에는 0.3정보, 이곡면엔 0.2정보, 월촌면에는 0.16정보만을 소유하고 있다. 민응식의 사례는 더욱 대단하다. 그는 진천에는 토지가 없지만, 충주에 144정보를 소유한 대지주였다. 그는 충주의 38개 면 중 10개 면에 토지를 소유하고 있는데, 거곡면에만 56.6정보가 있으며, 소유가옥 46채 중에서 26채가 거곡면에 있다. 반면에 사다산면에는 0.8정보, 성동면에는 겨우 0.6정보가 있을 뿐이다.

〈표 6〉 민응식의 충주군 면별토지 분포

면	면적(정보)
감미면	18.2
거곡면	56.6
금목면	17.3
두의면	2.6
맹동면	19.6
법왕면	6.4
사다산면	0.8
성동면	0.6
지내면	3.3
천기음면	19.3
계	144.8

신가균은 4정보를 소유하고 있다(281위). 그는 월촌면 馬屹前坪(이월면 신월리 물미?)에 약 490평의 토지를 소유했을 뿐, 나머지는 이곡면 노곡리, 도산평, 상림, 서송현, 은수동, 중보동(中洑洞) 화양평에 소량으로 분포되어 있었다. 이곡면 노곡리에 있는 8칸 초가가 그의 가옥으로 보이는데, 실제 여기에 항상적으로 거주했는지는 명확하지 않다.

신팔균, 신영균의 토지는 더욱 적어 각기 0.5정보와 0.4정보이다. 신팔균의 토지는 겨우 4필지뿐인데, 신갑균의 토지가 많은 이곡면 노곡리에

3필지, 외고동에 1필지가 있다. 노곡리에 있는 초가 7칸이 그의 가옥으로 보이는데, 신팔균도 진위대 장교로 근무해서 이 집에 상주하지는 않았다.

신필균은 0.8정보로 이곡면 세수평과 만승면 장기평에 각각 절반씩의 토지가 있었다. 가옥은 나타나지 않는다. 신영균의 토지는 만승면 두두평(내촌리 두둘기)와 이월면 일영에 있다. 그 역시 가옥은 보이지 않는다. 신정희의 토지는 정말 신정희의 토지인지 확실하지 않지만, 만승면 薪海(만승면 월성리 검성 남쪽 하들)에 2필지가 있다.

진천군의 사례를 보면 신헌가의 토지는 진천의 경우 거의가 이곡면과 월촌면, 만승면에 분포되어 있었다(아래의 <표 7> 참조).

〈표 7〉 신헌가 토지의 면별 분포

면	면적(정보)	백분율
이곡면	17.9	77.5%
월촌면	10.0	3.5%
만승면	1.8	6.6%
소답면	3.3	12.4%

이 표에서 볼 수 있듯이 신헌가가 진천에 소유한 토지 중 77.5%가 이곡면에 있다. 월촌면에는 3.5%가 있는데, 이중 절반 이상이 신억균의 토지이다. 만승면의 토지 역시 소량이다. 소답면의 토지는 두 번째로 많아 12.4%에 해당하는데, 이 토지는 모두가 신갑균의 소유지이다. 이것을 보면 신헌가의 토지는 신갑균의 소답면 토지를 제외하고는 대부분 근거지인 논실이 위치한 이곡면과 주변 지역을 벗어나지 못하고 있다.

이와 같은 신헌가의 소유지 분포 형태는 같은 평산신씨이지만 신헌가처럼 상경종사하지 않고, 진천에 세거하던 신씨가의 토지소유 형태와도 차이를 보인다. 먼저 진천의 평산신씨가 중에서 최대의 지주가로 38.1정보를 소유한 신귀의 토지분포를 살펴보겠다.

〈표 8〉 신귀 소유토지의 면별 분포

면	면적(정보)	비율
남변면	2.5	6.6%
북변면	6.5	17.1%
덕문면	7.5	19.7%
행정면	3.0	7.9%
백곡면	8.4	22.0%
이곡면	9.9	26.0%
만승면	0.3	0.8%
계	38.1	100%

〈그림 1〉 신헌가와 신귀의 면별 토지분포 비교

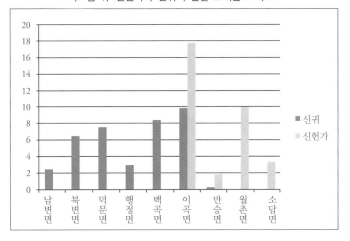

신귀 역시 이곡면에 9.9정보나 되는 토지를 소유하고 있기는 하지만, 비율로 보면 이곡면에 소유한 토지는 전체 38.1정보의 26.0% 밖에 되지 않는다. 이곡면에 소유한 토지만으로 보면 신갑균의 17.9정보의 절반 정도에 불과하다. 월촌면과 소답면에는 토지가 전혀 없고, 만승면에

있는 토지도 소유지의 0.8%인 0.3정보에 불과하다. 반면 신헌가의 토지가 전혀 없는 북변면에 6.5정보(17.1%), 백곡면에 8.4정보(22.0%), 남변면과 행정면에 각각 2.5정보(6.6%)와 3정보(7.9%)의 토지를 소유하고 있다.

이처럼 이곡면에서 토지소유가 신갑균과 신귀가 차이가 나는 것은 평산신씨가에서 차지하는 가문적 배경의 차이와 관련이 있다고 생각된다. 이곡면의 토지 중 평산신씨가의 소유로 된 토지가 31.5%였다. 이곡면의 5정보 이상을 소유한 지주 13명 중 신씨가 7명이나 되었다.[23] 이처럼 평산신씨가가 한 지역에 집중해 있다 보니 이곡면 내에서의 토지소유에도 가문의 위상과 재력이 대대로 반영될 수밖에 없었다고 보여진다.

따라서 평산신씨가에서 대규모로 토지를 집적할 경우, 집안과 일족의 토지가 서로 충돌하는 이촌, 월촌, 만승면 지역에서는 토지겸병을 자제하고, 진천의 다른 지역에서 토지를 집적하였다. 그리고 이때도 서로 지역을 달리한다. 신귀와 신갑균 같은 대표적인 지주가의 토지가 서로 북변면과 소답면으로 토지집적 지역을 달리하고 있다. 다만 토지집적 형태로 보면 신헌가는 대단히 소극적이다. 대부분의 토지가 근거지인 이곡면과 근처에 있고, 새로 개척했다고 보이는 지역은 소답면의 3.3정보에 불과하다. 대체로 전래의 토지에 만족하고 안주하는 형태이다. 이것은 신헌 일가가 진천에 연고를 계속 유지하고 노모나 일부 가족이 거주했지만 주 활동지가 중앙으로 이동한 것과 관련이 있다고 보여진다.

반면에 평산신씨가의 최대 지주인 신귀는 도리어 이곡면에는 토지가 적지만 이곡면 이외 지역에 분포한 양질의 토지 확보에 대단히 적극적인 모습을 보인다. 특히 그는 북변면과 덕산면, 남변면 즉 백곡천 연변의 최고급 농지를 확보하는데 적극적이었다. 진천군 상산고적회 회원들의

---

23) 신영우, 「한말 진천의 평산신씨가와 토지소유」, 앞의 책, 147~148쪽.

증언에 의하면 일제시기까지도 진천 지역에서 제일 좋은 농지는 진천의 한가운데를 동서로 횡단하는 백곡천 연변의 평야지대라고 한다. 북변, 남변, 덕산면의 농지가 모두 이 연변에 있다. 현재는 소답면이 있던 덕산면 지역의 농지가 최고로 간주되고 있지만, 일제시기까지는 북변, 남변면의 연삼평이 최고의 토지였다. 양안의 전품도 이 지역이 제일 좋다. 그 이유는 같은 백곡천 연변이어도 연삼평이 이모작이 가능하고, 덕산 지역은 토질상 이모작이 곤란했기 때문이라고 한다. 최근에는 이모작을 하지 않고 벼농사 일변도가 되어 덕산평 일대가 최고의 농지가 되었다는 것이다.

어쨌든 신귀는 이 최고 평야에 토지를 모두 집적하고 있다. 그의 토지가 소재한 지역을 구체적으로 살펴보면 신귀는 연삼평에만 5.1정보의 토지를 소유하고 있으며, 나머지도 연삼평 경계인 벽오리, 적현에 토지를 집적하고 있다. 한편 남변면은 진천의 관아가 위치한 중심지로 진천의 군현 운영과 향권에서도 중요한 지역이다. 그러나 신헌 일가는 남변면을 외면하고 있는 반면 신귀는 남변면에도 2.5정보를 소유하고 있다.

한편 신헌 일가는 일가간의 토지소유에서도 서로 중복되는 부분 없이 교묘하게 느껴질 정도로 지역을 분할하고 있다. 이들 일가의 토지가 이곡면에 집중되어 있음에도 불구하고 토지가 분포한 마을은 중복이 거의 없이 배치되어 있다. 이것은 상당히 의도적인 것으로 보인다. 종가가 틀림없는 기와집을 소유한 신갑균이 종가 주변에 토지를 대량으로 집적하고 있다. 게다가 노곡마을의 토지는 앞쪽 평야(老谷前坪)에 2~3필지 정도 異姓 소유의 토지가 있을 뿐 전체가 신씨가의 소유로 되어 있다. 신가균과 신팔균도 노곡에 가옥을 소유하고 있다. 그럼에도 불구하고 신헌 대장의 직계자손들은 신갑균 1인을 제외하고는 노곡에 전혀 토지를 소유하고 있지 않다. 이것은 매우 흥미있는 현상인데, 이것이 신헌가의 특이한 현상인지, 이 시기의 일반적인 특징인지는 아직까지 이와 같은 가계별 토지소유 현황을 추적한 연구가 거의 시행되지 않았기 때문에 현재로서는 단언하기 어렵다. 앞으로 여러 군현에서 주요 가문의 토지소유에 대한 연구가 진행되면 좀 더 분명한 판단이 가능할 것이다.

전체적으로 보면 신씨가의 토지와 작인은 현재의 이월면 지역에 집중 분포하고 있다. 이 토지가 중세의 봉건영지와 같은 영역적 지배를 의미하는 것은 아니므로 토지와 작인의 분포가 군의 운영이나 지역 내에서 정치적 힘과 영역을 획정하는 것은 아니다. 그러나 어느 지역에 토지와 작인이 집중분포 한다면 그렇지 않은 지역에 비해 차별적인 영향력을 부여하는 것도 사실이다. 따라서 이와 같은 이월면 지역에 집중된 분포는 진천의 지역사회 운영에서 영향력을 확대하는 데에도 어느 정도 제한적 요소가 되었을 것이라고 보여진다. 이것은 이들 일가가 그만큼 진천의 지역 기반을 이용한 토지 확대나 향촌지배나 향권적인 요소에는 관심이 적었음을 반영하는 것이라고 생각된다.

2) 충주군의 토지소유 형태

진천군은 평산신씨가의 세거지이고 신헌가의 본가가 위치한 곳이었다. 반면 충주는 외지로 충주의 토지는 전형적인 부재지주로서의 소유지라고 하겠다. 그런데 이 지역에서 토지소유 형태도 진천의 세거지주나 다른 권세가의 토지소유 형태와는 약간의 차이를 보인다.

충주군 양안에 있는 신헌가 인물의 토지 현황은 아래의 <표 9>와 같다.

〈표 9〉 신헌가의 충주군 토지소유 현황

이름	면	면적(정보)	가옥	비고
신갑균	대도곡면	2.5	0	
신명균	지내면	0.9	0	
신영균	남변면	0.3		
	동량면	0.1		
	사이면	0.4		
	엄정면	0.6	1	玉城臺
	소계	1.4		
신팔균	대도곡면	1.5	0	

엄밀히 말하면 이들이 진천의 인물과 동일인물인지는 명확하게 확인할 수 없다. 후손들도 충주의 토지에 대해서는 기억을 하지 못하고 있다. 그러나 신갑균, 명균, 팔균은 한자도 같고, 이들의 거주지가 진천에 있는 반면 충주에는 소유가옥이 전혀 없다는 점으로 미루어 동일인물일 가능성이 높다고 판단된다.[24] 단 신영균의 경우는 한자가 다른 여러 인물이 나타나는데 이들은 단일 인물로 보면 토지가 3.5정보 정도 된다. 그러나 이 경우는 엄격하게 한자가 같은 경우로 한정하였다. 신영균은 유일하게 충주 엄정면 옥성대에 초가 4칸의 가옥을 소유하고 있으며 본인이 거주하는 것으로 되어 있다. 실제로 신영균은 진천에는 소유가옥이 없는 것으로 봐서 충주에 거주했을 가능성이 크다고 생각된다.

신명균은 진천과 충주 두 군에 모두 가옥이나 거주지가 없는 것으로

---

24) 진천의 지주 중 상당수가 충주에도 토지를 소유하고 있었다. 한규설, 민영준과 같은 부재지주는 말할 것도 없고, 진천의 지주인 이경팔, 안대복, 이종건, 김진달, 조백만 등도 충주에 토지를 소유하고 있다. 진천에 20정보 이상을 소유한 17명의 지주 중 신귀, 정일춘, 조태복 3인을 제외한 14명이 충주에도 토지를 소유하고 있었다. 20정보에 조금 미달하지만 18위 이상설도 충주에 토지가 없었다. 물론 이들이 동명이인일 가능성이 없는 것은 아니지만 이종건을 제외하고는 모두가 한자도 같고, 충주에 거주하지 않는 부재지주로 나타나는 것으로 보아 동일인물일 가능성이 높다고 생각된다.

보아 다른 지역에 거주했던 모양이다. 이 역시 신명균이 진천에 토지가 전혀 없는 사정과 부합한다. 이로 미루어 보면 4남 신경균의 토지가 전혀 보이지 않는 이유도 신경균이 다른 지역에 거주하면서 토지도 그 지역에 소유했기 때문이라고 생각된다. 마지막으로 여주군 양안에는 이들 일가의 토지가 전혀 발견되지 않는다. 이상 진천과 충주군에 보이는 소유토지를 종합한 것이 <표 10>이다.

〈표 10〉 신헌가의 진천, 충주군 소유토지 합계(단위 : 정보)

성명	계	진천군	충주군
신갑균	23.3	20.8	2.5
신억균	6.1	6.1	0
신가균	4.1	4.1	0
신팔균	2.0	0.5	1.5
신영균	1.5	0.3	1.2
신명균	0.9	0	0.9
신필균	0.8	0.8	0
신정희	0.4	0.4	0

신갑균이 충주에 소유한 토지는 2.5정보로 일반적인 중급 지주에 해당하는 적지 않은 양인데, 토지가 모두 대도곡면, 그 중에서도 羔谷과 井谷(또는 井谷越)에 집중되어 있다. 이곳은 현재의 음성군 대소면 미곡리와 삼정리 지역으로 서로 연접한 곳이다. 같은 면에서도 같은 지역에 토지를 모아두고 있음을 볼 수 있다.

신팔균과 신영균은 진천보다 오히려 충주에 토지가 더 많아서 각각 1.5정보와 1.2정보를 소유하고 있다. 신팔균의 충주 토지는 4필지인데, 대도곡면 鞍峴에 1필지, 生洞(음성군 대소면 안생골)에 3필지가 있다.

반면에 신영균은 1정보 미만의 소량이지만 신갑균, 신팔균과 달리 토지가 3개 면에 분산되어 있다. 이것은 신영균의 거주지가 충주에 있는 것과 무관하지 않다고 생각된다. 앞에서 한규설 등의 사례를 들었지만 진천과 충주의 상위권 지주의 토지분포를 보면 토지 소유량에 따라 경향이 달라지기는 하지만 대체로 부재지주는 토지를 집중시키고, 재지지주들은 몇 개 면에 분산시키는 경향을 보여준다. 그런 점에서 보면 신헌 일가가 충주에 소유한 토지는 부재지주의 경우는 철저하게 한 면에 집중되고, 현지인의 경우는 분산되는 아주 전형적인 모습을 보여주고 있다고 하겠다.

재미난 사실은 진천의 다른 유력 지주들이 충주의 소유 토지는 비슷하게 토지를 한 곳에 집중시키는 부재지주적 형태를 보이면서도, 신헌가의 토지보다는 산재되는 형태는 보여준다는 점이다. 진천의 상위 지주들의 충주 토지 분포 현황을 정리한 것이 아래의 <표 11>이다. 이 표에 의하면 진천의 상위 지주 18명 중 14명이 충주에 토지를 보유하고 있다. 그러나 안대복의 토지는 너무 적어서 제외하고 13명을 대상으로 살펴보겠다.

신갑균과 마찬가지로 한 면에 토지를 집중시키고 있는 사람은 채규봉과 조백만, 조태복이다. 조백만과 조태복은 창녕조씨로 일가인데, 이들이 공통적으로 신갑균과 같은 형태를 취하고 있다.

충주의 최고 지주인 이경팔은 충주에 6.4정보가 있다. 이중 5정보가 소탄면에 집중되어 전형적인 부재지주의 모습을 보이지만, 나머지 1.5정보는 대도곡, 동량, 소태양, 소파면에 산재하고 있다. 김진달도 전형적인 부재지주 형태로 불정면에 4.7정보를 소유하고 나머지를 3개 면에 두고 있다. 신철희는 좀 더 분산적으로 거곡면, 대도곡면, 사다산면, 천기음면 4개 면에 4.7정보를 소유하고 있다. 정도원, 채규봉, 민원식도 유사하다.

〈표 11〉 진천의 상위 지주의 충주군 토지 분포(단위 : 정보)

순위	성명	진천 토지	충주 토지	토지 분포지역
1	이경팔	49.0	6.4	대도곡면(0.6) 동량면(0.1) 소탄면(5.0) 소태양면(0.2) 소파면(0.5)
2	안대복	42.5	0.7	덕산면(0.3) 맹동면(0.4)
3	한규설	33.7	20.7	법왕면(15.2), 감미면(0.2) 두의면(3.6), 사다산면(1.7)
4	신귀	30.7	0	
5	민영준	27.8	63.8	금목면(18.5), 법왕면(16.2), 사다산면(17.9) 맹동면(8.3), 기곡면(0.3), 두의면(0./), 성동년(1.7), 소탄면(0.2)
6	이종건	26.6	0	
7	조백만	26.3	0.19	신석면(0.19)
8	김진달	24.2	6.7	노음년(0.3), 두의면(1.2), 불정면(4.7), 이안면(0.4)
9	정일춘	23.5	0	
10	정도원	22.9	6.0	감미면(0.9) 금천면(4.0) 덕산면(0.1) 성동면(0.7) 신니면(0.3)
11	채규봉	22.8	6.4	금천면(0.8), 맹동면(0.9), 불정면(1.5) 엄정면(3.2)
12	채규진	21.7	6.3	맹동면(6.3)
13	신갑균	20.8	2.5	대도곡면(2.5)
14	민원식	20.7	7.4	신니면(2.2) 신석면(0.4) 주류면(4.7)
15	신철희	20.4	4.7	거곡면(1.5) 대도곡면(0.3) 사다산면(1.5) 천기음면(1.4)
16	조창호	20.22	7.2	맹동면(7.2)
17	조태복	20.1	0	
18	이상설	19.7	0	

　　이처럼 충주에 대해서 같은 부재지주라도 신헌가와 진천의 지주들이 차이를 보이는 것은 신헌가의 인물들이 거의가 생활근거가 서울이었던 반면에 진천의 지주들은 충주에 보다 가까이 위치했던 탓이라고 생각된다. 그래서 이들은 한 곳에 토지를 집중시키면서도 끊임없이 소량의 토지를 집적해 가거나 몇 개 면에 토지를 고르게 분산시키면서 충주의 세거지주에 가까운 형태를 보이기도 했던 것이다.

　　그런데 이렇게 보면 한규설, 민영준, 민응식 등도 엄연히 서울에 거주하는 권세가들로서 부재지주에 해당하는데, 이들의 토지소유 형태가 이경팔, 정도원 등 진천 거주 지주와 유사하다는 문제가 발생한다. 한규설, 민영준은 진천에서의 토지 분포와 같은 형태, 한 두 곳에 토지와 가옥을 집중시키고, 그곳을 기반으로 조금씩 토지를 집적하는 형태를 보여주고 있다. 하지만 충주가 워낙 넓고 소유지도 많아서 진천과 달리 다량으로 소유한 거점이 2, 3개 면이 되어 있다. 이 점은 진천에 토지는 없지만 앞에서 살펴본 민응식의 경우도 같다.

여기에는 두 가지 이유가 있다고 생각된다. 하나는 민응식, 민영준 등 민씨가의 경우 충주는 자신들의 본거지라고도 볼 수 있는 지역이라는 사실이다. 민씨가의 본향은 여흥이지만 고려시대부터 여흥에 세거했고, 여주와 충주가 서로 가깝고 남한강으로 연결되어 있던 관계로 충주로 분가하여 세거하는 집안이 많았다.[25] 특히 민응식의 경우는 충주에 저택을 보유하고 있었다. 임오군란 때 명성황후가 피난을 해서 유명해진 그 집은 지금의 음성군 감곡면 매괴 여자중고등학교 자리에 있었는데, 이곳은 광무양안 작성 당시에는 충주군 거곡면에 속했다.[26] 민응식의 충주 토지 중 상당수가 현재의 음성군 지역에 있는 이유는 이 때문이다. 그러므로 민씨가의 경우 충주는 타향이 아니라 신헌가에게 있어서 진천과 같은 곳이었다. 여주에 근거가 있는 민씨라고 해도 여주와 충주의 근접성은 진천과 충주보다도 오히려 가까웠다. 따라서 진천의 토착 지주들의 충주의 토지소유 형태가 민씨가와 유사해져 간다는 것은 진천의 지주들이 충주에서는 부재지주이면서도 이 지역에 기반을 둔 지주들과 유사해져 가고 있다는 증거라고 하겠다.

25) 여주군지편찬위원회, 『여주군지』 5, 2005.

26) 민응식이 몰락한 후 그의 집은 천주교단의 소유가 되어 매괴성당이 세워졌다. 광무양안에는 양교당으로 표기되어 있다(『충주군양안』 거곡면 梅山垈 超30). 나중에 매괴성당은 위쪽으로 이전하고, 이 자리에는 여학교가 들어섰다.

또 하나의 이유는 권력형 토지집적이다. 여흥민씨들은 충주에 상당히 많은 토지를 집적하고 있었다. 민씨 중 10정보 이상의 지주만 해도 25명이나 되었고 충주의 전체 지주 중 1, 2, 5, 7, 9, 14, 17위가 모두 민씨였다. 그들 중에는 여주나 충주에 세거하는 사람도 있지만, 민응식, 민병한, 민형식, 민영준, 민영익처럼 서울로 이주해서 활동하고 있는 인물들도 있었다. 그런데 이 민씨 세도가들은 민응식처럼 충주에 연고가 있건 없건 간에 충주의 여러 지역에 토지를 집적하고, 토지를 확대해 나가는 적극적인 형태를 보여주고 있다. 한규설, 김가진 등이 충주에 토지를 확대하는 방식도 이와 같다.

이러한 토지소유 형태는 신헌가의 토지소유 형태와는 상이하다. 신헌 일가도 신정희와 신석희가 2품 이상의 대신을 역임한 고위 관료였다. 그러나 본향인 진천에서는 전통적 세거지인 이곡면의 토지를 중점적으로 관리하고 있으며, 그 외 지역에는 약간의 토지를 두고 있다. 인근한 충주에서도 토지를 소유하고 있으나 민씨가에 비해서는 대단히 소량이며, 토지도 가능하면 한 곳에 모아두고 있다. 일반적으로 당시의 지주들이 대량으로 토지를 소유한 근거지를 마련하고, 주변 지역에 소량의 토지를 집적해 가는 양상을 공통적으로 보이고 있으나, 신헌가는 충주에서는 그런 모습을 전혀 보이지 않으며, 진천에서도 상당히 자제하고 있는 모습을 보인다.

그러나 민씨 세도가는 본관지, 인접지역, 원근지역을 막론하고 적극적으로 토지를 확대해 가는 모습을 보이고 있다. 앞으로 좀 더 많은 군현의 양안과 다른 관료들의 사례를 검토해 보아야 하겠지만, 한말의 정치적 상황이나 민씨가의 축재와 토지집적에 대한 당시의 비판을 참작해 보면 민씨가의 이러한 행태가 오히려 특수한 형태가 아니었는가라고 생각된다.

반대로 고향에서나 주변 군현에서 신헌가의 토지집적에 대한 조심스러운 태도는 세도가의 형태와는 아주 대비되는 것이다.

토지소유에 대한 신헌가의 태도는 일단은 신헌가의 개인적 성향과 가풍에도 일차적 원인이 있었다고 생각된다. 그러나 그들의 정치적, 사회적 지위가 세도가나 다른 대신가들과는 달랐다는 점도 분명히 영향을 미쳤다고 보여진다. 신헌가는 오랜 전통을 지닌 사족 가문이고 고위 관료이기는 하지만 서울의 명문세가나 세도가와는 권력에 차이가 있었다. 또한 신헌 일가는 여러 대에 걸쳐 문관이 아닌 무관으로 종사하고 있다. 고종대에 전통의 신분질서와 무관들의 지위와 대우에 일정한 변화가 있었던 것은 사실이지만, 윤웅렬, 윤치호 일가의 사례에서 보듯이 아직은 전통의 명문가와 고위 문관 세력의 권력과 지위에는 한참 못미치는 것이었다. 그렇기에 이들은 정치적으로나 경제적으로나 더욱 조심하고, 자제했던 것으로 보인다.

신헌가의 토지소유는 진천과 충주 2고을의 양안만을 분석한 것이라는 한계가 있다. 신헌가가 다른 군현에서는 적극적인 토지집적을 행하고 있을 가능성도 있다. 그러나 설사 그렇다고 해도 진천이 이들의 세거지라는 점을 감안할 필요가 있다고 생각된다. 적어도 세거지와 주변 고을에서의 토지소유 방식은 여흥민씨가의 여주와 충주 지역의 토지소유 형태와는 분명한 차별성을 보인다. 따라서 진천과 충주 양안은 타 지역에서 신헌가의 적극적인 토지집적이 전혀 없었다는 증거는 될 수 없지만, 같은 고위 관료로서 토지집적 태도에 대한 차별성은 분명히 입증하는 것이라고 생각된다. 그리고 실제 후손들의 증언을 들어보아도 특별히 대토지를 소유했던 지역은 없었다고 한다.

3. 토지의 구성과 경영형태

1) 전답 구성 및 전품

우선 신헌가 소유토지의 전답비율을 살펴보겠다.

〈표 12〉 전답비율

성명	전(정보)	답(정보)	전 비율	답 비율
신갑균	3.3	16.6	17%	83%
신억균	0.8	5.3	14%	86%
신가균	1.5	2.5	37%	63%
신팔균	0.3	0.2	61%	39%
신필균	0.8	0.0	100%	0%
신영균	0.0	0.3	0%	100%
신정희	0.1	0.3	29%	71%
전체	3,061.2	4,549.0	40%	60%

　신갑균의 토지 중 답은 16.6정보로 소유토지의 83%이다. 진천 전체의 전답 비율이 4 : 6(전 : 답)인 점을 감안하면 상당히 높은 편이다. 그의 토지가 소재한 이곡면, 월촌면, 소답면의 답 비율은 각각 66.5%, 64.8%, 69%로 소재 지역의 비율보다 높다. 신억균은 무려 86%에 달한다. 즉 대토지소유자일수록 전답 비율에서 답이 높은 비율로 나타난다. 신영균의 소유토지는 0.3정보밖에 되지 않지만 모두 답이다. 반면에 신가균은 평균 비율과 비슷하고 신팔균은 답이 오히려 적다. 신필균은 모두가 답이다. 이처럼 두 사람의 토지에서 답의 비율이 높은 것을 보면 신팔균과 신필균의 경우는 진천에 있는 토지가 자기 재산에서 차지하는 비중이 작았기 때문이 아닌가 싶다. 실제로 신팔균의 경우 충주에 더 많은 토지가 있는데, 충주의 토지는 1.45정보 전체가 답이었다. 충주에 집이 있는

신영균은 답과 전이 0.6, 0.8이었다.

이처럼 답의 비율이 높은 것은 진천에서의 이들 가문의 높은 영향력과 무관하지 않다고 생각된다. 그러나 신헌가라도 진천의 토지비율이 낮고 생활권이 떨어져 있는 사람의 경우는 전답 비율에서도 특별한 장점을 보이지 않는다.

토지의 질 즉 전품에서도 같은 경향이 보인다. 광무양안에는 전통적인 공법의 기준에 따라 토지를 6등급으로 나누었다. 진천군에 위치한 신헌가 토지의 전품 비율을 통계한 것이 아래의 <표 13>이다.

〈표 13〉 신헌가 토지의 등급별 비율

등급	신갑균	신억균	신가균	신팔균	신필균	전체비율
1등급	0.032%	0	0	0	0	0.23%
2등급	16.9%	0	0.4%	5.0%	0	5.9%
3등급	22.7%	20.7%	26.5%	63.7%	0	24.2%
4등급	37.6%	39.8%	26.9%	0	0	31.6%
5등급	16.8%	28.0%	19.2%	31.3%	48.3%	25.4%
6등급	5.9%	11.4%	26.9%	0	48.6%	12.2%
계	100.0%	100.0%	100.0%	100.0%	100.0%	100.0%

신갑균의 토지 중 1등급 토지는 워낙 소량으로 소답면에 있는 1필지가 전부이다. 비율로 보면 1등급의 비율은 전체 평균치보다 낮다. 하지만 진천군의 1등급 토지는 상당수가 궁방전(명례궁)과 관아 소유의 토지인 점을 감안하면[27] 개인소유지로서 이 비율은 부족한 것은 아니다. 2등급의 비율은 월등히 높다. 중간 등급인 3, 4등급은 전체 평균과 비슷하고, 하등의 토지인 5, 6등은 현저히 낮다. 이 통계는 신갑균이 많은 토지를

---

27) 진천군의 1등급 토지는 모두 14.5정보였다. 이중 역토가 5.3정보, 명례궁, 관아, 향교 등이 3정보 이상을 차지했다.

소유했을 뿐 아니라 전반적으로 양질의 토지를 소유하고 있음을 말해준다.

그런데 신억균은 신씨가에서는 2위의 토지소유자임에도 불구하고, 토지의 등급은 신갑균과는 반대의 현상을 보여준다. 1, 2등급은 없고, 3등급은 평균치보다 낮다. 4~6등급은 전체 평균보다 조금 높거나 비슷하다.

신가균과 신팔균은 토지 소유량이 적어 단언하기는 힘들지만 대체로 신억균보다는 양호한 수치를 보여준다. 신가균은 6등급 토지가 많은 것이 단점이지만 2~5등급까지는 전체 평균보다 양호하다. 신팔균은 2, 3등급 토지가 근 70%에 해당한다. 반대로 신필균은 모든 토지가 5, 6등급이다.

토지등급의 특징은 토지 소유량과 등급이 일치하지 않는다는 것이다. 신갑균, 신가균, 신팔균은 아주 양호하거나 평균 이상이고, 신억균, 신필균은 반대로 평균치 보다 낮다. 신억균은 전답 비율에서는 답이 우월하지만 토지등급은 낮다. 결론적으로 보면 신헌 고택에 거주하면서 진천의 토지를 대부분 거느리고 있는 신갑균은 소유면적, 토지등급, 전답 구성 등 모든 면에서 우월하다. 반면 생활권이 진천 이외 지역에 설정되어 있는 인물들은 소유, 등급, 전답 비율이 대부분 좋지 않았다.

2) 신헌가의 경작인

신갑균의 토지를 경작하는 작인은 모두 57명이다. 신갑균의 경우 6필지에 자신이 경작자로 기재되어 있다. 단 이중 하나는 자신의 집이고, 하나는 소답면의 물레방아이다. 나머지 4필지는 이곡면 장양평의 답, 월촌면 주평의 답, 그리고 소답면의 3필지이다. 특히 소답면의 토지는 자경지로 등록된 토지가 1정보나 된다. 물레방아도 그렇고 이 토지를 자신이 직접 경작했을 리는 없다고 생각된다. 양안을 보면 많은 지주들이 스스로를 작인으로 기록하고 있는 경우가 있다. 시주와 작인이 동일한 경우는 일반적으로 자작농이라고 볼 수 있겠다. 하지만, 지주의 경우 1인의 토지경작 규모를 넘어서는 경우도 많고, 동시 경작이 불가능한 여러 지역에 걸쳐 있거나, 사회적 신분이나 위치로 봐서 자신이 직접 경작을 했을 리가 없는 것 같은데도 작인으로 등록되어 있는 경우가 있다. 이런 경우는 일가가 경작하는 지역을 일가의 대표자명으로 기입했거나 경작자가 호적이나 군적에 올라있지 않은 인물일 경우, 임노동을 고용하는 농장형 경작지일 경우 등으로 추정된다. 소답면은 이곡면에서 떨어진 지역이고, 신가균의 토지 중 이곡면의 생활권 근처를 벗어난 유일한 토지이다. 앞 장에서 이런 토지가 적극적인 토지집적의 노력을 보여주는 곳이 아닐까라고 추정했었다. 도저히 자경이 불가능한 이곳이 자경지로 설정되어 있다는 사실도 이런 추정에 힘을 실어준다고 생각된다.

신갑균의 작인 57명 중 신갑균의 토지만을 경작하는 사람은 유순명, 임보여, 최년구 단 3명뿐이다. 유순명은 토지가 없고 서원동에서 신갑균 소유 초가 3칸의 거주자로만 기록되어 있다. 신갑균과 일가이거나 친밀한 관계의 인물로 추정된다. 임보여는 무전민으로 0.26정보를 차경한다. 최년구도 소유지는 0.03정보밖에 되지 않으며, 차경지는 0.5정보이다. 나머지 사람들은 보통 3~5명의 서로 다른 지주층의 땅을 경작하고 있다.

〈표 14〉 신갑균의 전속 경작인

이름	거주, 경작지	지목	면적	전품	비고
유순명	이곡면 서원동	대	0.04	3	초가 3칸
임보여	이곡면 盤池前浴谷坪	답	0.26	3	
최년구	월촌면 寺谷	답	0.47	4	경작지
	월촌면 溫水谷	답	0.03	4	소유지

이것은 이 시기의 일반적 현상이지만, 신갑균의 작인들이 여러 사람의
토지를 경작하는 비율은 진천의 일반적인 수치보다도 높다. 진천의 경우
자소작농 중 1명의 시주의 토지를 경작하는 경우가 40%, 순소작농의
경우는 68.7%였다. 전체로는 54.5% 정도이다.[28] 자작농보다 순소작농의
비율이 높은 이유는 일단 경작하는 필지가 작기 때문이기도 하지만,
한명의 지주에게 전속되면 그만큼 예속성도 높아진다. 그러나 신갑균의
경우는 전속한 작인은 겨우 5%에 불과하다. 이것은 이 시기 지주층들이
이미 중세적인 예속성보다는 생산의 안정성을 선호해서 중답주나 토지소
유 혹은 차경지가 많은 작인을 선호했기 때문이라고 생각된다. 다른
지주도 예외가 아니어서 진천 최대 지주인 이경팔은 자신의 땅만을
경작하는 작인이 28%이다. 2위 지주인 안대복과 신귀의 경우도 비슷하
다.[29] 그러나 그럼에도 불구하고 신갑균은 이 비율이 더욱 낮다. 이들의
관직과 사회적 지위, 권력, 노곡이라는 집성촌의 존재를 생각하면 이
비율이 최소한 지역의 지주들보다도 높을 것이라고 예상하기 쉬운데,
오히려 반대로 나타나고 있다. 이것은 이 당시 집성촌이나 공동체적
관계가 학계에서 일반적으로 생각해 왔던 것과는 달리 내부 분화가
상당히 진행되어 있고, 심지어 대표적인 동성촌락, 집성촌에서도 지주-전
호관계가 상당히 복잡하게 구성되어 지주-전호관계를 매개로 한 예속관
계가 생각처럼 긴밀하게 구성되어 있지 않기 때문이다. 이런 현상은
다른 지역에서도 광범위하게 관측되고 있다.[30]

---

28) 임용한, 「충북 진천의 향촌사회구조와 변동」, 『호서사학』 45, 2006.12 ; 『광무양
    안과 진천의 사회경제변동』, 323쪽.

29) 임용한, 위의 책, 324쪽.

30) 임용한, 위의 책, 328~330쪽. 충주의 촌락을 대상으로 한 연구에서도 이런
    현상을 보편적으로 발견되었다. 이것은 그간에 우리 학계에서 상정해 온 한말의

신갑균의 작인 중에는 신씨도 5명이 있다. 이들의 관계는 알 수 없다. 이들의 토지는 이곡면 녹고, 서원동, 오류평, 반지, 월촌면 泥洞에 위치하고 있는데 필지가 분포한 지역 상으로도 어떤 공통점을 찾기 어렵다. 이 신씨들은 소유지도 매우 작아 80부를 소유한 신익모 외는 모두가 20부 이하의 극빈농에 속한다. 어떻든 노곡이 신씨가의 근거지였고 집성촌을 형성하고 있었지만, 지주-작인 관계에서는 동성이 아닌 이성들의 비중이 압도적으로 높다. 더욱이 이들의 작인 가운데는 겹치는 사람이 거의 없다. 돌림자로 봐서 비슷한 인물은 몇 명이 있으나 일가의 토지를 동시에 경작하는 사람은 신갑균의 작인 57명과 신가균의 작인 13명 중 겨우 2명(박순업, 안민석)이 겹칠 뿐이다. 이것은 신헌 일가의 토지가 대개 같은 면에 있으면서도 지역적으로는 교묘하게 분산되어 있는 것과 무관하지 않다고 생각되지만, 보다 근본적인 이유는 평산신씨가의 집성촌에서도 그 내부 구조는 이미 공동체적 양상을 벗어나 있음을 말해주는 주요한 증거라고 하겠다.

전체 작인들의 소유규모를 보면 무전민이 12명(21%), 소유지가 25부 이하인 극빈농이 30명(54%), 25~50부의 빈농이 6명(11%), 50부~1결 사이의 중농이 3명(5%), 1결 이상의 농민이 5명이다(9%). 이 비율은 진천의 전체 농민의 비율보다 일반적으로 낮다. 다만 무전민의 비율만은 전체 비율보다 낮다. 이것은 위에서 말한대로 당시 작인을 선정할 때 무전민 보다는 약간이라도 토지가 있는 사람을 선호하는 경향이 있었음을 보여주는 증거이다. 그래서 궁방전이나 지역 양반가, 세력가의 경작자들 중에 무전민 비율이 낮은 경향을 보여준다.

사회상과 촌락공동체와 지주-전호관계에 대한 인식을 재고할 필요가 있음을 말해준다(신영우 편, 『광무양안과 충주의 사회경제구조』, 혜안, 2010).

특이한 사실은 진천 지주 중 62위로 5결이 넘는 땅을 소유한 이경삼이 작인으로 등록되어 있다는 것이다. 그는 상당한 지주임에도 불구하고 신갑균만이 아니라 4명의 지주의 작인으로 등록되어 있는데, 4명 중 3명은 모두 이씨이고, 한명은 항렬이 같은 이경칠이다. 그의 시주 중 유일한 타성 시주가 신갑균이다. 더욱이 이 토지는 이곡면 정문평에 있는 자기 소유 토지 근처에 있다. 따라서 이것은 실제적인 지주-선호관계라기 보다는 다른 사연이 있는 것 같은데, 현재로서는 사정을 파악하기 어렵다.

4. 맺음말

이상으로 진천군 및 충주군 양안을 토대로 신헌 일가의 토지소유관계를 진천의 다른 지주, 민씨가의 소유 형태와 비교하는 방식으로 분석해 보았다.

신헌 일가의 토지소유는 지방에 근거지를 둔 재지사족 출신으로 상경종사한 가문의 토지소유 형태를 보여준다는 점에서 흥미롭다. 이들은 상경한 후에도 진천에 다수의 토지와 저택을 유지하고 있었다. 신헌 이래로 일가의 대표적 인물이 은퇴하거나 낙향하면 진천으로 돌아와 저택에 거주했다. 따라서 저택과 일가의 토지 역시 잘 유지되었고, 진천에 상당한 토지를 소유했다. 그러나 이들이 진천에서 최대의 집성촌을 형성하고 있는 대표적인 사족가문이고, 최고위 관원으로 승진했다는 위상에도 불구하고, 그들이 진천의 최고 지주는 아니었다. 그들의 토지는 전래의 집성촌 주변에 분포하고 있으며, 그곳을 벗어난 곳은 소답면에 3정보 정도의 토지가 있을 뿐이었다. 토지의 분포지역과 작인들도 일가, 형제

간에 오히려 충돌하지 않도록 잘 배분되어 있었다. 진천의 토지도 대부분이 광무양안 작성 시에 일가의 최고 연배이던 신갑균의 토지로 기록되어 있다. 다른 일가들의 토지는 소수이며, 적극적으로 좋은 토지를 확보하거나 소유지를 확산해 나가는 흔적 역시 발견되지 않는다.

이러한 점은 같은 평산신씨지만 진천에 세거하는 일가들의 토지소유 형태와도 다르고, 당대 최고의 세도가이던 여흥민씨나 한규설과 같은 명문 대신가와도 크게 구분된다. 평산신씨가의 대표적 재지지주이던 신귀는 이곡면에는 오히려 토지가 적고 진천에서 제일 좋은 땅인 연삼평 주변에 토지를 집적하고 있었다. 그러나 신헌가는 연삼평에는 토지가 아예 없었다.

민씨가의 토지소유와는 더욱 크게 대별된다. 민씨가나 한규설 등은 자신들의 본관지와 주변지를 가리지 않고, 토지를 확대해 가고 있었다. 특히 여흥민씨가는 여주와 충주를 통털어 최고의 지주가였고, 일족들이 고르게 상위지주로 군림하고 있었다.

신헌 일가는 충주에도 약간의 토지를 지니고 있었다. 이들의 충주 토지는 부재지주의 전형적인 모습으로 거의가 한 지역에 토지를 집중시키고 있었다. 이는 충주에 토지를 소유한 진천의 다른 지주들이나 민씨가, 한씨가와도 크게 다르지 않다. 아마도 이것이 당시의 지주들이 타향에서 토지를 확보하고 경영하는 대표적인 형태였다고 보여진다. 하지만 여기서도 신헌가의 토지는 민씨가의 토지와는 분량면에서 비교도 되지 않고, 진천의 상위 지주들보다도 적다. 게다가 대부분의 부재지주들이 1, 2개 면에 토지와 가옥을 집적한 것은 같지만, 이들은 이를 기반으로 주변 지역에 소량의 토지라도 확보해 나가는 모습을 보이고 있다. 이 역시 진천의 다른 지주들이 공통적으로 보이는 모습이며, 여흥민씨가나 한규설 같은 고위 문관의 경우는 그 추세 자체가 대단했다. 이것은 단지 경제적 능력이 아니라 권력이라는 배경이 있었기에 가능했던 것으로 보인다. 그러나 신헌 일가는 한 곳에 집중된 토지 외에는 주변 지역에서 토지를 확보해 나가는 모습을 전혀 보이지 않고 있다.

신헌 일가의 재산이 적은 것은 아니지만 그들이 권력과 우월한 지위를 바탕으로 본관이나 주변 지역에서나 토지를 확대하거나 적극적으로 좋은 토지를 확보하려는 노력을 별로 보이지 않고 있다. 토지 소유량에 있어서도 지방의 세거지주나 진천의 이경팔, 안대복 같이 전통 사족이 아닌 신흥지주보다도 적다. 적어도 신헌가의 관료적 지위가 토지소유나 진천의 경제기반에 있어서는 그대로 반영되지 않고 있다. 여흥민씨와는 크게 대별되는 이러한 차이는 신헌가가 고위 관료이기는 하지만 개인의 능력과 고종의 신임을 받아 성장한 장신 가문이며, 세도가나 전통적인 대신가와는 권력기반에서 큰 차이가 있었던 사정을 반영하는 것이라고 생각된다. 물론 재물에 대한 인간의 태도는 근원적인 동시에 아주 다양해서 사회적 지위나 요건을 통해서 일반화하기란 곤란하다. 그러나 한편으로 보면 재물에 대한 인간의 욕망은 아주 보편적인 만큼 경제와 토지 문제에 대해 집단적인 공통성이 발현될 경우에는 그만한 정치, 사회적 요건이 자리 잡고 있는 경우가 일반적이다. 신헌가가 민씨가에 비해 정치적 지위와 경제기반 사이에 명확한 괴리와 차별성을 보이는 데는 이러한 사정이 있다고 보여진다. 이러한 사정도 황현이 신정희를 바람직한 관료상으로 손꼽고, 민씨가의 축재를 신랄하게 비판했던 이유 중 하나라고 생각된다.[31]

---

31) 신헌가와 민씨가의 비교만으로 이 시기 관료, 지주층의 보편적 형태를 짐작하기는 어렵다. 민씨가의 형태를 최고의 권력형 소유라고 본다면 신헌 일가는

일반 관료의 보편적 형태거나 아니면 일반 관료 중에서 아주 자제하는 수준일 것이다. 황현의 평가로 보면 후자일 가능성이 크다고 보여지지만 현재로서 단언하기는 어렵다. 앞으로 좀 더 많은 개인과 가문의 사례를 분석하면 이 시대의 권력층의 일반적 수준을 계량적으로 확보할 있을 것이라고 기대된다.

조선말기 평산신씨가의 4대 초상화

장 인 석

1. 머리말

초상화는 개인의 얼굴과 신체를 재현하여 외모를 화폭에 담아내는 기본적인 목적뿐만 아니라 후손들이 조상을 공경하고 추모하며 조상의 음덕과 보살핌을 귀히 받들어 오던 崇慕의 기능을 함께 수행한다. 특히 한 가문에서 큰 족적을 남긴 선조의 초상화는 그 자체만으로도 尊崇과 祭享의 대상이 되어 문중 후손들의 결속과 가문의식을 강화하게 하였다. 이처럼 조선시대 초상화 속에는 정치적, 사상적인 이데올로기가 화면 속에 투영되었을 뿐 아니라 미적인 부분 역시 소홀하지 않게 그려졌다.

고려대학교 박물관에는 한 가문의 사회, 경제, 정치적 지위를 모두 느낄 수 있는 4점의 초상화가 소장되어 있다.[1] 이 4점의 초상화는 조선 말기 무반 명문가인 平山申氏 申鴻周, 申義直, 申櫶, 申正熙의 초상화이다. 평산신씨 가문의 이 초상화들은 4대에 걸쳐 초상화가 제작되고 현전하는

---

1) 이 4점의 초상화는 1968년 4월 15일부터 5월 14일까지 덕수궁미술관에서 개최된 『李朝초상특별展示會』에 처음 공개되었다. 『동아일보』 1968년 4월 18일자, 5면.

첫 사례라는 점에서 주목된다.

현전하는 조선시대 초상화 중 대를 이어 초상화가 제작된 사례는
흔하지는 않지만 몇몇이 포착된다. 먼저 中宗反正에 공을 세워 靖國功臣
에 나란히 오른 柳順汀(1459~1512), 柳泓(1483~1551) 부자, 仁祖反正으
로 靖社功臣에 오른 李貴(1557~1633), 李時白(1581~1660), 李時昉
(1594~1660) 부자, 寧社功臣 黃性元(?~1667), 黃縉(생몰년 미상) 부자의
초상 등 아버지와 아들이 역모를 진압하거나 반정을 주도하는 등 나라에
위급한 일이 있을 때 함께 공을 세워 초상화를 下賜받은 사례가 있다.
그리고 權尙夏(1641~1721), 權燧(1658~1717) 부자, 金元行(1702~1772),
金履安(1722~1791) 부자, 남인의 영수 許喬(1567~1632), 許穆(1595~
1682) 부자, 許僩(1574~1642), 許積(1610~1680) 부자의 초상 등과 같이
명망있는 유학자의 초상화를 祠宇나 書院 등에서 대를 이어 제작, 봉안한
사례가 있다. 이외에 사적으로 제작된 것으로, 李益炡(1699~1782)이
아버지 李穧(1677~1746)의 초상을 모사하여 작은 첩으로 만들 때 자신과
맏아들 李聖圭(1732~1799)의 초상을 함께 그려 만든 ≪三代肖像畫帖≫
이 있다(그림 1).

〈그림 1-1〉 장경주, 〈이직 초상〉

〈그림 1-2〉 변상벽, 〈이익정 초상〉

〈그림 1-3〉 변상벽, 〈이성규 초상〉

≪三代肖像畵帖≫, 1757년,
비단에 채색, 39.4×29.6cm, 개인 소장

이처럼 현전하는 조선시대 초상화 중 대를 이어 초상화가 제작된
사례는 이직, 이익정, 이성규의 ≪삼대초상화첩≫을 제외하고는 거의
2대에 한정되어 있다. 따라서 4대의 초상이 함께 그려져 전해지는 평산신
씨 가문의 예는 희귀한 경우로서 큰 의미를 갖는다. 또한 이 초상화들은

각각의 초상 속에 다양한 이야기를 담고 있다. 그리고 처음 신홍주의 모습이 그려진 1815년경부터 마지막으로 신정희의 초상이 그려진 1895년 경까지 80여 년에 걸쳐 제작하고 있어 당시의 服制 및 초상화 제작양식의 변화를 파악할 수 있는 자료로서 큰 역할을 한다.

이 글에서는 이처럼 다양한 면에서 의미를 가지는 조선말기 평산신씨 가문의 4대 초상을 소개하고, 초상이 그려진 시기, 제작자 등을 추론하여 보고자 한다. 2장에서는 피사인물들의 생애 및 평산신씨 가문에 대하여 간략하게 살펴보고, 3장에서는 각각의 초상화를 분석해 봄으로써 이 초상들이 갖는 특색과 의의를 파악해 볼 것이다.

2. 조선말기 무벌가문 평산신씨

고려 개국공신 申崇謙(?~927)을 始祖로 하는 평산신씨는 고려, 조선시대에 많은 正卿과 將相을 배출한 명문가로, 15세에 密直公派, 文僖公派, 漢城尹公派, 齊靖公派 등으로 나뉘었다.[2]

이 글에서 살펴볼 인물들은 조선 세종대에 좌의정을 지내고, 几杖을 하사받기도 한 15세 문희공 申槩(1374~1446)의 후예들이다. 이 가운데 진천 논실신씨로 불리기도 하는 그의 후손들은 17세기 초 申礁(1541~1609)이 만년에 진천으로 移居하면서 대대로 세거한 일족이다. 신잡은 1568년(선조 1) 司馬試와 1583년(선조 16) 庭試文科에 급제하였다. 정언, 지평, 우부승지 등을 거쳐 이조참판, 형조참판 등을 역임하였고, 1604년(선조 37)에는 임진왜란 당시 宣祖를 모시고 의주까지 扈從하였던

---

2)『平山申氏大同譜』卷一, 二, 三, 平山申氏大宗中, 1976.

공을 인정받아 扈聖功臣 2등에 책록되어 平川府院君에 봉해졌다. 신잡의
사후 그를 기리는 老隱影堂이 이월면 노원리에 세워져 賜額되었다(그림
2, 3).3) 1613년(광해군 5) 영의정에 추증되었으며,4) 시호는 忠憲이 내려졌
다. 이에 논실의 평산신씨 가계는 문희공파 중에서도 특별히 충헌공파라
하여 충헌공 신잡을 係派로 한 후예들이다.

〈그림 2〉 진천 노은영당

---

3) 진천의 노은영당에는 신잡의 초상이 2점 봉안되어 있다. 1점은 호성공신에
   책봉되어 하사받은 초상이고, 다른 1점은 정조대에 새로 이모하여 모셔둔
   초상이다. 1972년 정명호 선생은 충북지방 동산문화재 조사 이후 〈신잡 초상〉
   을 학계에 소개한 바 있다. 필자는 신잡과 함께 녹훈되었던 이원익, 이공기
   등 다른 호성공신상과의 비교 고찰을 통하여 최초 그려진 공신상과 후대 새롭게
   모사하여 그린 이모본 초상화 속에 담겨진 특징 등에 대해 새롭게 재조명해
   보고자 한다. 정명호, 「호성공신 신잡의 영정에 대하여」, 『문화재』 6, 국립문화재
   연구소, 1972, 99~108쪽.
4) 『光海君日記』 73卷, 5年(1613) 12月 30日(癸丑).

〈그림 3〉 필자 미상, 〈申礏 肖像〉, 17세기, 비단에 채색, 104×65cm,
충청북도 유형문화재 45호, 진천 노은영당

신잡의 가계는 그의 아들 景禧(1561~1615)가 鄭汝立의 난을 평정한
공으로 平難功臣 1등에 녹훈되어 平陵君에 봉해졌고, 이후 4대손인 漢章
이 숙종대 정시무과에 급제하여 副摠管에 오른 것을 시작으로 대대로
무반직을 계승하였다. 暎은 슬하에 방어사 大儁, 부사 鳳周, 통제사 應周,
훈련대장 鴻周를 두어 대대로 무반 장신을 배출하였다. 특히 순조대에
등단한 홍주를 이어 그의 손자 橞과 증손 正熙도 각각 헌종과 고종대에
등단함으로써 무반가의 기풍을 크게 일으켰다.

고려대학교 박물관에 소장된 4점의 초상화 중 첫 번째 주인공인 申鴻周
는 1752년(영조 28) 防禦使를 지낸 大儁과 羽溪李氏 最耆의 딸 사이에서의
4남 3녀 중 3남으로 출생하였다.[5] 자는 儀之이고, 1777년(정조 2) 蔭職인
南行宣傳官으로 관직을 시작한 후 이듬해 武科에 급제하였다. 1808년
평안도 寧邊府使를 지냈고, 1811년(순조 11) 좌·우포도대장이 되었다.
그해 12월에 서북농민항쟁(홍경래의 난)이 일어나자, 반란군을 征討하던
중 반란군에 항복한 李近胄를 대신하여 정주목사가 되었고, 이어서 다시
영변부사로 轉任하였다. 난 진압에 공을 세워 평안도 병마절도사, 전라도
병마절도사, 함경도 병마절도사를 거쳐, 1815년 삼도통제사 등을 역임하
였고, 1823년에는 순조가 그의 생모인 綏嬪朴氏의 園所 徽慶園에 행차할
때 陪往大將을 지냈을 정도로 국왕의 신망이 두터웠다. 이어 1824년에
御營大將, 1826년 훈련대장, 1828년 병조참판 등을 역임하고, 1829년
2월 享年 78세로 사망하였다.[6] 1813년(순조 13) 이미 종2품 嘉義大夫에
올랐던 그는 사후인 1865년(고종 2) 종1품 左贊成으로 추증되었다.[7]

---

5) 신홍주의 생애에 관해서는 장필기, 「鎭川 논실의 平山申氏 將臣閥族家系와
   申鴻周」, 『역사와 담론』 제57집, 호서사학회, 2010, 3~37쪽 참조.

6) 『純祖實錄』 30卷, 29年(1829) 2月 2日(丙寅).

7) 『純祖實錄』 17卷, 13年(1813) 1月 3日(辛未) ;『高宗實錄』 2卷, 2年(1865) 1月

그는 15세 되던 1766년(영조 42) 水使 벼슬을 지낸 全義李氏 邦鵬의
딸을 아내로 맞이하여 사별한 후 1774년 郡守를 지낸 靑松沈氏 禧鎭의
딸을 두 번째 부인으로 맞았고, 이후 楊州趙氏 栢逵의 딸을 세 번째
부인으로 맞이하였다. 슬하에 義直, 義宅, 命洹 등의 세 아들과 세 딸을
두었다.[8]

신홍주의 형제들은 모두 무과에 급제하여 무관의 길을 걸었다. 맏형
申鳳周(1741~1779)는 1769년(영조 45) 정시 무과에 급제하여 府使 벼슬을
지냈고, 둘째형 申應周(1747~1804)는 1771년(영조 47) 식년 무과에 급제
하여 訓鍊院正, 경상좌도 수군절도사, 황해도 병마절도사, 삼도수군통제
사, 포도대장, 禁軍別將 등을 역임하였으며, 성균관대학교 박물관에 초상
화가 한 점 전한다.

1789년(정조 13) 신홍주는 세 번째 맞은 楊州趙氏와의 사이에서 申義直
을 얻었다. 신의직은 3남 3녀 중 장남으로 출생하였고, 자는 敬心이다.[9]
22세 되던 순조 10년(1810) 식년 무과에 급제하였다. 종9품 무관직인
훈련도감의 哨官, 1814년 공조좌랑 등을 지낸 후 1816년 종3품 벼슬인
경상도 仁同府使, 1818년 정3품 大邱營將, 1823년 황해도 平山府使 등을
역임하였다.[10] 1825년(순조 25) 37세의 젊은 나이로 사망한 후 1848년(헌
종 14) 종2품 병조참판에 追贈되었고,[11] 1865년(고종 2) 종1품 左贊成으로

20日(丙辰).

8) 앞의 족보(卷二), 252~253쪽.

9) 앞의 족보(卷二), 252~253쪽.

10) 申義澈 編, 『外案考』, 保景文化社, 2002, 193, 378쪽.

11) 『承政院日記』 憲宗 14年(1848) 3月 2日(丙子). "故 府使 申義直 贈兵參 訓都
例兼 全羅兵使 申觀浩 考".

증직되었다.[12)

그의 아들 申櫶은 1811년(순조 11) 윤3월 25일 조부 신홍주가 부사로 재직하고 있던 평안도 영변에서 海平尹氏와의 사이에서 출생하였다. 자는 國賓, 호는 威堂, 琴堂, 恩休, 于石 등이고, 시호는 壯肅이다. 초명은 觀浩이고 고종대에 申櫶으로 개명하였다.

17세 되던 1827년(순조 27)에 別軍職에 차출되어 관직에 진출하였고, 이듬해 식년 무과에 급제하였다. 1849년(헌종 15) 禁衛大將이 되어 등단함으로써,[13) "무관의 나이 40이 못되어서 登壇하는 것은 近世에 없던 일이다"라는 평가를 받았을 정도로 무관으로 명성을 널리 떨쳤다.[14) 1861년(철종 12) 삼도수군통제사에 올랐으며,[15) 좌·우포도대장, 형조·병조·공조판서, 한성부판윤, 판의금부사 등 요직을 역임하였다. 判中樞府事로 있던 1876년(고종 13)에는 조선측대표로 朝日修好條規를 체결하였고, 1882년(고종 19)에는 經理統理機務衙門事로서 朝美修好通商條約을 체결하는 등 외교관으로 활약하기도 하였다.

슬하에 4남을 두었고, 아들 모두 무과에 합격하여 무관으로 활약하였다. 장남 申正熙(1833~1895)는 1833년(순조 33) 杞溪兪氏와의 사이에서 출생하였고, 자는 元中, 호는 香農이다.[16) 1848년(헌종 14) 別薦 南行으로

---

12) 『承政院日記』高宗 2年(1865) 5月 4日(戊戌). "李義燮爲純陵參奉, 金用柱爲愍懷墓守衛官, 校書博士單韓錫奎, 贈兵參申義直, 贈左贊成例兼".

13) 『憲宗實錄』16卷, 15年(1849) 1月 17日(丙戌).

14) 申正熙, 「莊肅公櫶墓表」; 앞의 족보(卷一), 431쪽.

15) 『哲宗實錄』13卷, 12年(1861) 1月 12日(辛丑).

16) 신정희의 생애와 활동에 관해서는 임용한, 「한말 진천 平山 申氏家의 경제기반 : 신헌, 신정희 가문을 중심으로」, 『역사와 담론』 제57집, 호서사학회, 2010, 39~72쪽 ; 신영우, 「將臣 申正熙의 仕宦 이력과 활동」, 『역사와 담론』 제57집, 호서사학회, 2010, 109~151쪽 참조.

內乘이 되었다가, 이듬해 무과에 급제하였다. 1866년(고종 3) 충청도 수군절도사, 이듬해 경상좌도 병마절도사를 지냈고, 1878년(고종 15)에는 御營大將으로 인천 부평 등지에 새로운 堡를 축조하고 砲臺를 설치한 바 있다. 1881년 統理機務衙門堂上, 형조판서를 거쳐 1882년에 다시 어영대장이 되었고, 임오군란이 일어나자 이에 대한 책임을 져 荏子島에 圍籬安置되었다가 이듬해 고향으로 放逐되었다. 1884년 석방되어 親軍後營使를 역임하였다. 協辦內務府事의 扈衛副將, 판의금부사 등을 지냈으며, 1894년 統衛使에 이어 兩湖都巡撫使 등을 역임한 후 1895년 향년 63세로 사망하였다.17) 시호는 靖翼이다.18)

차남 申奭熙(1836~1907)와 樂熙(1836~1886)는 雙生이었다. 석희는 한성부판윤을 거쳐 光武 연간에 경무사, 중추원 일등의관 등을 역임하였고, 낙희는 수사를 지냈다. 4남 申贊熙(1838~1909)는 군수를 지냈다.

3. 평산신씨 4대 초상의 현황과 특징

고려대학교 박물관에 소장된 평산신씨 4점의 초상화는 훈련대장 신홍주와 그의 후손들의 초상이다. 이 4점의 초상화는 신헌의 증손자인 秋山申鉉翼(1903~1969)이 소장하던 것을 1958년 10월 고려대학교 박물관이 입수한 것이다.19) 이 4점의 초상이 지니는 의미를 살펴보기 위해 각각의

---

17) 『高宗實錄』 32卷, 31年(1894) 9月 22日(乙未).

18) 『平山申氏 文獻錄』, 平山申氏大宗中, 1978, 325~326쪽.

19) 일제시대 기록으로 보이는 국사편찬위원회 한국사데이터베이스에는 이 4점 초상화의 소장자를 경성부 사직정에 거주하는 신현익으로 기록하고 있다. 현 소장처인 고려대학교 박물관 유물카드에는 1958년 10월 구입한 것으로만 기록되어 있을 뿐, 매입금액 및 매도인에 대한 정보는 없어 명확한 입수경로가

초상들을 분석해 보겠다.

1) 신홍주 초상

현전하는 조선시대 초상화 중 신홍주의 모습으로 알려진 것은 64세 때의 전신초상과 78세 때의 반신초상이 있다.

신홍주의 64세 때 모습을 그린 이 초상은 오사모를 쓰고, 쌍호흉배를 부착한 단령포를 입은 채 호랑이 가죽이 깔린 曲交椅 위에 앉아있는 전신교의좌상이다(그림 4). 화면 우측 상단에는 "訓練大將 申公 鴻周 六十四歲眞"이라 표제를 남기고 있어 신홍주의 64세 때 모습임을 알 수 있다.

갈매색 단령포는 전체적으로 엷게 채색한 후 짙은 먹으로 단령의 윤곽선을 둘렀다. 옷주름 주변에 먹을 덧칠하여 칠해 줌으로써 접혀진 단령의 굴곡을 입체감을 살려 표현하였고, 비단에 시문된 八寶雲紋은 옷주름에 따라 변화되는 다양한 문양을 보여주고자 시도한 것으로 보이나 대체로 평면적인 느낌을 자아낸다. 무릎 위에 맞잡아 가지런히 올려놓은 양 손의 소매 끝에는 흰 汗衫이 길게 늘어뜨려져 있는데, 이는 속에 입은 포나 저고리의 소매를 표현한 것으로 보인다.

흉배는 금니로 윤곽선을 두르고 있으며, 해학적으로 표현된 두 마리의 호랑이(표범)는 바탕 채색없이 비단 위에 흰 호분으로 선묘하고, 검은 먹점을 찍어 문양을 표현하였다. 호랑이 주변에 그려 넣은 구름과 물결무늬는 마치 한뜸 한뜸 繡를 놓고 있는 것처럼 섬세하다. 허리에는 鶴頂金帶

파악되지 않는다. 소장자 京城府 社稷町 178-6 申鉉翼 : 국사편찬위원회 한국사 데이터베이스(http://db.history.go.kr) 멀티미디어자료 사진유리필름자료(사자 1579).

를 두르고 있어 초상을 그릴 당시 종2품 벼슬에 봉직하고 있었음을
확인할 수 있다.

〈그림 4〉 필자미상,〈申鴻周 64歲像〉, 1815년경, 비단에 채색, 146×83cm,
고려대학교 박물관

양발은 '八'자형으로 벌려 足座臺 위에 안정적으로 올려놓았고, 족좌대
와 바닥 위에는 파란색 띠가 둘러진 화문석이 깔려 있다. 화문석은 바탕
비단 위에 흰색의 세필로 가로결을 그려 넣은 뒤 짙은 호분과 적색,
검은색, 녹색, 노란색으로 세로결과 문양을 표현하였다. 전체 화면은
우측 상단에서 좌측 하단을 향해 비스듬히 斜線으로 배치하였는데, 피사
인물의 시선 방향에 따라 교의의 두 다리와 족좌대를 함께 평행 배치시켰
다. 좌우로 벌어진 교의의 팔걸이와 족좌대의 나뭇결을 사실적으로 표현
하였고, 교의의 다리 끝부분은 銀으로 채색하여 장식미를 살리고자 하였
으나 현재는 산화되어 회색빛으로 변색되었다.

〈그림 5〉〈申鴻周 64歲像〉 부분

　얼굴은 옅은 살색으로 맑게 채색한 후 짧고 가는 선묘를 동심원을 그리듯 무수히 반복하여 피부의 질감을 살리고자 하였다(그림 5). 안면의 윤곽선은 가급적 생략하였고, 눈두덩이와 팔자주름, 콧망울 아랫 부분 등은 짙은 고동색의 가는 붓질을 반복하여 깊이감을 살렸다. 피부톤은 깊게 파인 두 눈두덩이와 이마, 귀를 제외하고 홍화로 붉게 처리하여 전체적으로 홍조를 띠고 있다.

　이 초상은 족자의 上下繪粧에 연한 청색의 비단을 대고, 장식인 驚燕과 流蘇는 부착하지 않았다. 족자 상회장의 중앙에 큰 구멍이 있고, 곳곳에 장황을 보수한 흔적이 보이지만 조선후기 족자 장황의 원형을 그대로 유지하고 있다.

　<신홍주 64세상>은 제작과 관련한 문헌기록이 남아있지 않아 화사와 제작시기를 정확하게 규명할 수는 없다. 다만 이상에서 살펴본 바와 같이 다소 도식화된 묘사방법이나 양손의 소매 끝에 표현된 흰 한삼의 표현 등으로 미루어볼 때 19세기 전반, 즉 표제에 기록된 것처럼 신홍주가 64세 되던 1815년 무렵 도화서 화원이 제작한 것으로 보인다.

　국사편찬위원회에는 신홍주의 말년 모습을 파악할 수 있는 또 한 점의 시각자료가 전한다. 현재 소장처를 알 수 없는 흑백 유리건판 사진자료이다(그림 6).[20] 오사모에 時服을 착용한 반신 초상으로, 학정금대를 두르고 있다. 화면 우측 상단에 "訓練大將 申公 鴻周 七十八歲眞"이라 묵서하고 있어 사망하기 직전인 1829년 1월경에 그려진 것으로 추정된다. 앞서 살펴본 64세 때 초상과 비교해보면 더 야윈 모습이고, 눈두덩이와

---

20) 국사편찬위원회 한국사데이터베이스(http://db.history.go.kr) 멀티미디어자료 사진유리필름자료(사자 1577).

팔자주름, 미간 사이의 주름이 짙고 깊어졌다. 수염도 검은 수염이 거의 보이지 않을 정도로 훨씬 하얗게 그려 넣었다. 비록 흑백사진을 통해 살펴보았지만, 노년의 나이에도 불구하고 날카로운 호랑이 눈썹과 매서운 눈빛 등은 바뀌지 않는 강한 카리스마를 가진 무관 신홍주의 위용을 느끼게 한다.

〈그림 6〉 필자미상, 〈申鴻周 78歲像〉, 1829년경, 비단에 채색, 규격 및 소장처 미상

〈그림 7〉 필자미상, 〈申應周 肖像〉, 1780년대, 비단에 채색, 158×92.5cm,
성균관대학교 박물관

성균관대학교 박물관에는 신홍주의 작은형 신응주의 초상이 한 점 소장되어 있다(그림 7). 오사모를 쓰고 獬豸흉배를 부착한 단령포 차림으로, 호피가 덮인 곡교의에 앉아있다. 소매 끝에 한삼을 길게 늘어뜨리고 있는 양 손은 무릎 위에 가지런히 올려놓았다. 화려하게 운보문이 그려져 있는 짙은 녹색의 단령은 검은 먹선으로 외곽선과 주름을 설정하였고, 옷감이 겹쳐져 주름지는 곳과 冠帶 아래에는 엷은 먹으로 渲染하여 입체감을 살렸다. 양발은 '八'자형으로 벌려 족좌대 위에 안정적으로 올려 놓았고, 그 사이에는 곡교의 위에 깔아둔 호랑이 가죽의 머리 부분을 그려 넣었다. 족좌대 좌우편에는 호랑이의 두 발을, 끝 부분을 금으로 장식한 곡교의의 오른편 다리 사이에는 호랑이 꼬리를 사실적으로 표현하였다. 박쥐 문양을 양각으로 표현한 족좌대 위에는 파란색 띠가 둘러진 화문석이 깔려 있고, 바닥에는 아무 것도 깔려져 있지 않다.

〈그림 8〉〈申應周 肖像〉 부분

오랜 야외 훈련 탓인지 피부는 검게 그을려 있는데, 검은 안면은 엷게 윤곽선을 그은 뒤 비슷한 농도의 색을 중첩해 채색함으로써 마치 윤곽선을 긋지 않고 면으로만 표현한 듯 보인다(그림 8). 양 눈두덩이와 콧망울에는 담묵으로 검버섯을 그려 넣었고, 눈썹은 위로 치켜 올라가 있으며, 눈동자는 매섭게 표현하였다. 안면에 주름이 거의 표현되어 있지 않고 수염이 상당히 많고 검은 점으로 비취볼 때 30대 후반 장년의 모습으로 추정된다.

허리에는 鶴頂金帶를 두르고 있어 초상을 그릴 당시에 종2품 벼슬에 있었음을 알 수 있다. 실제 신응주는 34세 되던 1780년(정조 4) 경상우도 병마절도사에 임명된 후 함경남도 병마절도사, 삼도수군통제사, 우포도 대장 등 종2품 벼슬에 봉직하여,21) 이 초상은 그의 나이 30대 후반경인 1780년대에 그려진 것으로 추정된다.

2) 신의직 초상

호랑이 가죽을 덮은 曲交椅 위에 앉아있는 모습을 담은 전신교의좌상으로 그려진 이 초상은 신헌의 부친 신의직의 모습으로 전해지고 있다(그림 9). 오른쪽으로 얼굴을 약간 돌리고 있는 左顔八分面을 취하고 있고, 양손은 맞잡아 무릎 위에 가지런히 올려놓은 拱手姿勢를 하고 있다. 바닥에는 돗자리가 깔려있지 않고, 양발은 파란색 띠로 사방을 두른 화문석이 덮여있는 족좌대 위에 가지런히 올려져 있다. 조선시대 초상화에서 대체적으로 양발을 '八'자형으로 올려놓고 있는데 반해 이 초상에서는 몸의 방향과 곡교의의 다리, 족좌대의 방향에 따라 두 발을 斜線으로 배치하였다. 교의의 양 팔걸이 역시 통상적으로 좌우로 벌어진데 반해 모두 몸의 방향과 동일한 화면의 왼편을 향하고 있어 의도적으로 연출한 것으로 보인다.

화면 속 주인공은 가슴에 문관 당상관이 착용하는 쌍학흉배를 부착한 단령포를 입고 있다. 단령은 짙은 녹색의 겉감과 남색 안감을 소재로 한 겹옷이다. 짙은 먹으로 단령의 윤곽선을 그려 넣었고, 옷주름을 따라

---

21)『正祖實錄』9卷, 4年(1780) 1月 18日(丁酉).

〈그림 9〉 필자미상, 〈傳 申義直 肖像〉, 19세기, 비단에 채색, 138.4×81.8cm, 고려대학교 박물관

먹을 중첩시켜 옷이 접힌 듯한 느낌을 입체감 있게 묘사하였다. 단령의 문양을 살펴보면, 전체 구름의 무늬가 하나로 이어져 있고, 如意紋이 네 덩어리로 합쳐진 四合如意形 구름머리를 하고 있다. 구름의 문양은 雲頭의 크기가 작으며 굵고, 꼬리가 길게 발달하였다. 구름과 구름 사이의 간격이 좁고, 여백에는 寶文이 있어 촘촘하고 빽빽하게 보인다.

網巾 위로 보이는 사모는 冒體가 가늘어지고 冒頂이 각이 없이 둥글려진 형태이다. 얇은 직물이 겹쳐 동심원상의 물결무늬를 보이는 양쪽 뿔은 이전보다 가늘어지고, 끝이 둥근 18~19세기 전반의 복제를 잘 보여주고 있어 복식사 연구에도 도움을 준다. 신발은 黑木靴를 신고 있는데 바닥에는 흰 가죽을 덧대었고, 신발부리는 앞으로 들려 올라가게 제작하여 실용적 측면과 미적인 면을 함께 강조하였다.

안색은 전체적으로 적갈색 기운이 감도는 짙은 색조를 주조로 하였고, 피부톤 보다 짙은 갈색 선으로 이목구비와 팔자주름, 외곽선 등을 규정하였다(그림 10). 윤곽 주위에는 피부색 보다는 짙고 윤곽선 보다는 엷은 색을 바림질하여 안면의 입체감을 살리고자 노력하였고, 입술 아래에는 한톤 밝은 색조로 도드라짐을 표현하였다. 눈은 홍채 부위를 황토색과 갈색으로 여러 차례 중첩한 짙은 먹점을 찍어 동공을 표현하였고, 윗 눈꺼풀과 아랫 눈꺼풀에는 짙은 먹선으로 눈의 윤곽을 설정하였다.

이 초상은 화면에 표제를 남기고 있지 않아 피사인물이 누구인지 정확히 파악할 수 없다. 주인공은 얼굴에 주름이 적고 깊지 않으며, 흰 수염보다는 검은 수염이 월등히 많은 점 등으로 미루어 볼 때 40대 중후반으로 생각된다. 또한 문관 당상관에 해당하는 쌍학흉배를 가슴에 부착하고 있고, 일품 품직이 착용할 수 犀帶를 하고 있는 것으로 보아 일품 이상의 당상관을 지낸 고위 문관일 것이다.

〈그림 10〉〈傳 申義直 肖像〉 부분

　그런데 이 초상은 1958년 10월 고려대학교 박물관이 <신홍주 64세상>,
<신헌 61세상>, <신정희 63세상>과 함께 조선말기 무관 명문가인
평산신씨 가문의 <신의직 초상>으로 전달받고 함께 입수한 것으로
확인된다. 그러나 무반 관료를 문관으로 표현한 점, 실제 나이와 품계
등이 초상과 일치하지 않는 점 등 많은 의문을 남긴다. 하지만 다른
부분을 의심하기 앞서 신의직의 모습이었다는 점은 우선 인정하고 생각해

봐야 할 것이다. 많은 근거자료 중에서도 후손의 증언은 비중이 큰 근거 중 하나가 될 수 있기 때문이다. 그 어느 누구도 자신의 조상을 다른 사람으로 바꿔 부르거나, 다른 사람을 자신의 조상으로 바꿔 부를 후손은 없기 때문이다.

후손의 증언대로 이 초상을 신의직의 모습으로 인정한다면, 왜 함께 입수된 3점의 초상화들이 화면 우측 상단에 표제를 쓰고 있어 피사인물과 제작년대를 확인할 수 있는데 반해 이 초상은 표제가 없이 피사인물에 대한 정보만 口傳되어 전해졌을까?

각각의 초상들에 쓰여진 표제를 다시 살펴보면, <신홍주 64세상>과 <신홍주 78세상>, <신헌 61세상>, <신정희 63세상> 이 4점의 초상 우측상단에는 관직명과 몇 세때의 모습인지를 확인할 수 있는 표제가 한 치의 흐트러짐없이 정갈하게 쓰여져 있다(그림 11). 그러나 초상이 그려질 당시의 관직명과 표제에 묵서한 관직이 서로 일치하지 않고, 피사인물의 생애에서 가장 높았던 벼슬이름을 쓰고 있는 점, 표제의 필치가 유사한 점 등으로 미루어볼 때 후대에 자손이 써넣은 것으로 추정된다.

조선시대 초상에는 제첨이나 제발이 없는 경우가 일반적이었고 간혹 있더라도 작게 씌어졌다. 그 이유는 초상화 그 자체가 그림 속의 인물이 누구인지 알려주는 표지이므로 별도의 설명이 필요하지 않았기 때문이다. 현대에도 증명사진 위에 이름을 적는 경우는 없다. 누구인지 모르는 초상화를 영당에 모시는 일은 없기 때문이다.[22]

---

22) 조인수, 「초상화와 조상숭배」, 『이슈와 시각, 동아시아의 초상화와 그 인식』 국립중앙박물관 기획특별전 "초상화의 비밀" 기념 국제 학술 심포지엄 자료집, 국립중앙박물관, 2011, 51쪽.

그렇다면 왜 함께 보관되어 오던 4점
의 초상화 가운데 이 초상에만 표제를
남기지 않았을까? 이는 지금 우리가 하
고 있는 고민처럼 표제를 남기고자 하
였던 후손 조차도 확신이 서지 않았기
때문일 것이다. 본인이 알고 있고, 부모
님께 전해들은 바로는 부사공 신의직의
초상으로 믿어 의심치 않았으나, 여러
가지 정황을 놓고 봤을 때 많은 의문이
들었을 것이다.

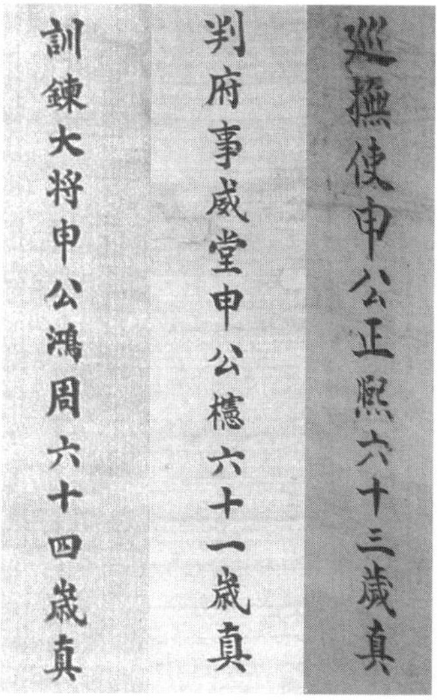

둘째, 대구영장에 부임할 때 정3품
折衝將軍을 除授받은 신의직은 37세의
젊은 나이로 요절한 인물이다. 그런데

〈그림 11〉〈신홍주, 신헌, 신정희 초상〉 표제 서체
비교

왜 자신의 품계와 맞는 素銀帶를 착용하지 않고 1품에 해당하는 서대를
착용하고 있으며 40대 중후반의 모습으로 그려졌을까?

끝으로 무과에 급제한 무관이 왜 문관의 흉배인 쌍학흉배를 착용하고
있는 모습으로 그려졌는지 등 많은 의문을 남긴다. 이는 신의직이 1865년
추증받은 종1품 좌찬성이 문관에 해당하기 때문에 문관의 흉배로 그렸을
가능성이 있다. 하지만 이를 인정한다 하더라도 화면 속 인물이 추증받을
당시의 나이인 70대 후반 노인의 모습이거나 아니면 살아 생전의 젊은
신의직의 모습이 아닌 점은 여전한 의문으로 남는다.

이처럼 <신의직 초상>은 후손의 증언이 있지만 많은 부분에서 명확하
게 풀리지 않는 의문이 남아있어 지금까지 알려진 바와 같이 신의직이
아닌 문중 내 다른 인물의 초상일 가능성 또한 염두에 두어야 할 것이다.

따라서 이 초상은 추후 더 객관적인 근거를 발굴하여 명확히 하기 전까지
는 전칭작으로 할 수밖에 없을 것이다.

3) 신헌 초상

고려대학교 박물관에 소장된 <신헌 61세상>은 오사모에 쌍호흉배를
부착한 흑단령포 차림의 좌안팔분면 전신교의좌상이다(그림 12). 이 초상
은 우측상단에 묵서되어 있는 "判府事 威堂 申公 櫶 六十一歲眞"이라는
표제를 통해 신헌의 回甲을 기념하여 1871년 제작한 것임을 알 수 있다.

화면 속 신헌은 호피 방석이 깔린 곡교의에 비스듬히 앉은 채 양발을
족좌대 위에 가지런히 올려놓고 있다. 손은 소매 속에서 마주잡은 拱手姿
勢를 취하고 있고 바닥에는 파란색 띠가 둘러진 화문석이 깔려 있다.
신헌이 입고 있는 雲寶紋 단령포는 속옷으로 입혀졌던 직령이 겉옷과
함께 바느질된 겹옷의 형태이다. 이는 흉배의 왼쪽 상단에 보이는 겉감의
짙은색 고름과 남색의 이중고름을 통해 확인된다. 단령포의 표현은 빛에
대한 반응을 인식하고 있는 듯 빛이 투영되는 부분은 밝게 처리하고,
옷주름은 먹을 중첩하여 渲染함으로써 입체감을 한껏 살렸다. 그리고
길게 늘어뜨려진 왼쪽 소매 밑에는 호패술과 고위 무관을 상징하는
병부주머니를 표현하여 장식미를 살리기도 하였다. 사모는 帽頂이 이전
시기보다 둥글고 낮아졌으며, 양각은 약간 앞으로 구부정해 있어 19세기
중반 이후 변화된 복제를 확인할 수 있다.

判府事戚堂申公櫶六十一歲眞

〈그림 12〉 이한철(추정), 〈申櫶 61歲像〉, 1871년경, 비단에 채색, 131.5×67.5cm, 고려대학교 박물관

안면은 전체적으로 황토색 안료를 채색한 후 얼굴의 외곽선을 짙은
고동색의 가는 선묘로 규정하였고, 법령 즉 팔자주름과 눈두덩이 주름,
오악부의 굴곡진 부분 역시 세필의 선묘로 표현하였다. 양볼 주변에
가는 선묘를 동심원 그리듯이 반복해 묘사한 肉理紋 표현은 피부질감을
살리고자 하였으나, 양식화되고 지나치게 안면 전체에 구사되어 사실감을
떨어뜨린다(그림 13).

〈그림 13〉〈申櫶 61歲像〉 부분   〈그림 14〉 이한철(추정), 〈申櫶 肖像〉 草本 부분,
                                  유지에 담채, 70×60cm, 서울대학교 박물관

이 초상을 제작하기 위해 그린 것으로 추정되는 草本이 서울대학교
박물관에 전한다(그림 14). 기름을 먹인 종이에 담채로 그려진 이 초상은
오사모에 時服 차림을 한 반신상이다. <신헌 초상> 초본은 육리문을
사용하여 정교하게 묘사한 안면 표현기법이 <신헌 61세상>과 동일하다.
주름의 위치나 의습선의 필선 역시 서로 일치하여 61세상을 제작하기

앞서 그린 초본임이 증명된다. 사모와 안면부는 背彩法을 사용하여 정본을 그리듯 섬세하게 표현하였다. 반면 의복은 간략한 먹선으로 외곽선만을 규정한 후 선묘 주변에 붉은빛 안료를 담채하여 옷주름의 굴곡을 표현하고자 하였다. 이 초본은 유탄으로 잡은 초의 흔적이나 필선을 수정한 모습이 보이지 않고, 초본의 필선이 정본과 일치하는 점 등을 미루어보아 정본을 그리기 직전 단계의 초본으로 짐작된다. 다만 표제를 남기고 있지 않아 정확한 제작년대를 알 수 없다. 그렇지만 정본 초상화보다 짙은 수염과 눈두덩의 주름이 옅은 점을 미루어 볼 때 정본이 그려지기 몇 해 전인 50대 후반의 모습으로 추정된다.

이 두 점의 초상은 표현기법으로 보아 19세기 초상화의 대가인 喜園 李漢喆(1812~1893 이후)이 제작한 것으로 추정된다. 이 초상이 그려진 1870년은 이한철이 도화서의 초상화 전문화원으로 왕성하게 활동하며 수많은 초상을 제작했던 시기이고, 표현기법상의 특징이 1869년 劉淑(1827~1873)과 함께 그린 <이하응 초상>(그림 15)과 1870년 제작한 <이유원 초상> 등의 안면표현기법과 유사하기 때문이다.

이한철 초상화법의 특징은 색의 중첩을 통해 굴곡진 안면의 입체감을 표현하였던 선배화원 華山館 李命基(1756~1802 이후)의 초상화법을 계승한 것이다.[23] 다만 선묘를 통해 안면의 윤곽을 설정하기 보다는 색을 중첩하여 입체감을 살리고자 하였던 이명기에 비해 선묘의 사용이 현저히 늘어났고, 안면 각 부위의 외곽선을 규정하는 등 약간 도식화된 모습을 띤다(그림 16). 또한 가는 선묘를 동심원을 그리듯이 반복해 묘사한 육리문 표현은 부자연스럽게 느껴지기도 한다. 아쉽게도 이 두 점 초상화

---

23) 화산관 이명기의 초상화에 관해서는 拙稿, 「華山館 李命基의 生涯와 繪畫世界」, 『美術史學硏究』 265, 한국미술사학회, 2010, 137~165쪽 참조.

의 제작자를 확인할 수 있는 구체적인 기록이나 언급은 남아 있지 않지만 화풍상의 특징을 비롯한 여러 정황 등을 미루어 볼 때 이한철의 작품으로 보아도 무리가 없다고 여겨진다.

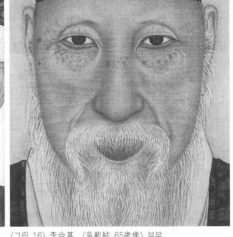

〈그림 15〉李漢喆, 劉淑, 〈李昰應 肖像〉 흑단령포본 부분, 1869년, 비단에 채색, 131.9×67.7cm, 보물 1499호, 서울역사박 물관

〈그림 16〉李命基, 〈吳載純 65歲像〉 부분, 1791년, 비단에 채색, 152×89.6cm, 보물 1493호, 삼성미술관 Leeum

경상남도 밀양의 表忠寺에 신헌의 초상이 한 점 더 봉안되어 있다(그림 17). 이 초상은 西山大師와 四溟大師, 騎虛大師 등 임진왜란 당시 僧將으로 맹활약하여 表忠書院에 헌액되어 모셔졌던 3명의 승려와 華潭堂大禪師 敬和, 鶴巖堂 圓政, 月坡堂 天有禪師 등 표충사에서 住持를 지냈거나 활동하였던 조선후기 승려 24명의 진영과 함께 모셔져 있다.[24]

24) 1990년 경남유형문화재 제268호로 지정된 이 진영들은 2004년 표충사 호국박물 관의 특별전 『깨달음의 모습 : 600년 호국의 얼 표충사 소장 진영전』에서 처음 소개되었다. 이 25점의 고승 진영은 추후 관련자료를 보완하여 재고찰하고자

〈그림 17〉 필자미상, 〈申櫶 53歲像〉, 1863년경, 비단에 채색, 98×89cm, 경상남도 유형문화
재 268호, 표충사 호국박물관

한다. 『깨달음의 모습 : 600년 호국의 얼 표충사 소장 진영전』, 표충사 호국박물
관, 2004.

238

    화면 속 신헌은 사방관에 도포를 입고 괴목으로 제작한 등받이가 있는 의자 위에 양발을 '八'자형으로 넓게 벌린 채 앉아 있는 모습으로 그려졌다. 堂上官을 상징하는 붉은색 細條帶를 바닥까지 길게 늘어뜨리고, 오른손에는 이례적으로 서책을 펴들고 있다. 의습은 먹선으로 꼭 필요한 선들만 간략하게 표현하였으며, 짙은 먹으로 칠한 사방관과 붉은 세조대를 제외하고 다른 부분은 전혀 채색을 하지 않고 선으로만 묘사하였다. 등받이가 있는 의자는 옅은 갈색으로 나무의 바탕색을 채색한 후 질감을 느낄 수 있도록 먹선으로 문양을 그려 넣어 사실적으로 구현하고자 노력한 흔적이 역력하지만 화원의 기량이 부족했던지 고졸하기만 하다. 신발은 가죽에 비단을 덧댄 太史鞋를 신고 있으며, 전체적인 윤곽과 문양을 자세하게 그려 넣었으나 역시 채색은 하지 않았다. 두툼하게 살이 오른 안면 역시 초본을 그리 듯 채색없이 먹선으로만 간략하게 표현하였다(그림 18). 안면에 주름도 거의 표현하지 않았고, 수염과 머리카락은 흰 수염이 거의 없이 검게 표현하고 있어 50대 초반의 모습으로 짐작되는데, 이는 화면 우측 하단에 묵서한 "判書 申公 觀浩 五十三歲眞"이라는 표제를 통해 재확인된다.

    이 초상은 신헌이 삼도수군통제사로 통영에 머물 때 그린 것으로 추정된다. 평소 초의선사와 가깝게 지내는 등 불교계와도 친분을 맺고 있었던 그는 종종 표충사에 머물며 西來閣, 無量壽閣 등 殿閣의 편액을 써주기도 하였다. 그러나 그가 53세 되던 1863년은 형조판서로 임명되어 한양으로 올라온 이후여서,[25] 우측 하단의 표제와 일치하지 않는다. 이는 통제사에서 물러나 한양으로 영전한 무관 신헌을 기리기 위해 사찰의 화승이 그려 임란 때 승장으로 맹활약하였던 三和尙이 모셔져

---

25)『哲宗實錄』14卷, 13年(1862) 12月 29日(丙午).

있는 표충서원에 함께 모셔둔 것이거나, 후에 표제를 남길 때 나이를 착각하였을 가능성이 있다.[26]

〈그림 18〉〈申櫶 53歲像〉 부분

　화면 우측 상단에는 "威堂居士像"이라 표제를 쓰고, 신헌의 自讚文으로 보이는 찬시를 행서체로 남겼는데, 스승 추사 김정희의 서풍을 영향받은 필세가 잘 구현되어 있다.

---

26) 표충사는 1926년 큰 화재가 발생하였을 때 應眞殿을 제외한 모든 가람이 전소되었고, 義重堂과 표충서원의 일부 역시 불에 소실되었다. 이때 표충사와 관련된 많은 사료들이 함께 전소되어 신헌과 표충사의 관계 및 초상 제작배경 등에 대해 보다 심도 깊은 논의를 하기에는 부족할 것으로 여겨진다.

不以象求	형상으로써 구하지 말고
不以形似	모습으로써 유추하지 말라.
想見氣色精光	기색과 정광을 상상해 보면,
不在乎形象	형상에 담겨 있는 것이 아니니,
其不如光光紙淨淨時乎	빛나는 종이가 깨끗할 때만 못하리라.

　신헌은 자찬문에서 자신의 참 모습은 초상 속에 담겨진 형상으로써 구할 수 있는 것이 아니라고 이야기하고 있다. 초상화에 자신의 기색과 정광이 담겨 있는 것이 아님을 생각해 보면, 차라리 다듬이질한 종이가 광택이 나고, 깨끗한 채로 아무것도 그리지 않았을 때, 자신의 참모습을 온전히 볼 수 있는 것만 못하다라고 평가하고 있다. 이는 그림을 낮게 평가하고자 하는 것이 아니라, 그림은 뛰어나지만 아무리 뛰어난 畵師일지라도 신헌 자신의 드러나지 않은 정신과 마음을 그림 속에 모두 담아낼 수 없다고 이야기함으로써 자기 자신을 높이고 있는 것으로 생각된다.

　逼眞하게 그려진 초상에도 이와 같은 혹평이 남겨진 사례가 문인들의 문집이나 초상화 속 화상찬에서 종종 발견된다.27) 정조대 최고의 어진화가였던 이명기와 檀園 金弘道(1745～1806 이후)가 공동으로 제작한 <서직수 초상>이 대표적이다.28) 당대 최고 화사들의 핍진한 사실묘사에도

---

27) 어용화사 이명기와 김홍도, 평양사람 이팔룡이 내(신위) 초상화를 그렸는데 모두 내 얼굴과 같지 않게 되어 걱정이다. 옹담계(옹방강)가 왕재청(왕여익)에게 부탁하여 행간자를 그리게 했는데, 역시 우리나라의 의관만 비슷할 뿐이었다. 그리하여 말하기를, "재청은 행간자 그리는데 붓을 잘못 휘둘렀고, 두 이씨와 단원은 그린 것이 실제와 다르네."라고 하였다.(御容畵師李命基 金弘道 浿人李八龍 寫賤照 皆患不似 翁覃溪 囑汪載靑 寫照行看子 亦略彷彿東國衣冠而己 曰 "載靑失筆行看子 二李檀園貌不同"), 申緯, 『警修堂集』; 오세창 편저, 동양고전학회 역, 『(국역)근역서화징』下, 시공사, 1998, 819～820쪽.

28) "이명기가 얼굴을 그리고 김홍도가 몸을 그렸다. 두 사람은 그림에 이름난

불구하고, 서직수는 화면 상단에 남긴 자찬문에 "두 사람은 그림에 이름난 이들이건만 한 조각 정신은 그려내지 못하였구나. 아깝다! 내 어찌 산림에 들어가 학문을 닦지 않고 명산과 잡기에 심력을 낭비하였던가?" 라고 남기고 있어 자신의 모습을 조금 더 산림에 은거하며 학문에 전념한 선비답게 묘사되길 바랐던 것으로 보인다.

이처럼 조선시대 문인들은 초상을 제작한 화원이 최고의 기량을 갖추었지만, 피사인물의 정신성을 담아내지는 못했다고 폄하함으로써 자신의 정신을 숭고히 하고자 하였던 것으로 보인다.

이상에서 살펴본 3점의 초상화에 표현된 신헌의 모습은 무관의 용맹한 기개를 보여주기 보다는 유학자, 또는 옆집 아저씨와 같은 후덕한 인상이다. 우리가 흔히 생각하는 날렵한 턱선과 부리부리한 눈매를 지닌 장수의 모습과는 거리가 있다. 부풀어 터질듯하게 살이 오른 양 볼이 그러한 느낌을 더한다. 그의 아들 신정희는 신헌의 墓碑銘에 "府君은 너그럽고, 크고, 후덕하고, 입이 무거워서 평소 경솔한 말을 하지 않고, 남의 과실은 쉽게 지적하지 아니하나 나라를 비판하는 것은 정당하게 생각한다. 일을 처리함에는 謹愼을 기하고 무릇 일이 백성과 국가에 관계된 것은 그 利害 可否를 살펴서 이치에 맞도록 斷定하였으며 구차하게 名利에 뜻을 두지 않았다."라고 남기고 있다.[29] 또한 황현은 신헌을 猛將이기 보다는

이들이건만 한 조각 정신은 그려내지 못하였구나. 아깝다! 내 어찌 山林에 들어가 학문을 닦지 않고 名山과 雜記에 心力을 낭비하였던가? 그 평생을 대강 논해 볼 때 속되지 않았음만은 귀하다고 하겠다. 병진년(1796) 여름날 십우헌 예순두 살 늙은이가 자신을 평하다.(李命基畫面 金弘道畫體. 兩人名於畫者 而不能畫一片臺靈. 惜乎! 何不修道於林下 浪費心力於名山雜記. 槩論其平生不俗也貴. 丙辰夏日 十友軒六十二歲翁自評.) ; 졸고, 「華山館 李命基의 繪畫에 대한 硏究」, 명지대학교 미술사학과 석사학위논문, 2008, 39~41쪽.

文詞에 능하고 성품이 너그러우며 모든 諸學에 밝은 儒將으로 이름을 날렸다고 평가하고 있다.[30] 신헌의 성품에 관한 이 두 글은 후덕한 인상의 초상 속 모습과 일치한다.

〈그림 19〉〈傳 申櫶 肖像寫眞〉, 유리건판, 국사편찬위원회

〈그림 20〉〈傳 申櫶 肖像寫眞〉, 유리건판, 계명대학교 동산의료원 선교박물관

이 초상들 외에 국사편찬위원회와 계명대학교 동산의료원 의료선교박

29) "府君寶弘厚重 平居未嘗言 人過失不指摘 人庇國爲明 處事謹愼 凡事關民國者 必審其利害. 可否斷理 不苟作意求名". 申正熙,「莊肅公櫶墓表」; 앞의 족보(卷一), 434~435쪽의 해석을 필자가 수정.

30) 黃鉉,『梅泉野錄』卷之一上, "申大將觀浩 今上祖改名櫶 能書工文詞 以儒將者 而性又寶厚 諸子秀才 門闌鼎貴 故又推福將 見知於雲峴 屢官大將"; 權正義, 「申櫶의 軍制改革論」, 全南大學校 史學科 碩士論文, 1987, 10쪽. 각주 12. 재인용.

물관에는 신헌의 모습으로 전해지는 전신초상 유리건판이 각각 1점씩 소장되어 있다(그림 19, 20). 이 두 점의 사진은 초상화를 제작하듯이 공수자세를 취한 채 의자 위에 반듯하게 앉아있는 정면전신좌상과 오른쪽으로 시선을 5도 가량 돌리고 '차렷' 자세로 꼿꼿이 서 있는 右顔九分面 전신입상 사진이다. 이 초상사진은 1876년(고종 13) 조일수호조규(강화도조약)를 체결한 이후 강화도 鍊武堂에서 독일인이 촬영한 신헌의 초상사진으로 전해져 오고 있다.31)

사진 속 신헌은 무슨 연유인지 쌍호흉배가 아닌 문관 당상관에 해당되는 쌍학문의 흉배가 부착된 흑단령포 차림이다. 눈은 부릅떠져 있고, 입술은 굳게 다물고 어깨 선은 경직되어 있다. 앞서 살펴본 초상들과 비교해 볼 때 사진 속 신헌은 두둑하게 살이 올랐던 턱은 날카롭게 변하고, 두 눈은 움푹 패이는 등 야윈 모습이다. 사람의 인상을 결정짓는 눈썹의 모습 역시 초상화와 사진 속의 인물은 일치하지 않는다. 초상화 속의 눈썹은 꼬리부분이 天倉에 이르면서 높이 솟구친 형태인 幹昂眉로, 일명 호랑이 눈썹이라고도 불린다. 반면 사진 속 신헌의 눈썹은 초승달처럼 둥글게 굽어 가지런한 형태이다. 이처럼 초상화와 사진 속 신헌의 모습은 큰 차이를 보인다. 노년으로 갈수록 신체는 야위어가고 안면은 늘어가는 검버섯과 주름 등으로 인상이 바뀔 수는 있으나 마치 서로 다른 사람을 대하듯 용모가 확연하게 변화하기는 힘들 것이다.

이에 필자는 같은 사람의 모습으로 전해지는 이 두 건의 시각자료가 왜 상이할까라는 의문에 주목하여 지난 2009년 학술소모임인 "문헌과

---

31) 최근 명지대학교 '근대전기(1860's-1910) 한국에 대한 서양인의 이미지 자료 연구' 연구팀은 『강화도조약사진첩』의 촬영자를 일본인 가와다 기이치(河田記一)로 확인하였다. 강명숙, 『침탈 그리고 전쟁』, 서양인이 만든 근대 전기 한국 이미지Ⅲ, 청년사, 2009, 60~63쪽.

해석"에 발표하고, 『문헌과 해석』 48호에 「위당 신헌 초상화와 초상사진 비교」라는 논문을 기고한 바 있다.32)

〈그림 21〉〈申櫶 61歲像〉부분   〈그림 22〉〈申櫶 61歲像〉   〈그림 23〉〈傳 申櫶 肖像寫眞〉
　　　　　　　　　　　　　　　　　　부분 수정　　　　　　　　　　부분 수정

이 글에서 필자는 컴퓨터 그래픽 작업을 이용해 초상화 속 신헌의 모습을 초상사진의 모습처럼 변형해 보았다(그림 21, 22, 23). 우선 두툼하게 살이 찐 신헌의 양볼과 턱살을 사진 속 모습처럼 날카롭게 빼고, 살이 빠지면서 나타나는 여러 특징들을 초상화 속 신헌의 모습에 적용해 보았다. 이와 더불어 우안구분면의 초상사진을 좌안구분면으로 변형한 후 비교해 보았다. 그 결과 컴퓨터 작업에 의해 새롭게 그려진 신헌의 모습은 사진 속 모습과 완전 일치하지는 않지만 턱살이 빠지고 두 눈이 상대적으로 커지는 등 인상이 다소 날카로워졌음을 확인할 수 있었다. 그러나 사진 속의 모습과 100% 닮았다고 확정지어 말할 수는 없었다.

---

32) 자세한 내용은 拙稿, 「위당(威堂) 신헌(申櫶)의 초상화와 사진 비교」, 『문헌과 해석』 48호, 2009.9. 187~197쪽 참조.

다만 보는 각도에 따라 인상이 변화하는 점과 실제 인물을 화면 속에
구현해 낼 때 70%만 닮아도 전신을 구현해 냈다고 인정하였던 점 등을
감안하여 동일인물로 보는 것도 무리가 따르지 않는다고 기술한 바
있다.

하지만 최근 확인한 자료를 통해 외형상의 차이점에 대한 실마리를
찾을 수 있었다. 테리 버넷이 한국 여행 중에 겪었던 일들과 수집한
자료 등을 미국으로 돌아가 정리하여 작성한 『Korea : Caught in Time』에는
그동안 신헌의 모습으로 알려져 있었던 사진이 수록되어 있다. 이 책에서
테리 버넷은 사진 속 주인공을 신헌이 아닌 이용숙이라고 주장하고
있다.[33]

그렇다면 테리 버넷의 이야기처럼 이 초상사진은 정말 신헌이 아닌
이용숙의 모습을 담은 것일까? 그럼 언제부터 이 사진이 신헌의 모습으로
바뀌어 전해진 것일까? 신헌으로 주인공이 바뀌어 불리기 시작한 것이
언제인지 정확하게 파악은 되지 않으나, 국사편찬위원회 한국사데이터베
이스를 통해 추정해 볼 때 이미 일제 강점기부터 바뀌어 불린 것으로
생각된다.[34]

그렇다면 이 사람은 테리 버넷의 주장처럼 역관 이용숙이 맞을까?
그의 주장처럼 이용숙이라 단정지을 수 없지만 1880년 제2차 수신사의
구성원 중 한 명일 것이다. 테리 버넷이 수집, 정리한 수신사 사진첩에는
이 사진과 동일한 배경에서 촬영한 것으로 여겨지는 사진들이 함께

33) 테리 버넷은 1880년 제2차수신사 김홍집의 수행원인 別遣 漢學 堂上 李容肅
    (1818~미상)의 모습으로 보았다. Terry Bennett, 『Korea : Caught in Time』, 영국,
    Garnet Publishing, 2009 ; 강명숙, 앞의 책, 64~68쪽 재인용.
34) 국사편찬위원회 한국사데이터베이스(http://db.history.go.kr), 멀티미디어자료
    사진유리필름자료(GF 3977 [29-290-16]).

246

정리되어 있다. 사진 속 인물은 당시 예조참의로 수신사의 수장을 맡은 김홍집을 비롯하여 제1서기직의 이조연, 제2서기의 강위 등의 사진이 함께 정리되어 있다. 신헌 사진으로 알려진 이 사진처럼 카페트가 깔려진 방 안에서 의자에 앉거나 가구에 기대서서, 혹은 꼿꼿하게 선 채로 사진을 촬영하였다. 이 사진들은 흑백의 사진에 채색을 가한 것으로, 185×140mm 의 크기이다(그림 24, 25).

〈그림 24〉〈傳 李祖淵 肖像寫眞〉, 1880년, 18.5×14cm, Terry Bennett Collection

〈그림 25〉〈傳 姜瑋 肖像寫眞〉, 1880년, 18.5×14cm, Terry Bennett Collection

이처럼 이 사진은 초상화 속 신헌의 모습과 상이한 점, 2차 수신사 일행의 사진들과 함께 수집, 정리되어 온 점, 카페트가 깔린 같은 방 안에서 여러 인물들이 기념사진을 찍 듯 촬영한 점 등으로 미뤄볼 때 테리 버넷의 주장처럼 제2차 수신사 일행 중 한 명의 사진으로 보는 것이 더 타당할 것이다. 그렇다고 이 사진 속 인물이 테리 버넷이 기술한 바처럼 이용숙의 모습일 것이라는 주장을 뒷받침할 만한 근거자료가 현재까지는 확인되지 않아서 섣불리 판정하기 보다는 추후 새로운 자료발굴을 통한 재논의의 가능성을 열어두어야 할 것이다.

4) 신정희 초상

오사모를 쓰고 단령포를 입고 있는 좌안칠분면 반신상이다(그림 26). 화면 우측 상단에 "巡撫使 申公 正熙 六十三歲眞"이라 표제를 남기고 있어 순무사 벼슬을 지낸 신정희의 63세 때 초상임을 확인할 수 있다.

화면 속 신정희는 두툼하고 짧은 양뿔이 앞으로 굽어있고, 帽頂이 굉장히 낮은 사모를 쓰고 있다. 사모 좌우에는 세필의 먹선을 반복해 칠함으로써 양뿔이 앞으로 굽은 모습을 입체적으로 표현하고자 하였다. 안면을 살펴보면 얼굴 전체는 뒷면에서 살색을 背彩한 뒤 화면 앞면에서는 황토색 안료를 칠한 세필을 마치 피부에 난 잔털을 묘사한 것처럼 점을 찍듯 동심원을 그리며 반복적으로 칠해 안면의 질감을 살리고자 하였고, 얼굴 외곽 및 이목구비는 살빛보다 약간 짙은 선으로 규정하였다. 양 눈두덩이와 이마, 미간에는 고동색 안료를 피부결에 따라 진하게 선묘로 표현하여 60대 노인의 깊게 패인 주름을 사실감 넘치게 묘사하였고, 눈두덩이 아래에는 고동색을 엷게 펴발라 검버섯을 표현하였다. 눈은 홍채 부위를 홍화로 엷게 채색한 다음 짙은 먹선으로 둘렀으며, 동공은 먹점을 찍어 표현하였다. 눈구석은 홍화 안료를 붉고 짙게 채색한 후 짙고 짧은 먹선으로 속눈썹을 바깥쪽으로 향하게 그려 넣었다. 길고 골이 깊은 인중은 짙은 고동색을 중첩하여 깊이감을 살렸고, 규칙적으로 뻗어있는 흰 수염 사이에 한 가닥 꼬부라진 수염을 그려 넣어 "터럭

한올이라도 다르면 다른 사람이다"라는 초상화의 원칙을 지키고자 한 작가의 노력이 돋보인다.

〈그림 26〉 李漢喆(추정), 〈申正熙 63歲像〉, 1895년경, 비단에 채색, 74.8×52cm, 고려대학교 박물관

안면부의 치밀한 표현보다는 고졸하게 묘사된 흉배에는 두 마리 호랑이
가 해학적으로 그려져 있고, 두 마리 호랑이 사이에는 태극이 시문되어
있다. 흉배 상단에는 노랗게 담채한 물쏘뿔 바닥에 물기 가득한 먹점을
찍어 문양을 표현한 犀帶를 가슴 높이까지 높게 치켜 올려 착용하였는데,
이러한 모습은 19세기말의 복제를 잘 보여준다.

이 초상은 안면의 외곽선과 이목구비를 살빛보다 약간 짙은 선으로
규정하였고, 피부의 결에 따라 무수히 많은 세필을 반복하여 표현하는
등 앞서 <신헌 초상>을 그린 화원으로 추정한 이한철의 전형적인 초상화
법으로 그려졌다. 다만 이러한 표현 기법은 1860년 이전에 이한철이
구사했던 화풍이어서 1895년에 그려진 <신정희 63세상>에 이 같은
화풍이 적용된 것은 의문이다.[35]

신정희의 말년 모습을 파악할 수 있는 또 한 점의 시각자료가 후손에게
전한다(그림 27).[36] 이는 신정희가 한성판윤을 지낸 동생 申奭熙
(1836~1907)와 함께 진천의 집 사랑채에서 촬영한 사진자료이다.[37]

---

35) 이한철의 화풍에 대해서는 조선미, 『한국의 초상화, 形과 影의 예술』, 돌베개,
    2009, 390~391쪽 참조.
36) 사진자료를 제공해 주신 평산신씨 문희공파 35세 申東錫 선생과 소장자 申凡虎
    선생께 감사의 말씀을 전한다.
37) 사진을 촬영한 진천 신헌고택은 1985년 12월 28일 충청북도 문화재자료 1호로
    지정되었다. 이 집은 1850년(철종 원년) 'ㄱ'자형으로 사랑채, 행랑채, 안채,
    광채, 중문 등을 건립하였으나 지금은 안채와 광채 2동만 남아 있다. 소유자
    또한 1910년 申八均(1882~1924)이 만주로 망명하면서 재산을 모두 처분할
    때 진천에 거주하는 다른 평산신씨가의 일족인 申章熙에게 매각하였고, 1914년
    무렵 경성에서 진천으로 이주해 온 방선용에게 매각하여 현재는 방씨가에서
    거주 관리하고 있다. 임용한, 앞의 논문, 48~49쪽.

〈그림 27〉〈申正熙, 申奭熙 肖像寫眞〉, 진천 후손 소장

　화면 속 신정희는 오사모에 쌍호흉배를 부착한 단령포를 입고 서
있다. 공수자세를 취하고 있고, 양 소매 사이로 맞잡은 양손의 모습이
확인된다. 초상화에서와 마찬가지로 1품에 해당하는 서대를 착용하고
있으며, 흉배 좌측에 보이는 고름은 초상 속에 표현된 고름보다 커 실제
관복 고름의 크기는 초상 속에 표현된 작은 고름보다 훨씬 컸음을 확인할

수 있다.

화면 좌측에는 아버지 신헌을 꼭 빼닮은 차남 석희가 카메라를 향해 포즈를 취하고 있다. 정자관을 쓰고 도포를 입은 평상복 차림이다. 정면을 향해 배를 한껏 내밀고 양발은 '八'자형으로 안정감있게 벌리고 서있다. 양 손은 형 정희가 공손하게 맞잡은 공수자세를 취하고 있는데 반해 허리 좌우에 자유롭게 내려놓고 있어 대조적이다.

두 주인공 뒤편에는 마당에서 사랑채로 오르는 장대석 계단이 높게 조성되어 있다. 일정한 길이로 잘 다듬어진 화강암을 층층이 쌓아 만든 높은 장대석 기단을 통해 평산신씨 가문의 권세를 확인할 수 있다. 계단의 좌우편에는 대나무로 만든 의자가 배치되어 있어 집안의 행사를 위해 배치해 두었거나 사진촬영을 위해 준비해 두었던 것으로 보인다. 화면 상단에는 하얀 버선발로 대청마루 위에 서있는 남성의 발이 포착되었는데, 옷차림새로 보아 시중을 드는 시종이기 보다는 후손 중 한 명으로 보인다. 아마도 사진을 찍는 광경이 신기했던지 기둥 뒤에 숨어서 사진촬영하는 모습을 바라보다 사진 속에 포착된 것이 아닐까 생각된다. 이 사진은 언제 촬영되었는지 정확한 기록이 남겨져 있지 않다. 비록 흑백의 작은 사진이지만 화면 속 신정희의 모습을 초상화에 표현된 모습과 비교해보면 흰 수염이 초상화 속의 모습과 비슷하고, 초상이 그려진 그 해에 신정희가 사망하였던 것을 미뤄볼 때 초상이 그려진 1895년경에 촬영한 것이 아닐까 추측해 볼 수 있다.

이상에서 살펴본 초상 속 생김새를 각각 비교해보면, 6명 모두 쌍꺼풀진 눈이며 눈썹은 꼬리부분이 천창에 이르면서 높이 솟구친 호랑이 눈썹이다. 코끝과 콧망울은 신홍주와 신응주, 증손 신정희가 곧게 뻗어있지만 살이

252

많지 않은 형태인 伏犀鼻에 가깝고, 신의직과 신헌, 신석희의 코는 둥글고 살이 풍성하게 솟아 올라 豊隆하며 콧구멍이 보이지 않는다. 蘭臺와 廷尉는 없는 것 같은 모양의 虎鼻로 장부의 기상을 띠고 있다.[38]

이상의 유사점 등을 놓고 봤을 때 전체적으로 풍겨오는 이미지는 신홍주와 신응주, 증손 신정희가 마른 체형으로 강인하고 날카로운 용장의 인상을 하고 있고, 신의직과 신헌, 신석희는 살집이 있고 풍만한 체형으로 勇將 보다는 德將의 이미지에 가깝다.

4. 맺음말

이상으로 여러 시각자료의 검토를 통해 조선말기 무반명문가문 평산신씨 4명의 모습을 살펴보았다. 현전하는 조선시대 초상화 중 이처럼 4대에 걸쳐서 연이어 초상이 제작된 사례는 없었다. 밀창군 이직의 ≪三代肖像畵帖≫의 경우와 같이 3대에 걸쳐 초상이 제작된 사례는 간혹 있었으나 대개가 2대에 한정되어 있었다. 이는 문관의 경우 노론, 소론, 남인, 북인 등 자신과 학문적으로 뜻을 함께 한 당파에 기반하여 정치적으로 견해를 달리하는 정적을 제거하는 등 치열하게 政爭을 벌였고, 이 과정에서 정치적으로 성장하기도 하고 또 죽거나 유배되는 등 부침을 겪는 일이 다반사가 되었다. 이에 한 당파의 세는 오랫동안 지속될 수 없었으며, 특히 정치적, 학문적으로 비중 있는 위치에 있던 유학자들은 당쟁의 중심에 있어 자신의 당파뿐만 아니라 가문까지 오랫동안 영향력을 행사할 수 없었다. 하지만 무관의 경우에는 상대적으로 黨色에 자유로웠고,

---

38) 曹誠佑 譯, 『完譯 麻衣相法(全)』, 明文堂, 1989, 99쪽.

영·정조대 이후에는 국왕의 주도에 의한 蕩平策에 따라 비교적 자유롭게 가문의 세를 이어갈 수 있었다. 또한 4대에 걸쳐 초상화가 제작되는 데에는 이 같은 정치적인 성격뿐만 아니라 경제력이 함께 동반되어야 했다.[39] 이처럼 평산신씨 가문의 이 초상화들은 4대에 걸쳐 초상화가 제작되어 한 가문의 사회, 경제적 지위를 추존할 수 있는 자료로서 큰 역할을 하고 있다.

다만 이 4명의 모습을 담고 있는 시각자료 가운데 고려대학교 박물관 소장 <신의직 초상>과 국사편찬위원회, 계명대학교 동산의료원 의료선교박물관에 각각 소장되어 있는 <신헌 초상사진>은 여러 의문을 남긴다. 이 중 <신의직 초상>은 여러 정황상 근거가 완벽히 일치하지 않지만 후손의 증언에 따라 일단 신의직의 모습으로 보는 것이 적절할 것으로 보인다. 하지만 추후 보다 객관적인 자료를 바탕으로 합리적으로 규명해야만 앞서 제기한 모든 추정들이 확실하게 성립될 수 있을 것이고, 이 모든 의문들을 해결할 수 있는 문헌자료가 발굴이 되어 보다 명확하게 정리가 되었으면 한다.

또한 <신헌 초상사진>은 기존까지 알려진 바와 같이 신헌의 모습으로 보기 보다는 제3자의 인물로 보는 것이 더 타당할 것이다. 다만 언제부터 이 사진이 신헌의 모습으로 불리게 되었는지는 추후의 연구과제로 남긴다.

이 글은 관련 문헌자료 없이 단지 시각자료에 대한 해석으로만 풀어야 했던 한계가 있었다. 관련 자료의 부족으로 많은 부분을 추정으로 끝낼 수밖에 없는 미완의 글로, 추후 더 객관적인 자료를 발굴, 보강하여 재고찰하고자 한다.

---

39) 평산신씨 가문의 경제력은 임용한, 앞의 논문 참조.

|부록|

평산신씨가의 토지소유와 주거 현황

임 용 한

〈표 1〉 진천 성씨별 토지소유(단위 : 정보)

	성	소유지	비율	소유자수	비율
1	李	1641.942	22.5%	1718	18.4%
2	金	994.5107	13.6%	1421	15.2%
3	申	627.4716	8.6%	404	4.3%
4	鄭	534.7125	7.3%	641	6.9%
5	朴	438.4172	6.0%	645	6.9%
6	林	364.2	5.0%	434	4.7%
7	蔡	241.5475	3.3%	144	1.5%
8	崔	233.1044	3.2%	385	4.1%
9	趙	230.8768	3.2%	263	2.8%
10	閔	168.7425	2.3%	95	1.0%
11	尹	154.5821	2.1%	215	2.3%
12	柳	145.2418	2.0%	240	2.6%
13	吳	141.3171	1.9%	210	2.3%
14	韓	136.7932	1.9%	151	1.6%
15	洪	82.7322	1.1%	120	1.3%
16	安	73.6706	1.0%	74	0.8%
17	沈	71.0257	1.0%	72	0.8%
18	權	67.9779	0.9%	126	1.4%
19	徐	67.2314	0.9%	134	1.4%
20	劉	56.9618	0.8%	107	1.1%
21	姜	55.9765	0.8%	122	1.3%

22	任	48.4068	0.7%	43	0.5%
23	南	47.2318	0.6%	76	0.8%
24	孫	44.8363	0.6%	92	1.0%
25	宋	42.7631	0.6%	114	1.2%
26	車	37.7448	0.5%	37	0.4%
27	許	35.1921	0.5%	72	0.8%
28	梁	33.2996	0.5%	73	0.8%
29	曺	31.9484	0.4%	77	0.8%
30	兪	27.9648	0.4%	51	0.5%
31	張	25.8073	0.4%	85	0.9%
32	朱	25.5195	0.3%	35	0.4%
33	卜	25.1939	0.3%	51	0.5%
34	愼	24.8103	0.3%	20	0.2%
35	邊	23.724	0.3%	44	0.5%
36	高	21.7974	0.3%	50	0.5%
37	盧	17.4921	0.2%	47	0.5%
38	郭	17.3223	0.2%	30	0.3%
39	黃	17.0937	0.2%	39	0.4%
40	池	16.8591	0.2%	44	0.5%
41	文	15.1706	0.2%	34	0.4%
42	楊	14.2857	0.2%	31	0.3%
43	全	13.1876	0.2%	35	0.4%
44	馬	12.4883	0.2%	29	0.3%
45	奉	9.1794	0.1%	20	0.2%
46	孔	8.7266	0.1%	24	0.3%
47	裵	8.6583	0.1%	21	0.2%
48	辛	8.1734	0.1%	16	0.2%

진천군 전체의 토지는 7,611정보이다. 이 면적 중 관아, 사찰, 향교와 같은 관이나 지역소유가 아닌 순수한 개인 소유지는 7,302정보이다. 진천에 토지를 소유하고 있는 사람은, 부재지주를 포함해서 총 9,332명이다. 성씨별로 보면 토지를 소유한 성씨는 약 100성 정도이다.[1] 이중

---

1) 성씨 중에는 기록상의 오기로 보이는 성과 노(奴), 승(僧)과 같이 직종을 표기한 인명이 최대 10여 개 성 정도 오차가 있다.

소유지가 제일 많은 성씨는 李씨로서 1,718명(18.4%)이 1,641정보(22.5%)를 소유하고 있다.2) 그 다음으로 김씨가 1,421명(15.2%)이 994정보(13.6%)를 소유하고 있다. 3위가 申씨로서 404명(4.3%)이 627정보(8.6%)~618정보를 소유하고 있다.3) 이외 소유지가 없고 차경지만 있는 인물이 157명이 있다(<표 7> 참조).

현재 전국의 성씨별 인구비율을 보면 金(18.6%)−李(12.7%)−朴(7.3%)−鄭(4.0%)−崔씨(3.8%)의 순이다. 신씨는 1.3%로 11위이다.4) 이 비율과 비교하면 진천의 신씨 비율은 상당히 높은 것임을 알 수 있다.

〈표 2〉 진천군 성씨별 개인 소유지(90인 이상 기준)

이름	소유지	소유자수	개인별소유
閔	168.7425	95	1.776237
蔡	241.5475	144	1.677413
申	627.4716	404	1.553148
李	1641.942	1718	0.955729
韓	136.7932	151	0.905915
趙	230.8768	263	0.877859
林	364.2	434	0.839171
鄭	534.7125	641	0.834185
尹	154.5821	215	0.718987
金	994.5107	1421	0.699867
洪	82.7322	120	0.689435

2) 성씨별 통계는 양안에 기재된 인명의 성씨만을 기준으로 한 것이다. 양안으로는 본관까지는 알 수 없다.

3) 정보수에 오차가 있는 것은 이름은 같은데, 성이 '辛'씨로 다르게 표시된 인물이 있기 때문이다. 동명이인일 수도 있으나 이들의 필지가 인접해 있는 것을 보면 동명이인이 아니라 양안을 기록할 때 오기한 것 같다. 현재로서는 이들 인명이 어느 쪽이 정확한지 파악하기 어렵다. 신씨가의 토지소유에서 개인별 소유와 면별 소유의 총합이 달라진 것은 이런 사정 때문이다.

4) 2005년 인구통계.

朴	438.4172	645	0.679717
吳	141.3171	210	0.672939
崔	233.1044	385	0.605466
柳	145.2418	240	0.605174
權	67.9779	126	0.539507
劉	56.9618	107	0.532353
徐	67.2314	134	0.501727
孫	44.8363	92	0.487351
姜	55.9765	122	0.458824
宋	42.7631	114	0.375115

　개인별 소유규모를 보면 이씨와 김씨는 각각 0.96정보와 0.7정보이다.[5) 반면 신씨가는 1.56정보로 대단히 높다. 개인별 토지소유가 높다는 것은 성씨가 상대적으로 부유하고 경제적으로 안정적이라는 의미가 되겠다.

　그런데 진천군 전체에서 90명 이상의 소유주가 있는 성씨를 기준으로 할 때, 개인별 토지소유 면적이 가장 많은 성씨는 민씨가이다. 그 다음이 채씨이며, 신씨는 이번에도 3위이다. 그런데 민씨와 채씨는 소유자는 많지만 진천에 소재한 가옥에 거주하는 비율로 보면 각각 49세대와 79세대 밖에 되지 않는다. 신씨가도 거주세대는 247세대로 6위에 해당하지만, 민씨가나 채씨가에 비해서는 거주세대 비율이 높다. 따라서 진천에 실제 거주하는 성씨로서는 신씨가의 토지소유와 경제력이 제일 높다고 할 수 있겠다.

---

5) 일반적으로 한국의 성씨는 김씨-이씨-박씨 순이다. 그러나 진천은 특이하게 이씨가 김씨보다 토지소유자 수가 많을 뿐 아니라 거주자에서도 이씨가 김씨보다 많다. 이 점이 진천의 독특한 특징이라고 하겠다.

〈표 3〉진천군 성씨별 거주세대

성	거주가구	비율	성	거주가구	비율
李	1406	21.69%	禹	16	0.25%
金	1240	19.13%	方	15	0.23%
朴	443	6.83%	車	15	0.23%
鄭	419	6.46%	馬	14	0.22%
申	247	3.81%	元	14	0.22%
崔	241	3.72%	具	13	0.20%
林	237	3.66%	咸	13	0.20%
趙	175	2.70%	陳	12	0.19%
尹	144	2.22%	白	11	0.17%
吳	136	2.10%	辛	10	0.15%
柳	118	1.82%	丁	10	0.15%
韓	101	1.56%	皮	9	0.14%
姜	98	1.51%	羅	7	0.11%
徐	91	1.40%	奉	7	0.11%
洪	91	1.40%	孟	6	0.09%
劉	89	1.37%	潘	5	0.08%
蔡	79	1.22%	廉	5	0.08%
張	77	1.19%	千	5	0.08%
權	76	1.17%	秋	5	0.08%
宋	76	1.17%	玄	5	0.08%
安	62	0.96%	延	4	0.06%
孫	59	0.91%	陰	4	0.06%
梁	57	0.88%	田	4	0.06%
南	50	0.77%	曹	4	0.06%
沈	50	0.77%	吉	3	0.05%
閔	49	0.76%	昔	3	0.05%
曺	44	0.68%	石	3	0.05%
柳	40	0.62%	成	3	0.05%
許	39	0.60%	陸	3	0.05%
任	34	0.52%	廉	2	0.03%
卞	33	0.51%	牟	2	0.03%
高	31	0.48%	呂	2	0.03%
黃	31	0.48%	魯	1	0.02%
孔	29	0.45%	都	1	0.02%
盧	29	0.45%	梁	1	0.02%
朱	29	0.45%	睦	1	0.02%

池	29	0.45%	民	1	0.02%
楊	27	0.42%	薛	1	0.02%
文	25	0.39%	蘇	1	0.02%
裵	22	0.34%	玉	1	0.02%
兪	21	0.32%	龍	1	0.02%
愼	20	0.31%	魏	1	0.02%
全	20	0.31%	印	1	0.02%
河	19	0.29%	賃	1	0.02%
郭	18	0.28%	周	1	0.02%
邊	16	0.25%	彭	1	0.02%
嚴	16	0.25%	계	6483	100.00%

진천군에 소재한 가옥에 거주하는 세대의 성씨별 현황이다. 李－金－朴
－鄭－申－崔씨 순이다. 현재의 인구현황과 비교하면 역시 소유주의
경우와 마찬가지로 이씨가 김씨보다 많고, 신싸가 6위를 차지하고 있는
점이 특징이라고 하겠다.

〈표 4〉 신씨가의 면별 토지소유(단위 : 정보)

면	신씨가	전체	비율
남변면	6	241	2.3%
북변면	13	334	3.9%
덕문면	26	450	5.7%
방동면	29	403	7.3%
산정면	14	501	2.8%
초평면	16	504	3.1%
문방면	8	598	1.3%
백락면	4	393	1.1%
성암면	5	401	1.1%
행정면	6	324	1.8%
백곡면	32	693	4.6%
이곡면	231	641	36.0%
만승면	93	646	14.6%
월촌면	103	744	13.9%
소답면	34	436	7.7%
계	618	7,309	8.5%

진천에는 대한제국기에 모두 15개 면이 있었다. 이중 월촌면과 이곡면의 농지가 제일 넓다. 신씨가의 토지는 이 이곡면과 월촌면, 그리고 바로 위의 만승면에 집중되어 있다. 토지가 제일 많은 곳은 역시 논실이 위치하는 이곡면으로 전체 641정보의 36%인 231정보를 소유하고 있다. 월촌면에는 103정보로 전체 면적의 13.9%, 만승면에는 93정보이지만 만승면의 전체 농지가 적어 14.6%에 해당한다. 이 3개 면에 소재한 농지만 427정보로 전체 618정보의 69%에 해당한다.

〈표 5〉 신씨가의 소유 가옥분포

지역	가옥수		비율
	신씨가	전체	
남변면	4	385	1.0%
북변면	6	172	3.5%
덕문면	8	160	5.0%
방동면	25	256	9.8%
산정면	3	374	0.8%
초평면	15	499	3.0%
문방면	0	488	0.0%
백락면	13	411	3.2%
성암면	5	616	0.8%
행정면	4	455	0.9%
백곡면	53	926	5.7%
이곡면	131	514	25.5%
만승면	83	813	10.2%
월촌면	40	478	8.4%
소답면	29	222	13.1%
계	419	6,769	6.2%

<표 5>는 신씨가의 소유가옥의 분포이다. 대체로 토지소유와 비슷한 분포를 보이지만 약간의 차이가 있다. 예를 들어 이곡면과 만승, 월촌면은 토지소유비율보다 가옥비율이 낮다. 반면 소답면, 방동면 등은 소유가옥

비율이 오히려 높다. 그 이유는 명확히 알 수 없다.

<표 6> 신씨의 면별 거주세대

지역	거주세대	비율
남변면	3	1.2%
북변면	0	0.0%
덕문면	6	2.4%
방동면	3	1.2%
산정면	3	1.2%
초평면	24	9.7%
문방면	4	1.6%
백락면	3	1.2%
성암면	17	6.9%
행정면	6	2.4%
백곡면	25	10.1%
이곡면	91	36.8%
만승면	33	13.4%
월촌면	26	10.5%
소답면	3	1.2%
계	247	100.0%

<표 6>은 면별 거주세대 수이다. 역시 이곡, 만승, 월촌면에 집중되어 있고, 토지소유 비율과 비슷하다. 그러나 북변면, 소답면, 방동면 등은 상당한 차이가 난다. 이것은 이 지역에는 자가경영이 아닌 소작지가 많다는 의미가 되겠다. 소답면과 방동면에 거주세대가 적으면서 소유가옥이 많은 것도 이와 관련이 있다. 토지소유에 비해 소유가옥이 많다는 것은 세대별 소유지나 경작지가 영세하다는 의미가 되는데, 이 지역에는 직접 거주하는 세대보다 소작인이 많아 거주하기 때문에 이런 현상이 벌어졌다고 판단된다.

부록 : 평산신씨가의 토지소유와 주거 현황 263

〈표 7〉 이곡면 토지소유 성씨별 현황(단위 : 정보)

성	소유지	소유가옥	칸수
姜	1.17	1	3
强	0.24	0	0
高	0.31	0	0
郭	2.05	0	0
具	0.59	0	0
權	2.23	0	0
金	60.70	32	102
南	0.22	0	0
盧	10.15	9	29
劉	5.03	2	7
柳	8.13	4	15
林	2.45	0	0
孟	0.64	0	0
閔	4.66	0	0
朴	10.39	8	26
潘	0.36	0	0
方	0.40	0	0
徐	0.50	1	11
成	0.35	0	0
孫	0.97	0	0
宋	0.71	1	4
愼	0.51	0	0
新	0.21	0	0
申	230.63	131	577
沈	9.45	8	36
安	3.91	0	0
梁	1.00	0	0
吳	8.89	1	8
禹	0.07	0	0
元	1.38	0	0
兪	5.13	7	27
尹	8.38	15	64
李	197.65	168	669
任	0.30	0	0
張	1.39	0	0

鄭	32.73	15	71
趙	4.80	2	11
池	0.19	0	0
陳	2.33	0	0
蔡	0.86	3	9
千	0.27	1	8
崔	9.25	12	54
河	0.55	0	0
韓	4.95	1	5
許	0.03	1	3
洪	2.27	1	7
黃	1.18	0	0
계	640.55	424	1746

이곡면에는 총 47성씨가 토지를 소유하고 있다. 이중 토지를 제일 많이 소유한 성은 역시 신씨가로 전체의 약 36%를 소유하고 있다. 그 다음은 이씨가로서 197.65정보로 약 30%를 소유하고 있다. 특이한 것은 소유 가옥 수는 오히려 이씨가가 168가구로 131채를 소유한 신씨가보다 훨씬 많다. 이것은 이곡이 신씨가의 세거지로 거주세대와 자가경영의 비율이 높은 탓이라고 생각된다. 다음으로 김씨가가 60정보를 소유하고 있으며, 이 두 성씨를 제외하고는 50정보 이상을 소유한 성씨가 없다.

아래 <표 8>은 이곡면에 소재한 가옥에 거주하는 성씨를 나타낸 것이다. 이씨가 123가구(24%)로 가장 많고, 그 다음이 신씨가 91세대(17.7%), 그 다음이 김씨가로 85세대(16.6%)이다. 윤씨가 15가구, 최씨가와 박씨가가 14가구, 趙씨가가 11가구, 盧씨가와 鄭씨가가 10가구가 있다. 있다. 그 외는 모두가 10가구 이하이다.

이곡면의 거주 가구에서 신씨가가 3위이다. 그러나 토지소유량은 가장 많다. 반면 이씨와 김씨가구는 영세한 가구가 많다.

〈표 8〉 이곡면 성씨별 거주세대

성	거주세대	비율	성	거주세대	비율
姜	4	0.8%	呂	1	0.2%
高	2	0.4%	吳	7	1.4%
郭	4	0.8%	禹	1	0.2%
具	2	0.4%	元	2	0.4%
權	2	0.4%	兪	8	1.6%
金	85	16.6%	柳	5	1.0%
南	4	0.8%	陸	1	0.2%
盧	10	1.9%	尹	15	2.9%
羅	1	0.2%	李	123	24.0%
劉	5	1.0%	張	10	1.9%
林	7	1.4%	丁	1	0.2%
孟	4	0.8%	鄭	10	1.9%
閔	3	0.6%	趙	11	2.1%
朴	14	2.7%	池	1	0.2%
潘	4	0.8%	陳	5	1.0%
方	2	0.4%	千	1	0.2%
白	1	0.2%	崔	14	2.7%
徐	7	1.4%	河	1	0.2%
孫	1	0.2%	韓	8	1.6%
宋	5	1.0%	咸	1	0.2%
申	91	17.7%	許	2	0.4%
沈	2	0.4%	玄	1	0.2%
安	8	1.6%	洪	9	1.8%
梁	3	0.6%	黃	2	0.4%
楊	1	0.2%	계	513	100.0%
嚴	1	0.2%			

또한 진천에는 모두 70개의 물레방아가 있었다. 이중 12.9%인 9개가 신씨가의 소유였다. 그런데 정작 토지소유 밀도가 높은 이곡면에는 4개 중 1개만을 소유하고 있을 뿐이고 만승면에서는 10개 중 4개(40%)를 소유하고 있었다.

〈표 9〉 물레방아 소유현황

면	신씨가	전체	비율
남변면	0	2	0.0%
북변면	0	5	0.0%
덕문면	0	0	없음
방동면	0	2	0.0%
산정면	0	3	0.0%
초평면	0	7	0.0%
문방면	1	6	16.7%
백락면	0	0	없음
성암면	0	7	0.0%
행정면	0	7	0.0%
백곡면	1	9	11.1%
이곡면	1	4	25.0%
만승면	4	10	40.0%
월촌면	1	4	25.0%
소답면	1	4	25.0%
계	9	70	12.9%

그런데 물레방아 소유주를 보면 가장 많은 토지를 소유한 민씨와 채씨는 물레방아를 전혀 소유하고 있지 않다. 제일 많이 소유한 성씨는 김씨로 21개(30%)를 소유하고 있다. 이씨는 11개를 소유하고 있는데, 신씨가 보다는 많지만 인구와 토지소유 면적이 제일 많은 것에 비하면 적다. 다음은 정씨로 7개를 소유하고 있다. 물레방아 소유는 아무래도 부재지주보다는 현지 거주자가 소유하는 경향이 높았고, 물레방아 운영에는 지리적 요건이 필요하기 때문에 토착민 중에서도 물레방아 설치가 유리한 지역에 사는 성씨가 집중적으로 물레방아를 소유해서 이런 차이가 발생한 것이 아닌가 한다.

⟨표 10⟩ 진천군 양안에 기재된 신씨 명단(가나다 순)

순위	이름	소유지	차경지	자경지	소유가옥	칸수
1	申(미상)	0	0.0305	0	0	0
2	申可均	4.0839	0	0.3935	4	15
3	申可卜	0	0.3279	0	0	0
4	申角均	1.8021	0	0	0	0
5	申珏熙	7.8523	0.1833	1.4314	2	7
6	申甲均	20.779	0	1.8233	16	48
7	申甲乭	0	0.3436	0	0	0
8	申甲得	0.7239	0	0	0	0
9	申甲福	0.2291	0	0.2291	0	0
10	申甲成	0	0	0	0	0
11	申甲出	0.2871	0.525	0.2871	0	0
12	申甲熙	0.058	0	0.058	0	0
13	申槪	0.2534	0	0	0	0
14	申建汝	0	0.0223	0	0	0
15	申橄	17.4041	0	4.9821	10	46
16	申謙熙	6.0223	0.0132	2.1434	2	12
17	申瓊均	4.726	0	1.5993	2	18
18	申京文	0	1.8287	0	0	0
19	申敬西	0	0.1702	0	0	0
20	申敬石	0.2182	0	0	0	0
21	申慶誠	0.1848	0	0	0	0
22	申敬叔	0	0.5406	0	0	0
23	申敬順	0.0195	0	0.0195	0	0
24	申敬植	0.0132	0.9426	0.0132	1	3
25	申敬五	0.1947	0.487	0.1947	0	0
26	申京玉	0.2496	0	0	0	0
27	申京用	1.8124	0	0	0	0
28	申京雨	0	0.1964	0	0	0
29	申景雲	0.2017	0	0	0	0
30	申敬中	0.4451	0	0	0	0
31	申敬春	0.9155	0	0	0	0
32	申京和	0	0.0128	0	0	0
33	申桂得	1.0428	0.3665	1.0428	0	0

34	申縠鉉	0.3371	0	0	0	0
35	申公善	0	0.1536	0	0	0
36	申公新	1.3849	0	0.7048	0	0
37	申公益	0.6785	0	0.6785	0	0
38	申公眞	0	2.8809	0	0	0
39	申寡	0.1502	0	0.1502	0	0
40	申寬均	1.942	0	1.4253	2	13
41	申官金	0.2552	0	0	0	0
42	申官乭	0.096	0	0	0	0
43	申寬輔	0.1234	0	0	0	0
44	申寬成	0	0.0833	0	0	0
45	申觀釗	4.3605	0	0	0	0
46	申觀植	0	0.0468	0	0	0
47	申光卜	0	0	0	0	0
48	申光順	0.1662	0	0.1662	0	0
49	申光元	0	0	0	0	0
50	申光日	0.9137	0	0.2476	6	24
51	申光眞	0	0.2578	0	0	0
52	申光凞	0	0.1756	0	0	0
53	申交書	0	0.2723	0	0	0
54	申九萬	0	0.9319	0	0	0
55	申九烈	0	0.5952	0	0	0
56	申求賢	0.3471	0.0383	0.1745	0	0
57	申局	5.5649	0	0.3	6	25
58	申國凞	0.3396	0	0.3396	0	0
59	申君明	0.0275	0	0.0275	0	0
60	申權	0.0676	0.4542	0.0676	0	0
61	申梱	38.1858	0	1.6174	18	86
62	申貴金	1.3353	0	0	2	7
63	申貴德	0.2256	0	0	0	0
64	申貴乭	0.324	0	0.324	0	0
65	申貴得	0.1596	0.2694	0	0	0
66	申貴万	2.2605	0.0157	1.2675	5	12
67	申貴每	0	0.2253	0	0	0
68	申貴先	1.3618	1.559	0.9303	4	12

69	申貴烈	0.6074	1.7265	0.4312	0	0
70	申棘熙	0.2412	0	0	0	0
71	申根	0.0872	0.013	0.0872	0	0
72	申近求	0.8204	0	0	0	0
73	申近汝	0.0707	0	0.0707	0	0
74	申今奉	0.0196	0.6007	0.0196	1	3
75	申今山	0.1305	0	0.1305	0	0
76	申金玉	0.0397	0	0.0397	0	0
77	申兢熙	10.5706	0	1.8559	10	46
78	申耆良	0	0.3818	0	0	0
79	申基成	0	0	0	0	0
80	申基俊	0.1564	0	0.1564	0	0
81	申奇休	0	0.0305	0	0	0
82	申洛均	0.2933	0.78	0.2933	0	0
83	申洛洙	0.1706	0	0.1706	0	0
84	申內斗	0	0.1298	0	0	0
85	申寧均	0.6664	0	0	0	0
86	申大江	3.2001	0	0	0	0
87	申大敬	0	0	0	0	0
88	申大男	0.2954	0.2462	0.2954	0	0
89	申大祿	0.5273	0	0.5273	0	0
90	申大卜	6.9728	0	1.0342	0	0
91	申大錫	0.8852	0.2657	0	0	0
92	申大天	1.727	0.9604	0.8182	0	0
93	申德敬	1.5972	0	0	0	0
94	申德立	0	0.0184	0	0	0
95	申德萬	0.5354	0.1571	0.2422	3	7
96	申德甫	0.03	0.5583	0.03	0	0
97	申德鳳	1.8479	0	0	0	0
98	申德成	0	0	0	0	0
99	申德洙	0.1479	0.1825	0.0589	0	0
100	申悳陽	0.54	0	0	0	0
101	申德裕	0.2016	0.2502	0.2016	0	0
102	申德仁	0	0.3722	0	0	0
103	申德僉	0.3096	0	0.3096	0	0

104	申德玄	0.2373	0.205	0.0573	0	0
105	申德亨	4.3182	0	0	0	0
106	申德和	0.2674	0.044	0.1669	0	0
107	申德休	0.18	0.0131	0.18	0	0
108	申德興	0.6901	0	0.5837	0	0
109	申德熙	0.11	0.3633	0	0	0
110	申渡均	0	0.0311	0	0	0
111	申敦熙	0	0	0	0	0
112	申乭石	0	0	0	0	0
113	申乭伊	0.5816	0.1008	0.5816	0	0
114	申東模	0	0.0079	0	0	0
115	申東熙	0.0396	0.0245	0	0	0
116	申斗均	3.2615	0	0.7741	1	6
117	申斗金	0	1.6493	0	0	0
118	申斗星	5.9024	0	0.3796	2	6
119	申斗升	1.127	0	0	0	0
120	申斗鉉	0	0.0157	0	0	0
121	申得均	0.048	0	0	0	0
122	申得萬	0.815	0	0	0	0
123	申得瑞	0	0.058	0	0	0
124	申得成	1.9955	0	0.2234	0	0
125	申得熙	1.2382	0	0	0	0
126	申覽樓	0.2434	0	0	0	0
127	申連丹	0	0.1257	0	0	0
128	申禮享	0	0.1614	0	0	0
129	申橫	2.5246	0	0	0	0
130	申萬吉	19.5237	0	1.5302	15	54
131	申万乭	0.3622	0.0244	0.1582	0	0
132	申萬得	0.5658	0	0.5658	0	0
133	申萬甫	0.1653	0	0	0	0
134	申萬福	2.2234	0	0.3556	0	0
135	申萬奉	0.7531	0.585	0.7531	0	0
136	申萬石	0.0545	1.5738	0.0545	0	0
137	申萬先	0.3716	0.0236	0.3003	3	9
138	申万成	0.1985	0	0.1985	0	0

139	申萬水	0	0.0214	0	0	0
140	申萬億	0.3093	0	0	0	0
141	申萬業	0.3	0	0	0	0
142	申萬汝	0.503	0	0.503	0	0
143	申萬朝	0.1551	0.4305	0.1551	0	0
144	申萬竹	0.3631	0	0	0	0
145	申萬哲	3.4607	0	0	0	0
146	申末同	0.1582	0	0	0	0
147	申冕凞	0.0655	0	0.0655	0	0
148	申命吉	0.0569	0.1678	0.0569	0	0
149	申命丹	0	0.7449	0	0	0
150	申明甫	0.6812	0.1041	0.327	0	0
151	申命卜	1.1934	0	0.0993	0	0
152	申命北	3.6252	0	2.2848	1	4
153	申命錫	0.1188	0	0.1188	0	0
154	申明先	0	0.2019	0	0	0
155	申明汝	0.499	0.377	0.499	0	0
156	申命喆	0.1994	0.1117	0.1994	1	3
157	申命漢	1.8093	0	0.1673	20	79
158	申睦鉉	0	0.5269	0	0	0
159	申文明	0.2782	0	0.2782	0	0
160	申密凞	0.8013	0	0.3192	0	0
161	申方天	0.1501	0	0.1501	0	0
162	申百年	0	0.0524	0	0	0
163	申百萬	14.7618	0	0.315	7	24
164	申白用	0	0.06	0	0	0
165	申伯喜	0	0.0269	0	0	0
166	申範均	0	0	0	0	0
167	申凡雨	0	0.0069	0	0	0
168	申丙迪	0.3473	0.3927	0.3473	0	0
169	申寶景	0.7086	0	0	0	0
170	申寶根	0.0916	0.9556	0	0	0
171	申報熙	0.0324	0	0	0	0
172	申復均	1.2284	0.0311	0.0538	1	5
173	申卜金	0.0627	0	0.0627	0	0

174	申卜同	0	0.0851	0	0	0
175	申卜龍	0	0.084	0	0	0
176	申福萬	0	0	0	0	0
177	申福釗	0.2924	0	0.2924	0	0
178	申卜鉉	0	0.1069	0	0	0
179	申卜熙	0.1106	0	0	0	0
180	申奉均	0.1199	0.9612	0.1199	0	0
181	申鳳龍	0	0.2354	0	0	0
182	申鳳瑞	0.7282	0	0	0	0
183	申奉業	0	0	0	0	0
184	申奉云	0	0.4559	0	0	0
185	申奉恩	0.0055	0	0.0055	0	0
186	申鳳尤	0	0.0175	0	0	0
187	申鳳熙	6.8651	0	1.9019	8	26
188	申賓得	0	0.0916	0	0	0
189	申士兼	0.0327	0.1702	0	0	0
190	申四得	0.1981	0	0	0	0
191	申思心	0.6973	0	0.1272	0	0
192	申士一	4.2044	0	0	0	0
193	申四必	0	0	0	0	0
194	申士賢	1.2682	0	0.3938	0	0
195	申山信	0	2.2826	0	0	0
196	申三卜	0.9009	1.3791	0.9009	0	0
197	申三奉	0.1091	0.3676	0.1091	0	0
198	申三用	0	0.269	0	0	0
199	申三喆	0.0109	0	0.0109	0	0
200	申相傑	0	0.3654	0	0	0
201	申商均	4.735	0	0.4441	8	37
202	申上云	0	0.3957	0	0	0
203	申書楔	0.187	0	0	0	0
204	申書壹	1.2541	0	0	0	0
205	申奭	0.0785	0	0	0	0
206	申錫九	2.0423	0	1.5028	2	9
207	申石均	0	0.9565	0	0	0
208	申石基	0.1414	0	0	0	0

209	申石㐾	0.5927	0	0.5927	0	0
210	申錫侖	5.7142	0	3.5302	8	23
211	申石崇	1.7095	0	0.0936	1	3
212	申錫榮	0.7423	0	0.141	2	7
213	申錫祐	0.3344	0	0.0977	0	0
214	申錫喆	0	0.4112	0	0	0
215	申錫尤	0.9604	0.3818	0.9604	0	0
216	申錫行	0	0.5492	0	0	0
217	申錫鉉	0.6867	0.1165	0.4909	3	11
218	申錫熙	1.4009	0.0315	0	0	0
219	申先京	0.072	1.3032	0.072	0	0
220	申先甫	0.1091	0	0.1091	0	0
221	申先善	0.0545	0	0.0545	0	0
222	申先水	0.1844	0	0.1844	0	0
223	申先五	0.148	0.1417	0.148	0	0
224	申成古	0.4287	0.252	0.4287	0	0
225	申聖郭	0	0	0	0	0
226	申聖官	1.581	0	0	0	0
227	申成求	0.4705	0	0.4705	0	0
228	申聖國	0	0.0855	0	0	0
229	申成均	0.8873	0	0.2194	1	3
230	申聖男	0	0.3371	0	0	0
231	申聖童	0	0.0105	0	0	0
232	申聖洛	0	0.3197	0	0	0
233	申性文	0.3454	0	0.1643	0	0
234	申聖伯	1.2414	0	0.6927	0	0
235	申盛福	2.1833	0	0.3272	0	0
236	申聖三	0.1305	0	0	0	0
237	申聖西	0.3587	0.6872	0.2732	0	0
238	申性先	0.1602	0.0214	0.1602	0	0
239	申聖五	0.2396	1.7066	0.2396	0	0
240	申成玉	0	0	0	0	0
241	申聖云	2.7574	0	0.1863	0	0
242	申聖有	0.3186	0.502	0.2387	6	14
243	申聖允	0.6357	0	0	0	0

244	申聖仁	0.0805	0	0	0	0
245	申聖一	0	0.5888	0	0	0
246	申成七	0	0.1985	0	0	0
247	申聖杓	0.0807	0.5675	0.0807	0	0
248	申聖休	0	0.7759	0	0	0
249	申成熙	9.885	0.3479	3.2284	3	12
250	申世慶	0.165	0	0	0	0
251	申小今卜	0	1.095	0	0	0
252	申小卜	1.5577	0	0	0	0
253	申召史	0	0.0305	0	0	0
254	申少錫	1.2327	0	0.3106	0	0
255	申小石金	0	0.1047	0	0	0
256	申小鐸	0.0764	0	0	0	0
257	申松	1.5329	0.0409	1.5329	0	0
258	申釗萬	0	0	0	0	0
259	申壽吉	0.1691	0	0	0	0
260	申綏祿	0	0.0589	0	0	0
261	申水萬	0.5139	0	0.155	1	3
262	申壽峯	0	0.53	0	0	0
263	申橚	0.2072	0.0088	0.2072	0	0
264	申橁	0.1689	0	0	0	0
265	申淳九	2.0753	0	0.0804	1	3
266	申順得	0.7381	0	0.1673	0	0
267	申順每	0.0654	0.034	0.0654	0	0
268	申順文	0	0.1015	0	0	0
269	申順福	0.4153	0	0	0	0
270	申順仙	0	0.2107	0	0	0
271	申順龍	0	0	0	0	0
272	申順日	0.0885	0	0	4	16
273	申順從	0	0.6528	0	0	0
274	申順哲	0	0.5673	0	0	0
275	申順七	0.9713	0.5875	0.7975	0	0
276	申淳化	0.3986	0	0	0	0
277	申舜熙	0.2225	0	0	0	0
278	申升九	0.3987	0	0	2	6

279	申升貴	0.0982	0	0	0	0
280	申升斗	0.6305	0	0	0	0
281	申升先	0.0982	0	0.0982	0	0
282	申升守	0.0191	0	0	0	0
283	申承云	1.2117	0	0	0	0
284	申植	1.5116	0	1.2723	3	11
285	申申敦	0	0.0818	0	0	0
286	申信乭	0	0.405	0	0	0
287	申新得	0.2358	0	0	0	0
288	申陽植	0.0406	0	0.0406	0	0
289	申良涯	0.3953	0	0	0	0
290	申檍	1.8654	0	0	5	24
291	申億均	6.1342	0.0801	0	0	0
292	申億萬	14.9919	0	2.6392	8	22
293	申億伯	0	0	0	0	0
294	申億卜	0	0	0	0	0
295	申億石	1.2453	0	0.6142	0	0
296	申呂均	0.0157	0	0.0157	0	0
297	申汝善	0	0.1118	0	0	0
298	申汝成	0	0.2317	0	0	0
299	申汝仁	0.1047	0	0.1047	0	0
300	申燕丹	0	0.7813	0	0	0
301	申永均	0.3442	0	0	0	0
302	申令吉	0	0.2073	0	0	0
303	申永西	0.5191	0	0	0	0
304	申永云	0.0559	0	0	0	0
305	申永俊	0	0.2784	0	0	0
306	申永眞	0.1347	0	0	0	0
307	申永平	0.132	0	0	0	0
308	申永休	0.2214	0	0.0916	0	0
309	申永熙	6.2615	0.0262	1.4618	0	0
310	申五長	0.3273	0	0.3273	0	0
311	申玉皙	0	0	0	0	0
312	申玉熙	0.3953	0	0.3953	1	4
313	申用均	10.9299	0.024	0.894	13	66

314	申龍萬	0	0.9571	0	0	0
315	申用每	0.4429	0.771	0.4429	0	0
316	申龍福	0	0.1558	0	0	0
317	申用汝	0.6349	0	0.4477	0	0
318	申用云	0.0816	0.4562	0.0816	1	6
319	申用伊	0	0.0895	0	0	0
320	申用浩	0.3528	0	0.3528	0	0
321	申用休	0.4562	0.1405	0.4562	0	0
322	申用凞	0.2062	0.8064	0.2062	0	0
323	申佑圭	0.1636	0	0	0	0
324	申羽均	0	0.0229	0	0	0
325	申友三	0.3804	0	0.3804	0	0
326	申禹眞	0.173	0	0.173	0	0
327	申右鉉	0.3926	2.4188	0.3926	0	0
328	申梛	0.288	0	0	0	0
329	申旭朝	0	0.4113	0	0	0
330	申云先	0	0.0109	0	0	0
331	申云禮	0	0.1606	0	0	0
332	申元奎	0	0	0	0	0
333	申元均	4.9261	0	1.5031	6	23
334	申元吉	0.0436	0.0925	0.0436	0	0
335	申元甫	0.2091	1.5043	0.2091	0	0
336	申元善	0.3365	0.0759	0.3365	0	0
337	申元新	0.0164	0.8833	0.0164	0	0
338	申元心	0.1152	0.4828	0.1152	0	0
339	申元汝	0.4803	0.1781	0.4803	1	3
340	申元五	0.6634	1.3341	0.6634	1	3
341	申元一	0.084	0	0	0	0
342	申元朝	0	0.3094	0	0	0
343	申元俊	0.1632	0	0	0	0
344	申元集	7.7763	0.4258	0	5	24
345	申元春	0.052	0.2749	0.052	0	0
346	申元凞	0.2291	1.235	0.2291	1	3
347	申有奇	0	0.2057	0	0	0
348	申有卜	0	0.0196	0	0	0

349	申有信	0.144	0	0.144	0	0
350	申有幸	0.0482	0	0.0482	0	0
351	申六石	0	1.5191	0	0	0
352	申允京	1.0088	0	0.3796	0	0
353	申允均	0.528	0	0	0	0
354	申允得	0.0873	0	0.0873	0	0
355	申允中	0	0.0278	0	0	0
356	申允熙	0.2879	0	0.2879	0	0
357	申隱哲	0.0105	0	0	1	3
358	申乙九	0	0.1255	0	0	0
359	申乙均	0.1949	0	0.1949	0	0
360	申乙成	1.2852	0	0	14	49
361	申應	0	0	0	0	0
362	申應均	1.1263	1.1249	1.1263	0	0
363	申應萬	0.2112	0	0.2112	0	0
364	申應卜	5.2465	0	2.0213	3	8
365	申應三	0.0169	0	0	0	0
366	申二同	6.5874	0.0482	1.8668	2	10
367	申已成	0	0	0	0	0
368	申以叔	0.2581	0	0	0	0
369	申二岳	0.6272	0	0.6272	0	0
370	申杙	4.5722	0	1.6658	1	7
371	申益均	5.3913	0	0.9078	0	0
372	申益模	1.8321	1.2538	1.8321	1	4
373	申益卜	2.9921	0.2591	2.0485	0	0
374	申益熙	2.1145	0.3567	0.4274	0	0
375	申仁卜	1.5483	0.1115	1.5483	0	0
376	申仁善	0.5801	0.3811	0.5801	0	0
377	申仁水	0.4461	0.3164	0.4461	0	0
378	申仁休	1.146	0.6918	0.2122	0	0
379	申仁熙	4.2693	0	0.5991	1	4
380	申一均	0.5292	0	0.1625	2	6
381	申一模	0.0851	0	0.0851	0	0
382	申一千	0	0.0184	0	0	0
383	申長得	0.4363	0	0	0	0

384	申長卜	1.1819	0	0	0	0
385	申長孫	0.138	0	0	0	0
386	申長乘	0.0851	0	0.0851	0	0
387	申長一	0.1869	0	0	0	0
388	申宰均	9.0263	0	0.5929	2	10
389	申在東	0	0.51	0	0	0
390	申在龍	0.0436	0.2184	0.0436	0	0
391	申在卜	0.2369	0	0.2369	1	5
392	申在讓	0	0.0312	0	0	0
393	申在英	0.0327	0.1091	0.0327	0	0
394	申在龍	0.2286	0.6421	0.1645	0	0
395	申在源	0	0.1298	0	0	0
396	申在正	0	0.1756	0	0	0
397	申在熙	5.0508	0.026	4.3853	3	37
398	申樫	6.8309	0.0315	1.2445	4	20
399	申正九	3.3893	0	3.1496	7	19
400	申正均	1.5779	0	0	0	0
401	申丁金	0.2918	0	0	0	0
402	申丁吉	0.2094	0	0.2094	0	0
403	申丁男	0.3436	0	0	0	0
404	申貞萬	12.2634	0	2.0026	4	19
405	申鼎模	0.2007	0	0.2007	0	0
406	申正文	0.1342	0.5211	0.1342	0	0
407	申貞朴	0.216	0	0	0	0
408	申正凡	0.134	0	0.1229	1	1
409	申正甫	0.4178	0.7129	0.4178	0	0
410	申貞福	16.8499	0	1.5842	17	85
411	申正西	0	0.3566	0	0	0
412	申丁成	0.204	0	0	0	0
413	申丁釗	4.7977	0	0	0	0
414	申正叔	0.1113	0.4478	0.1113	0	0
415	申正純	0.3976	0.843	0.3976	0	0
416	申正五	0	0.5001	0	0	0
417	申正玉	0.3491	0	0	0	0
418	申丁龍	5.0327	0	2.1203	4	17

419	申廷雨	0.7497	0.9007	0.7497	0	0
420	申正云	0.5665	2.0141	0.5665	0	0
421	申政春	0	0.1845	0	0	0
422	申鼎㐬	0	0.0065	0	0	0
423	申正鉉	3.8828	0	0.7023	1	5
424	申正熙	0.3905	0	0	0	0
425	申朝桀	0	0.1021	0	0	0
426	申存根	0.3587	0	0	0	0
427	申從均	4.2904	0.1053	0	19	58
428	申鍾卜	0	0	0	0	0
429	申宗實	0.1132	0.1908	0.1132	0	0
430	申鍾鉉	0.7603	0	0.2694	0	0
431	申宗熙	3.2825	0.1954	2.7649	1	4
432	申佐賢	0.3796	0.6817	0.3796	0	0
433	申俊均	0	0.1968	0	0	0
434	申俊卜	1.248	0	0	0	0
435	申俊熙	2.0862	0.828	2.0862	1	7
436	申仲均	2.447	0.468	2.3351	5	20
437	申仲五	0	0.1283	0	0	0
438	申重一	0	0.2984	0	0	0
439	申仲集	0.2749	0	0.2749	0	0
440	申重鉉	5.1241	0	3.8311	4	15
441	申仲化	1.1828	0	0	0	0
442	申重熙	0.0458	0	0.0458	0	0
443	申之丹	1.2277	0	1.2277	0	0
444	申志熙	0.515	0.7176	0.515	1	4
445	申稷	0.0245	0.1803	0.0245	0	0
446	申直熙	0.9542	0.4887	0.363	3	17
447	申枸	2.4765	0	0	0	0
448	申晉求	0	0.5772	0	0	0
449	申次甫	0.2435	0	0.2435	0	0
450	申昌均	0	0.144	0	0	0
451	申昌吉	1.1543	0	0	6	14
452	申昌範	0.2077	0	0.2077	0	0
453	申昌卜	0	0.9238	0	0	0

454	申昌業	0	0.0109	0	0	0
455	申昌汝	0.3846	0.1621	0.1436	0	0
456	申昌玉	0.144	0	0	0	0
457	申昌休	0.5354	1.2804	0.5354	0	0
458	申昌凞	2.4623	0.0589	1.517	1	9
459	申采熙	1.5398	0	0.3486	0	0
460	申千吉	0.1255	0	0.1255	0	0
461	申天南	0	0.1679	0	0	0
462	申千萬	1.5305	0.3491	0.4538	0	0
463	申天甫	0.1644	0.0923	0.0792	3	7
464	申千卜	0.4684	0	0	0	0
465	申千孫	0.1091	0	0.1091	0	0
466	申千億	0	0.206	0	0	0
467	申天益	0.2924	0.3562	0.2924	0	0
468	申哲均	0	0.6251	0	0	0
469	申撤全	0.2705	0	0	0	0
470	申鐵鉉	0	0.5967	0	0	0
471	申哲熙	20.3208	0.0545	3.9094	7	33
472	申春卿	0.9921	0	0	9	59
473	申春得	0.1128	0.7415	0.1128	0	0
474	申春梅	0	0.1118	0	0	0
475	申春三	0.4588	0	0.0995	5	14
476	申春西	0.5312	0.1313	0.3398	1	3
477	申春心	0.0947	0	0	0	0
478	申春用	0.6218	0	0	0	0
479	申春元	1.9976	0.1251	0	0	0
480	申春益	0	0.0196	0	0	0
481	申春日	0	0.5148	0	0	0
482	申春興	0.0349	0	0.0349	0	0
483	申尤鎭	0.162	0	0.162	0	0
484	申取萬	0.6191	0	0	0	0
485	申致京	0	0.1492	0	0	0
486	申致坤	0	0.5221	0	0	0
487	申致芬	0.1964	0.0118	0.1964	0	0
488	申治萬	0.0524	0.6629	0.0524	0	0

489	申致文	0.7622	0	0.1315	3	11
490	申致民	0.2258	0	0	0	0
491	申致秀	0.1453	0	0.1453	0	0
492	申致實	0.3417	0	0.3417	0	0
493	申致心	0.2114	0.6924	0.2114	0	0
494	申致陽	0	0.0157	0	0	0
495	申致泳	0.4446	0.0209	0.4446	0	0
496	申致鈺	0.1964	0	0	0	0
497	申致云	0.3177	0.7964	0.2432	4	13
498	申治長	0.9027	0.9263	0.9027	0	0
499	申致定	0.0955	0	0.0955	0	0
500	申致俊	2.7339	1.0234	1.9699	0	0
501	申治中	0	0.5629	0	0	0
502	申央熙	6.1553	0	0.453	1	5
503	申泰南	0	0.2444	0	0	0
504	申太卜	0.0939	0.1872	0.0939	0	0
505	申太奉	0.2978	0.216	0.2978	1	3
506	申太順	0.1488	0	0	0	0
507	申泰雨	0	0.0655	0	0	0
508	申泰翼	2.5126	0	1.7063	5	23
509	申泰準	0	0.6164	0	0	0
510	申宅均	0	0.2953	0	0	0
511	申澤秀	3.6048	0.8803	2.3372	4	15
512	申判石	0	0.0157	0	0	0
513	申八均	0.4889	0	0.0245	1	7
514	申平中	0	0.2382	0	0	0
515	申杓	1.1449	0.3055	0.0895	0	0
516	申弼求	0.276	0.1036	0.276	0	0
517	申弼均	0.7674	0	0	0	0
518	申必永	0.6325	0	0.6325	0	0
519	申弼㐀	0.1789	0.1902	0.1789	0	0
520	申夏式	0	0.5727	0	0	0
521	申學均	2.4433	2.5175	0.9461	0	0
522	申學甫	0	0	0	0	0
523	申學卜	0.2727	0	0.2727	0	0

524	申學成	3.2032	0	0	0	0
525	申學二	13.1812	0	0.7588	7	28
526	申學尤	0	0.2841	0	0	0
527	申學鉉	0.26	0	0.26	1	3
528	申學熙	0	0	0	0	0
529	申漢模	1.0493	0.0349	0.8945	0	0
530	申漢卜	2.4375	0.0454	2.4375	0	0
531	申漢孫	0.7594	0	0.7594	0	0
532	申漢一	0.4479	0.1961	0.4479	0	0
533	申漢祚	0	1.6723	0	0	0
534	申海均	0.0376	0	0.0376	1	4
535	申幸玉	0.1566	0	0	0	0
536	申赫均	0.5191	0	0.0491	0	0
537	申鉉九	1.6652	0	1.2463	15	42
538	申鉉洙	0.3322	0	0	0	0
539	申挾	8.2517	0	1.0441	4	17
540	申協伊	0.5478	0	0	0	0
541	申好敬	0.4118	0	0.4118	0	0
542	申好郎	0.3215	0	0	0	0
543	申浩元	0.4915	0.0501	0.4915	0	0
544	申弘均	0.3966	0.0175	0.3966	0	0
545	申和先	0.1176	0	0.1176	0	0
546	申化成	0	0	0	0	0
547	申化實	1.6512	0	0.2888	0	0
548	申華玉	0.1908	0	0	0	0
549	申黃云	0.6218	0	0.6218	0	0
550	申檜	0	0.0384	0	0	0
551	申晦求	0.1925	0	0.0371	1	4
552	申厚奉	0.3216	0	0	0	0
553	申興均	1.3277	0	0.3165	1	6
554	申興先	2.347	0.0927	2.0503	0	0
555	申興用	0.0738	0	0.0738	1	2
556	申興之	0.3464	0	0	0	0
557	申喜澈	0	0.0245	0	0	0

〈표 11〉 진천군 양안의 신씨 소유 필지

번호	면	지명	자	자번	지목	면적	시주	시작	가옥	칸수
1	남변면	下里	玄	121	대	0.0816	申用云	申用云	초	6
2	남변면	校洞內谷坪	荒	71	답	0.144	申昌玉	金公叔		0
3	남변면	鳶峙坪	月	22	답	0.108	申商均	崔德元		0
4	남변면	彌勒坪	宿	36	전	0.1502	申寡	申寡		0
5	남변면	彌勒坪	宿	41	전	0.1758	申昌吉	朴承西		0
6	남변면	石金坪	列	58	전	0.489	申順得	李龍得		0
7	남변면	石金坪	列	59	답	0.03	申德甫	申德甫		0
8	남변면	佛堂谷坪	暑	59	답	0.1287	申大卜	朴順善		0
9	남변면	佛堂谷坪	暑	60	답	0.2745	申大卜	南別重		0
10	남변면	佛堂谷坪	暑	61	답	0.519	申大卜	崔化善		0
11	남변면	佛堂谷坪	暑	66	답	0.0384	申大卜	朴順先		0
12	남변면	學堂前坪	秋	68	대	0.0214	申興用	申興用	초	2
13	남변면	學堂前坪	秋	69	전	0.0524	申興用	申興用		0
14	남변면	笛峴前坪	收	12	답	0.2922	申枸	柳洪汝		0
15	남변면	笛峴前坪	收	25	답	0.3131	申橺	李必世		0
16	남변면	笛峴前坪	收	28	답	0.2566	申橺	柳寅卜		0
17	남변면	笛峴前坪	冬	1	전	0.3314	申橺	柳大汝		0
18	남변면	笛峴前坪	冬	4	답	0.096	申橺	李道京		0
19	남변면	笛峴前坪	冬	5	답	0.2258	申橺	鄭化西		0
20	남변면	笛峴前坪	冬	12	답	0.1078	申枸	鄭化西		0
21	남변면	笛峴前坪	冬	19	답	0.1609	申橺	柳鴻汝		0
22	남변면	笛峴前坪	冬	28	전	0.2182	申橺	蔡奎元		0
23	남변면	笛峴前坪	冬	38	전	0.0367	申橺	柳善京		0
24	남변면	笛峴前坪	冬	39	전	0.024	申橺	柳善京		0
25	남변면	笛峴前坪	冬	40	대	0.0352	申橺	柳善京	초	6
26	남변면	笛峴前坪	冬	71	답	0.1536	申橺	柳應五		0
27	남변면	笛峴前坪	冬	73	전	0.0519	申橺	柳基先		0
28	남변면	笛峴前坪	冬	74	답	0.0648	申橺	柳基先		0

29	남변면	笛峴前坪	冬 75	전	0.0733	申楣	柳基先		0
30	남변면	碧梧里	冬 79	대	0.0228	申楣	柳應五	초	2
31	남변면	碧梧里	冬 80	전	0.1347	申楣	柳基先		0
32	남변면	連三坪	藏 3	답	0.1333	申楣	朴億在		0
33	남변면	連三坪	藏 8	답	0.2127	申楣	金治中		0
34	남변면	連三坪	藏 18	답	0.0576	申构	崔昌云		0
35	남변면	連三坪	藏 19	답	0.2841	申构	申构		0
36	남변면	連三坪	藏 34	답	0.1031	申构	朴學成		0
37	북변면	武章坪	閏 44	답	0.1869	申長一	張致三		0
38	북변면	連三坪	閏 62	답	0.0435	申楣	柳仁喆		0
39	북변면	連三坪	閏 63	답	0.189	申楣	申楣		0
40	북변면	連三坪	餘 6	답	0.1145	申楣	蔡圭元		0
41	북변면	連三坪	餘 10	답	1.368	申楣	柳基先		0
42	북변면	連三坪	餘 14	답	0.4563	申楣	任化中		0
43	북변면	連三坪	餘 16	답	0.1674	申构	任京化		0
44	북변면	連三坪	餘 24	답	0.1772	申楣	柳基貞		0
45	북변면	連三坪	餘 25	답	0.1649	申楣	李來應		0
46	북변면	連三坪	餘 26	답	0.3024	申楣	柳基京		0
47	북변면	連三坪	成 13	답	0.2684	申楣	文仲好		0
48	북변면	連三坪	成 14	답	0.3085	申楣	劉元甫		0
49	북변면	連三坪	歲 7	전	0.1649	申楣	任長石		0
50	북변면	下坪	歲 28	답	0.108	申构	任成云		0
51	북변면	下坪	歲 34	답	0.1217	申楣	朴順先		0
52	북변면	下坪	歲 35	답	0.231	申楣	李致德		0
53	북변면	下坪	歲 37	답	0.4126	申构	任有年		0
54	북변면	下坪	歲 39	답	0.1462	申构	任有年		0
55	북변면	連三坪	律 14	전	0.2222	申构	鄭又男		0
56	북변면	連三坪	律 21	답	0.1311	申楣	任京化		0
57	북변면	連三坪	律 22	답	0.3107	申楣	金順澤		0
58	북변면	連三坪	律 64	전	0.3171	申楣	金仁先		0

59	북변면	連三坪	呂	19	답	0.312	申檒	金昌孫		0
60	북변면	連三坪	呂	20	답	0.0773	申檒	任先京		0
61	북변면	皮村	呂	82	대	0.0122	申昌吉	李官永	초	2
62	북변면	皮村	呂	83	대	0.0144	申昌吉	金聖允	초	2
63	북변면	皮村	呂	84	대	0.0131	申昌吉	權君先	초	3
64	북변면	皮村	呂	85	대	0.0065	申昌吉	金明先	초	2
65	북변면	皮村	呂	86	대	0.0196	申昌吉	金京集	초	3
66	북변면	皮村	呂	87	대	0.0264	申昌吉	李元必	초	2
67	북변면	洗金川	調	39	답	0.2012	申昌吉	吳京化		0
68	북변면	舟頭坪	陽	68	답	0.3953	申良涯	安春京		0
69	북변면	舟頭坪	陽	69	답	0.3119	申杓	權正國		0
70	북변면	舟頭坪	雲	27	답	0.2634	申杓	權正國		0
71	북변면	舟頭坪	雲	35	답	0.3353	申檒	李明哲		0
72	북변면	舟頭坪	雲	38	답	0.3436	申檒	權正國		0
73	북변면	沙尾坪	騰	3	답	0.27	申檒	權正國		0
74	북변면	沙尾坪	騰	7	답	0.351	李宗承	申命丹		0
75	북변면	沙尾村	致	53	답	0.0968	申百萬	鄭化實		0
76	북변면	沙尾村	致	54	답	0.4163	申百萬	任允金		0
77	북변면	沙尾村	致	55	답	0.3635	申百萬	朴且乭		0
78	북변면	沙尾村	致	56	답	0.0923	申百萬	鄭化實		0
79	북변면	沙尾村	致	59	답	0.1894	申百萬	朴且乭		0
80	북변면	舟頭坪	雨	4	답	0.2645	申百萬	朴順達		0
81	북변면	舟頭坪	雨	6	답	0.1905	申百萬	張用西		0
82	북변면	舟頭坪	雨	8	답	0.0845	申百萬	朴且乭		0
83	북변면	舟頭坪	雨	9	답	0.1473	申百萬	朴同山		0
84	북변면	龍王井洞	露	44	답	0.2978	申之丹	申之丹		0
85	북변면	舟頭坪	結	7	전	0.0936	申乭伊	申乭伊		0
86	북변면	新垈里	結	40	답	0.1608	申乭伊	申乭伊		0
87	북변면	新垈里	結	41	전	0.1092	申之丹	申之丹		0
88	북변면	新垈里	結	43	답	0.2638	申之丹	申之丹		0

89	북변면	聖坪	結	54	답	0.3399	申之丹	申之丹	0
90	북변면	舟頭坪	爲	3	답	0.217	申之丹	申之丹	0
91	북변면	支石坪	出	4	답	0.5078	申橺	安春京	0
92	북변면	田谷	號	15	전	0.1376	申聖五	申聖五	0
93	북변면	皆兀坪	珠	31	답	0.2389	申昌吉	李化春	0
94	북변면	石橋坪	夜	16	답	0.0852	尹柱完	申聖休	0
95	북변면	石橋坪	夜	30	답	0.4498	尹柱完	申聖休	0
96	북변면	支石坪	光	12	답	0.2784	吳用仁	中永俊	0
97	북변면	支石坪	果	15	답	0.1008	尹柱完	申聖休	0
98	북변면	支石坪	果	24	답	0.1374	申覽樓	李在洪	0
99	북변면	支石坪	珍	2	답	0.106	申覽樓	李文壽	0
100	덕문면	上德里	芥	54	답	0.214	申萬哲	李在根	0
101	덕문면	上德里	芥	65	답	0.2582	申萬哲	李正老	0
102	덕문면	上德里	薑	16	답	0.2386	尹柱完	申聖有	0
103	덕문면	上德里	薑	34	답	0.2634	尹柱完	申聖有	0
104	덕문면	上德里	海	22	답	0.1637	申萬哲	朴致先	0
105	덕문면	上德里	海	40	답	0.3914	申萬哲	李文壽	0
106	덕문면	上德里	海	51	답	0.1181	申萬哲	李京老	0
107	덕문면	上德里	鹹	2	전	0.2269	申貴金	金巡文	0
108	덕문면	上德里	鹹	42	전	0.1089	申貴金	金巡文	0
109	덕문면	上德里	鹹	51	답	0.1476	申萬哲	李在根	0
110	덕문면	上德里	河	39	답	0.0206	申萬哲	金云執	0
111	덕문면	上德里	河	47	답	0.0602	申萬哲	金云執	0
112	덕문면	上德里	河	55	답	0.0313	申萬哲	李在根	0
113	덕문면	上德里	淡	51	전	0.1854	申萬哲	李聖云	0
114	덕문면	上德里	鱗	38	전	0.2256	申貴德	金官五	0
115	덕문면	上德里	鱗	64	전	0.0496	申貴得	金漢宗	0
116	덕문면	上德里	鱗	71	전	0.11	申貴得	許成五	0
117	덕문면	次上里	潛	9	전	0.1908	申貴金	金自萬	0
118	덕문면	次上里	潛	10	대	0.0275	申貴金	鄭化三	초 5

119	덕문면	次上里	潛	20	대	0.0132	申貴金	趙奇甫	초	2
120	덕문면	次上里	羽	4	답	0.258	申貴金	金百萬		0
121	덕문면	次上里	羽	26	전	0.0539	申三卜	申三卜		0
122	덕문면	次上里	翔	2	답	0.1326	申貴金	金百萬		0
123	덕문면	次上里	翔	89	전	0.1466	申三卜	申三卜		0
124	덕문면	次上里	龍	3	전	0.0393	申三卜	申三卜		0
125	덕문면	次上里	龍	6	답	0.2238	申貴烈	申貴烈		0
126	덕문면	次上里	龍	7	답	0.1658	申光日	申光日		0
127	덕문면	次上里	龍	9	전	0.1702	申三卜	申三卜		0
128	덕문면	中里	師	15	대	0.0183	閔平士	申致京	초	4
129	덕문면	中里	師	23	답	0.2454	申萬哲	趙聖云		0
130	덕문면	中里	師	39	답	0.0982	朴敬陽	申三卜		0
131	덕문면	中里	火	14	답	0.2597	朴京陽	申三卜		0
132	덕문면	中里	火	16	답	0.2285	閔春萬	申貴列		0
133	덕문면	中里	火	17	답	0.2738	鄭一春	申貴열		0
134	덕문면	中里	火	24	답	0.2444	閔春萬	申貴列		0
135	덕문면	中里	帝	36	답	0.1682	申益卜	申益卜		0
136	덕문면	中里	鳥	3	답	0.1762	申貴烈	李正西		0
137	덕문면	石灘里	制	40	답	0.2535	申仁卜	申仁卜		0
138	덕문면	石灘里	文	10	전	0.1309	林長卜	申致京		0
139	덕문면	石灘里	文	11	전	0.1374	林長卜	申三卜		0
140	덕문면	石灘里	文	22	답	0.1865	申仁善	申仁善		0
141	덕문면	石灘里	字	17	답	0.2854	李春太	申正甫		0
142	덕문면	石灘里	字	33	답	0.2886	申萬吉	梁良天		0
143	덕문면	石灘里	字	35	답	0.1145	申萬吉	梁良天		0
144	덕문면	石灘里	字	38	답	0.1654	申萬吉	梁占孫		0
145	덕문면	石灘里	字	42	답	0.1672	鄭儀得	申貴列		0
146	덕문면	石灘里	字	46	답	0.096	鄭儀得	申貴列		0
147	덕문면	石灘里	字	47	답	0.0977	申萬吉	崔成甫		0
148	덕문면	石灘里	字	49	답	0.1497	申萬吉	崔成甫		0

149	덕문면	石灘里	乃	36	답	0.0949	朴命今	申正甫		0
150	덕문면	石灘里	服	17	답	0.6627	申萬哲	李善夏		0
151	덕문면	石灘里	依	4	답	0.2221	申萬吉	孫業崇		0
152	덕문면	石灘里	推	14	답	0.2233	崔秉泰	申漢祚		0
153	덕문면	石灘里	推	26	답	0.2633	崔炳台	申漢祚		0
154	덕문면	石灘里	推	42	답	0.2961	申仁休	閔致玉		0
155	덕문면	石灘里	推	43	답	0.1964	申萬哲	閔致玉		0
156	덕문면	石灘里	推	44	답	0.2618	申萬哲	李春京		0
157	덕문면	石灘里	位	17	답	0.0817	申萬哲	閔聖云		0
158	덕문면	石灘里	讓	5	답	0.3971	申萬吉	朴巡五		0
159	덕문면	石灘里	國	44	답	0.2459	朴命今	申正甫		0
160	덕문면	石灘里	國	47	답	0.0518	李乫伊	申正甫		0
161	덕문면	石灘里牟實溪坪	有	31	답	0.2945	申三卜	申三卜		0
162	덕문면	石灘里牟實溪坪	虞	19	답	0.4222	申萬哲	李戊戌		0
163	덕문면	石灘里牟實溪坪	陶	12	답	0.4573	崔聖敏	申三卜		0
164	덕문면	石灘里牟實溪坪	唐	9	답	0.3774	申貴金	金云執		0
165	덕문면	石灘里牟實溪坪	唐	22	답	0.3552	申楣	金貴每		0
166	덕문면	石灘里牟實溪坪	唐	26	답	0.2039	申楣	崔季立		0
167	덕문면	石灘里牟實溪坪	唐	30	답	0.1964	申三卜	申三卜		0
168	덕문면	石灘里牟實溪坪	唐	80	대	0.0349	李龍求	申正甫	조	2
169	덕문면	石灘里牟實溪坪	弔	16	전	0.1909	申正甫	申正甫		0
170	덕문면	石灘里牟實溪坪	弔	43	전	0.2269	申正甫	申正甫		0
171	덕문면	石灘里牟實溪坪	民	5	답	0.4265	金萬石	申三卜		0
172	덕문면	石灘里牟實溪坪	民	25	답	0.2154	申楣	崔明三		0
173	덕문면	石灘里狀無加來	伐	13	답	0.2945	申楣	申昌休		0
174	덕문면	石灘里狀無加來	伐	25	답	0.0707	申楣	姜晉用		0
175	덕문면	石灘里狀無加來	伐	26	답	0.2057	吳三丹	申有奇		0
176	덕문면	石灘里狀無加來	伐	27	답	0.252	申楣	姜晉用		0
177	덕문면	石灘里狀無加來	伐	28	답	0.1773	申楣	姜晉用		0
178	덕문면	石灘里狀無加來	伐	30	답	0.3054	申楣	鄭成白		0

179	덕문면	石灘里沑無加來	伐	37	답	0.3665	尹圭燮	申山信	0
180	덕문면	石灘里沑無加來	伐	38	답	0.4215	申槵	申學均	0
181	덕문면	石灘里沑無加來	伐	40	답	1.3418	申槵	李成化	0
182	덕문면	石灘里沑無加來	罪	1	답	0.1816	申槵	邊奉得	0
183	덕문면	石灘里沑無加來	罪	2	답	0.6834	申槵	申學均	0
184	덕문면	石灘里沑無加來	罪	3	답	0.3338	申槵	申學均	0
185	덕문면	石灘里沑無加來	罪	5	답	0.2382	申槵	權琮	0
186	덕문면	石灘里沑無加來	罪	6	답	0.4001	申萬吉	權琮	0
187	덕문면	石灘里沑無加來	罪	7	답	0.0993	申槵	申學均	0
188	덕문면	石灘里沑無加來	罪	11	답	0.2094	申槵	姜善長	0
189	덕문면	石灘里沑無加來	罪	16	답	0.2801	申槵	鄭成伯	0
190	덕문면	山直里	周	16	답	0.3272	申乞伊	申乞伊	0
191	덕문면	山直里	周	18	답	0.4418	尹圭燮	申山信	0
192	덕문면	山直里	周	19	답	0.5269	申槵	申睦鉉	0
193	덕문면	山直里	周	22	답	0.8318	申槵	鄭萬億	0
194	덕문면	山直里	周	23	답	0.3	尹圭燮	申昌休	0
195	덕문면	山直里	周	24	답	0.198	申槵	申學均	0
196	덕문면	山直里	周	25	답	0.2949	申槵	朴聖玉	0
197	덕문면	山直里	發	2	답	0.1414	尹圭燮	申昌休	0
198	덕문면	山直里	發	4	답	0.1069	申貞萬	申卜鉉	0
199	덕문면	山直里	發	5	답	0.2734	申百萬	林好永	0
200	덕문면	山直里上細橋坪	發	14	답	0.36	申百萬	朴成玉	0
201	덕문면	山直里上細橋坪	發	17	답	0.3654	申百萬	邊德奉	0
202	덕문면	山直里上細橋坪	發	21	답	0.2496	申百萬	林世業	0
203	덕문면	山直里上細橋坪	發	22	답	0.3512	申百萬	金制得	0
204	덕문면	山直里上細橋坪	殷	9	답	0.1985	申万成	申万成	0
205	덕문면	山直里上細橋坪	殷	11	답	0.3436	申丁男	申昌卜	0
206	덕문면	山直里上細橋坪	殷	21	답	0.1648	申丁萬	李巡日	0
207	덕문면	山直里上細橋坪	殷	22	답	0.7728	申百萬	李万五	0
208	덕문면	山直里上細橋坪	殷	30	답	0.162	洪巡弼	申昌卜	0

209	덕문면	山直里上細橋坪	湯	12	답	0.1827	申百万	金巡汝		0
210	덕문면	山直里上細橋坪	湯	15	답	0.5289	申百萬	李巡甫		0
211	덕문면	山直里上細橋坪	湯	16	답	0.2382	申百萬	朱得水		0
212	덕문면	山直里上細橋坪	湯	18	답	0.1169	申百萬	李萬五		0
213	덕문면	山直里上細橋坪	湯	20	답	0.5715	申百萬	李巡一		0
214	덕문면	山直里上細橋坪	湯	25	답	0.288	申百萬	李巡日		0
215	덕문면	山直里上細橋坪	坐	3	답	0.4566	金奎鉉	申山信		0
216	덕분면	山直里上細橋坪	坐	13	답	0.1168	申百萬	安仁範		0
217	덕문면	山直里上細橋坪	坐	32	전	0.0753	申百萬	鄭萬億		0
218	덕문면	山直里上細橋坪	朝	6	대	0.0436	申百萬	姜明五	초	3
219	덕문면	山直里上細橋坪	朝	7	전	0.0736	申百萬	申學均		0
220	덕문면	新垈里	朝	8	대	0.06	申百萬	李希西	초	4
221	덕문면	新垈里	朝	14	전	0.0223	申百萬	申學均		0
222	덕문면	新垈里	朝	17	대	0.0393	申百万	邊太平	초	3
223	덕문면	新垈里	朝	18	전	0.0214	申百万	姜文赫		0
224	덕문면	新垈里	朝	19	대	0.0087	申百萬	賃엇每	초	4
225	덕문면	新垈里	朝	20	대	0.036	申百萬	申學均	초	4
226	덕문면	新垈里	朝	23	전	0.0279	申百萬	申學均		0
227	덕문면	新垈里	朝	24	답	0.1497	申百萬	金百三		0
228	덕문면	新垈里	朝	25	답	0.4811	尹圭燮	申山申		0
229	덕문면	新垈里	朝	30	전	0.1898	李千金	申昌休		0
230	덕문면	新垈里	朝	34	답	0.2745	尹圭燮	申小今卜		0
231	덕문면	新垈里	朝	36	답	0.1265	尹圭燮	申小今卜		0
232	덕문면	上加里	問	14	대	0.0348	申百萬	李鍾淳	초	3
233	덕문면	上加里	問	20	대	0.0229	朱致壽	申昌休	초	3
234	덕문면	上加里	問	25	전	0.0113	朱致壽	申寬成		0
235	덕문면	上加里	問	26	대	0.0092	李上吉	申聖休	초	3
236	덕문면	上加里	問	30	대	0.0336	朱致壽	申山信	초	3
237	덕문면	上加里	問	35	답	0.0349	尹圭燮	申山信		0
238	덕문면	上加里	問	39	답	0.1764	朴元祚	申貴每		0

239	덕문면	上加里	問	47	전	0.207	申昌休	申昌休	0
240	덕문면	上加里	問	49	전	0.1047	鄭寅求	申小石金	0
241	덕문면	上加里	問	56	전	0.1316	尹圭燮	申山信	0
242	덕문면	上加里	道	3	답	0.1702	申百萬	李丹伊	0
243	덕문면	上加里	道	8	전	0.0489	朴元祚	申貴每	0
244	덕문면	中加里	道	46	답	0.1297	申百万	金大云	0
245	덕문면	下加里	道	58	전	0.1335	申錫熙	金今丹	0
246	덕문면	下加里	垂	13	전	0.2523	申成求	申成求	0
247	덕문면	下加里	垂	26	답	0.2674	趙聖律	申小今卜	0
248	덕문면	下加里	垂	27	답	0.4266	尹圭燮	申小今卜	0
249	덕문면	下加里	垂	36	답	0.0943	尹圭燮	申山信	0
250	덕문면	下加里	拱	2	답	0.2422	南致元	申山申	0
251	덕문면	下加里	拱	3	답	0.3941	申百萬	金百善	0
252	덕문면	下加里	拱	10	전	0.072	申百萬	申寬成	0
253	덕문면	下加里	拱	15	전	0.2057	申昌休	申昌休	0
254	덕문면	下加里	拱	15	전	0.1309	李達永	申聖休	0
255	덕문면	下加里	拱	16	전	0.1227	申昌休	申昌休	0
256	덕문면	下加里	拱	18	답	0.3318	車興萬	申昌休	0
257	덕문면	下加里	拱	26	전	0.322	申百萬	金白善	0
258	덕문면	下加里	拱	27	답	0.0964	申百萬	金百善	0
259	덕문면	下加里	拱	28	답	0.102	申學均	申學均	0
260	방동면	亭子坪	平	4	전	0.1128	申貞萬	申昌福	0
261	방동면	亭子坪	平	16	전	0.4113	申貞福	李萬心	0
262	방동면	亭子坪	平	21	전	0.2269	申福釗	申福釗	0
263	방동면	舊川坪	平	31	전	0.0589	申明甫	申明甫	0
264	방동면	舊川坪	平	32	전	0.5233	申貞福	李順一	0
265	방동면	舊川坪	平	45	전	0.2705	申撤全	李順甫	0
266	방동면	羅巖坪	章	26	답	0.313	申萬奉	申萬奉	0
267	방동면	羅巖坪	章	29	전	0.5247	申貞萬	申貞萬	0
268	방동면	羅巖坪	章	36	전	0.2435	申貞萬	申貞萬	0

269	방동면	羅巖坪	章	39	전	0.3216	申萬奉	申萬奉		0
270	방동면	山直前坪	愛	9	전	0.4189	申公益	申公益		0
271	방동면	山直前坪	愛	14	전	0.2596	申公益	申公益		0
272	방동면	山直前坪	愛	15	전	0.3185	申伯萬	申學均		0
273	방동면	山直上坪	育	8	답	0.1008	申貞萬	李萬心		0
274	방동면	山直上坪	育	28	답	0.3545	申貞萬	李聖萬		0
275	방동면	狄坪	黎	4	답	0.5614	申貞萬	李萬吾		0
276	방동면	狄坪	黎	8	답	0.4032	中聖云	姜正西		0
277	방동면	狄坪	黎	19	답	0.2283	申正卜	李萬心		0
278	방동면	狄坪	黎	21	답	0.2139	申德鳳	金仲國		0
279	방동면	下方洞下坪	首	8	답	0.4392	申命漢	李萬釗		0
280	방동면	下方洞下坪	首	11	답	0.4451	申貞萬	金聖哲		0
281	방동면	下方洞前坪	臣	1	답	0.1091	申百萬	李戊乭		0
282	방동면	下方洞前坪	臣	26	답	0.372	申百萬	李戊乭		0
283	방동면	下方前坪	伏	4	답	0.0497	申百萬	李戊乭		0
284	방동면	下方前坪	伏	34	답	0.0541	申百萬	申百萬		0
285	방동면	下方前坪	伏	39	답	0.2609	申百萬	申百萬		0
286	방동면	舊宗揷坪	伏	49	답	0.6022	申承云	李興先		0
287	방동면	舊宗揷坪	戌	7	답	0.2596	申挾	李根英		0
288	방동면	舊宗揷坪	戌	9	답	0.0864	申挾	李根英		0
289	방동면	舊宗揷坪	戌	13	답	0.1955	申明漢	朴卜萬		0
290	방동면	舊宗揷坪	戌	14	답	0.1955	申承云	朴卜萬		0
291	방동면	舊宗揷坪	戌	30	답	0.1964	申致鈺	李春三		0
292	방동면	方洞前坪	邇	2	답	0.414	申承云	權永國		0
293	방동면	方洞前坪	邇	7	전	0.1257	申明漢	姜化三		0
294	방동면	方洞前坪	邇	26	대	0.0109	申明漢	金洛眞	초	3
295	방동면	方等底坪	壹	4	답	0.3665	申挾	鄭尙先		0
296	방동면	方等底坪	壹	15	답	0.1223	申挾	申挾		0
297	방동면	上方下坪	體	7	답	0.1957	李在成	申聖杓		0
298	방동면	上方下坪	體	8	답	0.174	申德奉	金聖甫		0

299	방동면	上方下坪	體	29	답	0.21	申德奉	申春得		0
300	방동면	上方下坪	體	30	답	0.0564	申聖云	申春得		0
301	방동면	上方下坪	體	31	답	0.1833	申德奉	申春得		0
302	방동면	上方下坪	體	32	답	0.0573	申德奉	申春得		0
303	방동면	上方下坪	體	34	답	0.2291	申聖云	權德實		0
304	방동면	上方下坪	體	35	답	0.2345	朴山石	申春得		0
305	방동면	方古水洞	率	21	답	0.2727	申士一	趙龍成		0
306	방동면	方古水洞	率	22	전	0.1128	申春得	申春得		0
307	방동면	方古水洞	率	42	답	0.0895	申士一	卞白玉		0
308	방동면	新基	賓	7	대	0.0157	鄭取孫	申致陽	초	2
309	방동면	蛇谷	鳴	21	답	0.1501	申方天	申方天		0
310	방동면	蛇谷	鳴	45	답	0.0696	申明漢	申明漢		0
311	방동면	蛇谷	鳴	48	답	0.1863	申性云	申性云		0
312	방동면	蛇谷	鳴	49	전	0.0977	申明漢	申明漢		0
313	방동면	梅山洞	鳳	2	대	0.0349	申明漢	李在明	초	7
314	방동면	梅山洞	鳳	3	대	0.0315	申明漢	李化卜	초	6
315	방동면	梅山洞	鳳	4	대	0.0298	申明漢	李元春	초	6
316	방동면	梅山洞	鳳	5	대	0.0611	申明漢	李玉男	초	8
317	방동면	梅山洞	鳳	6	대	0.0355	申明漢	姜化三	초	4
318	방동면	梅山洞	鳳	7	대	0.0196	申明漢	李弘九	초	3
319	방동면	梅山洞	鳳	8	대	0.0175	申明漢	李漢容	초	4
320	방동면	梅山洞	鳳	9	대	0.0196	申明漢	羅仁化	초	7
321	방동면	梅山洞	鳳	10	대	0.0344	申明漢	尹月成	초	3
322	방동면	梅山洞	鳳	11	대	0.0157	申明漢	李尙根	초	3
323	방동면	梅山洞	鳳	17	대	0.0183	申明漢	金五星	초	3
324	방동면	梅山洞	鳳	18	대	0.0175	申明漢	高萬天	초	3
325	방동면	梅山洞	鳳	19	대	0.0351	申明漢	羅元卿	초	3
326	방동면	梅山洞	鳳	20	대	0.0297	申明漢	嚴明心	초	3
327	방동면	梅山洞	鳳	35	대	0.0185	申明漢	李茂相	초	3
328	방동면	梅山洞	鳳	36	대	0.0131	申明漢	朴鳳惠	초	2

329	방동면	梅山洞	鳳	37	대	0.0295	申明漢	林士範	초	3
330	방동면	梅山洞	鳳	38	대	0.0327	申明漢	李正心	초	3
331	방동면	梅山洞	鳳	39	대	0.0218	申明漢	張和春	초	2
332	방동면	梅山洞	鳳	44	전	0.1464	申明漢	林士範		0
333	방동면	梅山洞	鳳	51	전	0.0283	申明漢	姜化三		0
334	방동면	梅山洞	鳳	62	전	0.1802	申明漢	姜化三		0
335	방동면	梅山洞	鳳	89	답	0.1565	申聖云	權聖迷		0
336	방동면	梅山洞前坪	在	10	답	0.3142	申聖云	權聖迷		0
337	방동면	梅山洞前坪	在	22	답	0.1372	申聖云	權英國		0
338	방동면	梅山洞前坪	在	39	답	0.1584	申協伊	李俊榮		0
339	방동면	新幹坪	樹	7	답	0.31	申性云	權士國		0
340	방동면	新幹坪	樹	10	답	0.5436	申性云	權永國		0
341	방동면	新幹坪	樹	19	답	0.1236	申性云	裵正化		0
342	방동면	洪開來坪	樹	23	답	0.3894	申協伊	李石崇		0
343	방동면	扶昌前坪	白	1	답	0.2973	申性云	李元春		0
344	방동면	仁山前上坪	駒	15	답	0.3273	申正福	李所乭		0
345	방동면	仁山前下坪	食	15	답	0.3054	洪順弼	申昌卜		0
346	방동면	仁山前下坪	食	42	전	0.0409	申丁萬	李萬五		0
347	방동면	仁山前下坪	食	43	답	0.0993	申丁萬	金判卜		0
348	방동면	山直洞	場	6	대	0.034	申丁萬	朴文在	초	8
349	방동면	山直洞	場	7	대	0.0236	申丁萬	趙致云	초	3
350	방동면	山直洞	場	9	대	0.0209	申丁萬	孫山卜	초	3
351	방동면	山直洞	場	12	답	0.0703	洪順必	申明甫		0
352	방동면	山直洞	場	18	대	0.0132	洪順必	申明甫	초	2
353	방동면	山直洞	場	68	대	0.0275	申正萬	崔乭卜	초	5
354	방동면	山直洞	場	77	답	0.1069	申正卜	李萬心		0
355	방동면	山直洞	場	86	전	0.0655	申卜釗	申卜釗		0
356	방동면	山垈坪	場	94	전	0.27	申丁萬	李聖元		0
357	방동면	山垈下坪	化	9	답	0.1872	申丁萬	韓順景		0
358	방동면	山垈下坪	化	29	답	0.1787	申丁萬	李性云		0

359	방동면	山垈下坪	化	30	답	0.3793	申萬吉	金思成		0
360	방동면	山垈下坪	化	32	답	0.1833	申丁萬	李汝順		0
361	방동면	山垈下坪	化	40	답	0.2816	申丁萬	朴明云		0
362	방동면	山垈中坪	被	3	답	0.4137	申丁萬	李汝順		0
363	방동면	山垈坪	被	18	답	0.1178	申萬吉	金思成		0
364	방동면	山垈坪	被	30	답	1.1794	申萬吉	李景山		0
365	방동면	山垈上坪	草	4	답	0.4626	申萬福	朴德身		0
366	방동면	花城下坪	木	7	답	0.4418	申萬吉	趙致德		0
367	방동면	花城下坪	木	9	답	0.1392	申萬吉	池陽永		0
368	방동면	花城下坪	木	45	전	0.1455	申元均	李明善		0
369	방동면	花城下坪	木	50	전	0.1527	申萬吉	李貴成		0
370	방동면	花城洞	賴	3	답	0.3011	申近求	朴明云		0
371	방동면	花城洞	賴	28	전	0.1561	申萬吉	金萬西		0
372	방동면	花城洞	賴	31	대	0.11	申萬吉	徐主一	초	12
373	방동면	花城洞	賴	67	답	0.0828	申萬吉	徐主一		0
374	방동면	花城洞	賴	69	답	0.113	申萬吉	徐主一		0
375	방동면	花城洞	賴	70	답	0.2657	申元均	趙文仙		0
376	방동면	花城洞	賴	78	답	0.5193	申近求	朴明云		0
377	방동면	花城洞	賴	93	전	0.0349	申萬吉	徐主一		0
378	방동면	花城前坪	及	1	답	0.5378	申元均	金聖五		0
379	방동면	花城前坪	及	8	답	0.0742	申元均	李奉石		0
380	방동면	花城前坪	及	13	전	0.3829	申萬吉	徐主一		0
381	방동면	鼠皮坪	及	17	답	0.2052	申萬吉	徐主一		0
382	방동면	鼠皮坪	及	19	답	0.2487	申元均	金興孫		0
383	방동면	鼠皮坪	及	41	답	0.2062	申元均	金允玉		0
384	방동면	花城後下坪	萬	4	답	0.5113	申萬吉	金進玉		0
385	방동면	頭居里	萬	19	전	0.294	申元均	金善明		0
386	방동면	頭居里	萬	24	전	0.0539	申萬吉	金思成		0
387	방동면	頭居里	萬	28	전	0.1326	申萬吉	金在榮		0
388	방동면	小古羅坪	萬	31	답	0.0818	申元均	金允玉		0

389	방동면	廣坪	萬	60	답	0.3366	申萬吉	申萬吉		0
390	방동면	花城後上坪	方	15	답	0.7527	申萬吉	金雙吉		0
391	방동면	花城後上坪	方	20	답	0.3665	金變玉	申元甫		0
392	방동면	花城後上坪	方	36	답	0.1664	申萬吉	金萬西		0
393	방동면	花城後上坪	方	41	답	0.1822	申萬吉	金思性		0
394	방동면	花城後上坪	方	44	답	0.4363	申萬吉	金思性		0
395	방동면	上花城坪	盖	5	답	0.2444	申元均	李明先		0
396	방동면	上花城坪	盖	6	답	0.2085	申元均	金正裕		0
397	방동면	上花城坪	盖	7	답	0.163	申元均	李奉石		0
398	방동면	上花城坪	盖	8	답	0.1162	申元均	金正裕		0
399	방동면	上花城坪	盖	13	답	0.1789	申元均	吳君西		0
400	방동면	上花城坪	盖	17	답	0.1767	申萬吉	金思性		0
401	방동면	上花城坪	盖	19	전	0.2526	申萬吉	申萬吉		0
402	방동면	上花城坪	盖	23	전	0.1306	申萬吉	申萬吉		0
403	방동면	上花城坪	盖	24	전	0.1776	申萬吉	李大卜		0
404	방동면	上花城前坪	盖	43	대	0.0167	李迪釗	申元甫	초	3
405	방동면	上花城前坪	盖	55	전	0.1858	申萬吉	金思性		0
406	방동면	上花城前坪	盖	56	전	0.1985	申元均	吳致成		0
407	방동면	濕池坪	此	22	답	0.3142	南相翊	申元甫		0
408	방동면	濕池坪	此	33	답	0.1414	申石基	梁云擧		0
409	방동면	濕池後下坪	髮	13	답	0.2016	申春卿	張元之		0
410	방동면	濕池後上坪	四	7	답	0.1405	申錫熙	張元之		0
411	산정면	五來大坪	大	7	답	0.4801	申仲化	金仲化		0
412	산정면	五來大坪	五	24	전	0.1894	申仲和	蔡英錫		0
413	산정면	五來大坪	五	27	답	0.5133	申仲和	蔡英錫		0
414	산정면	金垈坪	恭	33	답	0.1156	申萬吉	金成辰		0
415	산정면	金垈坪	恭	36	답	0.2091	申元甫	申元甫		0
416	산정면	金垈坪	惟	1	답	0.1031	申萬吉	吳致榮		0
417	산정면	金垈坪	豈	26	전	0.0406	申陽植	申陽植		0
418	산정면	金垈坪	敢	6	대	0.0069	蔡奎台	申凡雨	초	3

419	산정면	長勝坪	烈	42	답	0.2182	鄭致官	申元甫		0
420	산정면	長勝坪	烈	43	답	0.1527	蔡奎亮	申元甫		0
421	산정면	長勝坪	男	5	답	0.5673	李根佑	申晉求		0
422	산정면	長勝坪	男	6	전	0.1662	申光順	申光順		0
423	산정면	善玉洞前坪	良	30	답	0.2182	申成九	申成九		0
424	산정면	善玉洞	良	62	전	0.1905	趙昌鎬	申德熙		0
425	산정면	鳳臺前坪	必	35	전	0.1176	申和先	申和先		0
426	산정면	圓峰	必	55	답	0.11	申德熙	辛今石		0
427	산정면	嶺田谷	忘	23	전	0.2549	申浩元	申浩元		0
428	산정면	花田洞	談	25	전	0.1069	申好元	申好元		0
429	산정면	花田洞	談	37	대	0.0153	李圭晟	申好元	초	3
430	산정면	花田洞	談	54	전	0.0925	申浩元	申浩元		0
431	산정면	花田洞	彼	9	답	0.0348	李萬休	申浩元		0
432	산정면	花田洞	彼	23	전	0.0372	申浩元	申浩元		0
433	산정면	松鶴坪	已	11	대	0.0175	申万吉	朴周永	초	3
434	산정면	松鶴洞	已	12	대	0.0088	申万吉	朴周永	초	2
435	산정면	松鶴洞	已	13	대	0.0109	申万吉	金卜石	초	3
436	산정면	松鶴洞	已	14	전	0.0079	申万吉	李根佐		0
437	산정면	松鶴洞	已	19	전	0.0118	申万吉	金卜石		0
438	산정면	松鶴前坪	長	19	답	0.24	金永雨	申敬植		0
439	산정면	宮垈坪	信	6	답	0.1283	朴令聲	申仲五		0
440	산정면	宮垈谷	信	40	답	0.1534	鄭宜得	申正五		0
441	산정면	宮垈谷	信	42	답	0.228	朴令成	申正順		0
442	산정면	宮垈谷	信	45	답	0.216	金永膺	申京五		0
443	산정면	春橋坪	使	1	전	0.156	申密熙	姜順今		0
444	산정면	春橋坪	使	29	답	0.7966	申萬吉	李道元		0
445	산정면	春橋坪	使	43	답	0.0884	申萬吉	李道然		0
446	산정면	春橋下坪	可	3	전	0.0482	申萬吉	申萬吉		0
447	산정면	春橋下坪	可	4	전	0.3192	申密喜	申密喜		0
448	산정면	春橋下坪	可	6	전	0.1255	申千吉	申千吉		0

449	산정면	春橋下坪	可	8	전	0.1335	申万吉	申万吉		0
450	산정면	春橋下坪	可	29	전	0.1178	申万吉	申万吉		0
451	산정면	春橋下坪	可	49	전	0.1632	申元俊	權恒壽		0
452	산정면	東山坪	器	16	대	0.0099	李根英	申晉九	초	3
453	산정면	東山坪	器	54	전	0.0559	申永云	趙宗玉		0
454	산정면	上九洞前坪	欲	84	전	0.0759	申采熙	金玉成		0
455	산정면	上九前坪	量	2	전	0.091	朴聖元	申元保		0
456	산정면	上九前坪	量	4	진	0.345	金貴得	申元保		0
457	산정면	九浪坪	墨	16	답	0.456	申采熙	金在成		0
458	산정면	防築下坪	絲	13	답	0.372	申采熙	尹花實		0
459	산정면	金垈下坪	梁	10	답	0.362	申万吉	金万春		0
460	산정면	金垈下坪	梁	13	답	0.1649	申万吉	李大卜		0
461	산정면	金垈下坪	梁	16	답	0.3927	申万吉	李淸卜		0
462	산정면	金垈下坪	詩	1	답	0.3851	申万吉	李淸卜		0
463	산정면	金垈下坪	詩	6	답	0.3054	申元均	金善明		0
464	산정면	防築底坪	讚	20	전	0.0851	申万吉	徐周一		0
465	산정면	馬頭後坪	羔	10	전	0.3525	申万吉	申万吉		0
466	산정면	馬頭後坪	羔	12	답	0.2583	申百万	吳大月		0
467	산정면	馬頭後坪	羔	16	답	0.54	申万吉	李英万		0
468	산정면	馬頭後坪	羔	32	전	0.3261	申万吉	金万得		0
469	산정면	馬頭後坪	羔	34	답	0.2225	申万吉	李哲丐		0
470	산정면	永新前坪	羔	39	답	0.4482	申万吉	高令天		0
471	산정면	永新坪	羊	5	전	0.3261	申密喜	李丁得		0
472	산정면	永新坪	羊	14	답	0.2919	申万吉	金浩德		0
473	산정면	富谷坪	景	2	전	0.0792	申万吉	許逺		0
474	산정면	富谷坪	景	12	전	0.1517	申万吉	趙熙鳳		0
475	산정면	富谷坪	景	38	전	0.171	申錫命	朴命哲		0
476	산정면	富谷坪	景	40	전	0.0982	申錫命	韓長會		0
477	산정면	永酒洞	景	56	전	0.3246	申石命	李啓淵		0
478	산정면	永酒坪	行	38	전	0.2688	申仁休	閔山得		0

479	산정면	永酒坪	行	40	답	0.1671	申仁休	閔山得		0
480	산정면	永酒坪	行	44	답	0.048	申仁休	閔山得		0
481	산정면	永酒坪	行	52	답	0.2138	申百万	吳允每		0
482	산정면	永酒坪	行	63	답	0.3857	申百万	吳大月		0
483	산정면	九下坪	維	2	답	0.0802	申百万	李哲㐘		0
484	산정면	九下坪	維	4	답	0.1538	申仁休	閔壽得		0
485	산정면	九下坪	維	5	답	0.1344	申百万	吳允每		0
486	산정면	九下坪	維	7	답	0.4889	申百万	吳大月		0
487	산정면	九下坪	維	18	답	0.2536	申百万	吳卜千		0
488	산정면	九下坪	維	25	답	0.1298	申永休	閔山得		0
489	산정면	九下坪	維	32	답	0.2544	申百万	吳卜得		0
490	산정면	九下坪	維	37	전	0.1756	申万吉	金化一		0
491	산정면	九下坪	維	38	전	0.0916	申永休	申永休		0
492	초평면	水門坪	端	6	답	0.1008	李承雨	申㐘伊		0
493	초평면	九星里界	空	8	대	0.0148	李承雨	申信㐘	초	3
494	초평면	福谷	傳	28	대	0.0371	申晦求	申晦求	초	4
495	초평면	虎踰嶺	聲	21	전	0.1554	申晦求	高京三		0
496	초평면	虎踰嶺	聲	24	전	0.1964	姜宜俊	申京雨		0
497	초평면	虎踰嶺	聲	26	전	0.1031	金台鉉	申正叔		0
498	초평면	長峴	虛	4	답	0.3338	朴勝德	申斗金		0
499	초평면	長峴	虛	9	답	0.0718	朴勝麟	申斗金		0
500	초평면	長峴	虛	24	전	0.0195	申敬順	申敬順		0
501	초평면	新坪	福	15	전	0.1436	申昌汝	申昌汝		0
502	초평면	新坪	福	29	답	0.0916	金在莘	申致云		0
503	초평면	新坪	福	37	답	0.0764	金在莘	申順仙		0
504	초평면	新坪	緣	26	답	0.1326	金在莘	申順七		0
505	초평면	新坪	緣	36	대	0.018	朴勝德	申順仙	초	3
506	초평면	上永	善	17	전	0.1833	申昌汝	尹聖佐		0
507	초평면	上永	善	38	전	0.407	金三鉉	申順從		0
508	초평면	上永	善	40	전	0.2657	申順七	申順七		0

509	초평면	裏坪	善	45	답	0.1176	金肯鉉	申致云		0
510	초평면	裏坪	善	46	전	0.1728	申致云	申致云		0
511	초평면	裏坪	善	47	전	0.2775	申正云	申正云		0
512	초평면	裏坪	善	48	답	0.234	金肯鉉	申順從		0
513	초평면	裏坪	善	49	답	0.0862	申正云	申正云		0
514	초평면	裏坪	慶	1	답	1.1127	金肯鉉	申正云		0
515	초평면	裏坪	慶	4	전	0.6872	金肯鉉	申正云		0
516	초평면	裏坪	慶	7	진	0.4614	蔡奎駿	申正順		0
517	초평면	裏坪	慶	15	전	0.1287	朴勝麟	申正叔		0
518	초평면	裏坪	慶	16	전	0.1178	孫性必	申明汝		0
519	초평면	裏坪	慶	17	전	0.2079	鄭元甘	申順七		0
520	초평면	裏坪	慶	23	전	0.142	李相高	申斗金		0
521	초평면	裏坪	慶	25	전	0.0704	申致云	申致云		0
522	초평면	下永	慶	26	대	0.0118	申致云	申順從	초	2
523	초평면	下永	慶	27	대	0.026	申致云	崔學浩	초	5
524	초평면	下永	慶	28	대	0.0236	申致云	趙允化	초	4
525	초평면	下永	慶	29	대	0.0131	申致云	崔龍卜	초	2
526	초평면	下永	慶	30	대	0.0144	崔鍾德	申順七	초	3
527	초평면	下永	慶	41	답	0.2326	李大夏	申順七		0
528	초평면	下永	尺	2	답	0.3354	申明汝	申明汝		0
529	초평면	下永	尺	7	전	0.1473	朴勝德	申斗金		0
530	초평면	下永	尺	11	전	0.2502	朴勝麟	申德裕		0
531	초평면	下永	尺	18	전	0.1163	金台鉉	申順先		0
532	초평면	下永	尺	20	전	0.0513	申仁休	申仁休		0
533	초평면	下永	尺	35	대	0.0157	李之興	申正云	초	3
534	초평면	下永	尺	38	대	0.0175	李之興	申正叔	초	3
535	초평면	下永	尺	40	대	0.0236	李之興	申明如	초	3
536	초평면	下永	尺	42	대	0.0131	李之興	申正五	초	3
537	초평면	下永	尺	43	대	0.0214	李之興	申昌如	초	3
538	초평면	下永	尺	48	대	0.0245	朴勝德	申致云	초	3

539	초평면	至樂坪	尺	52	전	0.1985	李之興	申正云		0
540	초평면	至樂坪	尺	60	전	0.1636	申明如	申明如		0
541	초평면	至樂坪	尺	61	전	0.4562	朴勝德	申龍云		0
542	초평면	至樂坪	尺	73	전	0.084	姜汝振	申正五		0
543	초평면	至樂坪	尺	77	전	0.0657	朴勝麟	申致云		0
544	초평면	至樂坪	尺	78	전	0.1985	朴勝麟	申正叔		0
545	초평면	至樂坪	璧	1	전	0.1145	申順七	申順七		0
546	초평면	至樂坪	璧	2	전	0.2483	朴勝德	申致云		0
547	초평면	至樂坪	璧	3	전	0.2356	崔鍾德	申明汝		0
548	초평면	至樂坪	璧	4	전	0.1536	朴勝德	申正順		0
549	초평면	至樂坪	璧	10	전	0.2099	申順七	申順七		0
550	초평면	至樂坪	璧	14	전	0.0909	申正云	申正云		0
551	초평면	至樂坪	璧	15	전	0.0744	朴勝德	申斗金		0
552	초평면	至樂坪	璧	17	전	0.1609	申仁休	申仁休		0
553	초평면	至樂坪	璧	21	전	0.1113	申正叔	申正叔		0
554	초평면	至樂坪	璧	22	전	0.1119	申正云	申正云		0
555	초평면	至樂坪	璧	27	전	0.4786	朴勝德	申斗金		0
556	초평면	至樂坪	璧	29	전	0.1649	蔡奎鳳	申仁休		0
557	초평면	至樂坪	璧	31	전	0.2016	申德裕	申德裕		0
558	초평면	至樂坪	璧	43	전	0.3976	申正純	申正純		0
559	초평면	亭子坪	非	9	전	0.4014	朴勝麟	申斗金		0
560	초평면	亭子坪	寶	4	답	0.1407	金世鉉	申昌汝		0
561	초평면	大坪	寶	48	전	0.5269	尹聖在	申仁休		0
562	초평면	九星里	競	59	전	0.0577	申昌汝	楊德允		0
563	초평면	東岑	父	17	전	0.0995	申益卜	申益卜		0
564	초평면	東岑	君	18	전	0.0818	申光一	申光一		0
565	초평면	陽村	嚴	42	답	0.0489	申益卜	申益卜		0
566	초평면	陽村	嚴	43	전	0.2094	申益卜	申益卜		0
567	초평면	寺谷	與	4	대	0.15	李鉢伊	申益卜	초	10
568	초평면	寺谷	與	10	답	0.1091	李用業	申益卜		0

569	초평면	寺谷	與	11	전	0.0603	申益卜	申益卜		0
570	초평면	寺谷	與	24	답	0.3815	申益卜	申益卜		0
571	초평면	寺谷	與	25	답	0.2788	申益卜	申益卜		0
572	초평면	寺谷	與	43	답	0.0644	申益卜	申益卜		0
573	초평면	文嚴川邊	與	50	답	0.1135	申益卜	申益卜		0
574	초평면	梅山前	與	52	전	0.2062	申益卜	申益卜		0
575	초평면	梅山前	敬	3	전	0.4128	申益卜	尹用喆		0
576	초평면	梅山洞	敬	31	전	0.1473	申益卜	郭好京		0
577	초평면	梅山洞	敬	35	전	0.1364	申益卜	申益卜		0
578	초평면	梅山洞	敬	42	답	0.1239	申益卜	李時卜		0
579	초평면	梅山洞	孝	1	답	0.2596	申益卜	尹學先		0
580	초평면	梅山洞	孝	11	답	0.2133	申益卜	申益卜		0
581	초평면	梅山洞	孝	14	답	0.0681	申益卜	申益卜		0
582	초평면	生八里後坪	當	4	전	0.8781	趙太卜	申漢曹		0
583	초평면	生八里後坪	當	6	전	0.0829	趙太卜	申漢曹		0
584	초평면	生八里垈	當	17	대	0.0196	安大卜	申漢曹	초	3
585	초평면	生八里前坪	竭	9	답	0.5891	申興先	申興先		0
586	초평면	生八里前坪	竭	11	전	0.0464	金八月	申萬鳳		0
587	초평면	生八里前坪	竭	17	답	0.0655	申萬鳳	申萬鳳		0
588	초평면	生八里前坪	竭	19	답	0.0907	朴致西	申貴先		0
589	초평면	生八里前坪	竭	22	답	0.053	申萬鳳	申萬鳳		0
590	초평면	生八里前坪	竭	23	답	0.2482	申興先	申興先		0
591	초평면	生八里前坪	竭	27	답	0.2454	趙鳳島	申春日		0
592	초평면	生八里前坪	竭	28	답	0.2138	趙鳳島	申春日		0
593	초평면	長谷	竭	34	전	0.1178	崔甲丐	申重一		0
594	초평면	長谷	竭	36	전	0.5952	趙太卜	申九烈		0
595	초평면	斜山垈	力	6	대	0.0131	金九實	申春日	초	3
596	초평면	斜山垈	力	11	대	0.0425	金九實	申春日	초	8
597	초평면	斜山垈	力	15	대	0.0153	申貴先	金致明	초	3
598	초평면	斜山垈	力	16	대	0.12	申貴先	金允明	초	3

599	초평면	斜山垈	力	17	대	0.0425	申貴先	李化實	초	3
600	초평면	斜山垈	力	18	전	0.1806	申貴善	申重一		0
601	초평면	斜山垈	力	19	전	0.1466	孫卜釗	申貴烈		0
602	초평면	斜山垈	力	23	전	0.2116	宋化京	申貴烈		0
603	초평면	斜山垈	力	26	전	0.1522	宋化京	申貴烈		0
604	초평면	斜山垈	力	28	전	0.2042	申貴先	申貴先		0
605	초평면	斜山垈	力	36	전	0.2454	申仁卜	申仁卜		0
606	초평면	斜山垈	力	37	전	0.2062	楊卜善	申貴烈		0
607	초평면	斜山垈	力	40	전	0.63	李舜種	申貴善		0
608	초평면	斜山前坪	忠	6	전	0.1492	申仁卜	申仁卜		0
609	초평면	斜山前坪	忠	7	전	0.4636	楊卜善	申貴善		0
610	초평면	斜山前坪	忠	8	전	0.1064	申貴善	申貴善		0
611	초평면	斜山前坪	忠	22	전	0.0442	楊卜善	申貴善		0
612	초평면	斜山前坪	忠	24	답	0.2891	申貴善	申貴善		0
613	초평면	斜山前坪	忠	29	전	0.0601	申貴列	申貴列		0
614	초평면	斜山前坪	忠	35	전	0.1473	申貴列	申貴列		0
615	초평면	意近坪	則	8	전	0.2553	申興善	申興善		0
616	초평면	意近坪	則	14	전	0.4254	申興先	申興先		0
617	초평면	意近坪	則	20	전	0.1702	申仁卜	申仁卜		0
618	초평면	意近坪	則	21	전	0.5454	申仁卜	申仁卜		0
619	초평면	意近坪	則	28	답	0.0229	申仁卜	申仁卜		0
620	초평면	意近坪	則	41	전	0.3417	申致實	申致實		0
621	초평면	畵巖垈	命	8	전	0.0443	申貴先	李致敦		0
622	초평면	畵巖垈	命	9	전	0.0493	申貴先	申貴先		0
623	초평면	畵巖垈	命	14	전	0.084	趙太卜	申仁卜		0
624	초평면	畵巖垈	命	15	전	0.1844	申貴先	申貴先		0
625	초평면	畵巖垈	命	20	전	0.0969	申貴先	申貴先		0
626	초평면	畵巖垈	命	21	대	0.0288	申貴先	池良五	초	3
627	초평면	畵巖垈	命	23	대	0.0327	趙太卜	申貴先	초	5
628	초평면	畵巖垈	命	27	대	0.0275	趙太卜	申仁卜	초	5

629	초평면	畵巖坌	命	30	대	0.0199	趙太卜	申仁善	초	3
630	초평면	畵巖坌	命	45	전	0.1835	申光一	金漢甫		0
631	초평면	畵巖坌	命	51	전	0.1413	趙太卜	申仁先		0
632	초평면	畵巖坌	命	55	대	0.0349	申光一	李敬先	초	6
633	초평면	畵巖坌	命	56	전	0.0236	申光一	李文一		0
634	초평면	畵巖坌	命	57	대	0.0445	申光一	李道明	초	6
635	초평면	畵巖坌	命	60	전	0.0207	申光一	李文一		0
636	초평면	畵巖坌	命	61	대	0.034	中光	李成三	초	4
637	초평면	畵巖坌	命	62	대	0.0109	申光一	朴成三	초	2
638	초평면	畵巖坌	命	67	대	0.0204	申光一	李元實	초	3
639	초평면	畵巖坌	命	68	대	0.0108	申光一	安伊玄	초	3
640	초평면	畵巖坌	命	72	전	0.2978	李又三	申貴先		0
641	초평면	畵巖坌	命	73	전	0.2828	申光一	李成三		0
642	초평면	畵巖坌	命	79	전	0.1617	申仁卜	申仁卜		0
643	초평면	小道坌	臨	6	전	0.1745	趙太卜	申甲出		0
644	초평면	小道坌	臨	11	대	0.0214	趙太卜	申治萬	초	3
645	초평면	小道坌	臨	17	전	0.0118	趙太卜	申興先		0
646	초평면	小道坌	臨	18	전	0.5323	申興先	申興先		0
647	초평면	小道坌	臨	21	전	0.1817	趙太卜	申致萬		0
648	초평면	小道坌	臨	25	대	0.0736	趙完得	申致長	초	3
649	초평면	小道坌	臨	28	대	0.0456	趙完得	申興先	초	9
650	초평면	小道坌	臨	31	대	0.0327	趙完得	申甲出	초	3
651	초평면	小道坌	臨	32	대	0.0214	趙完得	申萬水	초	3
652	초평면	小道坌	臨	34	대	0.0118	趙太卜	申治權	초	3
653	초평면	小道坌	臨	35	전	0.0353	趙太卜	申興先		0
654	초평면	小道坌	臨	38	전	0.3316	趙太卜	申治長		0
655	초평면	小道坌	臨	42	전	0.1173	趙太卜	申治長		0
656	초평면	小道坌	臨	43	전	0.1065	林聖九	申治長		0
657	초평면	小道坌	臨	45	전	0.3474	申治長	申治長		0
658	초평면	小道坌	臨	52	답	0.2056	申仁水	申仁水		0

659	초평면	小道垈	臨	55	답	0.1135	申仁水	申仁水	0
660	초평면	竹井坪	深	11	전	0.2723	申石艺	申石艺	0
661	초평면	竹井洞	深	28	전	0.2967	申興先	尹春元	0
662	초평면	竹井坪	履	6	답	0.129	申甲出	申甲出	0
663	초평면	竹井坪	履	9	답	0.1451	申治長	申治長	0
664	초평면	竹井坪	履	15	답	0.1964	申致券	申致券	0
665	초평면	竹井坪	履	25	답	0.1347	申化實	尹重達	0
666	초평면	竹井坪	履	27	답	0.0964	申致俊	申致俊	0
667	초평면	竹井坪	履	42	답	0.0753	林永先	申致長	0
668	초평면	竹井坪	履	48	답	0.2045	申化實	崔云先	0
669	초평면	竹井坪	薄	1	답	0.2553	申致長	申致長	0
670	초평면	竹井坪	薄	3	답	0.1361	申化實	申化實	0
671	초평면	竹井坪	薄	8	전	0.0982	申致長	申致長	0
672	초평면	敬相坪	夙	1	전	0.5127	申化實	尹中根	0
673	초평면	敬相坪	夙	16	답	0.0567	申治長	申治長	0
674	문방면	泉谷坪	興	1	전	0.18	申石艺	申石艺	0
675	문방면	泉谷垈	興	11	전	0.1404	申石艺	申石艺	0
676	문방면	泉谷垈	興	19	전	0.5105	申化實	卞鍾台	0
677	문방면	泉谷垈	興	33	전	0.1561	申致俊	申甲出	0
678	문방면	泉谷垈	興	34	답	0.1617	申致俊	申甲出	0
679	문방면	泉谷垈	興	53	답	0.2533	申致俊	申致俊	0
680	문방면	小道坪	溫	24	전	0.0447	申致俊	申萬奉	0
681	문방면	小道坪	溫	26	답	0.127	申仁水	申仁水	0
682	문방면	小道坪	溫	28	전	0.2	趙太卜	申萬奉	0
683	문방면	小道坪	溫	30	전	0.0524	申治萬	申治萬	0
684	문방면	小道坪	溫	34	전	0.1581	申甲出	申甲出	0
685	문방면	立巖坪	溫	36	전	0.3096	趙太卜	申治俊	0
686	문방면	立巖坪	溫	46	전	0.4368	申致俊	申致俊	0
687	문방면	立巖坪	淸	1	전	0.0912	林鼎弘	申致坤	0
688	문방면	立巖坪	淸	2	전	0.1914	林鼎弘	申治萬	0

689	문방면	立巖坪	清	3	전	0.2939	申致俊	申萬奉		0
690	문방면	立巖坪	清	8	답	0.1261	林正萬	申致坤		0
691	문방면	立巖坪	清	29	답	0.0733	趙太卜	申致云		0
692	문방면	立巖坪	清	36	답	0.3164	趙太卜	申仁水		0
693	문방면	立巖坪	清	37	답	0.2684	林鼎弘	申治晩		0
694	문방면	立巖坪	清	40	답	0.2051	趙太卜	申漢兆		0
695	문방면	立巖坪	清	42	답	0.1754	趙太卜	申治云		0
696	문방면	立巖坪	清	46	답	0.5629	趙人卜	申治中		0
697	문방면	立巖坪	清	47	답	0.6409	申治俊	申治俊		0
698	문방면	立巖坪	似	2	답	0.4062	邊東衍	申治俊		0
699	문방면	立巖坪	似	2	답	0.3076	李漢應	申治俊		0
700	문방면	立巖坪	似	2	답	0.2199	趙太卜	申仁善		0
701	문방면	立巖坪	似	2	전	0.1361	申治俊	申治俊		0
702	문방면	立巖坪	似	3	답	0.3048	林正禹	申治坤		0
703	문방면	立巖坪	似	9	전	0.222	趙太卜	申治長		0
704	문방면	立巖坪	似	11	전	0.3982	申治俊	申治俊		0
705	문방면	立巖坪	似	12	전	0.1076	申治俊	趙明先		0
706	문방면	立巖坪	似	19	전	0.3936	申仁善	申仁善		0
707	문방면	立巖坪	似	22	전	0.0082	申治俊	申治俊	방아	1
708	문방면	釜洞	斯	58	답	0.2198	申明甫	林今石		0
709	문방면	裳谷垈	松	32	답	0.1344	申明保	林今石		0
710	문방면	成周文前坪	流	4	전	0.0432	申今山	申今山		0
711	문방면	長坪	流	125	전	0.2199	申友三	申友三		0
712	문방면	長坪	流	131	전	0.0191	申友三	申友三		0
713	문방면	丹正坪	流	132	전	0.0295	申友三	申友三		0
714	문방면	丹頂平	不	32	전	0.1119	申友三	申友三		0
715	문방면	內屈垈	息	38	대	0.0425	梁萬成	申用每	초	6
716	문방면	內屈垈	息	122	전	0.0131	林貴丹	申容每		0
717	문방면	內屈垈	息	123	전	0.0955	申用每	申用每		0
718	문방면	內屈垈	息	167	전	0.3142	林今每	申用每		0

719	문방면	內屈垈	息	236	전	0.0694	鄭水仁	申用每		0
720	문방면	內屈垈	息	241	전	0.1689	鄭水仁	申用每		0
721	문방면	新洑坪	息	246	전	0.1718	申用每	申用每		0
722	문방면	舊川坪	淵	78	전	0.0131	申用每	申用每		0
723	문방면	舊川坪	澄	2	답	0.1629	林巳卜	申用每		0
724	문방면	月湖前坪	止	2	답	0.1625	申用每	申用每		0
725	문방면	獨山坪	所	22	답	0.0055	申奉恩	申奉恩		0
726	문방면	小江亭垈	基	11	대	0.0109	林錫眞	申云先	초	3
727	문방면	小江亭後坪	籍	9	전	0.0818	申順得	李用得		0
728	문방면	小江亭後坪	籍	11	답	0.5441	林錫範	申德甫		0
729	문방면	小江亭垈	甚	30	대	0.0142	林錫範	申德甫	초	3
730	문방면	小江亭前坪	無	4	답	0.291	林甲卜	申奉云		0
731	문방면	文上前坪	優	24	답	0.1649	林正在	申奉云		0
732	문방면	文上垈	登	74	전	0.1488	申太順	金春三		0
733	문방면	古麗寺洞	攝	28	답	0.2618	申公新	柳計卜		0
734	문방면	率廳坪	以	30	전	0.2411	申功臣	申功臣		0
735	문방면	東德前坪	甘	4	답	0.4183	申功臣	朴達用		0
736	문방면	東德前坪	甘	9	전	0.0589	申功臣	申功臣		0
737	문방면	東德前坪	甘	14	전	0.0764	申功臣	申功臣		0
738	문방면	東德前坪	甘	18	전	0.1636	申功臣	申功臣		0
739	문방면	東德垈	甘	21	전	0.0142	申功臣	申功臣		0
740	문방면	東德垈	甘	29	대	0.0355	金在石	申成熙	초	4
741	문방면	東德垈	甘	36	답	0.0768	申成熙	趙春釗		0
742	문방면	東德垈	甘	38	전	0.1135	申功臣	申功臣		0
743	문방면	東德垈	甘	42	답	0.2264	申成熙	趙春釗		0
744	문방면	東德前坪	棠	2	전	0.0371	申公臣	申公臣		0
745	문방면	東德前坪	棠	9	전	0.0927	申成熙	趙春釗		0
746	문방면	東德前坪	棠	10	답	0.1064	申成熙	趙春釗		0
747	문방면	東德後坪	棠	18	답	0.2945	申成熙	韓平心		0
748	백락면	陵谷坪	而	38	답	0.1091	金應五	申元審		0

749	백락면	陵谷坪	而	51	답	0.2085	李順仲	申元心		0
750	백락면	陵谷坪	而	61	전	0.041	申元心	申元心		0
751	백락면	陵谷坪	而	63	전	0.0408	李龜魯	申元心		0
752	백락면	陵谷坪	盆	11	전	0.0742	申元心	申元心		0
753	백락면	陵谷坪	盆	17	답	0.1244	朴貫道	申元心		0
754	백락면	下泮坪	賤	73	전	0.1012	申幸玉	金景三		0
755	백락면	下泮坪	賤	74	전	0.0554	申幸玉	金景三		0
756	백락면	可竹坪	尊	61	진	0.1908	中華玉	金時泰		0
757	백락면	下大蔭後坪	唱	35	답	0.0989	申永西	南國玄		0
758	백락면	下大蔭洞坪	隨	21	대	0.0213	申順日	徐景一	초	5
759	백락면	下大蔭洞坪	隨	40	대	0.0157	申順日	方正德	초	3
760	백락면	下大蔭洞坪	隨	41	대	0.0275	申順日	李成七	초	3
761	백락면	下大蔭洞坪	隨	42	대	0.024	申順日	李允祚	초	5
762	백락면	台郞坪	外	8	전	0.12	申昌吉	宋允日		0
763	백락면	上大蔭上坪	受	38	전	0.1309	申迎西	南國西		0
764	백락면	上大蔭上坪	受	40	답	0.1244	申迎西	南國西		0
765	백락면	上大蔭洞	傳	6	답	0.1649	申迎西	南國玄		0
766	백락면	上大蔭下洞	訓	33	답	0.2291	申昌吉	劉千日		0
767	백락면	上大蔭下洞	訓	40	전	0.0229	申昌吉	柳文化		0
768	백락면	登草谷	訓	51	답	0.0742	申昌吉	柳文化		0
769	백락면	巴郞谷上下坪	入	38	전	0.0275	申君明	申君明		0
770	백락면	巴郞谷上下坪	入	42	전	0.1512	申用浩	申用浩		0
771	백락면	巴郞谷上下坪	入	44	전	0.2016	申用浩	申用浩		0
772	백락면	巴郞谷上下坪	入	46	전	0.0628	申禹眞	申禹眞		0
773	백락면	巴郞谷上下坪	入	50	전	0.0552	申禹眞	申禹眞		0
774	백락면	巴郞谷上下坪	入	53	답	0.055	申禹眞	申禹眞		0
775	백락면	巴郞谷上下坪	入	58	답	0.1364	申以叔	崔萬甫		0
776	백락면	巴郞谷上下坪	入	64	답	0.1217	申以叔	崔萬甫		0
777	백락면	磨玉洞	諸	20	대	0.0236	申元汝	申元汝	초	3
778	백락면	山直坪	諸	44	답	0.1521	申元汝	申元汝		0

779	백락면	山直前坪	諸	68	답	0.1388	申元汝	申元汝		0
780	백락면	山直前坪	諸	69	답	0.1649	鄭元鳳	申元汝		0
781	백락면	山直前坪	諸	86	대	0.0229	申太奉	申太奉	초	3
782	백락면	山直前坪	諸	102	전	0.1527	申元汝	申元汝		0
783	백락면	電坪	姑	13	전	0.0131	申元汝	申元汝		0
784	백락면	樂溪洞前後坪	姑	52	답	0.1276	李平海	申哲均		0
785	백락면	樂溪洞前後坪	姑	56	전	0.0393	申學均	申學均		0
786	백락면	樂溪洞前後坪	姑	59	답	0.1968	李平海	申哲均		0
787	백락면	樂溪洞前後坪	姑	67	답	0.2749	申太奉	申太奉		0
788	백락면	樂溪洞	伯	10	전	0.0576	申學均	申學均		0
789	백락면	樂溪洞	伯	27	대	0.0087	李斤浩	申學均	초	2
790	백락면	山直後坪	伯	69	전	0.0573	申德玄	申德玄		0
791	백락면	錫舟坪	叔	24	답	0.1968	金京五	申俊均		0
792	백락면	安適谷	猶	18	답	0.1854	金用明	申德玄		0
793	백락면	饒谷	比	28	답	0.2749	申仲集	申仲集		0
794	성암면	各串坪	氣	60	답	0.0508	鄭道源	申公眞		0
795	성암면	各串坪	氣	61	답	0.0884	鄭道源	申公眞		0
796	성암면	外巨洛坪	連	2	전	0.213	鄭道源	申公眞		0
797	성암면	外巨洛坪	連	6	전	0.0818	鄭道源	申公眞		0
798	성암면	內巨洛垈	連	6	답	0.1865	鄭道源	申公眞		0
799	성암면	內巨洛垈	連	6	대	0.0425	鄭道源	申公眞	초	8
800	성암면	內巨洛垈	連	6	대	0.0157	鄭道源	申判石	초	4
801	성암면	函積谷	連	6	전	0.0327	鄭道源	申公眞		0
802	성암면	新洑坪	連	9	답	0.0771	鄭道源	申公眞		0
803	성암면	新洑坪	連	11	전	0.3801	鄭海重	申公眞		0
804	성암면	新洑坪	連	15	답	0.6072	鄭道源	申公眞		0
805	성암면	新洑坪	連	17	전	0.0255	鄭道源	申公眞		0
806	성암면	新洑坪	連	24	전	0.0704	鄭道源	申公眞		0
807	성암면	新洑坪	連	25	답	0.4767	鄭道源	申公眞		0
808	성암면	新洑坪	連	30	답	0.132	鄭道源	申公眞		0

809	성암면	新湫中坪	連	43	답	0.1484	鄭道源	申公眞		0
810	성암면	中湫下坪	枝	5	전	0.0425	鄭道源	申公眞		0
811	성암면	國師郎坪	枝	54	답	0.3116	鄭道元	申錫行		0
812	성암면	茂基坪	交	4	답	0.1096	吳泰泳	申錫行		0
813	성암면	茂基坪	交	6	답	0.128	吳泰泳	申錫行		0
814	성암면	上湫中坪	友	64	답	0.2253	鄭誠源	申公眞		0
815	성암면	開鑽垈	分	56	답	0.0524	金順汝	申百年		0
816	성암면	胎峰下坪	切	1	답	0.3273	鄭雲淇	申元吾		0
817	성암면	胎峰下坪	切	1	답	0.276	申元善	申元善		0
818	성암면	芝長垈	磨	54	대	0.0759	鄭龍源	申元善	초	2
819	성암면	鳥里洞	磨	85	전	0.0605	申元善	申元善		0
820	성암면	鍮店坪	箴	5	답	0.2354	鄭道源	申元喜		0
821	성암면	士南坪	箴	28	답	0.3273	閔八万	申大千		0
822	성암면	鍮店坪	規	18	답	0.0873	徐相殷	申天益		0
823	성암면	鍮店坪	規	43	답	0.06	閔泳駿	申白用		0
824	성암면	鍮店坪	規	53	답	0.148	申先五	申先五		0
825	성암면	鍮店坪	規	67	답	0.1679	李根鎔	申天南		0
826	성암면	鍮店坪	規	111	답	0.0923	安同明	申万祖		0
827	성암면	鍮店坪	規	123	전	0.1227	申春西	李基老		0
828	성암면	上加垈	仁	52	답	0.1224	鄭道源	申可卜		0
829	성암면	上加垈	仁	59	답	0.0709	申萬朝	申萬朝		0
830	성암면	上加垈	仁	60	답	0.1027	申天益	申天益		0
831	성암면	上加垈	仁	95	답	0.0611	車万艻	申天甫		0
832	성암면	上加垈	仁	99	답	0.0312	車万艻	申天甫		0
833	성암면	上加垈	仁	111	전	0.0545	申先善	申先善		0
834	성암면	上加垈	仁	114	답	0.0766	閔八萬	申可卜		0
835	성암면	上加垈	仁	118	답	0.0799	閔八萬	申可卜		0
836	성암면	上加垈	仁	124	답	0.1035	閔八万	申大千		0
837	성암면	上加垈	仁	127	전	0.0528	鄭道源	申春梅		0
838	성암면	上加垈	仁	128	전	0.0394	金卞玉	申春梅		0

839	성암면	上加垈	仁	131	전	0.1336	鄭卜用	申大天		0
840	성암면	松亭坪	慈	4	답	0.216	車永平	申太鳳		0
841	성암면	松亭坪	慈	6	답	0.0297	申萬祖	申萬祖		0
842	성암면	松亭坪	慈	7	전	0.0196	閔八萬	申春梅		0
843	성암면	松亭坪	慈	8	답	0.102	申春西	申春西		0
844	성암면	松亭坪	慈	11	전	0.0589	申德洙	申德洙		0
845	성암면	松亭坪	慈	13	전	0.0305	申千翼	申千翼		0
846	성암면	松亭坪	慈	15	전	0.0082	金永勳	申可卜	용	0
847	성암면	松亭坪	慈	20	답	0.1113	宋化一	申萬祖		0
848	성암면	松亭坪	慈	27	답	0.132	申永平	鄭明源		0
849	성암면	松亭坪	慈	32	전	0.0491	李敬春	申大千		0
850	성암면	松亭坪	慈	33	전	0.2029	李敬春	申大千		0
851	성암면	松亭坪	慈	38	전	0.0682	申春西	申春西		0
852	성암면	聖巖垈	慈	45	대	0.0157	李敬春	申可卜	초	2
853	성암면	聖巖垈	慈	52	전	0.1336	申春西	申春西		0
854	성암면	聖巖垈	慈	60	답	0.1872	閔八萬	申太卜		0
855	성암면	聖巖垈	慈	62	대	0.0184	金永勳	申德立	초	2
856	성암면	聖巖垈	慈	63	대	0.0109	金永勳	申春西	초	2
857	성암면	聖巖垈	慈	77	전	0.1745	柳德準	申千億		0
858	성암면	聖巖垈	慈	87	전	0.0251	鄭道永	申可卜		0
859	성암면	聖巖垈	慈	92	전	0.1329	申性先	申性先		0
860	성암면	上加垈	隱	14	대	0.0315	李万卜	申千億	초	2
861	성암면	上加垈	隱	23	전	0.036	申春西	申春西		0
862	성암면	上加垈	隱	44	전	0.144	閔泳駿	申大千		0
863	성암면	山直里前坪	隱	60	대	0.0687	申春西	柳致心	초	3
864	성암면	山直里垈	隱	69	전	0.0273	申聖善	申聖善		0
865	성암면	山直里垈	隱	71	답	0.0778	閔泳駿	申德水		0
866	성암면	山直里垈	隱	72	대	0.0214	徐龍淳	申聖先	초	3
867	성암면	山直里垈	隱	73	대	0.0168	徐龍淳	申德水	초	3
868	성암면	山直里垈	隱	77	전	0.1414	劉致化	申萬朝		0

869	성암면	山直里垈	隱	79	전	0.0185	申天甫	申天甫		0
870	성암면	山直里垈	隱	80	전	0.0393	申天甫	申天甫		0
871	성암면	山直里垈	隱	81	대	0.0214	申天甫	申天甫	초	4
872	성암면	山直里垈	隱	82	대	0.0128	申天甫	李天奉	초	1
873	성암면	山直里垈	隱	83	전	0.0628	申天甫	李天奉		0
874	성암면	山直里垈	隱	84	대	0.0096	申天甫	李聖寬	초	2
875	성암면	山直里垈	隱	86	전	0.0218	申天益	申天益		0
876	성암면	山直里垈	隱	88	전	0.0545	申萬朝	中萬朝		0
877	성암면	山直里垈	隱	89	전	0.0432	鄭道源	申德水		0
878	성암면	山直里垈	隱	90	대	0.0855	李貞漢	申万祖	초	2
879	성암면	山直里垈	隱	93	전	0.0556	申天益	申天益		0
880	성암면	山直里垈	隱	102	답	0.0818	申天益	申天益		0
881	성암면	岩中洑坪	造	6	답	0.0471	閔八萬	申天益		0
882	성암면	岩中洑坪	造	8	전	0.1614	閔八万	申禮享		0
883	성암면	岩中洑坪	造	13	답	0.1202	閔永駿	申天益		0
884	성암면	宗坪	造	70	답	0.1204	閔致憲	申春西		0
885	성암면	石塼垈	弗	70	답	0.1016	閔八萬	申天益		0
886	성암면	如士垈	弗	97	대	0.0655	金烑	申泰雨	초	2
887	성암면	可幕坪	離	16	답	0.2444	閔天植	申泰南		0
888	성암면	鳳坪	廉	52	전	0.0436	申元吉	申元吉		0
889	성암면	鳳坪	廉	63	답	0.3108	權永選	申元五		0
890	성암면	鳳坪	廉	75	답	0.1982	朴汝千	申正文		0
891	성암면	文泉前坪	退	6	전	0.036	申正九	崔孝先		0
892	성암면	大幕酒店垈	退	52	전	0.1129	金五伯	申正文		0
893	성암면	大幕酒店垈	退	55	답	0.21	朴汝千	申正文		0
894	성암면	鳳坪	顚	5	답	0.1342	申正文	申正文		0
895	성암면	鳳德垈	匪	12	답	0.0646	李順敬	申元吉		0
896	성암면	鳳德垈	匪	15	대	0.0279	朴興壽	申元吉	초	3
897	성암면	昆直洞	虧	11	답	0.2017	申景雲	李寅星		0
898	성암면	藥水洞	靜	8	답	0.1527	申化實	申化實		0

899	성암면	內山垈	情	50	전	0.0304	申杓	尹成五		0
900	성암면	內山垈	情	53	전	0.1692	申杓	柳基秀		0
901	성암면	內山垈	情	55	전	0.0216	申杓	尹成五		0
902	성암면	內山垈	情	56	전	0.2198	申杓	申壽峯		0
903	성암면	內山垈	情	57	전	0.1571	申杓	孫聖道		0
904	성암면	內山垈	情	58	전	0.3368	申杓	柳基秀		0
905	성암면	率敬坪	逸	2	답	0.204	申万乭	金順化		0
906	성암면	內山垈	逸	30	전	0.4473	韓性和	申元五		0
907	성암면	內山垈	逸	35	전	0.0932	申元五	申元五		0
908	성암면	下沐垈	逸	45	대	0.0184	李圭弼	申壽奉	초	2
909	성암면	下沐垈	逸	47	답	0.2918	李聖在	申壽奉		0
910	성암면	下沐垈	逸	49	전	0.0405	申元五	申元五		0
911	성암면	下沐垈	逸	54	답	0.0912	崔敬明	申元五		0
912	성암면	下沐垈	逸	57	답	0.1575	韓性化	申元五		0
913	성암면	下沐里垈	逸	73	대	0.0458	申元五	申元五	초	3
914	성암면	下沐坪	心	4	답	0.0425	申元五	申元五		0
915	성암면	下沐坪	心	27	전	0.3623	申元五	申元五		0
916	성암면	下沐坪	心	37	답	0.0791	申元五	申元五		0
917	성암면	桂陽里垈	神	36	전	0.048	申宗實	申宗實		0
918	성암면	寶蓮垈	守	35	대	0.0167	蔡奎鳳	申宗實	초	2
919	성암면	寶蓮垈	守	46	대	0.0278	金汝剛	申允中	초	2
920	성암면	寶蓮垈	守	47	답	0.1741	蔡奎鳳	申宗實		0
921	성암면	寶蓮垈	守	50	전	0.0652	申宗實	申宗實		0
922	행정면	池九洞上村	志	108	답	0.1178	申橺	池春景		0
923	행정면	池九洞上村	志	110	답	0.1571	申橺	池春景		0
924	행정면	池九洞前坪	志	169	답	0.0712	申橺	李種文		0
925	행정면	臺山坪	滿	11	답	0.4166	申橺	金德秀		0
926	행정면	池九下坪	滿	39	답	0.1794	申橺	金漢卿		0
927	행정면	池九下坪	滿	48	답	0.3652	申橺	朴有淵		0
928	행정면	池九下坪	逐	7	답	0.1064	申橺	朴春甫		0

929	행정면	池九下坪	逐	9	답	0.288	申欄	李善汝		0
930	행정면	同正谷	逐	27	전	0.0511	鄭迪源	申六石		0
931	행정면	同正谷	逐	41	전	0.0668	鄭敎源	申六石		0
932	행정면	寒泉谷坪	逐	98	전	0.0736	鄭敎源	申六石		0
933	행정면	寒泉谷坪	逐	103	대	0.0276	鄭健源	申六石	조	6
934	행정면	汝亭前坪	物	3	답	0.7828	鄭敎源	申六石		0
935	행정면	汝亭前坪	物	25	답	0.0205	鄭敎源	申六石		0
936	행징면	汝亭前坪	物	30	답	0.3138	鄭敎源	申六石		0
937	행정면	汝亭前坪	物	31	답	0.1829	鄭敎源	申六石		0
938	행정면	吹笛谷	操	90	답	0.5018	申欄	柳仁哲		0
939	행정면	文案坪	好	81	답	0.3489	申欄	柳基一		0
940	행정면	杏井坪	自	22	답	0.1306	申欄	柳基殷		0
941	행정면	杏井坪	自	36	답	0.1484	申欄	柳順敬		0
942	행정면	下道峯垈	糜	16	답	0.2409	申德敬	任鍾云		0
943	행정면	下道峯垈	糜	20	전	0.0352	申德敬	任鍾云		0
944	행정면	下道峯垈	糜	21	답	0.1964	申德敬	任鍾云		0
945	행정면	石花洞坪	都	63	답	0.3939	金山興	申命丹		0
946	행정면	長管垈	邑	67	대	0.0279	申錫鉉	任宗云	조	4
947	행정면	長管垈	邑	68	대	0.0495	申錫鉉	申錫鉉	조	4
948	행정면	長管垈	邑	69	대	0.0315	申錫鉉	金好善	조	3
949	행정면	長管里垈	華	5	대	0.0315	李景八	申鐵鉉	조	3
950	행정면	長管里垈	華	25	전	0.1364	申錫鉉	朴千萬		0
951	행정면	三孝舊基	華	62	전	0.0436	李景八	申鐵鉉		0
952	행정면	三孝舊基	華	63	전	0.2291	朴永珪	申鐵鉉		0
953	행정면	常山坪	華	74	답	0.0324	金山興	申鐵鉉		0
954	행정면	常山坪	華	76	답	0.1466	金山興	申鐵鉉		0
955	행정면	常山坪	華	80	답	0.1165	李景七	申錫鉉		0
956	행정면	常山坪	華	86	답	0.1135	李景七	申喆鉉		0
957	행정면	常山坪	夏	5	답	0.3617	申百萬	朴千萬		0
958	행정면	常山坪	夏	12	답	0.1161	申百萬	朴順吉		0

959	행정면	常山坪	夏	16	답	0.1979	申錫鉉	申錫鉉		0
960	행정면	常山坪	夏	20	답	0.1152	申錫鉉	申錫鉉		0
961	행정면	常山坪	夏	29	답	0.1283	申錫鉉	申錫鉉		0
962	행정면	學堂垈	東	78	전	0.1484	申櫚	金周卿		0
963	행정면	明信垈	西	38	대	0.0312	金永孫	申在讓	초	3
964	행정면	明信垈	西	62	답	0.1091	鄭一云金	申在英		0
965	행정면	明信垈	西	89	전	0.1229	申正凡	申正凡		0
966	행정면	明信垈	西	91	대	0.0111	申正凡	李寅	초	1
967	행정면	伴雲巖	二	39	전	0.1756	李景八	申在正		0
968	행정면	東巖垈	二	49	대	0.1298	李性眞	申在源	초	3
969	행정면	東巖垈	二	50	대	0.1845	南錫經	申政春	초	3
970	행정면	東幕谷	二	103	전	0.0327	申在英	申在英		0
971	행정면	松亭里坪	洛	39	답	0.3382	申梜	李冕得		0
972	행정면	松亭里坪	浮	28	답	0.276	申梜	李勉補		0
973	행정면	上松垈坪	渭	18	답	0.4786	申梜	李勉克		0
974	백곡면	栗木洞前坪	涇	40	답	0.1961	睦大成	申漢一		0
975	백곡면	酒店	涇	60	전	0.0262	鄭海元	申德水		0
976	백곡면	酒店	涇	84	전	0.3028	申漢一	申漢一		0
977	백곡면	內洞前坪	宮	139	전	0.1645	申在龍	申在龍		0
978	백곡면	芋洞	殷	61	대	0.0468	劉樂源	申觀植	초	3
979	백곡면	芋洞	殷	67	답	0.1833	鄭教源	申在龍		0
980	백곡면	芋洞	殷	76	답	0.3927	鄭教源	申在龍		0
981	백곡면	芋洞	殷	78	전	0.0327	鄭教源	申在龍		0
982	백곡면	龍巖前坪	殷	80	답	0.0157	鄭教源	申在龍		0
983	백곡면	龍巖前坪	殷	88	답	0.1824	申櫚	朴中順		0
984	백곡면	龍巖洞	盤	13	대	0.0177	劉樂源	申在龍	초	4
985	백곡면	龍巖洞	盤	29	전	0.2247	申櫚	劉敏源		0
986	백곡면	龍巖洞	盤	34	답	0.592	申櫚	劉秉文		0
987	백곡면	陵洞前坪	盤	40	답	0.2182	申櫚	劉泉源		0
988	백곡면	陵洞前坪	盤	62	답	0.0622	申櫚	劉泉源		0

989	백곡면	陵洞前坪	盤	69	답	0.1571	申櫨	劉秉文		0
990	백곡면	陵洞前坪	盤	73	답	0.0916	申櫨	劉泉源		0
991	백곡면	陵洞前坪	盤	77	답	0.2182	申櫨	劉秉文		0
992	백곡면	陵洞前坪	盤	78	답	0.0641	申在龍	劉秉九		0
993	백곡면	陵洞前坪	盤	84	답	0.1356	申櫨	劉泉源		0
994	백곡면	陵洞前坪	盤	91	답	0.2184	金敬順	申在龍		0
995	백곡면	石峴	鬱	17	대	0.0185	洪祐範	申德水	초	3
996	백곡면	內基洞	鬱	101	전	0.1772	申檍	柳晶赫		0
997	백곡면	開平坪	樓	9	답	0.2356	申檍	黃鍾福		0
998	백곡면	開平洞	樓	33	대	0.0353	申檍	高範周	초	7
999	백곡면	開平洞	樓	35	대	0.1021	申檍	金昌來	초	5
1000	백곡면	開平洞	樓	36	대	0.0501	申檍	黃鍾福	초	6
1001	백곡면	開平洞	樓	42	대	0.0393	申檍	金善卿	초	3
1002	백곡면	開平洞	樓	43	대	0.0287	申檍	任殷教	초	3
1003	백곡면	開平前坪	樓	55	전	0.189	申檍	金南淵		0
1004	백곡면	開平前坪	觀	2	답	0.1368	申檍	金彦起		0
1005	백곡면	開平前坪	觀	7	답	0.0982	申檍	黃鍾福		0
1006	백곡면	開平前坪	觀	16	답	0.2003	申檍	金永善		0
1007	백곡면	開平前坪	觀	19	답	0.2291	申檍	金南先		0
1008	백곡면	開平西坪	飛	3	답	0.1604	申檍	黃鍾福		0
1009	백곡면	開平西坪	飛	9	답	0.1833	申檍	陰春一		0
1010	백곡면	五大洞坪	飛	67	답	0.1527	申元集	姜致伯		0
1011	백곡면	五大洞坪	飛	74	전	0.24	申元集	姜致伯		0
1012	백곡면	芝芳洞坪	驚	38	답	0.1451	申漢一	申漢一		0
1013	백곡면	亭子坪	獸	33	답	0.0344	林正一	申正西		0
1014	백곡면	亭子坪	獸	55	답	0.2435	申次甫	申次甫		0
1015	백곡면	亭子坪	獸	61	답	0.3489	申敬春	宋善一		0
1016	백곡면	亭子坪	獸	62	답	0.2886	申敬春	宋善一		0
1017	백곡면	石底坪	畫	1	답	0.278	申敬春	孫允水		0
1018	백곡면	水門東坪	畫	64	전	0.4078	申聖官	宋善一		0

1019	백곡면	水門坪	綵	7	답	0.1702	宋正淳	申敬西		0
1020	백곡면	水門坪	綵	8	전	0.058	朴元弼	申得瑞		0
1021	백곡면	水門坪	綵	12	답	0.1745	朴天瑞	申正瑞		0
1022	백곡면	水門坪	綵	20	전	0.1237	朴德興	申正瑞		0
1023	백곡면	中水門洞	綵	25	대	0.024	林水鳳	申正緒	초	3
1024	백곡면	中水門洞	綵	47	대	0.0109	權輔善	申昌業	초	2
1025	백곡면	中水門洞	綵	54	전	0.072	李鍾輔	申用伊		0
1026	백곡면	上水門洞前坪	綵	63	답	0.0175	李鍾輔	申用伊		0
1027	백곡면	上水門洞	綵	83	답	0.1129	申錫榮	趙成龍		0
1028	백곡면	上水門洞	綵	84	전	0.0663	申錫榮	趙成龍		0
1029	백곡면	上水門洞	綵	85	대	0.1257	申錫榮	李聖文	초	3
1030	백곡면	上水門洞	綵	94	답	0.1297	申錫榮	林春三		0
1031	백곡면	上水門洞	綵	98	전	0.141	申錫榮	申錫榮		0
1032	백곡면	上水門洞	仙	3	대	0.0436	申錫榮	趙九西	초	4
1033	백곡면	上水門洞	仙	4	대	0.0315	李範奎	申錫熙	초	3
1034	백곡면	上水門洞	仙	12	답	0.0229	申錫熙	朴春三		0
1035	백곡면	上水門洞	仙	23	답	0.1811	申性文	林春三		0
1036	백곡면	大三前坪	靈	76	답	0.1244	徐廷喆	申今奉		0
1037	백곡면	大三前坪	內	3	답	0.2258	徐廷喆	申今奉		0
1038	백곡면	大三南邊洞	內	9	대	0.0196	申今奉	申今奉	초	3
1039	백곡면	大三南邊洞	內	21	전	0.0327	徐廷喆	申卜同		0
1040	백곡면	大三北邊洞	內	75	대	0.0524	徐廷喆	申卜同	초	6
1041	백곡면	馬驅洞	舍	50	전	0.2505	徐廷喆	申今奉		0
1042	백곡면	介竹上坪	甲	13	답	0.2164	李凡元	申申乫		0
1043	백곡면	介竹上坪	甲	34	전	0.0491	李桂夏	申申敦		0
1044	백곡면	介竹上坪	甲	35	답	0.0327	李凡元	申申敦		0
1045	백곡면	介竹上坪	甲	37	전	0.1574	李凡元	申申乫		0
1046	백곡면	蘆新洞	甲	63	대	0.0164	李桂夏	申申乫	초	2
1047	백곡면	新垈坪	帳	6	답	0.3436	李凡天	申甲乫		0
1048	백곡면	新垈洞	帳	24	대	0.0311	李桂夏	申卜均	초	3

1049	백곡면	中蘆下洞	楹	39	답	0.1021	高晚朝	申朝桀		0
1050	백곡면	陽村	設	56	전	0.0947	申春心	朴仁相		0
1051	백곡면	陽村	設	57	전	0.1964	李夏文	申相傑		0
1052	백곡면	陽村	席	14	대	0.0394	李奉九	申上傑	초	6
1053	백곡면	陽村	席	23	전	0.1296	李奉九	申上傑		0
1054	백곡면	寺谷	席	194	답	0.0191	申升守	金學己		0
1055	백곡면	上白坪	瑟	12	답	0.3534	申局	金行石		0
1056	백곡면	上白坪	瑟	25	답	0.3109	申刀九	韓仁石		0
1057	백곡면	龍岩坪	吹	56	전	0.3054	申局	徐明雨		0
1058	백곡면	龍岩坪	吹	68	답	0.1433	申局	朴春三		0
1059	백곡면	龍岩坪	吹	70	답	0.1815	申局	池同成		0
1060	백곡면	龍岩坪	吹	77	전	0.0982	申升先	申升先		0
1061	백곡면	龍岩坪	吹	80	답	1.3538	申局	池同成		0
1062	백곡면	下白坪	笙	4	답	0.5728	申局	池同成		0
1063	백곡면	下白坪	笙	5	전	0.1908	申局	池同成		0
1064	백곡면	下白西邊里	笙	7	대	0.0412	申局	尹行哲	초	7
1065	백곡면	下白西邊里	笙	8	대	0.0419	申局	尹行必	초	3
1066	백곡면	下白西邊里	笙	16	전	0.0655	申局	安明水		0
1067	백곡면	下白西邊里	笙	18	전	0.0624	申局	池同成		0
1068	백곡면	下白西邊里	笙	19	답	0.0589	申局	朴春三		0
1069	백곡면	下白西邊里	笙	24	전	0.1964	申局	安明水		0
1070	백곡면	下白西邊里	笙	26	답	0.0633	申局	朴春三		0
1071	백곡면	下白西邊里	笙	27	답	0.1833	申局	柳益列		0
1072	백곡면	下白東邊里	笙	44	전	0.3927	申局	池同成		0
1073	백곡면	下白前坪	笙	61	답	0.2127	申局	河治先		0
1074	백곡면	梨峙坪	陞	2	답	0.2373	申局	洪德化		0
1075	백곡면	偶丁谷	階	28	전	0.1091	申先甫	申先甫		0
1076	백곡면	偶丁谷	階	51	답	0.0982	申升貴	白君成		0
1077	백곡면	偶丁谷	階	52	답	0.0764	申局	姜元吉		0
1078	백곡면	偶丁谷	階	58	전	0.1679	申局	河治先		0

1079	백곡면	下栢酒店	階	59	대	0.0367	申局	韓仁吉	초	3
1080	백곡면	下栢酒店	階	60	대	0.0655	申局	高宗圭	초	6
1081	백곡면	下栢酒店	階	61	대	0.0371	申局	金春實	초	3
1082	백곡면	下栢酒店	階	62	대	0.072	申局	金元交	초	3
1083	백곡면	漁隱坪	階	88	전	0.1527	申局	宋之元		0
1084	백곡면	漁隱坪	階	93	전	0.3	申局	申局		0
1085	백곡면	德加洞上坪	納	34	답	0.1091	申楢	李延植		0
1086	백곡면	三朴洞	納	52	답	0.7169	申楢	吳元一		0
1087	백곡면	三朴洞	納	55	전	0.0982	申楢	金千甫		0
1088	백곡면	德加坪	陞	1	답	2.3923	申楢	姜先必		0
1089	백곡면	德加坪	陞	4	답	0.2673	申楢	申成希		0
1090	백곡면	德加坪	陞	7	전	0.0851	申長乘	申長乘	방아	1
1091	백곡면	德加坪	陞	9	전	0.2045	申聖西	申聖西		0
1092	백곡면	德加坪	陞	10	전	0.0855	申聖西	申聖國		0
1093	백곡면	德加坪	陞	12	답	0.4025	申哲熙	姜先必		0
1094	백곡면	德加坪	陞	15	전	2.3072	申上均	姜先必		0
1095	백곡면	德加坪	陞	16	전	0.0687	申聖西	申聖西		0
1096	백곡면	德加洞	陞	17	대	0.0367	申上均	金應交	초	4
1097	백곡면	德加洞	陞	21	대	0.0298	申上均	辛熙先	초	3
1098	백곡면	德加洞	陞	22	답	0.7913	洪宗惠	申俊熙		0
1099	백곡면	德加洞	陞	27	대	0.0491	李德汝	申聖西	초	6
1100	백곡면	德加洞	陞	28	대	0.0371	申上均	趙奉己	초	3
1101	백곡면	德加洞	陞	30	대	0.0353	申上均	陳熙水	초	3
1102	백곡면	德加洞	陞	31	대	0.0394	申上均	姜先必	초	9
1103	백곡면	德加洞	陞	33	답	0.2356	申楢	卞正天		0
1104	백곡면	德加洞前坪	陞	34	전	0.3764	申楢	趙熙水		0
1105	백곡면	德加洞前坪	陞	35	답	0.084	申楢	卞正天		0
1106	백곡면	德加下坪	弇	1	답	0.6872	申楢	金千甫		0
1107	백곡면	德加下坪	弇	4	답	0.5563	申楢	申聖西		0
1108	백곡면	德加下坪	弇	5	답	0.3273	申楢	李文用		0

1109	백곡면	德加下坪	弁	7	전	0.0818	李凡先	申聖西		0
1110	백곡면	德加下坪	弁	15	답	0.095	韓汝長	申奉均		0
1111	백곡면	德加下坪	弁	21	전	0.1604	韓汝長	申奉均		0
1112	백곡면	大谷	弁	23	전	0.0305	申根	申根		0
1113	백곡면	大谷	弁	24	답	0.0676	申權	申權		0
1114	백곡면	大谷	弁	29	답	0.0065	申奉均	申奉均		0
1115	백곡면	大谷	弁	30	답	0.0218	申奉均	申奉均		0
1116	벡곡면	大谷	弁	34	전	0.0065	申根	申根		0
1117	백곡면	大谷	弁	43	전	0.3273	李用友	申奉均		0
1118	백곡면	大谷	弁	46	전	0.0982	申相均	申相均		0
1119	백곡면	大谷	弁	51	전	0.0916	申奉均	申奉均		0
1120	백곡면	大谷	弁	54	전	0.1473	申成熙	申成熙		0
1121	백곡면	大谷	弁	55	전	0.0502	申根	申根		0
1122	백곡면	楡谷坪	轉	2	전	0.4189	申檈	申權		0
1123	백곡면	楡谷坪	轉	3	전	0.192	申成熙	申成熙		0
1124	백곡면	楡谷洞	轉	4	대	0.0477	申檈	金相龍	초	5
1125	백곡면	楡谷洞	轉	5	대	0.0351	申檈	吳元五	초	5
1126	백곡면	楡谷洞	轉	6	대	0.0213	申檈	李應用	초	7
1127	백곡면	楡谷洞	轉	7	대	0.0353	申檈	申權	초	6
1128	백곡면	楡谷洞	轉	8	대	0.0196	申檈	申春益	초	2
1129	백곡면	楡谷洞	轉	10	대	0.013	高正實	申根	초	5
1130	백곡면	楡谷洞	轉	15	대	0.024	高正實	申用均	초	3
1131	백곡면	楡谷洞	轉	16	대	0.0327	高正實	申成熙	초	6
1132	백곡면	楡谷洞	轉	18	대	0.0305	申相均	申械	초	3
1133	백곡면	楡谷洞	轉	19	대	0.0464	申相均	李奉植	초	6
1134	백곡면	楡谷洞	轉	23	대	0.0705	申上均	申上均	초	6
1135	백곡면	楡谷洞	轉	24	대	0.0278	閔忠植	申奉均	초	4
1136	백곡면	楡谷洞	轉	26	대	0.0552	申檈	姜俊熙	초	11
1137	백곡면	楡谷洞	轉	27	대	0.0214	申檈	李浩植	초	5
1138	백곡면	楡谷洞	轉	28	대	0.0113	申檈	楊云澤	초	2

1139	백곡면	楡谷洞	轉	29	대	0.0305	申橷	張基浩	초	5
1140	백곡면	楡谷洞	轉	30	대	0.0132	申橷	李聖官	초	4
1141	백곡면	楡谷洞	轉	31	대	0.0367	姜哲熙	申俊熙	초	3
1142	백곡면	楡谷洞	轉	35	전	0.1204	申成熙	張六萬		0
1143	백곡면	楡谷洞	轉	39	전	0.0524	申相均	申相均		0
1144	백곡면	楡谷洞	轉	41	전	0.1772	申相均	李九植		0
1145	백곡면	楡谷洞	轉	43	전	0.0655	申成熙	申成熙		0
1146	백곡면	楡谷洞	轉	44	전	0.1706	申相均	申相均		0
1147	백곡면	楡谷洞	轉	53	답	0.0761	申成熙	申成熙		0
1148	백곡면	楡谷洞	轉	54	전	0.0524	申相均	申相均		0
1149	백곡면	楡谷洞	轉	61	전	0.0436	申成熙	申成熙		0
1150	백곡면	楡谷洞	轉	66	전	0.5673	申相均	姜俊熙		0
1151	백곡면	楡谷洞	轉	67	답	0.2978	申相均	姜俊熙		0
1152	백곡면	楡谷洞	轉	70	답	0.204	申相均	姜俊熙		0
1153	백곡면	楡谷洞	轉	71	답	0.3742	申相均	姜先必		0
1154	백곡면	越村洞坪	疑	7	전	0.4414	申成熙	崔己用		0
1155	백곡면	越村洞坪	疑	11	답	0.3927	申成熙	吳永哲		0
1156	백곡면	越村洞坪	疑	15	전	0.1168	申成熙	吳永哲		0
1157	백곡면	龍津酒店	右	61	전	0.3796	申允京	申允京		0
1158	백곡면	陽地坪	右	67	답	0.2232	兪致一	申元朝		0
1159	백곡면	陽地坪	通	8	답	0.2945	崔在學	申學均		0
1160	백곡면	城垈坪	內	53	전	0.0655	崔德吉	申元朝		0
1161	백곡면	城垈洞	內	93	대	0.0207	姜光集	申元朝	초	3
1162	백곡면	唐越坪	達	10	전	0.3181	申梜	鄭云京		0
1163	백곡면	唐越坪	達	22	답	0.072	申先京	申先京		0
1164	백곡면	毛里西邊里	承	3	대	0.0353	鄭又然	申先京	초	3
1165	백곡면	毛里西邊里	承	6	대	0.0275	申喆熙	鄭水京	초	5
1166	백곡면	毛里西邊里	承	7	대	0.0213	申喆熙	鄭養正	초	2
1167	백곡면	毛里西邊里	承	8	대	0.036	申喆熙	金又然	초	3
1168	백곡면	毛里西邊里	承	16	대	0.0278	申春京	金仁叔	초	3

1169	백곡면	毛里西邊里	承	17	대	0.0148	申春京	金致京	초	3
1170	백곡면	毛里西邊里	承	19	대	0.0624	申春京	金辰五	초	6
1171	백곡면	毛里西邊里	承	20	대	0.0436	申春京	吳君實	초	7
1172	백곡면	毛里西邊里	承	21	대	0.0464	申春京	金辰五	초	8
1173	백곡면	毛里西邊里	承	22	대	0.0284	申春京	鄭順一	초	9
1174	백곡면	毛里西邊里	承	23	대	0.0436	申春京	孫由凡	초	10
1175	백곡면	毛里西邊里	承	24	대	0.0407	申春京	鄭文甫	초	7
1176	백곡면	毛里西邊里	承	25	대	0.0279	申春京	李成實	초	6
1177	백곡면	毛里西邊里	承	34	대	0.0255	申喆熙	金春五	초	7
1178	백곡면	毛里西邊里	承	40	대	0.0545	孫由凡	申喆熙	초	10
1179	백곡면	毛里西邊里	承	45	대	0.026	申喆熙	朴昇完	초	4
1180	백곡면	毛里西邊里	承	47	전	0.0436	申喆熙	李致化		0
1181	백곡면	毛里西邊里	承	48	대	0.0227	申喆熙	金明甫	초	3
1182	백곡면	毛里西邊里	承	52	대	0.0315	申喆熙	閔成植	초	9
1183	백곡면	東邊里前坪	承	108	전	0.0371	申命卜	李聖文		0
1184	백곡면	東邊里前坪	承	109	답	0.5377	申命卜	李聖文		0
1185	백곡면	毛里東坪	明	3	답	0.0993	申命卜	申命卜		0
1186	백곡면	毛里東坪	明	53	답	0.1392	申命北	申命北		0
1187	백곡면	毛里東坪	明	69	전	0.0982	申水萬	申水萬		0
1188	백곡면	毛里東坪	明	74	답	0.2356	申命北	申命北		0
1189	백곡면	毛里東坪	旣	5	전	0.1745	申命北	申命北		0
1190	백곡면	毛里東坪	旣	15	전	0.0649	申命北	申命北		0
1191	백곡면	毛里東邊洞	旣	24	대	0.0436	申命北	申命北	초	4
1192	백곡면	毛里東邊洞	旣	30	전	0.1571	申命北	申命北		0
1193	백곡면	毛里東邊洞	旣	40	전	0.3207	申百萬	崔順興		0
1194	백곡면	毛里東邊洞	旣	48	대	0.0409	申百萬	趙元奉	초	3
1195	백곡면	魚頭王谷	旣	90	답	0.192	申致文	朴光三		0
1196	백곡면	舊基谷	集	79	전	0.2258	申致民	李宜源		0
1197	백곡면	德地坪	墳	1	답	0.0687	申致文	申致文		0
1198	백곡면	德地坪	墳	2	전	0.0628	申致文	申致文		0

1199	백곡면	德地峰洞	墳	11	대	0.0371	申致文	文鎬淳	초	5
1200	백곡면	德地峰洞	墳	12	전	0.0569	申致文	李致三		0
1201	백곡면	德地峰洞	墳	13	대	0.0184	申致文	金永益	초	3
1202	백곡면	德地峰洞	墳	14	대	0.0432	申致文	李宗太	초	3
1203	백곡면	德地峰洞	墳	16	답	0.0828	申致文	李致三		0
1204	백곡면	多廊谷	墳	54	답	0.2003	申致文	文互淳		0
1205	이곡면	老谷里後坪	亦	1	전	0.1692	申謙熙	申謙熙		0
1206	이곡면	老谷里後坪	亦	2	전	0.0807	申謙熙	申謙熙		0
1207	이곡면	老谷里後坪	亦	3	전	0.0389	申命吉	申命吉		0
1208	이곡면	老谷里後坪	亦	4	전	0.018	申命吉	申命吉		0
1209	이곡면	老谷里後坪	亦	5	전	0.0908	申鳳熙	申鳳熙		0
1210	이곡면	老谷里後坪	亦	6	전	0.2085	申謙熙	申謙熙		0
1211	이곡면	老谷里後坪	亦	7	전	0.2106	申橔	申橔		0
1212	이곡면	老谷里後坪	亦	8	전	0.1451	申謙熙	金卜萬		0
1213	이곡면	老谷里後坪	亦	9	전	0.54	申晟熙	申晟熙		0
1214	이곡면	老谷里後坪	亦	10	전	0.2949	申直熙	金宜成		0
1215	이곡면	老谷里後坪	亦	11	전	0.2025	申橔	方順萬		0
1216	이곡면	老谷里後坪	亦	12	전	0.0573	申謙熙	金卜萬		0
1217	이곡면	老谷里後坪	亦	14	전	0.3486	申采熙	申采熙		0
1218	이곡면	老谷里後坪	亦	15	전	0.052	申元春	申元春		0
1219	이곡면	老谷里後坪	亦	16	전	0.082	申乙均	申乙均		0
1220	이곡면	老谷里後坪	亦	17	전	0.1532	申夬熙	申夬熙		0
1221	이곡면	老谷里後坪	亦	18	전	0.2416	申益均	金宜成		0
1222	이곡면	老谷里後坪	亦	19	답	0.7747	申鳳熙	金萬鳳		0
1223	이곡면	老谷里後坪	亦	20	전	0.2326	申鳳熙	申鳳熙		0
1224	이곡면	老谷里後坪	亦	21	답	0.7214	申橔	徐碧云		0
1225	이곡면	老谷里後坪	亦	22	답	0.567	申晟熙	申晟熙		0
1226	이곡면	老谷里後坪	亦	23	답	0.4382	申橔	權仁成		0
1227	이곡면	老谷里後坪	亦	24	전	0.0888	申橔	申橔		0
1228	이곡면	老谷里後坪	亦	25	전	0.0147	申鳳熙	申鳳熙		0

1229	이곡면	老谷里後坪	亦	26	전	0.0541	申益均	金萬鳳		0
1230	이곡면	老谷里後坪	亦	27	전	0.1129	申乙均	申乙均		0
1231	이곡면	老谷里後坪	亦	28	전	0.2094	申夬熙	徐長玉		0
1232	이곡면	老谷里後坪	亦	29	전	0.3076	申謙熙	申謙熙		0
1233	이곡면	老谷里後坪	亦	30	전	0.1248	申斗均	申斗均		0
1234	이곡면	老谷里後坪	亦	31	전	0.144	申楒	崔道致		0
1235	이곡면	老谷里後坪	亦	32	전	0.1554	申正鉉	申正鉉		0
1236	이곡면	老谷里後坪	亦	33	전	0.27	申仁熙	申仁熙		0
1237	이곡면	老谷里垈	亦	34	대	0.0502	申玉熙	申玉熙	초	4
1238	이곡면	老谷里垈	亦	35	대	0.024	申仁熙	申仁熙	초	4
1239	이곡면	老谷里垈	亦	36	대	0.0124	申鳳熙	金萬鳳	초	2
1240	이곡면	老谷里垈	亦	37	대	0.055	申鳳熙	申鳳熙	초	6
1241	이곡면	老谷里垈	亦	38	전	0.1163	申謙熙	申謙熙		0
1242	이곡면	老谷里垈	亦	39	전	0.2684	申鳳熙	申鳳熙		0
1243	이곡면	老谷里垈	亦	40	전	0.1551	申甲均	李鶴伊		0
1244	이곡면	老谷里垈	亦	41	전	0.0986	申正鉉	申正鉉		0
1245	이곡면	老谷里垈	亦	42	전	0.0205	申鳳熙	申鳳熙		0
1246	이곡면	老谷里垈	亦	43	전	0.0949	申謙熙	金石崇		0
1247	이곡면	老谷里垈	亦	44	전	0.1964	申元均	申元均		0
1248	이곡면	老谷里垈	亦	45	전	0.0275	申晟熙	申晟熙		0
1249	이곡면	老谷里垈	亦	46	대	0.0262	申晟熙	丁正春	초	4
1250	이곡면	老谷里垈	亦	47	대	0.0785	申晟熙	申晟熙	초	5
1251	이곡면	老谷里垈	亦	48	대	0.0177	申晟熙	金石崇	초	3
1252	이곡면	老谷里垈	亦	49	대	0.0216	申夬熙	申夬熙	초	5
1253	이곡면	老谷里垈	亦	50	대	0.0185	申謙熙	姜上云	초	2
1254	이곡면	老谷里垈	亦	51	대	0.0676	申謙熙	申謙熙	초	10
1255	이곡면	老谷里垈	亦	52	전	0.018	申謙熙	趙聖德		0
1256	이곡면	老谷里垈	亦	53	전	0.178	申直熙	申直熙		0
1257	이곡면	老谷里垈	亦	54	대	0.0288	申直熙	金萬石	초	2
1258	이곡면	老谷里垈	亦	55	대	0.0766	申直熙	金宜成	초	3

1259	이곡면	老谷里坌	亦	56	대	0.185	申直熙	申直熙	초	12
1260	이곡면	老谷里坌	亦	57	전	0.0275	申宰均	池長得		0
1261	이곡면	老谷里坌	亦	58	대	0.0785	申宰均	申宰均	초	5
1262	이곡면	老谷里坌	亦	59	대	0.0367	申億萬	李順業	초	2
1263	이곡면	老谷里坌	亦	60	대	0.0436	申億萬	申億萬	초	4
1264	이곡면	老谷里坌	亦	61	대	0.0315	申瓊均	申瓊均	초	3
1265	이곡면	老谷里坌	亦	62	대	0.0993	申慶均	申慶均	초	15
1266	이곡면	老谷里坌	亦	63	전	0.0383	申慶均	申九鉉		0
1267	이곡면	老谷里坌	亦	64	전	0.0502	申億萬	申億萬		0
1268	이곡면	老谷里坌	亦	65	전	0.0151	申學鉉	申學鉉		0
1269	이곡면	老谷里坌	亦	66	대	0.1669	申學鉉	申學鉉	초	3
1270	이곡면	老谷里坌	亦	67	답	0.0196	申橲	申橲		0
1271	이곡면	老谷里坌	亦	68	전	0.183	申億萬	申億萬		0
1272	이곡면	老谷里坌	亦	69	전	0.0933	申橲	申橲		0
1273	이곡면	老谷里坌	亦	70	대	0.0245	申橲	申東熙	초	2
1274	이곡면	老谷里坌	亦	71	대	0.0879	申橲	申光熙	초	3
1275	이곡면	老谷里坌	亦	72	대	0.0698	申橲	張德甲	초	5
1276	이곡면	老谷里坌	亦	73	전	0.0288	申橲	崔致道		0
1277	이곡면	老谷里坌	亦	74	대	0.0916	申橲	申橲	초	10
1278	이곡면	老谷里坌	亦	75	대	0.0401	申橲	李承卜	초	3
1279	이곡면	老谷里坌	亦	76	대	0.0511	申橲	李漢用	초	3
1280	이곡면	老谷里坌	亦	77	대	0.0589	申可均	申可均	초	8
1281	이곡면	老谷里坌	亦	78	대	0.0148	申可均	安萬石	초	2
1282	이곡면	老谷里坌	亦	79	대	0.0855	申宰均	金一凡	초	5
1283	이곡면	老谷里坌	亦	80	대	0.0241	申甲均	陳完吉	초	3
1284	이곡면	老谷里坌	亦	81	대	0.3436	申甲均	申甲均	와	30
1285	이곡면	老谷里坌	亦	82	대	0.0131	申元均	尹起敬	초	2
1286	이곡면	老谷里坌	亦	83	대	0.2067	申元均	申元均	초	11
1287	이곡면	老谷里坌	亦	84	대	0.0245	申元均	李他官	초	3
1288	이곡면	老谷里坌	亦	85	대	0.0409	申興均	申興均	초	6

1289	이곡면	老谷里垈	亦	86	대	0.0245	申元均	申億均	초	2
1290	이곡면	老谷里垈	亦	87	대	0.0384	申元均	申檜	초	3
1291	이곡면	老谷里垈	亦	88	대	0.0428	申志熙	申志熙	초	4
1292	이곡면	老谷里垈	亦	89	전	0.0079	申志熙	申志熙		0
1293	이곡면	老谷里垈	亦	90	대	0.071	申一均	申一均	초	3
1294	이곡면	老谷里垈	亦	91	대	0.0442	申一均	陸有成	초	3
1295	이곡면	老谷里垈	亦	92	대	0.0196	申橄	申橄	초	4
1296	이곡면	老谷里垈	亦	93	대	0.0184	申元均	朴萬珍	초	2
1297	이곡면	老谷里垈	亦	94	전	0.0353	申元均	閔聖云		0
1298	이곡면	老谷里垈	亦	95	대	0.0427	申成均	申成均	초	3
1299	이곡면	老谷里垈	聚	1	대	0.1367	申橄	申橄	초	5
1300	이곡면	老谷里垈	聚	2	전	0.0107	申橄	申橄		0
1301	이곡면	老谷里垈	聚	3	대	0.0148	申橄	安甸成	초	3
1302	이곡면	老谷里垈	聚	4	대	0.0427	申斗均	申斗均	초	6
1303	이곡면	老谷里垈	聚	5	전	0.0285	申斗均	申斗均		0
1304	이곡면	老谷里垈	聚	6	대	0.0393	申橄	方順萬	초	3
1305	이곡면	老谷里垈	聚	7	대	0.0491	申橄	李春興	초	4
1306	이곡면	老谷里垈	聚	8	전	0.0545	申寬均	申寬均		0
1307	이곡면	老谷里垈	聚	9	대	0.0389	申甲均	朴有敬	초	3
1308	이곡면	老谷里垈	聚	10	대	0.018	申甲均	金漢甲	초	2
1309	이곡면	老谷里垈	聚	11	대	0.0175	申可均	申洪均	초	2
1310	이곡면	老谷里垈	聚	12	전	0.103	申甲均	陳完吉		0
1311	이곡면	老谷里垈	聚	13	전	0.0262	申可均	鄭德卿		0
1312	이곡면	老谷里垈	聚	14	전	0.1409	申益均	申益均		0
1313	이곡면	老谷里垈	聚	15	전	0.078	申學鉉	申學鉉		0
1314	이곡면	老谷里垈	聚	16	전	0.1574	申億萬	申億萬		0
1315	이곡면	老谷里垈	聚	17	전	0.2214	申億萬	李順業		0
1316	이곡면	老谷里垈	聚	18	전	0.2801	申宰均	申宰均		0
1317	이곡면	老谷里垈	聚	19	전	0.0396	申東熙	申光熙		0
1318	이곡면	老谷里垈	聚	20	전	0.0481	申橲	申光熙		0

1319	이곡면	老谷里坮	聚	21	전	0.2896	申楣	申楣		0
1320	이곡면	老谷里坮	聚	22	전	0.1223	申大卜	金一凡		0
1321	이곡면	老谷里坮	聚	23	전	0.0491	申楣	李漢用		0
1322	이곡면	老谷里坮	聚	24	전	0.0728	申楣	李漢用		0
1323	이곡면	老谷里坮	聚	25	전	0.056	申楣	申楣		0
1324	이곡면	老谷里坮	聚	27	전	0.1741	申甲均	李學伊		0
1325	이곡면	老谷里坮	聚	28	전	0.219	申億萬	金漢甲		0
1326	이곡면	老谷里坮	聚	29	전	0.0772	申斗均	金漢甲		0
1327	이곡면	老谷里坮	聚	30	전	0.0382	申檄	申檄		0
1328	이곡면	老谷里坮	聚	31	전	0.0939	申檄	申檄		0
1329	이곡면	老谷里坮	聚	32	전	0.0382	申寬均	申寬均		0
1330	이곡면	老谷里坮	聚	33	대	0.1424	申寬均	申寬均	초	10
1331	이곡면	老谷里坮	聚	34	대	0.0245	申八均	申八均	초	7
1332	이곡면	老谷里坮	聚	35	대	0.0251	申命喆	申命喆	초	3
1333	이곡면	老谷里坮	聚	36	대	0.0295	申鳳凞	張八龍	초	3
1334	이곡면	老谷里坮	聚	37	대	0.0401	申鳳凞	許順得	초	3
1335	이곡면	老谷里坮	聚	38	대	0.0262	申鳳凞	申永凞	초	3
1336	이곡면	老谷里坮	聚	39	전	0.0157	申鳳凞	申鳳凞		0
1337	이곡면	老谷里坮	聚	40	답	0.0783	申益均	金義成		0
1338	이곡면	老谷里坮	聚	41	답	0.1117	申斗均	申命喆		0
1339	이곡면	老谷里坮	聚	42	대	0.0589	申正鉉	申正鉉	초	5
1340	이곡면	老谷里坮	聚	43	대	0.1577	申檄	孫順丐	초	3
1341	이곡면	老谷里坮	聚	45	전	0.0432	申正鉉	申正鉉		0
1342	이곡면	老谷里坮	聚	46	전	0.1527	申檄	孫順丐		0
1343	이곡면	老谷里坮	聚	47	전	0.2793	申成凞	丁正明		0
1344	이곡면	老谷里坮	聚	52	전	0.273	申檄	申檄		0
1345	이곡면	老谷里坮	聚	53	답	0.0835	申斗均	丁文爕		0
1346	이곡면	老谷里坮	聚	54	답	0.1188	申宰均	池長得		0
1347	이곡면	老谷前坪	聚	55	전	0.2062	申檄	申檄		0
1348	이곡면	老谷前坪	聚	56	전	0.1636	申正鉉	申正鉉		0

1349	이곡면	老谷前坪	聚	57	전	0.0744	申玉凞	申玉凞	0
1350	이곡면	老谷前坪	聚	58	답	0.1854	申斗均	朴萬成	0
1351	이곡면	老谷前坪	聚	59	답	0.226	申甲均	李學伊	0
1352	이곡면	老谷前坪	聚	60	전	0.2772	申晟凞	許順得	0
1353	이곡면	老谷前坪	聚	61	답	0.1203	申宰均	池長得	0
1354	이곡면	老谷前坪	聚	62	전	0.1204	申斗均	申斗均	0
1355	이곡면	老谷前坪	聚	63	답	0.216	申橃	申橃	0
1356	이곡면	老谷前坪	聚	64	납	0.2378	申益均	金萬鳳	0
1357	이곡면	老谷前坪	聚	65	답	0.1791	申斗均	徐長玉	0
1358	이곡면	老谷前坪	聚	66	전	0.1309	申八均	鄭玌成	0
1359	이곡면	老谷前坪	聚	67	전	0.1333	申正鉉	丁長洪	0
1360	이곡면	老谷前坪	聚	68	답	0.1678	申謙凞	申命吉	0
1361	이곡면	老谷前坪	聚	69	답	0.507	申謙凞	申謙凞	0
1362	이곡면	老谷講堂坪	群	1	답	1.0695	申益均	金宜成	0
1363	이곡면	老谷講堂坪	群	2	답	0.7669	申益均	申益均	0
1364	이곡면	老谷講堂坪	群	3	답	0.1991	申斗均	申斗均	0
1365	이곡면	老谷講堂坪	群	4	답	1.0314	申晟凞	申晟凞	0
1366	이곡면	老谷講堂坪	群	8	전	0.2405	申宰均	池長得	0
1367	이곡면	老谷講堂坪	群	10	답	0.6259	申橃	李汗用	0
1368	이곡면	老谷講堂坪	群	11	답	0.2685	申斗均	丁大益	0
1369	이곡면	老谷講堂坪	群	12	전	0.2308	申可均	金厚鳳	0
1370	이곡면	老谷講堂坪	群	13	답	0.3051	申麟凞	申麟凞	0
1371	이곡면	老谷講堂坪	群	14	답	0.6281	申宰均	池長得	0
1372	이곡면	老谷講堂坪	群	15	답	0.8067	申晟凞	朴萬成	0
1373	이곡면	老谷講堂坪	群	16	전	0.1009	申寬均	閔聖元	0
1374	이곡면	老谷講堂坪	群	17	답	0.98	申元均	申元均	0
1375	이곡면	老谷講堂坪	群	17	전	0.0491	申赫均	申赫均	0
1376	이곡면	老谷講堂坪	群	17	전	0.0873	申可均	鄭德敬	0
1377	이곡면	老谷前坪	群	18	답	0.0668	申宰均	池長得	0
1378	이곡면	老谷前坪	群	19	답	0.234	申玉凞	申玉凞	0

1379	이곡면	老谷前坪	群	21	답	0.187	申書楔	許順德	0
1380	이곡면	老谷前坪	群	22	답	0.115	申晟凞	丁正明	0
1381	이곡면	老谷前坪	英	1	답	0.1252	申永凞	申永凞	0
1382	이곡면	老谷前坪	英	2	답	0.4309	申橛	安卦成	0
1383	이곡면	老谷前坪	英	3	답	0.1718	申橛	李承福	0
1384	이곡면	老谷前坪	英	4	답	0.207	申永凞	申永凞	0
1385	이곡면	老谷前坪	英	10	답	0.0409	申一均	申一均	0
1386	이곡면	老谷前坪	英	11	답	0.0903	申晟凞	張八用	0
1387	이곡면	老谷前坪	英	12	전	0.2885	申橛	李聖福	0
1388	이곡면	老谷前坪	英	13	전	0.0305	申橛	金厚鳳	0
1389	이곡면	老谷前坪	英	14	답	0.0393	申橛	崔道治	0
1390	이곡면	老谷前坪	英	15	전	0.0506	申一均	申一均	0
1391	이곡면	老谷前坪	英	16	답	0.1803	申八均	申稷	0
1392	이곡면	老谷前坪	英	19	답	0.0367	申玉凞	申玉凞	0
1393	이곡면	老谷前坪	英	20	답	0.2749	申甲均	申元春	0
1394	이곡면	老谷前坪	英	23	전	0.4643	申志凞	申志凞	0
1395	이곡면	老谷前坪	英	26	답	0.271	申斗均	許順得	0
1396	이곡면	老谷前坪	英	27	답	0.1846	申晟熙	許順得	0
1397	이곡면	老谷前坪	英	28	답	0.1743	申命喆	申命喆	0
1398	이곡면	老谷前坪	杜	6	전	0.0218	申謙凞	申謙凞	0
1399	이곡면	老谷前坪	杜	7	전	0.168	申晟凞	張八用	0
1400	이곡면	老谷前坪	杜	8	전	0.1767	申晟凞	李化景	0
1401	이곡면	老谷前坪	杜	9	전	0.0273	申成凞	李化景	0
1402	이곡면	外古洞坪	杜	10	전	0.3014	申晟凞	申晟凞	0
1403	이곡면	外古洞坪	杜	11	답	0.3326	申宰均	李仙吉	0
1404	이곡면	外古洞坪	杜	12	답	0.5378	申謙凞	李千吉	0
1405	이곡면	外古洞坪	杜	14	답	0.4595	申甲均	朴順業	0
1406	이곡면	外古洞坪	杜	15	답	0.1767	申謙凞	金石崇	0
1407	이곡면	外古洞坪	杜	16	답	0.3665	申橛	張億劤	0
1408	이곡면	外古洞坪	杜	17	전	0.0432	申盛福	權仁成	0

1409	이곡면	外古洞坪	杜	18	전	0.1581	申晟凞	申晟凞	0
1410	이곡면	外古洞坪	杜	19	전	0.1275	申盛福	權仁成	0
1411	이곡면	外古洞坪	杜	20	전	0.0916	申謙凞	金一凡	0
1412	이곡면	外古洞坪	杜	21	전	0.3338	申玔凞	徐粧玉	0
1413	이곡면	外古洞坪	杜	22	답	0.5727	申盛福	張德甲	0
1414	이곡면	外古洞坪	杜	23	답	0.1559	申宰均	李仙吉	0
1415	이곡면	外古洞坪	杜	25	답	0.2142	申謙凞	申謙凞	0
1416	이곡면	外古洞坪	杜	26	전	0.1188	申命錫	申命錫	0
1417	이곡면	外古洞坪	杜	26	전	0.1767	申成均	申成均	0
1418	이곡면	外古洞坪	杜	27	전	0.4524	申甲均	陳完吉	0
1419	이곡면	外古洞坪	杜	28	전	0.2007	申鳳凞	申鳳凞	0
1420	이곡면	外古洞坪	杜	29	전	0.336	申寬均	申寬均	0
1421	이곡면	外古洞坪	杜	30	전	0.1358	申成凞	陸有成	0
1422	이곡면	外古洞坪	杜	32	답	0.5236	申大福	金一凡	0
1423	이곡면	外古洞坪	杜	33	답	0.4505	申謙凞	申謙凞	0
1424	이곡면	外古洞坪	杜	35	전	0.1532	申八均	金石崇	0
1425	이곡면	外古洞坪	杜	36	전	0.312	申益均	金石崇	0
1426	이곡면	外古洞坪	杜	37	전	0.0245	申稷	申稷	0
1427	이곡면	外古洞坪	杜	39	전	0.1991	申橄	趙性得	0
1428	이곡면	外古洞坪	杜	40	전	0.1344	申寬均	申寬均	0
1429	이곡면	外古洞坪	杜	41	답	0.2411	申橺	李乘卜	0
1430	이곡면	外古洞坪	杜	42	답	0.2225	申舜凞	金石崇	0
1431	이곡면	外古洞坪	藁	1	답	2.3181	申橄	申橄	0
1432	이곡면	外古洞坪	藁	2	전	0.0766	申橺	金一凡	0
1433	이곡면	外古洞坪	藁	5	전	0.1826	申正鉉	申正鉉	0
1434	이곡면	外古洞坪	藁	6	전	0.0795	申謙凞	李順業	0
1435	이곡면	外古洞坪	藁	7	전	0.1492	申可均	申可均	0
1436	이곡면	外古洞坪	藁	8	전	0.2879	申允凞	申允凞	0
1437	이곡면	外古洞坪	藁	9	전	0.0589	申橺	申橺	0
1438	이곡면	外古洞坪	藁	10	답	0.432	申晟凞	丁正明	0

1439	이곡면	外古洞坪	藁	11	전	0.237	申甲均	朴順業	0
1440	이곡면	外古洞坪	藁	12	전	0.6982	申檄	申檄	0
1441	이곡면	外古洞坪	藁	13	전	0.1198	申盛福	張德甲	0
1442	이곡면	外古洞坪	藁	14	전	0.2592	申棍	申棍	0
1443	이곡면	外古洞坪	藁	15	전	0.1139	申億萬	申億萬	0
1444	이곡면	外古洞坪	藁	16	전	0.0982	申元均	申元均	0
1445	이곡면	外古洞坪	藁	17	전	0.1527	申斗均	李順業	0
1446	이곡면	外古洞坪	藁	18	전	0.0589	申億萬	申億萬	0
1447	이곡면	外古洞坪	藁	19	전	0.4538	申寬均	申寬均	0
1448	이곡면	外古洞坪	藁	20	전	0.1152	申興均	申興均	0
1449	이곡면	外古洞坪	藁	21	전	0.1924	申億萬	申億萬	0
1450	이곡면	外古洞坪	藁	25	전	0.1995	申億萬	申億萬	0
1451	이곡면	外古洞坪	藁	26	전	0.1261	申斗均	申斗均	0
1452	이곡면	外古洞坪	藁	27	전	0.1091	申棍	申棍	0
1453	이곡면	外古洞坪	藁	28	전	0.1702	申甲均	李學伊	0
1454	이곡면	外古洞坪	藁	29	답	0.3565	申棍	李順業	0
1455	이곡면	外古洞坪	藁	30	답	0.7445	申夬凞	徐長玉	0
1456	이곡면	外古洞坪	藁	31	답	0.2522	申宰均	池長得	0
1457	이곡면	外古洞坪	藁	32	답	0.2183	申可均	朴順業	0
1458	이곡면	外古洞坪	藁	33	답	0.3109	申謙凞	丁正明	0
1459	이곡면	外古洞坪	藁	34	답	0.1145	申小卜	朴順業	0
1460	이곡면	外古洞坪	藁	35	답	0.72	申可均	朴順業	0
1461	이곡면	外古洞坪	藁	36	답	0.423	申大卜	金一凡	0
1462	이곡면	外古洞坪	藁	37	답	0.133	申斗均	李盛福	0
1463	이곡면	外古洞坪	藁	38	답	0.3702	申甲均	李今福	0
1464	이곡면	外古洞坪	藁	39	답	0.5161	申正鉉	丁文涉	0
1465	이곡면	內古洞	鐘	1	답	0.18	申斗均	崔信得	0
1466	이곡면	內古洞	鐘	2	답	0.1536	申億萬	申億萬	0
1467	이곡면	內古洞	鐘	3	답	0.3758	申正鉉	張雲學	0
1468	이곡면	內古洞	鐘	5	답	0.1604	申興均	申興均	0

1469	이곡면	內古洞	鐘	6	답	0.3513	申橺	申甫根		0
1470	이곡면	內古洞	鐘	8	답	0.1669	申橺	李汗用		0
1471	이곡면	內古洞	鐘	9	답	0.6094	申宰均	池長得		0
1472	이곡면	內古洞	鐘	13	답	0.557	申謙熙	金石崇		0
1473	이곡면	內古洞	鐘	14	답	0.1649	申斗均	崔申得		0
1474	이곡면	內古洞	鐘	15	답	1.1947	申正鉉	李元弼		0
1475	이곡면	內古洞	鐘	16	답	0.217	申斗均	崔申得		0
1476	이곡면	內古洞	鐘	17	답	0.4392	申橃	中橃		0
1477	이곡면	內古洞	鐘	17	전	0.1008	申謙熙	陳秉三		0
1478	이곡면	內古洞	鐘	18	답	0.3145	申晟熙	陸有聲		0
1479	이곡면	內古洞	鐘	19	답	0.1728	申謙熙	陳秉三		0
1480	이곡면	內古洞	鐘	20	답	0.1558	申橃	李卜得		0
1481	이곡면	書院前村	鐘	23	전	0.162	申尤鎭	申尤鎭		0
1482	이곡면	書院前村	鐘	33	전	0.42	申益均	李聖英		0
1483	이곡면	書院前村	鐘	36	전	0.1404	申檉	張德七		0
1484	이곡면	書院洞垈	鐘	48	전	0.2158	申甲均	申佐賢		0
1485	이곡면	書院洞垈	鐘	49	대	0.0376	申甲均	趙永淳	초	4
1486	이곡면	書院洞垈	鐘	50	대	0.0567	申甲均	李明汝	초	2
1487	이곡면	書院洞垈	鐘	51	대	0.0236	申甲均	鄭德之	초	4
1488	이곡면	書院洞垈	鐘	52	대	0.0364	申甲均	兪聖寬	초	5
1489	이곡면	書院洞垈	鐘	53	대	0.0399	申甲均	申佐賢	초	5
1490	이곡면	書院洞垈	鐘	54	대	0.0288	申甲均	李聖用	초	3
1491	이곡면	書院洞垈	鐘	57	대	0.0393	申甲均	兪順命	초	3
1492	이곡면	書院洞垈	鐘	58	대	0.0279	申甲均	兪明濬	초	3
1493	이곡면	書院洞垈	鐘	59	대	0.0464	申甲均	申佑賢	초	3
1494	이곡면	書院洞垈	鐘	60	대	0.0252	申甲均	兪甲濬	초	3
1495	이곡면	書院洞垈	鐘	61	대	0.0118	兪敬穆	申甫根	초	3
1496	이곡면	書院洞垈	鐘	63	대	0.0305	兪敬穆	申召史	초	2
1497	이곡면	書院洞垈	隷	16	전	0.058	申甲熙	申甲熙		0
1498	이곡면	書院洞垈	隷	18	전	0.0397	申金玉	申金玉		0

1499	이곡면	書院前坪	隷	59	답	0.1265	申官金	金春三		0
1500	이곡면	書院前坪	隷	60	전	0.1608	申右鉉	申右鉉		0
1501	이곡면	書院前坪	隷	69	답	0.6701	申得凞	李明春		0
1502	이곡면	書院前坪	隷	75	답	0.2918	申丁金	李正敏		0
1503	이곡면	書院前坪	隷	79	답	0.1885	申櫚	張仁甫		0
1504	이곡면	書院前坪	隷	80	답	0.1178	申甲均	申右鉉		0
1505	이곡면	書院前坪	隷	97	전	0.1584	申甲均	申右鉉		0
1506	이곡면	書院前坪	隷	103	전	0.2468	申寬均	申寬均		0
1507	이곡면	中洑後坪	漆	19	전	0.1347	申永眞	李元必		0
1508	이곡면	中洑後坪	漆	20	답	0.1455	申採凞	趙石卜		0
1509	이곡면	中洑後坪	漆	21	전	0.0628	申晟凞	池九奉		0
1510	이곡면	中洑後坪	漆	22	전	0.1272	申思心	申思心		0
1511	이곡면	中洑後坪	漆	25	전	0.0349	申寬均	趙石卜		0
1512	이곡면	中洑後坪	漆	28	전	0.0192	申寬均	申寬均		0
1513	이곡면	中洑坪店	漆	29	대	0.0196	申寬均	趙石卜	초	3
1514	이곡면	中洑坪店	漆	30	전	0.106	申寬均	趙石卜		0
1515	이곡면	中洑坪店	漆	47	전	0.3796	申佐賢	申佐賢		0
1516	이곡면	書院前坪	漆	61	답	0.2238	申小卜	張仁甫		0
1517	이곡면	書院前坪	漆	81	답	0.1931	申甲均	李明水		0
1518	이곡면	書院前坪	漆	83	답	0.2318	申佑賢	申佑賢		0
1519	이곡면	書院前坪	漆	84	답	0.2694	申觀釧	金春三		0
1520	이곡면	書院前坪	漆	85	답	0.3613	申甲均	申甫根		0
1521	이곡면	書院前坪	書	1	답	0.339	申謙凞	高聖甫		0
1522	이곡면	書院前坪	書	2	답	0.3142	申官釧	李明壽		0
1523	이곡면	書院前坪	書	3	답	0.1234	申寬輔	李明汝		0
1524	이곡면	書院前坪	書	19	전	0.1505	金振玉	申三用		0
1525	이곡면	書院前坪	書	25	전	0.0916	申觀釧	金春三		0
1526	이곡면	書院前坪	書	30	전	0.0638	申觀釧	金春三		0
1527	이곡면	書院前坪	書	36	전	0.0751	申一均	申甫根		0
1528	이곡면	書院前坪	書	37	전	0.1561	林哲淳	申甫根		0

1529	이곡면	漆木洞	書	42	답	0.0916	申寶根	林喆淳		0
1530	이곡면	漆木洞	書	43	답	0.1575	申快熙	李伯中		0
1531	이곡면	漆木洞	書	54	답	0.6475	申寶景	金今用		0
1532	이곡면	漆木洞	書	63	답	0.4194	申大卜	申右鉉		0
1533	이곡면	漆木洞	書	64	답	0.0471	申官金	李明善		0
1534	이곡면	漆木洞	書	68	답	0.0816	申官金	李明善		0
1535	이곡면	漆木洞	壁	13	답	0.2056	申丁釗	李元伯		0
1536	이곡면	漆木洞	壁	21	답	0.5773	申丁釗	李運瑞		0
1537	이곡면	漆木洞	壁	25	답	0.6311	申丁釗	金春明		0
1538	이곡면	五柳洞	壁	43	답	0.5127	申觀釗	李云西		0
1539	이곡면	五柳洞	壁	47	전	0.1069	申萬汝	申萬汝		0
1540	이곡면	五柳坪	經	1	답	0.9851	申櫩	申佑賢		0
1541	이곡면	五柳坪	經	3	답	0.2413	申得熙	金在天		0
1542	이곡면	五柳坪	經	4	답	0.2196	申櫩	李明水		0
1543	이곡면	五柳坪	經	5	답	0.1538	申觀釗	孟允善		0
1544	이곡면	五柳坪	經	8	답	0.1008	申得熙	金在天		0
1545	이곡면	五柳坪	經	9	답	0.3816	申櫩	李元伯		0
1546	이곡면	五柳坪	經	15	답	0.2646	申櫩	金允敬		0
1547	이곡면	五柳坪	經	17	답	0.226	申得熙	金在天		0
1548	이곡면	五柳坪	經	18	답	0.252	申斗均	李云西		0
1549	이곡면	五柳坪	經	27	답	0.5285	申大卜	申佑賢		0
1550	이곡면	五柳坪	經	28	답	0.1571	申櫩	申佐賢		0
1551	이곡면	五柳坪	經	30	답	0.2689	申甲均	申佐鉉		0
1552	이곡면	宮洞前坪	府	4	답	0.1632	申櫩	申佑鉉		0
1553	이곡면	宮洞垈	府	15	대	0.0184	李敏容	申三龍	ㅊ	5
1554	이곡면	五里坪	羅	9	답	0.1001	李山汝	申三龍		0
1555	이곡면	五里坪	羅	11	답	0.1021	申官釗	金萬大		0
1556	이곡면	五里坪	羅	16	답	0.1689	申橳	朴六孫		0
1557	이곡면	五里坪	羅	17	답	0.3068	申官釗	金致大		0
1558	이곡면	五里坪	羅	19	답	0.2945	申櫩	孟允先		0

1559	이곡면	五里坪	羅	23	답	0.255	申喆凞	李友然	0
1560	이곡면	五里坪	羅	24	답	0.9335	申丁釗	李正民	0
1561	이곡면	毛作坪	將	1	답	0.384	申貞鉉	崔云祿	0
1562	이곡면	毛作坪	將	2	답	0.071	申正鉉	崔云祿	0
1563	이곡면	毛作坪	將	11	답	0.2553	申貞釗	閔洛瑞	0
1564	이곡면	毛作坪	將	11	답	0.2553	申貞釗	李德永	0
1565	이곡면	毛作坪	將	18	답	0.0624	申樫	盧萬吉	0
1566	이곡면	毛作坪	將	19	답	0.2209	申貞鉉	崔玉艻	0
1567	이곡면	毛作坪	將	20	답	0.6122	申樫	盧萬吉	0
1568	이곡면	毛作坪	將	21	답	0.4123	申大卜	朴敬七	0
1569	이곡면	路下坪	相	4	답	0.1848	申大江	李致良	0
1570	이곡면	路下坪	相	5	답	0.3731	申大江	李贊汝	0
1571	이곡면	路下坪	相	6	답	0.5007	申大江	李致良	0
1572	이곡면	路下坪	相	15	답	0.3508	申貞卜	李贊汝	0
1573	이곡면	路下坪	相	16	답	0.7458	申大江	李致良	0
1574	이곡면	路下坪	相	18	답	0.5694	申宰均	李贊汝	0
1575	이곡면	路下坪	相	19	답	0.9081	申大江	李致良	0
1576	이곡면	孝竹坪	相	21	답	0.0748	申大江	李致良	0
1577	이곡면	井山坪	路	17	답	0.2373	申丁釗	金演五	0
1578	이곡면	井山坪	路	24	답	0.3358	申宰均	郭永在	0
1579	이곡면	井山坪	挾	1	답	1.0149	申樫	盧萬述	0
1580	이곡면	井山坪	挾	2	답	0.2408	申慶均	盧萬述	0
1581	이곡면	井山坪	挾	3	답	0.4045	申小卜	林千石	0
1582	이곡면	井山坪	挾	6	답	0.1767	申喆凞	李致營	0
1583	이곡면	山直坪	挾	8	답	0.5346	申樫	崔永安	0
1584	이곡면	山直坪	挾	10	전	0.0655	申官釗	金德甫	0
1585	이곡면	山直坪	挾	11	전	0.1473	申官釗	金德甫	0
1586	이곡면	山直坪	挾	23	답	0.2602	申官釗	金云集	0
1587	이곡면	山直坪	挾	25	답	0.1744	申官釗	嚴玉每	0
1588	이곡면	山直坪	挾	26	답	1.129	申官釗	李明春	0

1589	이곡면	山直村	挾	31	전	0.2294	申官釗	金云集	0
1590	이곡면	山直村	挾	32	답	0.2945	申宰均	金大用	0
1591	이곡면	山直村	挾	36	답	0.0756	申官釗	金士元	0
1592	이곡면	山直村	挾	38	답	0.4538	申宰均	金德甫	0
1593	이곡면	山直村	挾	40	답	0.1659	申官釗	金士元	0
1594	이곡면	山直坪	槐	3	전	0.3482	申樫	申樫	0
1595	이곡면	山直坪	槐	10	답	0.5547	申植	申植	0
1596	이곡면	山直坪	槐	12	답	0.1673	申順得	申順得	0
1597	이곡면	梨谷後坪	槐	21	전	0.0895	申杓	申杓	0
1598	이곡면	梨谷後坪	槐	26	답	0.1352	申小卜	郭性吉	0
1599	이곡면	梨谷後坪	槐	29	답	0.0564	申小卜	郭性吉	0
1600	이곡면	梨谷後坪	槐	30	답	0.0736	申永凞	宋尙根	0
1601	이곡면	梨谷後坪	槐	35	답	0.1836	申永凞	宋尙根	0
1602	이곡면	梨谷後坪	槐	36	답	0.5585	申甲均	郭琦協	0
1603	이곡면	梨谷後坪	槐	38	답	0.2967	申永凞	宋尙根	0
1604	이곡면	梨谷後坪	槐	41	답	0.4061	申宰均	郭琦協	0
1605	이곡면	梨谷後坪	卿	1	답	0.788	申永凞	嚴玉每	0
1606	이곡면	梨谷後坪	卿	4	전	0.0962	申植	申植	0
1607	이곡면	梨谷後坪	卿	11	답	0.1571	申永凞	盧萬吉	0
1608	이곡면	梨谷後坪	卿	20	전	0.4663	申宰均	郭琦協	0
1609	이곡면	梨谷前坪	卿	42	전	0.084	申元一	林應先	0
1610	이곡면	梨谷前坪	卿	44	답	0.222	申正卜	李贊汝	0
1611	이곡면	梨谷前坪	戶	11	답	0.7416	申橫	盧萬釗	0
1612	이곡면	梨谷前坪	戶	12	답	0.2566	申甲均	李基鳳	0
1613	이곡면	梨谷前坪	戶	13	답	0.2029	申橫	盧萬釗	0
1614	이곡면	梨谷前坪	戶	21	답	0.4684	申甲均	李元實	0
1615	이곡면	梨谷前坪	戶	24	답	0.5895	申橫	孟允五	0
1616	이곡면	梨谷前坪	戶	26	답	0.2028	申植	林千石	0
1617	이곡면	梨谷前坪	戶	29	답	0.4394	申植	申植	0
1618	이곡면	梨谷前坪	封	3	전	0.228	申宰均	郭琦協	0

1619	이곡면	梨谷前坪	封	10	전	0.2618	申永熙	申永熙		0
1620	이곡면	梨谷前坪	封	11	전	0.0825	申植	申植		0
1621	이곡면	梨谷垈	封	20	대	0.0214	尹相益	申杓	초	6
1622	이곡면	梨谷垈	封	23	대	0.0873	申樫	申樫	초	12
1623	이곡면	梨谷垈	封	24	전	0.0175	申樫	宋上根		0
1624	이곡면	梨谷垈	封	26	전	0.1031	申永熙	申永熙		0
1625	이곡면	梨谷垈	封	27	대	0.0175	申樫	崔奉學	초	2
1626	이곡면	梨谷垈	封	28	대	0.0156	申樫	盧萬釗	초	3
1627	이곡면	梨谷垈	封	29	대	0.0153	申樫	金能先	초	3
1628	이곡면	梨谷垈	封	30	대	0.012	申植	郭�伊	초	3
1629	이곡면	梨谷垈	封	31	대	0.0995	申植	申植	초	6
1630	이곡면	梨谷垈	封	32	대	0.0245	申植	孟周燮	초	2
1631	이곡면	梨谷前坪	八	1	전	0.8934	申永熙	郭敬五		0
1632	이곡면	梨谷前坪	八	5	전	0.24	申永熙	宋相近		0
1633	이곡면	梨谷前坪	八	27	답	0.315	申甲均	李夢如		0
1634	이곡면	守坪前坪	縣	12	답	0.2333	申構	金知叔		0
1635	이곡면	屈岩谷	縣	51	전	0.1827	申永熙	申永熙		0
1636	이곡면	屈岩谷	縣	53	전	0.2138	申永熙	申永熙		0
1637	이곡면	屈岩谷	縣	57	전	0.0972	申樫	申樫		0
1638	이곡면	屈岩谷	縣	60	답	0.3682	申永熙	申永熙		0
1639	이곡면	窟巖谷	家	23	답	0.198	申宰均	徐甘德		0
1640	이곡면	時今坪	家	28	답	0.7573	申構	郭仲五		0
1641	이곡면	時今坪	家	31	답	0.1527	申樫	郭敬五		0
1642	이곡면	下沙前坪	結	32	답	0.1834	申樫	金用西		0
1643	이곡면	下沙前坪	結	37	답	0.2356	申小卜	金今哲		0
1644	이곡면	栢洞	千	92	전	0.1036	申杙	申杙		0
1645	이곡면	栢洞	千	106	전	0.0535	申杙	申杙		0
1646	이곡면	栢洞	千	107	대	0.0556	申杙	申杙	초	7
1647	이곡면	中沙池垈	兵	24	답	0.5254	申樫	金聖左		0
1648	이곡면	中沙池垈	兵	29	답	0.2268	申樫	盧萬釗		0

1649	이곡면	中沙池垈	兵	34	답	0.0816	申樫	李千甫		0
1650	이곡면	旌門坪	高	49	답	0.0965	申甲均	李敬三		0
1651	이곡면	常山垈	冠	32	답	0.1433	申甲均	李景三		0
1652	이곡면	寒沙洞	陪	5	답	0.0982	申杙	申杙		0
1653	이곡면	寒沙洞	陪	7	답	1.3549	申杙	申杙		0
1654	이곡면	寒沙洞	陪	30	답	0.4119	申甲均	朴正七		0
1655	이곡면	寒沙洞	陪	44	답	0.1274	申永熙	金淳卜		0
1656	이곡면	盤池坪	輦	1	답	0.2847	申正鉉	李承右		0
1657	이곡면	盤池坪	輦	5	답	0.2182	申敬石	李起奉		0
1658	이곡면	盤池坪	輦	15	답	0.7118	申樫	申樫		0
1659	이곡면	盤池坪	輦	19	답	0.1816	申宰均	李石宗		0
1660	이곡면	盤池坪	輦	32	답	0.5871	申甲均	李贊如		0
1661	이곡면	盤池坪	輦	37	답	0.0829	申宰均	鄭甲奉		0
1662	이곡면	上盤池垈	輦	39	대	0.0327	盧一遠	申先敬	초	3
1663	이곡면	上盤池垈	輦	50	전	0.0753	申甲均	申先敬		0
1664	이곡면	下盤池左坪	驅	4	답	0.1113	申宰均	趙允景		0
1665	이곡면	下盤池左坪	驅	6	답	0.665	申甲均	申善慶		0
1666	이곡면	下盤池垈	驅	32	답	0.2124	申甲均	劉東明		0
1667	이곡면	下盤池垈	驅	40	답	0.3176	申甲均	申善慶		0
1668	이곡면	下盤池垈	驅	49	답	0.7462	申甲均	李鍾德		0
1669	이곡면	下盤池垈	驅	52	답	0.3109	申甲均	趙允景		0
1670	이곡면	盤池前浴谷坪	谷	2	답	0.2138	申甲均	禹成汝		0
1671	이곡면	盤池前浴谷坪	谷	5	답	0.2559	申甲均	林甫如		0
1672	이곡면	盤池前浴谷坪	谷	28	답	0.3665	申甲均	李鍾德		0
1673	이곡면	盤池前浴谷坪	谷	33	답	0.1773	申甲均	申善慶		0
1674	이곡면	盤池前浴谷坪	谷	35	답	0.1227	申宰均	禹成汝		0
1675	이곡면	盤池前坪	振	4	답	0.21	申甲均	禹成汝		0
1676	이곡면	盤池前坪	振	6	답	0.3818	申甲均	李蒙汝		0
1677	이곡면	寶城谷	振	23	답	0.2734	申甲均	鄭甲卜		0
1678	이곡면	寒泉谷	纓	6	답	0.3116	申大江	李首奉		0

1679	이곡면	寒泉谷	纓	8	답	0.1012	申大江	李首奉		0
1680	이곡면	月村界山下	纓	18	답	0.7505	申甲均	元太石		0
1681	이곡면	馬驪坪	世	20	답	0.8836	鄭卜龍	申萬石		0
1682	이곡면	馬驪坪	世	35	답	0.2225	李大執	申萬石		0
1683	이곡면	馬驪坪	世	40	답	0.1205	申杓	姜順吉		0
1684	이곡면	馬驪坪	世	44	답	0.1078	吳國瑞	申萬石		0
1685	이곡면	馬驪下坪	祿	5	전	0.0109	申順每	申順每		0
1686	이곡면	馬山洞	祿	17	대	0.034	李京八	申順每	초	3
1687	이곡면	馬山洞	祿	19	전	0.0436	申順每	申順每		0
1688	이곡면	馬山洞	祿	21	대	0.0371	鄭馬當	申萬石	초	4
1689	이곡면	馬山洞	祿	23	전	0.1255	李承浩	申萬石		0
1690	이곡면	馬山洞	祿	24	전	0.1973	李京八	申萬石		0
1691	이곡면	馬山洞	祿	25	전	0.089	申德秀	趙順石		0
1692	이곡면	馬山洞	祿	26	전	0.0109	申順每	申順每		0
1693	이곡면	馬山洞	祿	27	전	0.0109	申萬石	申萬石		0
1694	이곡면	馬山洞	祿	54	전	0.0436	申萬石	申萬石		0
1695	이곡면	馬山洞	祿	60	전	0.0436	申在龍	申在龍		0
1696	이곡면	刀山坪	侈	12	답	0.6153	申橊	趙學西		0
1697	이곡면	刀山坪	侈	16	답	0.5979	申可均	元相雲		0
1698	이곡면	山直洞	富	53	답	0.3371	申穀鉉	吳國西		0
1699	이곡면	山直洞	富	60	답	0.288	申槲	李順先		0
1700	이곡면	舊川坪	車	5	전	0.1227	申萬汝	申万汝		0
1701	이곡면	舊川坪	車	13	전	0.1118	朴貴釗	申汝善		0
1702	이곡면	舊川坪	車	16	전	0.252	申萬汝	申万汝		0
1703	이곡면	刀山坪	駕	27	답	0.0214	申萬汝	申萬汝		0
1704	이곡면	刀山坪	駕	32	답	0.18	申德顯	李漢奉		0
1705	이곡면	刀山坪	駕	47	전	0.27	申可均	元尙云		0
1706	이곡면	羅分坪	駕	62	답	0.0804	申淳九	申淳九		0
1707	이곡면	羅分坪	駕	72	답	0.1931	申淳九	元万喆		0
1708	이곡면	羅分坪	肥	1	답	0.5513	申德亨	李聖烈		0

1709	이곡면	羅分坪	肥	2	답	0.2509	申淳九	洪正喆		0
1710	이곡면	羅分坪	肥	9	답	0.6982	申淳九	池九峰		0
1711	이곡면	羅分坪	肥	10	답	0.307	申淳九	李仁壽		0
1712	이곡면	羅分坪	肥	11	답	0.5062	申德亨	權福乞		0
1713	이곡면	羅分坪	肥	13	답	0.084	申檄	李碩卜		0
1714	이곡면	羅分坪	肥	15	답	0.2051	申德亨	李貞春		0
1715	이곡면	羅分坪	肥	18	답	0.3142	申斗星	李應西		0
1716	이곡면	羅分坪	肥	23	전	0.144	申斗星	李應西		0
1717	이곡면	中伏前坪	肥	41	답	0.4113	申大卜	申大卜		0
1718	이곡면	中洑坪	輕	2	답	0.3818	申德亨	洪南叔		0
1719	이곡면	中洑坪	輕	24	전	0.2474	申一均	安德汝		0
1720	이곡면	隱水洞	輕	37	전	0.0982	申寬均	趙石卜		0
1721	이곡면	隱水洞	輕	39	전	0.1571	申寬均	趙石卜		0
1722	이곡면	隱水洞	輕	42	답	0.0628	申可均	金達成		0
1723	이곡면	隱水洞	輕	43	답	0.1169	申聖觀	崔新得		0
1724	이곡면	隱水洞	輕	44	답	1.0112	申興均	趙錫福		0
1725	이곡면	隱水洞	輕	48	답	0.0916	申斗星	安丁述		0
1726	이곡면	隱水洞	輕	50	답	0.1632	申德亨	元万喆		0
1727	이곡면	隱水洞	輕	53	답	0.2703	申大卜	李元必		0
1728	이곡면	隱水洞	輕	54	답	0.3818	申格	李永西		0
1729	이곡면	中洑洞	輕	85	대	0.0278	申可均	金敬五	초	3
1730	이곡면	中洑洞	輕	86	답	0.2384	申可均	金敬五		0
1731	이곡면	中洑洞	輕	87	답	0.1489	申大卜	潘致景		0
1732	이곡면	在席坪	策	2	답	0.1789	申鳳熙	金萬鳳		0
1733	이곡면	在席坪	策	3	답	0.7331	申聖觀	崔新得		0
1734	이곡면	在席坪	策	4	답	0.1571	申斗星	金達成		0
1735	이곡면	在席坪	策	5	답	0.3041	申益	洪南叔		0
1736	이곡면	在席坪	策	6	답	0.3986	申淳化	洪南叔		0
1737	이곡면	在席坪	策	7	답	0.1681	申大卜	金道名		0
1738	이곡면	在席坪	策	9	답	0.0995	申益均	趙錫福		0

1739	이곡면	在席坪	策	11	답	0.078	申大卜	陳光業	0
1740	이곡면	在席坪	策	13	답	1.0817	申橝	金順乭	0
1741	이곡면	在席坪	策	14	답	0.2487	申淳九	張八龍	0
1742	이곡면	在席坪	策	15	답	0.1767	申德亨	李致壽	0
1743	이곡면	在席坪	策	16	답	0.3011	申橝	方順万	0
1744	이곡면	在席坪	策	17	답	0.2297	申斗星	金達成	0
1745	이곡면	在席坪	策	18	답	0.5131	申益	李敬在	0
1746	이곡면	在席坪	策	21	답	0.3142	申益	安起良	0
1747	이곡면	在席坪	策	23	답	0.4451	申敬中	李鎬昌	0
1748	이곡면	在席坪	策	24	답	0.3273	申橝	方順萬	0
1749	이곡면	在席坪	策	25	답	0.3192	申德亨	陳慶云	0
1750	이곡면	在席坪	策	26	답	0.3627	申鳳凞	李敬在	0
1751	이곡면	在席坪	策	28	답	0.2046	申淳九	池九鳳	0
1752	이곡면	在席坪	策	30	답	0.2225	申士日	丁文實	0
1753	이곡면	朴才坪	功	2	답	0.1914	申斗星	安萬石	0
1754	이곡면	在席坪酒店	功	7	답	0.1758	申益	安敬戊	0
1755	이곡면	在席坪酒店	功	8	전	0.0262	申可均	李永西	0
1756	이곡면	在席坪酒店	功	9	답	0.84	申益	李先吉	0
1757	이곡면	在席坪酒店	功	10	답	1.176	申橝	李春興	0
1758	이곡면	在席坪酒店	功	13	답	0.3818	申橝	徐碧仁	0
1759	이곡면	在席坪酒店	功	15	답	0.1527	申甲均	陳完吉	0
1760	이곡면	在席坪酒店	功	16	답	0.5394	申橝	金達成	0
1761	이곡면	在席坪酒店	功	19	답	0.1833	申赫均	李聖烈	0
1762	이곡면	在席坪酒店	功	20	답	0.2836	申晟凞	李石卜	0
1763	이곡면	在席坪酒店	功	21	답	0.3927	申斗升	金漢甲	0
1764	이곡면	在席坪酒店	功	22	답	0.3054	申貞釗	元萬喆	0
1765	이곡면	在席坪酒店	功	23	답	0.4254	申晟凞	陸有成	0
1766	이곡면	在席坪酒店	功	24	답	0.8509	申宰均	李先吉	0
1767	이곡면	在席坪酒店	功	27	답	0.241	申橝	李春興	0
1768	이곡면	在席坪酒店	功	28	답	1.177	申貞釗	金石崇	0

1769	이곡면	乭朴才坪	功	29	답	0.2199	申貞釗	安一元	0
1770	이곡면	乭朴才坪	功	30	답	0.2867	申赫均	金化春	0
1771	이곡면	乭朴才坪	功	31	답	0.5073	申橄	李化敬	0
1772	이곡면	乭朴才坪	功	32	답	0.2313	申斗升	李今卜	0
1773	이곡면	乭朴才坪	功	33	답	0.3098	申橺	張億劫	0
1774	이곡면	乭朴才坪	功	35	답	0.57	申橺	李漢用	0
1775	이곡면	乭朴才坪	功	36	답	0.503	申斗升	陳完吉	0
1776	이곡면	乭朴才坪	功	37	답	0.3927	申晟凞	張八龍	0
1777	이곡면	乭朴才坪	功	38	답	0.3682	申鳳瑞	李令男	0
1778	이곡면	乭朴才坪	功	40	답	0.54	申悳陽	梁善長	0
1779	이곡면	乭朴才坪	功	42	답	0.5631	申橺	張悳劫	0
1780	이곡면	長僧坪	茂	1	답	0.6305	申升斗	李今卜	0
1781	이곡면	長僧坪	茂	2	답	0.5345	申珏凞	申珏凞	0
1782	이곡면	長僧坪	茂	6	답	0.2836	申晟凞	許順得	0
1783	이곡면	長僧坪	茂	7	답	0.252	申夬凞	崔道致	0
1784	이곡면	長僧坪	茂	8	답	0.3491	申甲均	安萬石	0
1785	이곡면	長僧坪	茂	19	답	0.1484	申晟凞	許順得	0
1786	이곡면	長陽坪	實	30	전	0.1407	申晟凞	李化敬	0
1787	이곡면	長陽坪	實	31	전	0.1325	申斗均	申斗均	0
1788	이곡면	長陽坪	實	32	전	0.3551	申橺	申橺	0
1789	이곡면	長陽坪	碑	15	답	0.4009	申珏凞	金千萬	0
1790	이곡면	長陽坪	碑	16	답	0.2618	申甲均	申甲均	0
1791	이곡면	長陽坪	碑	17	답	0.0818	申斗成	金學教	0
1792	이곡면	長陽坪	刻	17	답	0.1848	申慶誠	申龍萬	0
1793	이곡면	長陽前坪	銘	24	답	0.1914	申兢凞	安明玉	0
1794	이곡면	長陽坪	磻	4	답	2.1817	申百萬	李順福	0
1795	이곡면	長陽前坪	磻	5	답	1.1216	申珏凞	崔萬圭	0
1796	이곡면	長陽前坪	磻	6	답	0.2042	申國凞	申國凞	0
1797	이곡면	長陽前坪	磻	7	답	0.4042	申珏凞	金元石	0
1798	이곡면	長陽前坪	磻	8	답	0.4909	申鍾鉉	金昌成	0

1799	이곡면	長陽前坪	磻	9	답	0.4473	申學成	金昌成	0
1800	이곡면	長陽前坪	磻	10	답	0.3142	申在熙	申在熙	0
1801	이곡면	長陽前坪	磻	18	답	0.444	申千萬	崔雙三	0
1802	이곡면	長陽坪	谿	1	답	0.6327	申千萬	申京文	0
1803	이곡면	長陽坪	谿	8	답	0.7592	申杙	安起良	0
1804	이곡면	長陽坪	谿	9	답	0.6109	申春元	李順卜	0
1805	이곡면	長陽坪	谿	10	답	0.5814	申春元	崔中鉉	0
1806	이곡면	長陽坪	谿	11	답	0.2594	申聖伯	權福㐫	0
1807	이곡면	長陽坪	谿	12	답	0.2967	申春元	李順卜	0
1808	이곡면	長陽坪	谿	14	답	0.36	申鳳西	洪壽吉	0
1809	이곡면	長陽坪	谿	15	답	0.2266	申斗聖	安萬石	0
1810	이곡면	長陽坪	谿	18	답	0.3192	申大卜	安正述	0
1811	이곡면	長陽坪	谿	24	답	0.559	申斗星	李德每	0
1812	이곡면	長陽坪	谿	26	답	0.3818	沈理澤	申耆良	0
1813	이곡면	長陽坪	谿	28	답	0.324	申斗星	李德每	0
1814	이곡면	長陽坪	伊	5	답	0.0552	申德亨	權福㐫	0
1815	이곡면	長陽坪	伊	10	답	0.3142	申橄	李元必	0
1816	이곡면	長陽坪	伊	11	답	0.1374	申德亨	元万喆	0
1817	이곡면	長陽坪	伊	12	답	0.271	申斗星	李元汝	0
1818	이곡면	長陽坪	伊	13	답	0.1163	申斗星	安正述	0
1819	이곡면	長陽坪	伊	14	답	0.5236	申德亨	元万喆	0
1820	이곡면	長陽坪	伊	15	답	0.6094	申德亨	元万喆	0
1821	이곡면	長陽坪	伊	17	답	0.5086	申聖伯	申聖伯	0
1822	이곡면	長陽坪	伊	18	답	0.18	申斗星	安正述	0
1823	이곡면	長陽坪	伊	19	답	0.414	申喆熙	金道春	0
1824	이곡면	長陽坪	伊	20	답	0.1964	申大天	吳聖云	0
1825	이곡면	長陽坪	伊	21	답	0.754	申喆熙	韓壽萬	0
1826	이곡면	長陽坪	伊	25	답	0.2373	申斗星	安正述	0
1827	이곡면	長陽坪	伊	27	답	0.2062	申斗星	安正述	0
1828	이곡면	長陽坪	伊	28	답	0.48	申德亨	李公烈	0

1829	이곡면	長陽坪	伊	30	답	0.2909	申斗星	李元汝	0
1830	이곡면	長陽坪	伊	32	답	0.0209	申德亨	潘順喜	0
1831	이곡면	日永洞坪	尹	12	답	0.2967	申喆凞	李相殷	0
1832	이곡면	日永洞坪	尹	14	답	0.252	申珏凞	李大執	0
1833	이곡면	日永洞坪	尹	17	답	2.6574	申喆凞	李大執	0
1834	이곡면	日永洞坪	尹	18	답	0.2967	申大卜	吳承之	0
1835	이곡면	日永洞坪	尹	19	답	0.2411	申大天	吳承之	0
1836	이곡면	日永洞坪	尹	21	답	0.6064	中喆凞	韓壽萬	0
1837	이곡면	日永洞坪	尹	24	답	1.2	申喆凞	韓壽萬	0
1838	이곡면	日永洞坪	尹	25	답	0.912	申喆凞	尹應七	0
1839	이곡면	日永洞坪	尹	29	답	0.2673	申喆凞	李大卜	0
1840	이곡면	日永洞坪	尹	30	답	0.54	申鶴成	申敬文	0
1841	이곡면	日永洞坪	尹	31	답	0.2945	申大天	申大天	0
1842	이곡면	日永坪	佐	1	답	0.9163	申二同	韓云敬	0
1843	이곡면	日永坪	佐	2	답	0.9163	申兢凞	朴順卜	0
1844	이곡면	日永坪	佐	3	답	0.4363	申長得	權仁成	0
1845	이곡면	日永坪	佐	4	답	0.204	申丁成	韓云敬	0
1846	이곡면	日永坪	佐	5	답	0.2133	申學成	韓云敬	0
1847	이곡면	日永坪	佐	14	답	0.0191	申兢凞	申永春	0
1848	이곡면	日永坪	時	2	답	0.1993	申永均	申致心	0
1849	이곡면	日永坪	時	3	답	0.2304	申二同	盧祿伊	0
1850	이곡면	日永坪	時	4	답	0.4713	申大天	徐順卜	0
1851	이곡면	日永坪	時	5	답	0.1745	申聖觀	申聖一	0
1852	이곡면	日永坪	時	6	답	0.2193	申兢凞	李得寧	0
1853	이곡면	日永坪	時	7	답	0.0851	申斗成	金判老味	0
1854	이곡면	日永坪	時	8	답	0.1527	申兢凞	許三眞	0
1855	이곡면	日永坪	時	9	답	0.1296	申載均	申載均	0
1856	이곡면	日永坪	時	10	답	0.1487	申聖觀	金德賢	0
1857	이곡면	日永坪	時	11	답	0.204	申載均	權仁成	0
1858	이곡면	日永坪	時	19	답	0.3658	申兢凞	尹才同	0

1859	이곡면	日永坪	時	22	답	0.0436	申兢熙	申兢熙		0
1860	이곡면	日永坪	時	23	답	0.5454	申學二	申學二		0
1861	이곡면	日永坪	時	24	답	0.4145	申宗熙	申宗熙		0
1862	이곡면	日永坪	時	25	답	1.4509	申兢熙	金三哲		0
1863	이곡면	日永坪	時	26	답	0.1745	申載均	尹才同		0
1864	이곡면	日永坪	時	27	답	0.672	申兢熙	尹才同		0
1865	이곡면	日永坪	時	28	답	0.3796	申斗星	申斗星		0
1866	이곡면	日永坪	時	30	답	0.2017	申載熙	申載熙		0
1867	이곡면	日永坪	時	32	답	0.4418	申兢熙	申兢熙		0
1868	이곡면	日永坪	時	33	답	0.1309	申弘均	申弘均		0
1869	이곡면	日永坪	時	34	답	0.2317	申學成	申汝成		0
1870	이곡면	日永坪	時	35	답	0.3338	申載均	洪萬伊		0
1871	이곡면	日永坪	阿	1	답	0.1047	申載均	申載均		0
1872	이곡면	日永坪	阿	2	답	0.5803	申學成	趙萬春		0
1873	이곡면	日永坪	阿	3	답	0.2094	申橄	具然春		0
1874	이곡면	日永坪	阿	15	답	0.3404	申鳳熙	申致心		0
1875	이곡면	日永坪	阿	16	답	0.1396	申珏熙	李大集		0
1876	이곡면	日永前坪	阿	19	답	0.7091	申二童	韓水萬		0
1877	이곡면	日永前坪	阿	26	전	0.1364	申洛均	申洛均		0
1878	이곡면	日永前坪	阿	31	전	0.2291	申德敬	韓聖三		0
1879	이곡면	日永前坪	阿	34	전	0.4363	申載熙	申載熙		0
1880	이곡면	日永前坪	阿	35	답	0.5449	申二童	韓壽萬		0
1881	이곡면	日永前坪	阿	36	답	0.1532	申復均	具永書		0
1882	이곡면	日永前坪	阿	37	답	0.3818	申載熙	申載熙		0
1883	이곡면	日永前坪	阿	39	답	0.2694	申乙成	韓聖三		0
1884	이곡면	日永前坪	阿	43	전	0.288	申斗星	李明甲		0
1885	이곡면	日永坪	衡	1	전	0.0587	申洛均	申洛均		0
1886	이곡면	日永坪	衡	3	전	0.1527	申德敬	申致心		0
1887	이곡면	日永坪	衡	5	전	0.1305	申聖三	張萬甫		0
1888	이곡면	日永洞	衡	8	대	0.0245	申乙成	李上奉	초	3

1889	이곡면	日永洞	衡	9	대	0.0209	申乙成	韓泰山	丞	3
1890	이곡면	日永洞	衡	10	대	0.0245	申乙成	李鍾湖	丞	5
1891	이곡면	日永洞	衡	11	대	0.0132	申乙成	李應九	丞	3
1892	이곡면	日永洞	衡	12	대	0.0445	申乙成	李上殷	丞	7
1893	이곡면	日永洞	衡	13	대	0.0278	申乙成	李大集	丞	4
1894	이곡면	日永洞	衡	14	대	0.0279	申乙成	吳宅善	丞	3
1895	이곡면	日永洞	衡	15	대	0.0371	申乙成	申洛均	丞	4
1896	이곡면	日永洞	衡	16	대	0.0244	申乙成	李炳水	丞	3
1897	이곡면	日永洞	衡	17	대	0.0153	申乙成	潘順喜	丞	3
1898	이곡면	日永洞	衡	18	대	0.0213	申乙成	張万甫	丞	3
1899	이곡면	日永洞	衡	19	대	0.0107	申乙成	李順玉	丞	2
1900	이곡면	日永洞	衡	20	대	0.0245	申乙成	尹夏榮	丞	3
1901	이곡면	日永洞	衡	21	대	0.0432	申乙成	韓奎錫	丞	3
1902	이곡면	日永洞	衡	25	대	0.026	李乙亥	申在熙	丞	6
1903	이곡면	日永洞	衡	31	대	0.0184	趙學烈	申宅均	丞	3
1904	이곡면	日永洞	衡	33	전	0.2182	申在熙	申在熙		0
1905	이곡면	日永洞	衡	39	전	0.0982	申洛均	申洛均		0
1906	이곡면	九禮垈坪	衡	42	답	0.6	申在熙	申在熙		0
1907	이곡면	九禮垈坪	衡	49	답	0.3404	申昌熙	安長祿		0
1908	이곡면	九禮垈坪	衡	51	답	0.3927	申鳳熙	申鳳熙		0
1909	이곡면	九禮垈坪	衡	52	답	0.5701	申士心	李順玉		0
1910	이곡면	九禮垈坪	衡	53	답	0.2127	申宗熙	申宗熙		0
1911	이곡면	九禮垈坪	衡	55	답	0.1642	申昌熙	申昌熙		0
1912	이곡면	九禮垈坪	衡	57	답	0.2988	申觀釗	金雨万		0
1913	이곡면	九禮垈坪	衡	59	답	0.3818	申在熙	河斗源		0
1914	이곡면	九禮垈坪	衡	63	답	0.4562	申昌熙	徐順卜		0
1915	이곡면	九禮垈坪	衡	64	답	0.4091	申鳳熙	趙萬春		0
1916	이곡면	九禮垈坪	衡	65	답	0.1512	申仲均	申仲均		0
1917	이곡면	九禮垈坪	衡	66	전	0.055	申仲均	申仲均		0
1918	이곡면	九禮垈坪	衡	67	답	0.2256	申仲均	申仲均		0

1919	이곡면	九禮垈坪	衡	69	전	0.1571	申仲均	申仲均		0
1920	이곡면	九禮垈坪	衡	72	전	0.2782	申快熙	申快熙		0
1921	이곡면	九禮垈坪	衡	76	전	0.168	申昌熙	申昌熙		0
1922	이곡면	九禮垈坪	衡	77	전	0.0157	申呂均	申呂均		0
1923	이곡면	九禮垈坪	衡	78	전	0.0262	申宗熙	申宗熙		0
1924	이곡면	九禮垈坪	衡	81	전	0.2657	申弘均	申弘均		0
1925	이곡면	九禮垈坪	衡	83	답	0.9278	申慶均	申慶均		0
1926	이곡면	華陽坪	奄	3	답	0.384	申宗熙	潘順熙		0
1927	이곡면	華陽坪	奄	5	답	0.8291	申橄	金判任		0
1928	이곡면	華陽坪	奄	7	답	0.4538	申在熙	申在熙		0
1929	이곡면	華陽坪	奄	10	답	0.4887	申珏熙	申直熙		0
1930	이곡면	華陽坪	奄	14	답	0.1702	申可均	申士謙		0
1931	이곡면	華陽坪	奄	15	답	0.656	申乙星	申景文		0
1932	이곡면	華陽坪	奄	16	답	0.1985	申鳳熙	申鳳熙		0
1933	이곡면	華陽坪	奄	17	답	0.7952	申俊熙	申俊熙		0
1934	이곡면	華陽坪	奄	19	전	0.1145	申昌熙	申昌熙		0
1935	이곡면	華陽坪	奄	22	전	0.1636	申可均	申可均		0
1936	이곡면	華陽坪	奄	24	전	0.2454	申在熙	申在熙		0
1937	이곡면	華陽坪	奄	27	전	0.2363	申昌熙	申昌熙		0
1938	이곡면	華陽坪	奄	28	전	0.2356	申可均	申元熙		0
1939	이곡면	華陽坪	奄	29	전	0.0873	申仲均	申仲均		0
1940	이곡면	華陽坪	奄	30	전	0.0573	申俊熙	申俊熙		0
1941	이곡면	花陽洞	奄	31	대	0.0132	沈長龍	申謙熙	초	2
1942	이곡면	花陽洞	奄	32	대	0.0213	申斗星	趙萬春	초	2
1943	이곡면	花陽洞	奄	33	대	0.0349	申斗星	金判任	초	4
1944	이곡면	花陽洞	奄	38	대	0.0128	沈長龍	申京和	초	3
1945	이곡면	花陽洞	奄	40	대	0.0409	申昌熙	申昌熙	초	9
1946	이곡면	花陽洞	奄	45	대	0.0427	申仲均	申仲均	초	6
1947	이곡면	花陽洞	奄	46	대	0.0278	申仲均	申宗熙	초	5
1948	이곡면	花陽洞	奄	47	대	0.0436	申俊熙	申俊熙	초	7

1949	이곡면	花陽洞	奄	48	대	0.0164	申仲均	徐錫紀	초	3
1950	이곡면	花陽洞	奄	49	대	0.0436	申仲均	申鳳均	초	3
1951	이곡면	花陽洞	奄	50	대	0.0241	申仲均	韓敎成	초	3
1952	이곡면	花陽洞	奄	54	전	0.0098	申俊熙	申俊熙		0
1953	이곡면	花陽洞	奄	55	답	0.7363	申斗星	金判任		0
1954	이곡면	花陽洞	奄	56	대	0.0545	申元熙	申元熙	초	3
1955	이곡면	花陽洞	奄	57	전	0.1309	申俊熙	申俊熙		0
1956	이곡면	花陽洞	奄	60	전	0.2094	申昌熙	申昌熙		0
1957	이곡면	花陽洞	奄	61	전	0.2278	申仲均	申仲均		0
1958	이곡면	洗木坪	宅	1	전	0.4123	申鳳熙	申鳳熙		0
1959	이곡면	洗木坪	宅	2	답	0.2291	申俊熙	申俊熙		0
1960	이곡면	洗木坪	宅	3	답	0.984	申仲均	申仲均		0
1961	이곡면	洗木坪	宅	4	답	0.0513	申鳳熙	申宗熙		0
1962	이곡면	洗木坪	宅	5	답	0.0589	申昌熙	申昌熙		0
1963	이곡면	洗木坪	宅	9	답	0.528	申允均	崔仁成		0
1964	이곡면	洗木坪	宅	10	답	0.0491	申俊熙	申俊熙		0
1965	이곡면	洗木坪	宅	13	답	0.072	申宗熙	申宗熙		0
1966	이곡면	洗木坪	宅	14	답	0.0576	申仲均	申仲均		0
1967	이곡면	洗木坪	宅	16	답	0.1047	申昌熙	申昌熙		0
1968	이곡면	洗木坪	宅	17	답	0.4009	申俊熙	申俊熙		0
1969	이곡면	洗水坪	宅	18	답	0.2509	申宗熙	申宗熙		0
1970	이곡면	洗水坪	宅	19	전	0.163	申俊熙	申俊熙		0
1971	이곡면	洗水坪	宅	21	전	0.0349	申宗熙	申宗熙		0
1972	이곡면	洗水坪	宅	23	전	0.0164	申仲均	申仲均		0
1973	이곡면	洗水坪	宅	25	전	0.024	申珏熙	申元熙		0
1974	이곡면	洗水坪	宅	26	전	0.0589	申宗熙	申宗熙		0
1975	이곡면	洗水坪	宅	27	답	0.9218	申梜	申梜		0
1976	이곡면	洗水坪	宅	29	전	0.3054	申斗星	金判任		0
1977	이곡면	洗水坪	宅	30	전	0.1745	申宗熙	申宗熙		0
1978	이곡면	洗水坪	宅	31	전	0.3574	申慶均	申慶均		0

1979	이곡면	洗水坪	宅	33	전	0.1636	申佑圭	韓聖化		0
1980	이곡면	洗水坪	宅	34	전	0.3829	申弼均	趙萬甫		0
1981	이곡면	洗水坪	宅	35	전	0.1418	申斗星	崔德順		0
1982	이곡면	洗水坪	宅	36	전	0.1091	申鍾凞	申鍾凞		0
1983	이곡면	洗水坪	宅	37	전	0.1004	申在凞	徐順卜		0
1984	이곡면	洗水坪	宅	42	전	0.2062	申兢凞	申兢凞		0
1985	이곡면	洗水坪	宅	43	전	0.1484	申斗星	金致官		0
1986	이곡면	洗水坪	宅	44	전	0.5673	申兢凞	申順哲		0
1987	이곡면	洗水坪	宅	45	전	0.2367	申快凞	朴卜用		0
1988	이곡면	洗水坪	宅	46	전	0.4254	申喆凞	申喆凞		0
1989	이곡면	洗水坪	宅	48	전	0.2094	申丁吉	申丁吉		0
1990	이곡면	洗水坪	宅	50	전	0.0458	申重凞	申重凞		0
1991	이곡면	洗水坪	宅	51	전	0.0982	申元凞	申元凞		0
1992	이곡면	洗水坪	宅	53	전	0.2073	申重均	申重均		0
1993	이곡면	洗水坪	宅	55	전	0.2618	申重鉉	申重鉉		0
1994	이곡면	洗水坪	宅	58	전	0.0682	申珏凞	林占乭		0
1995	이곡면	洗水坪	宅	60	전	0.2618	申兢凞	申聖日		0
1996	이곡면	洗水坪	宅	61	전	0.6266	申喆凞	尹光石		0
1997	이곡면	洗水坪	宅	62	전	0.1419	申大川	申大川		0
1998	이곡면	洗水坪	宅	63	전	0.51	申兢凞	申在東		0
1999	이곡면	長陽洞坪	曲	1	전	0.2176	申益均	朴甘龍		0
2000	이곡면	長陽洞坪	曲	2	전	0.3818	申喆凞	朴甘龍		0
2001	이곡면	長陽洞坪	曲	31	전	0.0458	申兢凞	魯祿伊		0
2002	이곡면	長陽洞坪	曲	43	전	0.1525	沈億卜	申聖一		0
2003	이곡면	長陽南邊里	曲	83	대	0.0185	申兢凞	金仁淳	초	3
2004	이곡면	長陽南邊里	曲	84	대	0.0269	申兢凞	申伯喜	초	4
2005	이곡면	長陽南邊里	曲	85	전	0.2448	申兢凞	申兢凞		0
2006	이곡면	長陽洞坪	阜	9	답	0.0818	申兢凞	李順卜		0
2007	이곡면	長陽洞坪	阜	12	답	0.0818	申學成	韓三乭		0
2008	이곡면	長陽洞坪	阜	13	전	0.1516	申兢凞	金道春		0

2009	이곡면	長陽洞坪	阜	22	전	0.366	申喆熙	李順乬		0
2010	이곡면	長陽洞坪	阜	25	전	0.6872	申兢熙	朴順卜		0
2011	이곡면	長陽洞坪	阜	32	전	0.168	申兢熙	朴順卜		0
2012	이곡면	長陽洞坪	阜	34	전	0.4582	申喆熙	申喆熙		0
2013	이곡면	長陽洞坪	阜	35	전	0.6262	申珏熙	梁卜吉		0
2014	이곡면	長陽酒店	阜	40	대	0.029	申兢熙	朴治英	초	6
2015	이곡면	長陽酒店	阜	46	대	0.3927	申二同	張元西	초	6
2016	이곡년	松峴店	阜	51	대	0.0249	申兢熙	金八用	초	6
2017	이곡면	松峴店	阜	52	대	0.0132	申兢熙	金化兼	초	3
2018	이곡면	松峴店	阜	53	대	0.018	申兢熙	崔昌云	초	5
2019	이곡면	松峴店	阜	54	대	0.0524	申兢熙	金萬卜	초	5
2020	이곡면	松峴店	阜	55	전	0.3054	申兢熙	金三喆		0
2021	이곡면	松峴店	阜	56	답	0.2562	申喆熙	張三元		0
2022	이곡면	松峴坪	微	17	전	0.1091	申千孫	申千孫		0
2023	이곡면	松峴前坪	微	26	답	0.7363	申二同	申容萬		0
2024	이곡면	松峴前坪	微	28	전	0.0284	申二同	申二同		0
2025	이곡면	松峴前坪	微	29	전	0.084	申大卜	申大卜		0
2026	이곡면	松峴前坪	微	30	전	0.2094	申兢熙	申兢熙		0
2027	이곡면	松峴前坪	微	37	대	0.036	申二同	申容萬	초	4
2028	이곡면	松峴前坪	微	38	전	0.0065	申二同	申二同		0
2029	이곡면	松峴前坪	微	39	전	0.0109	申三喆	申三喆		0
2030	이곡면	松峴前坪	微	41	전	0.1368	申基俊	申基俊		0
2031	이곡면	松峴前坪	微	43	전	0.0196	申基俊	申基俊		0
2032	이곡면	松峴前坪	微	44	전	0.0241	申在熙	申在熙		0
2033	이곡면	松峴前坪	微	45	대	0.0436	申在熙	申在熙	초	10
2034	이곡면	松峴前坪	微	46	대	0.06	申在熙	申珏熙	초	7
2035	이곡면	松峴前坪	微	47	대	0.0818	申在熙	申珏熙	초	20
2036	이곡면	松峴前坪	微	48	전	0.0415	申在熙	申珏熙		0
2037	이곡면	松峴前坪	微	83	전	0.588	申兢熙	申兢熙		0
2038	이곡면	松峴前坪	微	84	전	0.2062	申用熙	申用熙		0

2039	이곡면	松峴前坪	微	85	전	0.354	申喆凞	申喆凞		0
2040	이곡면	松峴前坪	微	86	전	0.6272	申二岳	申二岳		0
2041	이곡면	西松峴坪	旦	1	전	0.8182	申喆凞	申喆凞		0
2042	이곡면	西松峴坪	旦	12	답	0.3665	申在凞	申在凞		0
2043	이곡면	西松峴坪	旦	13	전	0.0175	申壽萬	申壽萬		0
2044	이곡면	元堂谷	旦	16	답	0.3818	申大天	申大天		0
2045	이곡면	元堂谷	旦	17	답	0.0528	申宗凞	申宗凞		0
2046	이곡면	西松峴	旦	18	대	0.0305	申宗凞	申宗凞	초	4
2047	이곡면	西松峴	旦	19	대	0.0491	申珏凞	申元凞	초	4
2048	이곡면	西松峴	旦	20	대	0.0371	申珏凞	申昌凞	초	3
2049	이곡면	西松峴	旦	21	전	0.0327	申珏凞	申元凞		0
2050	이곡면	西松峴	旦	22	전	0.1255	申珏凞	申元凞		0
2051	이곡면	西松峴	旦	24	전	0.0655	申宗凞	申宗凞		0
2052	이곡면	西松峴	旦	25	전	0.2094	申喆凞	申喆凞		0
2053	이곡면	西松峴	旦	27	전	0.1091	申兢凞	申鳳均		0
2054	이곡면	西松峴	旦	28	전	0.198	申兢凞	申鳳均		0
2055	이곡면	西松峴	旦	30	답	0.2694	申鍾鉉	申鍾鉉		0
2056	이곡면	西松峴	旦	34	전	0.0218	申元均	申元均		0
2057	이곡면	西松峴	旦	35	전	0.1773	申橃	申橃		0
2058	이곡면	西松峴	旦	36	전	0.0327	申橃	申橃		0
2059	이곡면	西松峴	旦	37	답	0.0873	申允得	申允得		0
2060	이곡면	西松峴	旦	38	전	0.0229	申橃	申橃		0
2061	이곡면	西松峴	旦	39	전	0.2291	申甲福	申甲福		0
2062	이곡면	西松峴	旦	45	전	0.2782	申珏凞	申珏凞		0
2063	이곡면	西松峴	旦	46	전	0.0655	申冕凞	申冕凞		0
2064	이곡면	西松峴	旦	47	전	0.3663	申喆凞	申喆凞		0
2065	이곡면	西松峴	旦	48	전	0.2073	申俊凞	申俊凞		0
2066	이곡면	西松峴	旦	54	전	0.0349	申春興	申春興		0
2067	이곡면	西松峴	旦	56	전	0.2618	申珏凞	申珏凞		0
2068	이곡면	西松峴	旦	58	전	0.4538	申千萬	申千萬		0

2069	이곡면	西松峴	旦	59	전	0.2727	申學卜	申學卜		0
2070	이곡면	西松峴	旦	66	전	0.3491	申珏凞	申千萬		0
2071	이곡면	西松峴	旦	68	전	0.048	申珏凞	崔相眞		0
2072	이곡면	西松峴	旦	71	전	0.0764	申元凞	申元凞		0
2073	이곡면	西松峴	旦	72	전	0.2073	申學成	申令吉		0
2074	이곡면	西松峴	旦	73	전	0.2618	申喆凞	申喆凞		0
2075	이곡면	西松峴	旦	74	전	0.0464	申喆凞	申喆凞		0
2076	이곡면	西松峴	旦	75	진	0.0851	申喆凞	申喆凞		0
2077	이곡면	西松峴	旦	76	전	0.2596	申珏凞	申珏凞		0
2078	이곡면	西松峴	旦	77	전	0.1091	申兢凞	申兢凞		0
2079	이곡면	西松峴	旦	81	전	0.0655	申士賢	申士賢		0
2080	이곡면	西松峴	旦	82	전	0.0873	申珏凞	申珏凞		0
2081	이곡면	西松峴	旦	83	답	0.0218	申大卜	申昌凞		0
2082	이곡면	西松峴	旦	84	답	0.2618	申珏凞	尹成七		0
2083	이곡면	西松峴	旦	87	답	0.0327	申士兼	金仁㐊		0
2084	이곡면	西松峴	旦	89	전	0.4843	申喆凞	申喆凞		0
2085	이곡면	西松峴	旦	93	전	0.2454	申喆凞	申喆凞		0
2086	이곡면	西松峴	旦	95	전	0.096	申橊	申橊		0
2087	이곡면	西松峴	旦	96	전	0.0218	申可均	申可均		0
2088	이곡면	西松峴	旦	101	전	0.1745	申在卜	申在卜		0
2089	이곡면	西松峴	旦	103	전	0.1909	申直凞	南白京		0
2090	이곡면	礪村	孰	3	대	0.0223	申重鉉	趙占釗	초	2
2091	이곡면	礪村	孰	4	대	0.0184	申重鉉	尹年心	초	2
2092	이곡면	礪村	孰	5	대	0.0244	申重鉉	尹成烈	초	3
2093	이곡면	礪村	孰	6	대	0.0611	申重鉉	申重鉉	초	8
2094	이곡면	鶴洞	孰	13	대	0.0327	尹丙先	申德化	초	2
2095	이곡면	鶴洞	孰	14	대	0.0624	申在卜	申在卜	초	5
2096	이곡면	鶴洞	孰	15	전	0.1347	申重鉉	申重鉉		0
2097	이곡면	鶴洞	孰	17	전	0.0061	申珏凞	申珏凞		0
2098	이곡면	鶴洞	孰	43	전	0.0955	申致定	申致定		0

2099	이곡면	鶴洞	執	49	전	0.1566	申億石	申億石		0
2100	이곡면	鶴洞	執	51	전	0.096	申億石	申億石		0
2101	이곡면	鶴洞	執	53	전	0.0611	申甫卿	南白京		0
2102	이곡면	鶴洞	執	58	전	0.0157	申喆凞	韓三乭		0
2103	이곡면	桑林坪	執	63	전	0.0627	申㯙	李順成		0
2104	이곡면	桑林坪	執	64	전	0.1745	申㯙	李順成		0
2105	이곡면	桑林坪	執	65	전	0.5345	申㯙	李順成		0
2106	이곡면	桑林坪	執	66	전	0.1405	申斗成	南正伯		0
2107	이곡면	桑林坪	執	70	전	0.2209	申兢凞	權行水		0
2108	이곡면	桑林坪	執	71	전	0.2476	申㯙	李順成		0
2109	이곡면	桑林坪	執	74	전	0.0719	申㯙	李順成		0
2110	이곡면	大幕前坪	執	77	전	0.3273	申兢凞	黃石化		0
2111	이곡면	大幕前坪	執	78	전	0.1898	申兢凞	黃石化		0
2112	이곡면	大幕前坪	執	84	전	0.0687	申士賢	申士賢		0
2113	이곡면	大幕酒店	執	87	대	0.0682	申㯙	李順成	초	14
2114	이곡면	大幕酒店	執	88	대	0.0207	申㯙	黃石化	초	2
2115	이곡면	大幕酒店	執	89	대	0.0394	申㯙	金士發	초	5
2116	이곡면	大幕酒店	執	90	대	0.0256	申㯙	金宅俊	초	3
2117	이곡면	大幕酒店	執	95	전	0.3508	申士賢	李命卜		0
2118	이곡면	大幕酒店	執	101	전	0.0506	申鳳凞	南芝凞		0
2119	이곡면	大幕酒店	執	103	답	0.1882	申德衡	李元行		0
2120	이곡면	大幕酒店	執	104	답	0.2269	申珏凞	李元行		0
2121	이곡면	大幕酒店	執	105	답	0.1179	申鳳凞	南芝凞		0
2122	이곡면	大幕酒店	執	108	답	0.2522	申益均	南芝凞		0
2123	이곡면	龜灘洞	執	112	대	0.0353	申兢凞	南芝凞	초	3
2124	이곡면	龜灘洞	執	113	대	0.0245	申鳳凞	南五童	초	3
2125	이곡면	龜灘洞	執	114	대	0.0245	申鳳凞	南五俊	초	3
2126	이곡면	龜灘洞	執	115	대	0.0245	申鳳凞	崔順乭	초	3
2127	이곡면	龜灘洞	執	117	전	0.0213	申兢凞	李石奉		0
2128	이곡면	龜灘洞	執	121	대	0.013	申兢凞	申兢凞	초	9

2129	이곡면	龜灘坪	營	3	전	0.5651	申㯙	李順成	0
2130	이곡면	龜灘坪	營	11	전	0.2945	申用均	金元喆	0
2131	이곡면	龜灘坪	營	17	답	0.1161	申鳳凞	金谷石	0
2132	이곡면	龜灘坪	營	18	답	0.0916	申珏凞	金上卜	0
2133	이곡면	龜灘坪	營	20	답	0.4363	申重鉉	申重鉉	0
2134	이곡면	龜灘坪	營	24	답	0.4713	申仲鉉	金允西	0
2135	이곡면	龜灘坪	營	26	답	0.1588	申重鉉	李成玉	0
2136	이곡면	龜灘坪	營	27	답	0.0807	申珏凞	尹聖烈	0
2137	이곡면	龜灘坪	營	31	답	1.4356	申重鉉	申重鉉	0
2138	이곡면	龜灘坪	營	32	답	0.2373	申用均	鄭千金	0
2139	이곡면	龜灘坪	營	42	답	0.18	申用均	金正葉	0
2140	이곡면	龜灘坪	營	43	답	0.1985	申益均	金德五	0
2141	이곡면	龜灘坪	營	47	답	0.2536	申大卜	梁國西	0
2142	이곡면	龜灘坪	營	49	답	0.2291	申用均	金應順	0
2143	이곡면	龜灘坪	營	50	답	0.42	申重鉉	申重鉉	0
2144	이곡면	桑林坪	桓	1	답	0.0993	申益均	李伯有	0
2145	이곡면	桑林坪	桓	4	답	0.288	申重鉉	申重鉉	0
2146	이곡면	桑林坪	桓	6	답	0.2578	鄭且卜	申光眞	0
2147	이곡면	桑林坪	桓	7	답	0.1964	申㯙	李光石	0
2148	이곡면	桑林坪	桓	13	답	0.1319	申㯙	南伯敬	0
2149	이곡면	桑林坪	桓	15	전	0.1004	申用均	梁國西	0
2150	이곡면	桑林坪	桓	16	전	0.1353	申兢凞	金仲先	0
2151	이곡면	桑林坪	桓	17	전	0.3818	申重鉉	申重鉉	0
2152	이곡면	桑林坪	桓	21	전	0.2482	申可均	尹元萬	0
2153	이곡면	桑林坪	桓	33	답	0.2749	申重鉉	尹連心	0
2154	이곡면	桑林坪	桓	35	답	0.3229	申重鉉	尹秉先	0
2155	이곡면	桑林坪	桓	37	답	0.6	申珏凞	尹玉如	0
2156	이곡면	桑林坪	桓	38	답	0.2411	申兢凞	尹敬弼	0
2157	이곡면	桑林坪	桓	43	답	0.1991	申重鉉	申重鉉	0
2158	이곡면	桑林坪	桓	46	전	0.5345	申用均	金碧弘	0

2159	이곡면	桑林洞	桓	60	전	0.12	鄭乘益	申旭朝	0
2160	이곡면	桑林洞	桓	61	전	0.0164	鄭乘益	申旭朝	0
2161	이곡면	桑林洞	桓	63	답	0.2749	李源昇	申旭朝	0
2162	이곡면	桑林洞	桓	70	전	0.1391	申億石	申億石	0
2163	이곡면	桑林洞	桓	72	답	0.3665	李源昇	申季得	0
2164	이곡면	桑林洞	桓	74	답	0.2127	申重鉉	申重鉉	0
2165	이곡면	桑林洞	桓	76	전	0.0039	申珏熙	申珏熙	방아 1
2166	이곡면	桑林洞	桓	82	전	0.0611	申益均	金德三	0
2167	만승면	雙溪	公	2	전	0.1064	申德興	鄭圭一	0
2168	만승면	雙溪	公	48	답	0.1298	申萬吉	裵順京	0
2169	만승면	朕作洞	公	73	전	0.1983	申萬福	申萬福	0
2170	만승면	朕作洞	公	73	전	0.029	申萬福	申萬福	0
2171	만승면	朕作洞	公	73	전	0.0334	申萬福	申萬福	0
2172	만승면	朕作洞	公	73	전	0.0334	申萬福	申萬福	0
2173	만승면	朕作洞	公	73	전	0.0615	申萬福	申萬福	0
2174	만승면	魚頭央里	匡	32	전	0.0412	申千卜	鄭永實	0
2175	만승면	魚頭央里	匡	34	전	0.1744	申千卜	鄭永實	0
2176	만승면	魚頭央里	匡	39	답	0.1211	申萬竹	鄭永白	0
2177	만승면	魚頭央里	匡	40	전	0.1176	申萬竹	鄭永白	0
2178	만승면	魚頭央里	匡	41	전	0.1244	申萬竹	鄭永白	0
2179	만승면	魚頭央里	匡	57	전	0.1359	申萬福	黃成甫	0
2180	만승면	魚頭央里	匡	59	답	0.0556	申萬福	黃成甫	0
2181	만승면	魚頭央里	匡	60	전	0.0393	申萬卜	黃成甫	0
2182	만승면	魚頭央里	匡	66	전	0.1257	申萬卜	黃成甫	0
2183	만승면	魚頭央里	匡	74	전	0.1653	申萬甫	鄭永實	0
2184	만승면	下新	匡	78	답	0.4683	申萬吉	朴壽福	0
2185	만승면	下新	匡	83	전	0.1353	申萬吉	朴比榮	0
2186	만승면	下新	匡	88	답	0.2478	申德興	申德興	0
2187	만승면	可馬所	匡	89	전	0.1361	申德興	申德興	0
2188	만승면	可馬所	匡	91	답	0.0183	申萬吉	朴比榮	0

2189	만승면	可馬所	匡	92	전	0.0468	申德興	申德興	0
2190	만승면	下前坪眞美谷	合	1	답	0.1166	申萬吉	朴此榮	0
2191	만승면	下新前坪眞美谷	合	2	답	0.0649	申萬吉	朴此榮	0
2192	만승면	下新前坪眞美谷	合	3	답	0.1424	申萬吉	朴此榮	0
2193	만승면	下新前坪眞美谷	合	4	답	0.0938	申萬吉	李仁用	0
2194	만승면	下新前坪眞美谷	合	5	답	0.1588	申萬吉	李仁用	0
2195	만승면	下新前坪眞美谷	合	10	답	0.288	申萬吉	朴此榮	0
2196	만승면	下新前坪眞美谷	合	11	답	0.1604	申甲均	鄭順五	0
2197	만승면	下新前坪眞美谷	合	11	답	0.1602	申甲均	崔鎭廷	0
2198	만승면	下新前坪眞美谷	合	12	답	0.2217	申萬吉	朴道日	0
2199	만승면	下新前坪眞美谷	合	15	답	0.1039	申德興	申德興	0
2200	만승면	下新前坪眞美谷	合	18	전	0.0491	申德興	申德興	0
2201	만승면	上新坪	合	20	답	0.0507	申萬吉	金敬實	0
2202	만승면	上新坪	合	21	답	0.2182	申億萬	廉春心	0
2203	만승면	上新坪	合	22	답	0.549	申萬吉	金敬實	0
2204	만승면	上新坪	合	25	답	0.4817	申億萬	李禮山	0
2205	만승면	上新坪	合	26	답	0.2605	申萬吉	崔鎭廷	0
2206	만승면	土哭否村	合	29	전	0.0169	申應三	金敬實	0
2207	만승면	土哭否村	合	31	답	0.0303	申億萬	申億萬	0
2208	만승면	土哭否村	合	32	전	0.1539	申億萬	李禮山	0
2209	만승면	土哭否村	合	46	전	0.0626	申取萬	朴小成男	0
2210	만승면	土哭否村	合	49	답	0.0175	申取萬	劉南山	0
2211	만승면	土哭否村	合	50	답	0.0207	申取萬	劉南山	0
2212	만승면	土哭否村	合	53	전	0.2281	申取萬	劉南山	0
2213	만승면	土哭否村	合	56	전	0.0305	申取萬	張與先	0
2214	만승면	土哭否村	合	57	전	0.0491	申取萬	劉南山	0
2215	만승면	土哭否村	合	66	전	0.1222	申取萬	崔弖金	0
2216	만승면	敢織谷	合	81	전	0.0447	申取萬	李云敬	0
2217	만승면	敢織谷	合	83	전	0.0284	申取萬	李鳳奇	0
2218	만승면	敢織谷	合	84	전	0.0153	申取萬	朴小成男	0

2219	만승면	敢織谷	合	86	전	0.0371	申億萬	劉南山		0
2220	만승면	敢織谷	合	87	답	0.0756	申億萬	劉南山		0
2221	만승면	上新洞前坪	濟	4	대	0.0384	申順求	池龍西	초	3
2222	만승면	上新洞前坪	濟	6	답	0.054	申順九	趙順甫		0
2223	만승면	上新洞前坪	濟	11	대	0.0157	李禮山	申元新	초	2
2224	만승면	上新洞前坪	濟	17	전	0.138	申長孫	申元新		0
2225	만승면	上新洞前坪	濟	20	답	0.0218	申萬吉	權德元		0
2226	만승면	上新洞前坪	濟	21	전	0.1532	申萬吉	權德元		0
2227	만승면	上新洞前坪	濟	27	전	0.0164	申元新	申元新		0
2228	만승면	上新洞	濟	119	답	0.3	申萬業	朴道一		0
2229	만승면	上新洞	濟	125	전	0.1691	申壽吉	黃廣汝		0
2230	만승면	上新洞	濟	126	전	0.114	申億萬	崔順日		0
2231	만승면	上新洞	濟	129	전	0.2319	申萬卜	朴道一		0
2232	만승면	上新洞	濟	130	답	0.2356	申萬吉	朴且永		0
2233	만승면	上新洞	濟	131	답	0.3093	申萬億	池龍西		0
2234	만승면	上新洞	濟	135	전	0.0425	申萬吉	黃廣汝		0
2235	만승면	上新洞	濟	138	전	0.168	申萬吉	鄭順五		0
2236	만승면	上新坪	弱	1	답	0.0524	申萬吉	朴景雲		0
2237	만승면	上新坪	弱	2	답	0.4054	申億萬	申億萬		0
2238	만승면	上新坪	弱	3	답	0.2013	申億萬	黃云汝		0
2239	만승면	上新坪	弱	4	답	0.7296	申億萬	申元信		0
2240	만승면	下新坪	弱	10	답	0.2528	申千福	鄭永實		0
2241	만승면	下新坪	弱	12	전	0.0764	申萬吉	朴且永		0
2242	만승면	下新坪	弱	13	답	0.4846	申甲均	權德元		0
2243	만승면	下新坪	弱	14	전	0.09	申萬吉	朴壽福		0
2244	만승면	下新坪	弱	16	전	0.8787	申萬吉	林用甲		0
2245	만승면	下新坪	弱	21	전	0.1584	申萬吉	申萬吉		0
2246	만승면	下新坪	弱	22	전	0.0698	申春三	趙順甫		0
2247	만승면	下新里	弱	23	대	0.0185	申春三	金判得	초	3
2248	만승면	下新里	弱	24	대	0.0142	申春三	空	초	3

2249	만승면	下新里	弱	25	대	0.012	申春三	奉七孫	초	3
2250	만승면	下新里	弱	26	대	0.0099	申春三	李仁龍	초	3
2251	만승면	下新里	弱	27	대	0.0229	申萬吉	申羽均	초	3
2252	만승면	下新里	弱	28	대	0.0275	申萬吉	趙順日	초	3
2253	만승면	下新里	弱	29	대	0.0183	申萬吉	趙順甫	초	3
2254	만승면	下新里	弱	32	대	0.0105	申隱哲	任用甲	초	3
2255	만승면	下新里	弱	33	대	0.0087	申萬吉	朴漢伊	초	3
2256	만승면	下新里	弱	34	내	0.0199	申萬吉	崔伊種	초	5
2257	만승면	下新里	弱	35	대	0.0284	申萬吉	朴壽福	초	3
2258	만승면	下新里	弱	36	대	0.0055	申萬吉	金順孫	초	2
2259	만승면	下新里	弱	37	대	0.0196	申萬吉	朴且永	초	3
2260	만승면	下新里	弱	38	대	0.018	申萬吉	金敬實	초	3
2261	만승면	下新里	弱	39	대	0.0113	申萬吉	李用吉	초	3
2262	만승면	下新里	弱	40	대	0.0177	申萬吉	鄭五成	초	3
2263	만승면	下新里	弱	42	대	0.0144	申用均	申用均	초	4
2264	만승면	下新里	弱	43	대	0.0371	申用均	申用均	초	5
2265	만승면	下新里	弱	44	대	0.0136	申用均	卞富貴	초	3
2266	만승면	下新里	弱	45	대	0.0109	申用均	崔眞鐘	초	6
2267	만승면	下新里	弱	46	전	0.0569	申用均	崔眞鐘		0
2268	만승면	下新里	弱	47	전	0.0655	申用均	金鳳業		0
2269	만승면	下新里	弱	48	대	0.084	申用均	申從均	초	15
2270	만승면	下新里	弱	50	전	0.0504	申萬吉	朴壽福		0
2271	만승면	下新里	弱	51	전	0.1154	申萬吉	朴壽福		0
2272	만승면	下新里	弱	52	전	0.0807	申萬吉	朴壽卜		0
2273	만승면	下新里	弱	53	전	0.0082	申長卜	朴壽福		0
2274	만승면	下新里	弱	58	전	0.0524	申角均	李用光		0
2275	만승면	下新里	弱	59	전	0.2484	申角均	朴期成		0
2276	만승면	下新里	弱	60	전	0.0933	申長福	朴壽卜		0
2277	만승면	下新里	弱	61	전	0.1265	申長卜	朴壽卜		0
2278	만승면	下新里	弱	63	전	0.0199	申角均	全順孫		0

2279	만승면	下新里	弱	64	답	0.3939	申角均	朴期成		0
2280	만승면	下新里	弱	69	답	0.5596	申角均	任用甲		0
2281	만승면	下新里	弱	72	답	0.2269	申長卜	朴壽卜		0
2282	만승면	下新坪	扶	2	답	0.1921	申長卜	朴壽卜		0
2283	만승면	花山	扶	6	답	0.0751	申長卜	朴壽卜		0
2284	만승면	花山	扶	9	답	0.3164	申億石	崔以延		0
2285	만승면	花山	扶	13	답	0.3485	申長卜	朴壽卜		0
2286	만승면	花山	扶	14	답	0.1113	申長卜	卜富貴		0
2287	만승면	花山	扶	15	답	0.0619	申億石	朴且榮		0
2288	만승면	當德洞	扶	39	전	0.1571	鄭萬榮	申德萬		0
2289	만승면	當德洞	扶	43	대	0.0576	申德萬	金聖汝	초	2
2290	만승면	當德洞	扶	44	대	0.0244	申德萬	申德萬	초	3
2291	만승면	當德洞	扶	45	전	0.0297	申德萬	申德萬		0
2292	만승면	當德洞	扶	46	전	0.1881	申德萬	申德萬		0
2293	만승면	當德洞	扶	51	대	0.0223	金元石	申建汝	초	2
2294	만승면	當德洞	扶	54	대	0.0477	申德萬	金會石	초	2
2295	만승면	當德洞	扶	55	전	0.0169	申德萬	金會石		0
2296	만승면	當德洞	扶	61	전	0.171	申德萬	金聖汝		0
2297	만승면	當德洞	扶	72	전	0.2412	申棘熙	金會石		0
2298	만승면	當德洞	扶	73	전	0.1606	郭行亭	申云禮		0
2299	만승면	龜巖	傾	19	답	0.2741	申學成	金順文		0
2300	만승면	龜巖	傾	20	답	0.1518	申鳳熙	南伯有		0
2301	만승면	頭頭坪	傾	21	답	0.0324	申報熙	南伯有		0
2302	만승면	十里坪	傾	25	답	0.0468	申學成	金命守		0
2303	만승면	十里坪	傾	27	답	0.0928	申學成	金命守		0
2304	만승면	十里坪	傾	30	답	0.4878	申學成	尹正祖		0
2305	만승면	十里坪	傾	32	답	0.3255	申鳳熙	南伯有		0
2306	만승면	十里坪	傾	33	답	0.2225	申億石	申億石		0
2307	만승면	美里坪	傾	37	답	0.1442	申益均	南伯有		0
2308	만승면	美里坪	傾	39	답	0.1706	申益均	潘乞伊		0

2309	만승면	美里坪	傾	47	답	0.2114	申斗均	金好然		0
2310	만승면	頭頭坪	傾	57	답	0.052	申鳳熙	南伯有		0
2311	만승면	頭頭坪	傾	58	답	0.0454	申鳳熙	南伯有		0
2312	만승면	頭頭坪	綺	6	답	0.1944	申石崇	李成玉		0
2313	만승면	頭頭坪	綺	14	전	0.0871	申士鉉	金眞國		0
2314	만승면	頭頭坪	綺	15	전	0.0039	申石崇	李成玉	용	0
2315	만승면	頭頭坪	綺	16	전	0.3128	申士鉉	李成玉		0
2316	만승면	頭頭坪	綺	18	대	0.0227	申石崇	鄭央成	초	3
2317	만승면	頭頭坪	綺	19	전	0.0936	申石崇	申石崇		0
2318	만승면	頭頭坪	綺	21	전	0.0039	申石崇	南白有	방아	1
2319	만승면	頭頭坪	綺	23	전	0.1135	申正熙	崔德順		0
2320	만승면	頭頭坪	綺	30	답	0.6234	申石崇	李成玉		0
2321	만승면	頭頭坪	綺	33	전	0.1523	申珏熙	金永南		0
2322	만승면	頭頭坪	綺	34	전	0.2018	申石崇	李石奉		0
2323	만승면	頭頭坪	綺	38	전	0.1237	申士鉉	金興孫		0
2324	만승면	頭頭坪	綺	39	전	0.2596	申士鉉	申士鉉		0
2325	만승면	頭頭坪	綺	40	전	0.1449	申宗熙	申宗熙		0
2326	만승면	頭頭坪	綺	41	전	0.0394	申宗熙	申宗熙		0
2327	만승면	頭頭坪	綺	42	답	0.1354	申國熙	申國熙		0
2328	만승면	頭頭坪	綺	45	전	0.1234	申正均	金八老味		0
2329	만승면	頭頭坪	綺	46	전	0.2592	申珏熙	李命卜		0
2330	만승면	頭頭坪	綺	50	답	0.714	申用均	李順化		0
2331	만승면	頭頭坪	回	1	답	0.1985	申用均	申成七		0
2332	만승면	頭頭坪	回	17	답	0.295	申益均	金白有		0
2333	만승면	月臺坪	回	25	답	0.2528	申億石	金德五		0
2334	만승면	下防築洞	回	28	답	0.1741	申石崇	金仲先		0
2335	만승면	下防築洞	回	31	답	0.5322	申益均	南京好		0
2336	만승면	中防築洞	漢	25	답	0.2137	申桂得	申桂得		0
2337	만승면	上防築洞	漢	40	답	0.4429	申桂得	申桂得		0
2338	만승면	上防築洞	漢	46	답	0.0871	申珏熙	劉元兼		0

2339	만승면	上防築洞	漢	48	전	0.0567	申珏熙	劉成日		0
2340	만승면	上防築洞	漢	52	전	0.0471	申珏熙	劉成日		0
2341	만승면	上防築洞	漢	75	전	0.2793	申珏熙	劉成日		0
2342	만승면	上防築洞	惠	1	전	0.3917	申石崇	全道汝		0
2343	만승면	大寺洞	惠	25	답	0.3862	申桂得	申桂得		0
2344	만승면	大寺洞	惠	28	답	0.1113	申珏熙	劉成日		0
2345	만승면	麻根佳里坪	惠	76	전	0.0982	申文明	申文明		0
2346	만승면	麻根佳里坪	惠	85	전	0.0436	申士一	卞奉鶴		0
2347	만승면	內堂中洑坪	說	2	답	0.7016	申用均	姜大寬		0
2348	만승면	米里坪	感	4	답	0.2158	申用均	申元集		0
2349	만승면	米里坪	感	6	답	0.21	申用均	申元集		0
2350	만승면	米里坪	感	13	답	0.2258	申用均	李聖樂		0
2351	만승면	中洑坪	感	14	답	0.1446	申喆熙	李順化		0
2352	만승면	中洑坪	感	15	답	0.0976	申喆熙	李順化		0
2353	만승면	米里坪	感	18	답	0.1993	申用均	卞奉鶴		0
2354	만승면	長基坪	感	27	전	0.0655	申甲均	金八老味		0
2355	만승면	長基坪	感	28	전	0.1751	申益熙	申益熙		0
2356	만승면	長基坪	感	30	전	0.1487	申昌熙	韓順化		0
2357	만승면	長基坪	感	32	대	0.007	申兢熙	洪用云	초	2
2358	만승면	長基坪	感	33	전	0.1231	申仲均	申仲均		0
2359	만승면	長基坪	感	34	전	0.0917	申兢熙	申元熙		0
2360	만승면	長基坪	武	2	전	0.0581	申益熙	申益熙		0
2361	만승면	長基坪	武	3	전	0.0442	申益熙	申益熙		0
2362	만승면	長基坪	武	6	전	0.2471	申宗熙	申宗熙		0
2363	만승면	長基坪	武	8	전	0.3845	申弼均	趙萬春		0
2364	만승면	長基坪	武	10	전	0.1139	申爽熙	辛元範		0
2365	만승면	長基坪	武	12	전	0.1163	金一範	申宗熙		0
2366	만승면	絳神坪	武	17	답	0.1656	申昌熙	申昌熙		0
2367	만승면	絳神坪	武	24	답	0.1272	申宗熙	申宗熙		0
2368	만승면	絳神坪	武	25	답	0.2749	申喆熙	申益熙		0

2369	만승면	絳神坪	武	26	답	0.0295	申昌熙	申昌熙	0
2370	만승면	絳神坪	武	27	답	0.0993	申昌熙	申昌熙	0
2371	만승면	絳神坪	武	28	답	0.1257	申昌熙	申昌熙	0
2372	만승면	絳神坪	武	30	답	0.0818	申喆熙	申益熙	0
2373	만승면	絳神坪	武	33	답	0.0776	申寧均	申仲均	0
2374	만승면	絳神坪	武	34	전	0.1361	申寧均	申仲均	0
2375	만승면	新洑坪	武	37	답	0.3275	申敬均	申元熙	0
2376	만승면	新洑坪	武	38	납	0.2543	申寧均	申仲均	0
2377	만승면	新洑坪	武	39	답	0.1658	申橴	金致寬	0
2378	만승면	新洑坪	武	40	답	0.281	申復均	李明卜	0
2379	만승면	新洑坪	武	41	답	0.0982	申奭熙	曹秉德	0
2380	만승면	新洑坪	武	42	답	0.1984	申寧均	李順卜	0
2381	만승면	新洑坪	武	43	답	0.1135	申敬均	申元熙	0
2382	만승면	斗地洞	武	51	답	0.12	申橴	李致兩	0
2383	만승면	內堂	武	78	전	0.1581	申喆熙	曹龍煥	0
2384	만승면	內堂	武	80	답	0.0873	申鳳熙	姜春萬	0
2385	만승면	內堂	武	91	답	0.2513	申鳳熙	宋春玉	0
2386	만승면	內堂	丁	9	답	0.0415	申鳳熙	宋天祿	0
2387	만승면	內堂	丁	10	답	0.1484	申兼熙	宋春玉	0
2388	만승면	內堂	丁	11	전	0.0797	申兼熙	宋春玉	0
2389	만승면	內堂	丁	13	답	0.5877	申鳳熙	宋春玉	0
2390	만승면	內堂	丁	16	답	0.3131	申宗熙	申宗熙	0
2391	만승면	內堂	丁	22	답	0.0884	申益熙	辛元範	0
2392	만승면	內堂	丁	24	답	0.0736	申益熙	辛元範	0
2393	만승면	德龍坪	丁	85	답	0.0593	申宗熙	申宗熙	0
2394	만승면	德龍坪	丁	87	답	0.0917	申鳳熙	宋天祿	0
2395	만승면	德龍坪	丁	91	답	0.3	申鳳熙	曹龍煥	0
2396	만승면	德龍坪	丁	93	답	0.0191	申鳳熙	曹龍煥	0
2397	만승면	莫隱谷	俊	1	답	0.1336	申宗熙	李孝伯	0
2398	만승면	莫隱谷	俊	2	답	0.0929	申用均	宋天祿	0

2399	만승면	莫隱谷	俊	3	답	0.1704	申松	申松		0
2400	만승면	莫隱谷	俊	4	답	0.1658	申松	申松		0
2401	만승면	莫隱谷	俊	5	답	0.1449	申英均	宋天祿		0
2402	만승면	莫隱谷	俊	7	답	0.3314	申宗熙	申宗熙		0
2403	만승면	莫隱谷	俊	16	답	0.199	申鍾均	李鍾坤		0
2404	만승면	謹語坪	俊	39	전	0.0916	申從均	申賓得		0
2405	만승면	謹語坪	俊	43	답	0.514	申從均	金大然		0
2406	만승면	謹語坪	俊	46	답	0.0807	申用均	申用均		0
2407	만승면	謹語坪	俊	51	전	0.0027	申松	申松	방아	1
2408	만승면	謹語坪	俊	55	전	0.2134	申學伊	申學伊		0
2409	만승면	謹語坪	俊	58	답	0.5743	申從均	金大然		0
2410	만승면	謹語坪	俊	59	전	0.2732	申從均	金大然		0
2411	만승면	謹語洞	俊	65	대	0.0164	申從均	張永元	초	2
2412	만승면	謹語洞	俊	66	대	0.0132	申從均	鄭德兼	초	2
2413	만승면	謹語洞	俊	67	대	0.0295	申從均	尹永元	초	5
2414	만승면	謹語洞	俊	70	대	0.0153	申從均	姜大寬	초	2
2415	만승면	謹語洞	俊	71	대	0.0409	申從均	申松	초	5
2416	만승면	謹語洞	俊	72	대	0.0088	申從均	申櫹	초	2
2417	만승면	謹語洞	俊	73	대	0.0053	申從均	李順坤	초	2
2418	만승면	謹語洞	俊	74	대	0.0099	申從均	李寅秀	초	2
2419	만승면	謹語洞	俊	75	대	0.0184	申從均	吳永西	초	3
2420	만승면	謹語洞	俊	77	대	0.0059	申從均	金仁化	초	3
2421	만승면	謹語洞	俊	78	대	0.0157	申從均	申斗鉉	초	4
2422	만승면	謹語洞	俊	79	대	0.0196	申從均	吳箕善	초	5
2423	만승면	謹語洞	俊	80	대	0.0145	申從均	吳泰永	초	2
2424	만승면	謹語洞	俊	81	대	0.0187	申從均	李正坤	초	3
2425	만승면	謹語洞	俊	82	전	0.056	申從均	金大然		0
2426	만승면	謹語洞	俊	83	대	0.0445	申從均	金大然	초	5
2427	만승면	謹語洞	俊	84	대	0.0183	申從均	鄭容海	초	2
2428	만승면	謹語洞	俊	85	전	0.0491	申從均	吳元根		0

2429	만승면	謹語洞	俊	86	전	0.1872	申從均	金大然	0
2430	만승면	中洑坪	乂	5	전	0.144	申松	申松	0
2431	만승면	中洑坪	乂	11	전	0.022	申學伊	李正坤	0
2432	만승면	米里坪	乂	24	답	0.3132	申松	申松	0
2433	만승면	米里坪	乂	25	답	0.4265	申鳳熙	金容石	0
2434	만승면	米里坪	乂	26	답	0.2694	申用均	申貴得	0
2435	만승면	米里坪	乂	28	답	0.5393	申喆熙	金聖根	0
2436	만승면	米里坪	乂	29	답	0.2924	申喆熙	金聖根	0
2437	만승면	米里坪	乂	32	전	0.2751	申用均	李明甫	0
2438	만승면	米里坪	乂	33	답	0.5651	申松	申松	0
2439	만승면	米里坪	乂	34	전	0.1314	申松	申松	0
2440	만승면	中洑坪	乂	38	전	0.2684	申從均	金大然	0
2441	만승면	中洑坪	乂	43	전	0.2072	申橚	申橚	0
2442	만승면	中洑坪	乂	45	전	0.0403	申松	申松	0
2443	만승면	牛浦坪	乂	50	전	0.4233	申從均	李正坤	0
2444	만승면	牛浦坪	乂	51	전	0.1015	申學伊	李正坤	0
2445	만승면	牛浦坪	乂	57	답	0.78	申學伊	尹必伊	0
2446	만승면	牛浦坪	乂	62	답	0.0166	申用均	申用均	0
2447	만승면	牛浦坪	乂	64	답	0.1549	申喆熙	申喆熙	0
2448	만승면	筆峴坪	密	2	답	0.4195	申喆熙	全道汝	0
2449	만승면	筆峴坪	密	3	답	0.09	申喆熙	全道汝	0
2450	만승면	筆峴坪	密	9	답	0.1461	申喆熙	全道汝	0
2451	만승면	萬竹里下所野	密	27	전	0.2411	申萬吉	申燕丹	0
2452	만승면	萬竹里下所野	密	28	전	0.3587	申存根	魯順和	0
2453	만승면	斗得坪	密	33	답	0.2816	申應卜	金成玉	0
2454	만승면	斗得坪	密	36	전	0.0707	申近汝	申近汝	0
2455	만승면	斗得坪	密	38	전	0.2373	申應卜	李致祥	0
2456	만승면	斗得坪	密	41	전	0.0467	申億萬	全道汝	0
2457	만승면	斗得坪	密	56	전	0.0502	申好郎	金洛犯	0
2458	만승면	斗得坪	密	57	전	0.1404	申好郎	金洛犯	0

2459	만승면	斗得坪	密	64	전	0.036	申成古	申成古	0
2460	만승면	斗得坪	密	65	전	0.1257	鄭丑先	申連丹	0
2461	만승면	下所野	密	75	전	0.1679	申應卜	申大男	0
2462	만승면	下所野	密	76	답	0.0783	申應卜	申大男	0
2463	만승면	晩竹前坪	勿	1	전	0.0805	申聖仁	申九萬	0
2464	만승면	下所野	勿	6	전	0.1135	申應卜	申應卜	0
2465	만승면	下所野	勿	8	전	0.2954	申大男	申大男	0
2466	만승면	下所野	勿	9	전	0.3927	申成古	申成古	0
2467	만승면	下所野	勿	10	전	0.2795	申聖允	金成玉	0
2468	만승면	下所野	勿	12	답	0.3562	申聖允	金成玉	0
2469	만승면	下所野	勿	14	답	0.1524	申億萬	全慶甫	0
2470	만승면	所坪	勿	28	전	0.0436	申應卜	申應卜	0
2471	만승면	上所坪	勿	30	답	0.591	申應卜	申應卜	0
2472	만승면	上所坪	勿	31	전	0.181	申億萬	任甲成	0
2473	만승면	上所坪	勿	34	전	0.0482	申有幸	申有幸	0
2474	만승면	上所坪	勿	43	전	0.8273	申應卜	申九萬	0
2475	만승면	上所坪	勿	44	전	0.1656	申億萬	全道汝	0
2476	만승면	上所坪	勿	53	답	0.1772	申億萬	全道汝	0
2477	만승면	上所坪	勿	55	답	0.4467	申二同	申二同	0
2478	만승면	上所坪	勿	56	답	0.1846	申億萬	申億萬	0
2479	만승면	上所坪	勿	57	답	0.1788	申億萬	全道汝	0
2480	만승면	上所坪	勿	58	답	0.273	申億萬	許春每	0
2481	만승면	上所坪	勿	60	답	0.1333	申應卜	許凡西	0
2482	만승면	晩竹里	多	1	전	0.0622	申應卜	許凡西	0
2483	만승면	晩竹里	多	5	전	0.0696	申明甫	申明甫	0
2484	만승면	晩竹里	多	6	전	0.144	申有信	申有信	0
2485	만승면	晩竹里	多	10	전	0.1309	申虎郎	金洛凡	0
2486	만승면	後谷	多	16	답	0.0705	申億萬	申然端	0
2487	만승면	後谷	多	17	전	0.0764	申億萬	申然端	0
2488	만승면	後谷	多	18	답	0.0611	申億萬	申然端	0

2489	만승면	後谷	多	19	전	0.0985	申應卜	金樂犯		0
2490	만승면	後谷	多	27	전	0.1582	申万乭	申万乭		0
2491	만승면	上所坪	多	29	답	0.1405	申億万	金京萬		0
2492	만승면	上所坪	多	31	답	0.2782	申億万	金京万		0
2493	만승면	上所坪	多	32	답	0.692	申應卜	李德先		0
2494	만승면	上所坪	多	32	답	0.114	申億萬	嚴制卜		0
2495	만승면	上所坪	多	34	답	0.2222	申億万	尹性有		0
2496	만승면	上所坪	多	35	답	0.1015	申億萬	嚴虎男		0
2497	만승면	晚竹里	多	38	전	0.1294	申鉉九	申鉉九		0
2498	만승면	晚竹里	多	39	대	0.0109	申鉉九	金明拜	초	2
2499	만승면	晚竹里	多	40	대	0.0157	申鉉九	金成玉	초	3
2500	만승면	晚竹里	多	41	대	0.0192	申玄九	金頭圭	초	4
2501	만승면	晚竹里	多	42	대	0.0175	申鉉九	申鉉九	초	3
2502	만승면	晚竹里	多	43	대	0.0087	申鉉九	金重玉	초	2
2503	만승면	晚竹里	多	44	대	0.0524	申鉉九	丁寅變	초	4
2504	만승면	晚竹里	多	45	대	0.0156	申鉉九	丁圭童	초	3
2505	만승면	晚竹里	多	46	대	0.0113	申鉉九	林元根	초	2
2506	만승면	晚竹里	多	47	대	0.0244	申鉉九	申萬乭	초	2
2507	만승면	晚竹里	多	48	대	0.0284	申鉉九	許凡有	초	3
2508	만승면	晚竹里	多	49	대	0.029	申鉉九	許凡有	초	3
2509	만승면	晚竹里	多	50	대	0.0109	申鉉九	申鉉九	초	3
2510	만승면	晚竹里	多	51	대	0.0371	申鉉九	李源昇	초	3
2511	만승면	晚竹里	多	52	대	0.0279	申鉉九	林浚夾	초	2
2512	만승면	晚竹里	多	53	대	0.0109	申鉉九	許置弘	초	3
2513	만승면	晚竹里	多	54	대	0.0167	申應卜	李正白	초	2
2514	만승면	晚竹里	多	55	대	0.0295	申應卜	金正洙	초	3
2515	만승면	晚竹里	多	56	전	0.0577	申應卜	李正白		0
2516	만승면	晚竹里	多	57	대	0.0311	申應卜	申渡均	초	3
2517	만승면	晚竹里	多	58	전	0.7249	申應卜	申應卜		0
2518	만승면	聖住洞	多	75	답	0.1173	申水萬	盧順化		0

2519	만승면	聖住洞	多	80	답	0.0131	申水萬	盧順化		0
2520	만승면	聖住洞	多	87	전	0.0622	申水万	盧順化		0
2521	만승면	聖住洞	多	88	답	0.0324	申水万	盧順化		0
2522	만승면	聖住洞	多	90	전	0.0947	申萬得	申萬得		0
2523	만승면	長峴	多	111	답	0.3425	申万得	申万得		0
2524	만승면	長峴	多	120	답	0.0393	申水万	申水万		0
2525	만승면	長峴	多	121	답	0.2529	申億万	盧小月		0
2526	만승면	上萬竹	多	126	전	0.0783	申水万	盧順化		0
2527	만승면	上萬竹	多	126	답	0.012	申水万	盧順化		0
2528	만승면	上萬竹	多	128	대	0.0436	申水万	盧驥達	초	3
2529	만승면	上萬竹	多	136	대	0.0124	崔万今	申星熙	초	3
2530	만승면	下晚竹	士	2	답	0.2283	申億萬	任小二月		0
2531	만승면	下晚竹	士	6	전	0.7454	申億万	尹千山		0
2532	만승면	下晚竹	士	13	답	0.0965	申伊同	申伊同		0
2533	만승면	下晚竹	士	15	답	0.216	申伊同	申伊同		0
2534	만승면	下晚竹	士	18	답	0.4007	申伊同	申伊同		0
2535	만승면	下萬竹	士	28	대	0.0213	林廷大	申從均	초	2
2536	만승면	下萬竹	士	30	대	0.0482	林廷大	申二同	초	4
2537	만승면	下萬竹	士	33	대	0.0376	申海均	申海均	초	4
2538	만승면	下萬竹	士	38	대	0.0538	申復均	申復均	초	5
2539	만승면	下萬竹	士	40	대	0.0236	林廷大	申萬先	초	3
2540	만승면	下萬竹	士	44	답	0.1964	申二同	申二同		0
2541	만승면	下萬竹	士	45	답	0.096	申官乤	李德先		0
2542	만승면	下萬竹	士	46	답	0.3191	申億萬	申億萬		0
2543	만승면	下萬竹	士	50	전	0.2487	申億万	李君西		0
2544	만승면	飛鴉坪	士	51	전	0.4756	申二同	申二同		0
2545	만승면	飛鴉坪	士	53	전	0.18	申萬先	申萬先		0
2546	만승면	飛鴉坪	士	54	대	0.0245	申萬先	申喜澈	초	3
2547	만승면	飛鴉坪	士	55	대	0.0227	申万先	申聖洛	초	3
2548	만승면	飛鴉坪	士	56	대	0.0241	申万先	申九萬	초	3

2549	만승면	飛鴉坪	士	64	전	0.1844	申先水	申先水		0
2550	만승면	飛鴉坪	士	66	전	0.324	申貴乭	申貴乭		0
2551	만승면	飛鴉坪	士	70	전	0.1203	申万先	申万先		0
2552	만승면	飛鴉坪	士	73	전	0.5473	申億万	申億万		0
2553	만승면	筆峴里	寔	1	전	0.2721	申應卜	李德先		0
2554	만승면	筆峴里	寔	2	전	0.0939	申太卜	申太卜		0
2555	만승면	筆峴里後坪	寔	4	전	0.252	李丁今	申成高		0
2556	만승면	筆峴里後坪	寔	8	전	0.3404	申春景	安君先		0
2557	만승면	蠶房坪	寔	18	전	0.9869	申二同	任德達		0
2558	만승면	蠶房坪	寔	19	답	0.0502	申應卜	金興云		0
2559	만승면	蠶房坪	寔	20	전	0.0478	申應卜	金興云		0
2560	만승면	筆峴前坪	寔	25	답	0.4118	申好敬	申好敬		0
2561	만승면	筆峴前坪	寔	29	답	0.8168	申万卜	嚴支卜		0
2562	만승면	筆峴前坪	寔	35	답	0.2108	申書壹	林順執		0
2563	만승면	筆峴前坪	寔	36	답	0.414	申得成	元士乭		0
2564	만승면	筆峴前坪	寔	37	답	0.2121	申得成	元士乭		0
2565	만승면	米川坪	寔	44	답	0.5389	申得成	元士乭		0
2566	만승면	米川坪	寔	45	답	0.7372	申書壹	金聖書		0
2567	만승면	米川坪	寔	47	답	0.2921	申允景	李永洛		0
2568	만승면	筆峴前坪	寧	4	답	0.1985	申明甫	申明甫		0
2569	만승면	筆峴前坪	寧	8	답	0.3109	申麟熙	李聖九		0
2570	만승면	筆峴前坪	寧	10	답	0.3371	申允景	申聖男		0
2571	만승면	筆峴前坪	寧	12	답	0.1857	申億萬	李牛卜		0
2572	만승면	筆峴里戶口	寧	17	대	0.0974	申億万	李牛卜	초	2
2573	만승면	筆峴里戶口	寧	18	대	0.0164	申億万	韓可信	초	3
2574	만승면	筆峴里戶口	寧	19	대	0.0175	申億万	李向先	초	3
2575	만승면	筆峴里戶口	寧	20	대	0.0175	申億万	任順集	초	3
2576	만승면	筆峴里戶口	寧	21	대	0.0214	申億万	李殷水	초	3
2577	만승면	筆峴里戶口	寧	22	전	0.1168	申億万	李牛卜		0
2578	만승면	筆峴里戶口	寧	23	전	0.0187	申億万	李殷水		0

2579	만승면	筆峴里戶口	寧	24	전	0.1446	申億万	李牛卜	0
2580	만승면	筆峴里戶口	寧	25	전	0.0633	申億万	李牛卜	0
2581	만승면	筆峴里戶口	寧	26	답	0.0524	申億万	李牛卜	0
2582	만승면	筆峴里戶口	寧	30	답	0.1417	申應卜	申先五	0
2583	만승면	筆峴里戶口	寧	32	답	0.2836	申億万	金德久	0
2584	만승면	筆峴里戶口	寧	34	답	0.5695	申億万	金致九	0
2585	만승면	筆峴里戶口	寧	36	답	0.5207	申億万	李牛卜	0
2586	만승면	筆峴里戶口	寧	43	답	0.3061	申書壹	金德仁	0
2587	만승면	筆峴里戶口	寧	50	답	0.297	鄭万誠	申聖洛	0
2588	만승면	筆峴坪	晉	1	답	0.5686	申麟熙	李殷壽	0
2589	만승면	三節坪	晉	5	답	0.3322	申鉉洙	申連丹	0
2590	만승면	三節坪	晉	9	답	0.2045	申鉉九	申鉉九	0
2591	만승면	三節坪	晉	10	답	1.0778	申億万	任福成	0
2592	만승면	三節坪	晉	12	답	0.3802	申億万	李光西	0
2593	만승면	三節坪	晉	14	답	0.194	申億万	金出伊	0
2594	만승면	三節坪	晉	16	답	0.4822	申億万	任卜成	0
2595	만승면	三節坪	晉	18	답	0.1604	申俊卜	金五成	0
2596	만승면	三節坪	晉	21	답	0.9621	申俊卜	任卜成	0
2597	만승면	三節坪	晉	23	답	0.0295	申應卜	申應卜	0
2598	만승면	三節坪	晉	24	전	0.1964	申應卜	申應卜	0
2599	만승면	三節坪	晉	26	전	0.2893	申聖百	嚴好男	0
2600	만승면	三節坪	晉	30	전	0.0327	申應卜	申應卜	0
2601	만승면	三節坪	晉	31	전	0.1841	申聖伯	申聖伯	0
2602	만승면	三節坪	晉	32	전	0.1255	申俊卜	申乙九	0
2603	만승면	三節坪	晉	43	답	0.168	申二同	崔三奉	0
2604	만승면	三節坪	晉	44	답	0.0873	申應福	申應福	0
2605	만승면	三節坪	晉	46	답	0.2024	申應福	申應福	0
2606	만승면	三節坪	晉	47	답	0.4586	申鉉九	申鉉九	0
2607	만승면	三節坪	晉	51	답	0.207	申億万	徐高城	0
2608	만승면	三節坪	晉	54	답	0.4254	申鉉九	申鉉九	0

2609	만승면	三節坪	晉	57	답	0.4153	申順福	金龍伊		0
2610	만승면	三節坪	楚	1	답	0.5542	申億万	李又福		0
2611	만승면	三節坪	楚	4	답	0.5956	申麟熙	李聖九		0
2612	만승면	三節坪	楚	6	답	0.7203	申麟熙	李聖九		0
2613	만승면	馬墳坪	楚	10	답	0.1152	申麟熙	柳成宿		0
2614	만승면	馬墳坪	楚	11	답	0.6283	申檄	安正成		0
2615	만승면	馬墳坪	楚	12	답	0.6132	申億万	金熙京		0
2616	만승면	馬墳坪	更	5	답	0.0611	申億万	吳周成		0
2617	만승면	龍所洞	更	31	대	0.0132	申億万	金喜景	초	2
2618	만승면	龍沼洞	更	49	전	0.1669	申億万	李福成		0
2619	만승면	鵲坪	橫	84	전	0.0655	申漢孫	申漢孫		0
2620	만승면	鵲坪	橫	87	전	0.3021	申漢孫	申漢孫		0
2621	만승면	鵲坪	橫	89	전	0.1016	申漢孫	申漢孫		0
2622	만승면	鵲坪	橫	92	전	0.2902	申漢孫	申漢孫		0
2623	만승면	無愁里	滅	66	대	0.0196	梁重元	申德玄	초	2
2624	만승면	越山鳩項里	滅	110	전	0.0655	申德和	朴元形		0
2625	만승면	鳩項里	滅	129	전	0.0131	申德化	南致五		0
2626	만승면	鳩項里	滅	131	답	0.0219	申德化	朴元兄		0
2627	만승면	鳩項里	滅	143	대	0.0142	權順天	申順文	초	3
2628	만승면	中巖後坪	滅	174	답	0.0873	朴慶朝	申順文		0
2629	만승면	下新里垈	遵	153	답	0.36	權容哲	申德仁		0
2630	만승면	薪里垈	約	70	대	0.0122	權用哲	申德仁	초	2
2631	만승면	薪里垈	約	78	대	0.0132	權用哲	申元汝	초	2
2632	만승면	薪里前坪	法	11	답	0.2985	申梜	孫聖知		0
2633	만승면	講堂垈	法	27	답	0.0305	姜文瑛	申錫喆		0
2634	만승면	講堂垈	法	45	답	0.1418	姜文瑛	申錫喆		0
2635	만승면	講堂垈	法	47	전	0.1536	金相弼	申公善		0
2636	만승면	薪海坪	法	49	답	0.2389	姜文瑛	申錫喆		0
2637	만승면	薪海上坪	韓	9	전	0.0175	申致泳	申致泳		0
2638	만승면	薪湺坪	韓	15	답	0.4271	申致泳	申致泳		0

2639	만승면	薪汰坪	韓	18	답	0.108	申梜	金元夏		0
2640	만승면	薪汰坪	韓	28	답	0.5171	申梜	姜文琮		0
2641	만승면	月屈前坪	弊	1	답	0.1113	申梜	姜文琮		0
2642	만승면	下長垈	弊	8	대	0.0213	姜文琮	申敬叔	초	4
2643	만승면	下長垈	弊	13	대	0.0373	申梜	金敬順	초	6
2644	만승면	下長垈	弊	14	대	0.0284	申梜	金叔憲	초	3
2645	만승면	下長垈	弊	15	대	0.0409	申梜	曹聖咸	초	5
2646	만승면	下長垈	弊	16	대	0.0245	申梜	曹星七	초	3
2647	만승면	下長垈	弊	40	답	0.1168	申梜	姜順南		0
2648	만승면	下長垈	弊	48	대	0.0209	姜文琮	申致泳	초	2
2649	만승면	下長垈	弊	59	답	0.2199	申梜	金時金		0
2650	만승면	下長垈	弊	67	전	0.054	申梜	金千興		0
2651	만승면	錦城坪	煩	8	답	0.1169	申梜	金文敬		0
2652	만승면	錦城坪	煩	12	답	0.0916	申梜	金文敬		0
2653	만승면	牛山坪	煩	31	답	0.2469	申梜	金文敬		0
2654	만승면	檢城垈	煩	44	대	0.0184	吳聖康	申一千	초	2
2655	만승면	薪海下坪	刑	3	답	0.1251	金道雨	申春元		0
2656	만승면	薪海下坪	刑	4	답	0.1745	申廷熙	金順甫		0
2657	만승면	薪海下坪	刑	19	답	0.1025	申廷熙	李季明		0
2658	만승면	後谷坪	起	104	답	0.2745	申億万	李禹福		0
2659	만승면	城軒坪	翦	7	답	0.3818	申夬熙	盧明心		0
2660	만승면	城軒坪	翦	21	답	0.0687	申夬熙	盧明心		0
2661	만승면	城軒坪	翦	22	답	0.1886	申兢熙	盧明心		0
2662	만승면	城軒坪	翦	25	답	0.3464	申興之	金順西		0
2663	만승면	城軒坪	翦	29	전	0.3216	申厚奉	盧明心		0
2664	만승면	店村	翦	53	전	0.0995	申春三	申春三		0
2665	만승면	店村	翦	54	대	0.0214	申春三	盧明心	초	2
2666	만승면	店村	翦	64	전	0.1782	申春三	盧明心		0
2667	만승면	店村坪	頗	2	전	0.0353	申春三	盧明心		0
2668	만승면	店村坪	頗	4	답	0.5062	申夬熙	盧明心		0

2669	만승면	店村坪	頗	7	답	0.0371	申飒熙	盧明心		0
2670	만승면	汝山里	頗	56	답	0.5193	申命卜	申敬叔		0
2671	만승면	汝山里	頗	68	답	0.3096	申德僉	申德僉		0
2672	만승면	汝山里	頗	70	전	0.18	申文明	申文明		0
2673	만승면	汝山里	頗	76	답	0.1404	申士一	李公先		0
2674	만승면	沙山五里坪	牧	21	답	0.1047	申喆熙	曺秉德		0
2675	만승면	沙山五里坪	牧	24	답	0.2864	申喆熙	金恒石		0
2676	만승면	沙山五里坮	牧	26	답	0.1211	申喆熙	曺龍煥		0
2677	만승면	五內坮	用	11	답	0.8182	申永熙	李龍燮		0
2678	만승면	外堂中洑坪	用	20	답	0.3524	申永熙	朴順奉		0
2679	만승면	外堂中洑坪	用	27	답	0.2727	申永熙	李龍燮		0
2680	만승면	外堂中洑坪	用	30	답	0.4189	申永熙	鄭吉得		0
2681	만승면	外堂中洑坪	用	33	답	0.1777	申永熙	鄭吉得		0
2682	만승면	外堂	軍	6	답	0.2943	申喆熙	金致先		0
2683	만승면	新洑坪	軍	9	답	0.192	金用世	申明先		0
2684	만승면	新洑坪	軍	33	답	0.0764	申喆熙	張化西		0
2685	만승면	新洑坪	軍	37	답	0.3845	申翊熙	李圭晟		0
2686	만승면	新洑坪	軍	56	대	0.0099	愼鼎九	申明先	초	2
2687	만승면	新洑坪	軍	61	답	0.1642	申喆熙	李弘九		0
2688	만승면	外堂	最	3	답	0.2384	申貴万	金致先		0
2689	만승면	外堂	最	4	답	0.066	申翊熙	愼宗漢		0
2690	만승면	外堂	最	5	답	0.2632	申翊熙	愼宗漢		0
2691	만승면	外堂	最	12	답	0.0524	申貞万	劉得卜		0
2692	만승면	外堂	最	18	답	0.1031	申貞万	張化西		0
2693	만승면	外堂	最	21	답	0.3154	申貴万	申貴万		0
2694	만승면	外堂	最	22	답	0.1119	申貴万	申貴万		0
2695	만승면	外堂	最	23	답	0.3207	申貴万	劉得卜		0
2696	만승면	外堂	最	24	전	0.0039	申貞万	申貞万	용	0
2697	만승면	外堂	最	33	답	0.1636	申貞万	申貞万		0
2698	만승면	堂村坪	最	36	답	0.2771	申貴万	劉得卜		0

2699	만승면	堂村坪	最	39	대	0.017	申貴万	宋光五	초	2
2700	만승면	堂村坪	最	40	대	0.0229	申貴万	崔龍名	초	2
2701	만승면	堂村坪	最	41	전	0.0113	申貴万	申貴万		0
2702	만승면	堂村坪	最	42	대	0.0157	金致先	申貴万	초	3
2703	만승면	堂村坪	最	43	대	0.036	申貴万	劉得卜	초	4
2704	만승면	堂村坪	最	44	대	0.0131	申貴万	李洪九	초	2
2705	만승면	堂村坪	最	45	대	0.0105	申貴万	申聖童	초	2
2706	만승면	堂村坪	最	48	답	0.0943	申貞万	劉得卜		0
2707	만승면	堂村坪	最	49	전	0.2367	申貴万	申貴万		0
2708	만승면	堂村坪	最	50	답	0.2749	申貴万	申貴万		0
2709	만승면	堂村坪	最	60	전	0.1718	申炳泰	金應世		0
2710	만승면	堂村坪	最	62	전	0.1265	申貞万	劉得卜		0
2711	만승면	堂村坪	最	63	답	0.0573	申貴万	劉得卜		0
2712	만승면	堂村坪	最	65	답	0.3173	申貴万	申貴万		0
2713	월촌면	姑石坪	精	20	전	0.1384	申仁凞	李敏政		0
2714	월촌면	姑石坪	精	25	답	0.0655	申甲均	金光明		0
2715	월촌면	水泥坪	精	51	답	0.1669	申德化	申德化		0
2716	월촌면	水泥坪	精	55	답	0.2334	申仁凞	柳仁集		0
2717	월촌면	內斗前坪	宣	25	전	0.1374	朴興德	申成五		0
2718	월촌면	內斗前坪	威	13	답	0.1119	申錫命	柳相得		0
2719	월촌면	內斗村	威	55	전	0.11	申錫九	申錫九		0
2720	월촌면	外斗村前坪	威	63	전	0.0964	申錫九	申錫九		0
2721	월촌면	外斗村前坪	沙	1	전	0.319	申錫命	申錫命		0
2722	월촌면	外斗村前坪	沙	3	전	0.0389	申錫龜	申錫龜		0
2723	월촌면	外斗村前坪	沙	7	전	0.0977	申錫祐	申錫祐		0
2724	월촌면	外斗村前坪	沙	13	전	0.1044	申錫龜	申錫龜		0
2725	월촌면	外斗村前坪	沙	14	대	0.0276	申錫龜	申錫龜	초	6
2726	월촌면	外斗村前坪	沙	15	전	0.0556	申錫命	朴泰山		0
2727	월촌면	外斗村前坪	沙	16	대	0.0168	申錫命	朴萬卜	초	2
2728	월촌면	外斗村前坪	沙	17	전	0.0844	申錫命	朴海賢		0

2729	월촌면	外斗村前坪	沙	18	전	0.1475	申錫龜	盧金錄		0
2730	월촌면	外斗村前坪	沙	19	전	0.054	申錫命	金鳳學		0
2731	월촌면	外斗村前坪	沙	20	대	0.0131	申錫命	趙正鎬	초	2
2732	월촌면	外斗村前坪	沙	21	전	0.072	申錫命	金鳳學		0
2733	월촌면	外斗村前坪	沙	22	대	0.029	申錫命	鄭在鵬	초	4
2734	월촌면	外斗村前坪	沙	23	대	0.0131	申錫命	朴海員	초	2
2735	월촌면	外斗村前坪	沙	24	대	0.0349	申錫命	李大吉	초	2
2736	월촌년	外斗村前坪	沙	25	대	0.0192	申錫命	朴泰山	초	3
2737	월촌면	外斗村前坪	沙	28	대	0.0369	申錫命	申錫命	초	5
2738	월촌면	外斗村前坪	沙	33	대	0.0196	趙漢敏	申有卜	초	2
2739	월촌면	小外斗坪	沙	50	답	0.0513	申錫龜	申錫龜		0
2740	월촌면	小外斗坪	沙	52	전	0.1909	申錫命	申錫命		0
2741	월촌면	小外斗坪	沙	57	답	0.2793	申錫命	申錫命		0
2742	월촌면	小外斗坪	沙	58	답	0.096	申錫求	申錫求		0
2743	월촌면	小外斗坪	沙	64	답	0.236	申錫命	申錫命		0
2744	월촌면	小外斗坪	沙	66	답	0.2367	申錫祐	趙尙之		0
2745	월촌면	小外斗坪	沙	67	답	0.1522	申錫命	申錫命		0
2746	월촌면	奉天洞	沙	84	답	0.1947	申錫命	申錫命		0
2747	월촌면	奉天洞	沙	85	답	0.0752	申錫命	盧金祿		0
2748	월촌면	奉天洞	沙	86	답	0.2042	申錫求	申錫求		0
2749	월촌면	奉天洞	漠	1	답	0.1298	李相禼	申內斗		0
2750	월촌면	筍坊築坪	漠	11	답	0.0298	申錫求	柳尙德		0
2751	월촌면	筍坊築坪	漠	12	답	0.1191	李相禼	申成甫		0
2752	월촌면	筍坊築坪	漠	17	답	0.1276	申錫命	申錫命		0
2753	월촌면	筍坊築坪	漠	18	답	0.0611	李敏承	申成甫		0
2754	월촌면	寺谷	漠	24	답	0.1865	申錫尤	申錫尤		0
2755	월촌면	寺谷	漠	39	답	0.471	申甲均	崔年九		0
2756	월촌면	溫水谷	漠	49	답	0.0916	申錫命	金祗植		0
2757	월촌면	溫水谷	漠	61	답	0.0344	申錫命	金冕植		0
2758	월촌면	四松亭坪	馳	9	답	0.1405	申錫命	金鍾萬		0

2759	월촌면	四松亭坪	馳	11	답	0.2029	申錫命	申錫命		0
2760	월촌면	墨坊里	馳	29	대	0.0131	申錫命	朴震同	초	3
2761	월촌면	墨坊里	馳	30	전	0.0327	申錫命	鄭商權		0
2762	월촌면	墨坊里	馳	31	답	0.2487	申錫命	申錫命		0
2763	월촌면	墨坊里	馳	45	답	0.276	申弼求	申弼求		0
2764	월촌면	四松亭里	馳	66	전	0.1846	申錫命	鄭商權		0
2765	월촌면	四松亭里	馳	79	답	0.199	申錫命	趙聖元		0
2766	월촌면	泥洞後坪	馳	82	전	0.2153	申甲均	申益模		0
2767	월촌면	泥洞後坪	馳	85	답	0.1636	申甲均	申益模		0
2768	월촌면	泥洞後坪	譽	7	답	0.1353	申甲均	申益模		0
2769	월촌면	泥洞後坪	譽	8	전	0.1078	申甲均	申益模		0
2770	월촌면	泥洞後坪	譽	9	전	0.1135	申漢模	申漢模		0
2771	월촌면	泥洞後坪	譽	10	전	0.1532	申錫尤	申錫尤		0
2772	월촌면	泥洞後坪	譽	11	전	0.1368	申益模	申益模		0
2773	월촌면	泥洞	譽	16	대	0.0349	申聖有	申漢模	초	2
2774	월촌면	泥洞	譽	17	대	0.0175	申聖有	申鳳尤	초	2
2775	월촌면	泥洞	譽	18	대	0.0065	申聖有	申鼎尤	초	2
2776	월촌면	泥洞	譽	19	대	0.0384	申聖有	申聖有	초	4
2777	월촌면	泥洞	譽	20	대	0.0218	申錫求	申錫求	초	3
2778	월촌면	泥洞	譽	21	대	0.0079	申聖有	申東模	초	2
2779	월촌면	泥洞	譽	22	대	0.0131	申聖有	申德休	초	2
2780	월촌면	泥洞	譽	23	대	0.0185	申學求	鄭龍甫	초	3
2781	월촌면	泥洞	譽	24	전	0.1306	申學求	申學求		0
2782	월촌면	泥洞	譽	26	전	0.18	申德休	申德休		0
2783	월촌면	泥洞	譽	30	전	0.3016	申錫尤	申錫尤		0
2784	월촌면	泥洞	譽	34	전	0.2114	申學求	申學求		0
2785	월촌면	泥洞	譽	35	전	0.1776	申學求	申學求		0
2786	월촌면	泥洞	譽	36	전	0.0591	申鼎求	申鼎求		0
2787	월촌면	泥洞	譽	37	전	0.2007	申鼎模	申鼎模		0
2788	월촌면	泥洞	譽	39	전	0.1571	申必永	申必永		0

2789	월촌면	泥洞	譽	44	전	0.0504	申學求	申學求		0
2790	월촌면	泥洞	譽	46	전	0.2003	申聖有	申聖有		0
2791	월촌면	泥洞	譽	47	대	0.0596	申益模	申益模	조	4
2792	월촌면	泥洞	譽	48	전	0.0851	申錫命	申益模		0
2793	월촌면	泥洞	譽	49	전	0.1854	申錫求	申錫求		0
2794	월촌면	泥洞	譽	50	전	0.2077	申昌範	申昌範		0
2795	월촌면	泥洞	譽	54	답	0.1668	申甲均	申益模		0
2796	월촌면	泥洞	譽	55	답	0.1547	金昕植	申益模		0
2797	월촌면	泥洞	譽	57	답	0.2252	申甲均	申益模		0
2798	월촌면	泥洞	譽	61	답	0.1309	申錫龜	申錫龜		0
2799	월촌면	泥洞	譽	62	답	0.4634	申錫命	申錫命		0
2800	월촌면	泥洞	譽	63	답	0.1829	申錫龜	申錫龜		0
2801	월촌면	泥洞	譽	72	전	0.1588	申益模	申益模		0
2802	월촌면	泥洞	譽	74	전	0.3624	申漢模	申漢模		0
2803	월촌면	泥洞	丹	16	전	0.3654	申畢永	申畢永		0
2804	월촌면	泥洞	丹	18	전	0.1145	申春景	權壽卜		0
2805	월촌면	泥洞	丹	27	전	0.2058	朴琦東	申鳳求		0
2806	월촌면	泥洞	丹	28	전	0.11	申畢永	申畢永		0
2807	월촌면	泥洞	丹	29	전	0.357	申錫命	申錫命		0
2808	월촌면	嘉巖後坪	丹	43	답	0.1527	李敏承	申成甫		0
2809	월촌면	嘉巖後坪	靑	8	전	0.1036	申澤秀	權乭石		0
2810	월촌면	嘉巖後坪	靑	26	전	0.2444	申仁熙	李敏正		0
2811	월촌면	嘉巖後坪	靑	39	전	0.1284	申仁熙	閔正鎬		0
2812	월촌면	嘉巖後坪	靑	42	답	0.1008	申仁熙	李敏恒		0
2813	월촌면	佳岩前坪	靑	55	답	0.2062	申春元	林君實		0
2814	월촌면	佳岩前坪	九	2	답	0.1571	申甲均	具法書		0
2815	월촌면	佳岩前坪	九	11	답	0.2633	申仁熙	李敏政		0
2816	월촌면	佳岩前坪	九	49	답	0.072	申仁熙	李敏政		0
2817	월촌면	佳巖里	州	10	전	0.2332	申挾	朴敬達		0
2818	월촌면	佳巖里	州	11	전	0.3191	申甲均	具五書		0

2819	월촌면	佳巖里	州	23	전	0.1789	申仁熙	趙亨淳		0
2820	월촌면	佳巖里	州	40	전	0.0663	申挾	鄭東元		0
2821	월촌면	佳巖里	州	63	대	0.0177	申甲均	金元用	초	2
2822	월촌면	佳巖里	州	64	대	0.0137	申甲均	朴鍾九	초	3
2823	월촌면	周九坪	州	96	대	0.0371	金宗律	申泰準	초	3
2824	월촌면	周九坪	州	97	대	0.0589	金宗律	申綬祿	초	5
2825	월촌면	周九坪	州	108	답	0.3716	朴時中	申泰準		0
2826	월촌면	自來下坪	禹	10	전	0.0687	申學均	鄭壽永		0
2827	월촌면	自來下坪	禹	12	답	0.0785	申錫求	申錫求		0
2828	월촌면	自來下坪	禹	13	답	0.8574	申學均	申澤秀		0
2829	월촌면	自來下坪	禹	31	답	0.0556	申澤秀	申澤秀		0
2830	월촌면	自來下坪	禹	31	전	0.3093	申學均	鄭龍水		0
2831	월촌면	自來下坪	禹	32	전	0.5073	申澤秀	申澤秀		0
2832	월촌면	山井里坪	跡	13	답	0.1405	尹柱燮	申用休		0
2833	월촌면	山井里坪	跡	14	답	0.414	申澤秀	申澤秀		0
2834	월촌면	山井里坪	跡	15	답	0.4887	申澤秀	申澤秀		0
2835	월촌면	山井里坪	跡	17	답	0.1781	尹柱燮	申容熙		0
2836	월촌면	山井里坪	跡	18	답	0.6283	尹柱燮	申容熙		0
2837	월촌면	山井里坪	跡	27	전	0.0545	申澤秀	申澤秀		0
2838	월촌면	山井里坪	跡	30	전	0.11	申澤秀	鄭喜中		0
2839	월촌면	山井里坪	跡	32	전	0.0218	申澤秀	申澤秀		0
2840	월촌면	山井里坪	跡	33	대	0.024	申澤秀	李松根	초	2
2841	월촌면	山井里坪	跡	34	대	0.0229	申澤秀	金鎭龍	초	3
2842	월촌면	山井里坪	跡	35	대	0.0079	申澤秀	林咸根	초	2
2843	월촌면	山井里坪	跡	39	전	0.1036	蔡興錫	申弼求		0
2844	월촌면	山井里坪	跡	40	전	0.1599	申澤秀	申澤秀		0
2845	월촌면	山井里坪	跡	43	대	0.1947	申澤秀	申澤秀	초	8
2846	월촌면	山井里坪	跡	44	대	0.0567	蔡興錫	申弼尤	초	6
2847	월촌면	山井里坪	跡	54	답	0.1004	申澤秀	申澤秀		0
2848	월촌면	崇將谷	百	2	전	0.2568	申澤秀	申澤秀		0

2849	월촌면	崇將谷	百	13	전	0.1558	蔡興錫	申龍福		0
2850	월촌면	山井里坪	百	18	답	0.3024	申春元	洪聖習		0
2851	월촌면	山井里坪	百	21	답	0.1335	韓圭卨	申弼尤		0
2852	월촌면	周坪	百	24	답	0.3191	申錫尤	申錫尤		0
2853	월촌면	周坪	百	28	답	0.0835	申澤秀	申澤秀		0
2854	월촌면	周坪	百	30	답	0.2841	朴埼東	申學尤		0
2855	월촌면	周坪	百	42	답	0.2077	韓圭卨	申泰準		0
2856	월촌면	周坪	郡	20	대	0.0305	韓圭卨	申奇休	조	3
2857	월촌면	周坪	郡	51	답	0.0816	申大祿	申大祿		0
2858	월촌면	周坪	秦	6	답	0.3518	申益模	申益模		0
2859	월촌면	周坪	秦	9	답	0.0619	申漢模	申漢模		0
2860	월촌면	周坪	秦	13	답	0.2247	申益模	申益模		0
2861	월촌면	周坪	秦	39	전	0.2367	申漢模	申漢模		0
2862	월촌면	周坪	秦	52	전	0.1548	申漢模	安敬秀		0
2863	월촌면	周坪	秦	79	전	0.2232	申大祿	申大祿		0
2864	월촌면	周坪	秦	84	전	0.4562	申用休	申用休		0
2865	월촌면	周坪	幷	24	답	0.12	申漢模	申漢模		0
2866	월촌면	周坪	嶽	2	답	0.2657	金順汝	申大石		0
2867	월촌면	周坪	嶽	5	답	0.1897	申益模	申益模		0
2868	월촌면	周坪	嶽	12	답	0.4169	申錫侖	申錫侖		0
2869	월촌면	周坪	嶽	13	답	0.4477	申用汝	申用汝		0
2870	월촌면	周坪	嶽	21	답	0.4741	申應均	申應均		0
2871	월촌면	周坪	嶽	24	답	0.1745	申錫求	申錫求		0
2872	월촌면	周坪	嶽	29	답	0.2723	金旰植	申交書		0
2873	월촌면	周坪	宗	3	답	0.3047	申錫侖	申錫侖		0
2874	월촌면	周坪	宗	3	답	0.1789	申弼尤	申弼尤		0
2875	월촌면	周坪	宗	3	답	0.2793	申甲均	申甲均		0
2876	월촌면	東谷坪	恒	1	답	0.1872	申用汝	金星三		0
2877	월촌면	東谷坪	恒	32	답	0.1231	申錫英	金南甫		0
2878	월촌면	東谷坪	恒	47	恒	47054	申應均	申應均		0

2879	월촌면	東谷坪	恒	52	대	0.0229	李景舜	申澤秀	초	3
2880	월촌면	東谷坪	恒	54	답	0.165	申世慶	李雨三		0
2881	월촌면	自來上坪	岱	2	답	0.3177	申億均	趙熙昌		0
2882	월촌면	自來上坪	岱	8	답	0.3818	李鍾健	申錫朮		0
2883	월촌면	自來上坪	岱	13	답	0.2727	申學均	申學均		0
2884	월촌면	自來上坪	岱	14	답	0.432	申益模	申益模		0
2885	월촌면	自來上坪	岱	30	답	0.2787	申益模	申益模		0
2886	월촌면	自來上坪	禪	16	답	0.2618	申學均	李雨參		0
2887	월촌면	自來上坪	禪	21	답	0.23	申錫命	金鎭崧		0
2888	월촌면	自來上坪	禪	23	답	0.2199	申大錫	金在成		0
2889	월촌면	自來上坪	禪	25	답	0.3109	申億均	金化京		0
2890	월촌면	自來上坪	禪	28	답	0.2876	申億均	申哲均		0
2891	월촌면	自來上坪	禪	32	답	0.252	申億均	李相局		0
2892	월촌면	自來上坪	禪	33	답	0.1374	申億均	柳善鳳		0
2893	월촌면	自來上坪	禪	34	답	0.3598	申億均	金鍾萬		0
2894	월촌면	自來上坪	主	5	답	0.3273	申澤秀	申應均		0
2895	월촌면	自來上坪	主	7	답	0.3742	申億均	金鎭埰		0
2896	월촌면	自來上坪	主	9	답	0.3622	申錫求	金鎭成		0
2897	월촌면	自來上坪	主	14	답	0.1734	申億均	李景承		0
2898	월촌면	自來上坪	主	26	답	0.3757	申億均	金明俊		0
2899	월촌면	自來上坪	云	15	답	0.3191	申億均	柳元康		0
2900	월촌면	自來上坪	云	16	답	0.4006	申億均	金鎭澤		0
2901	월촌면	自來谷	云	25	답	0.0524	申億均	趙聖泰		0
2902	월촌면	自來谷	云	34	전	0.1248	申億均	金鎭泰		0
2903	월촌면	自來谷	云	35	답	0.2782	申億均	趙聖億		0
2904	월촌면	自來谷	亭	3	답	0.1293	申億均	趙載鳳		0
2905	월촌면	自來谷	亭	20	대	0.0556	金海泳	申億均	초	6
2906	월촌면	自來谷	亭	31	전	0.2051	申學均	申學均		0
2907	월촌면	自來谷	亭	35	전	0.1462	申億均	趙天橫		0
2908	월촌면	自來谷	亭	37	답	0.2694	申學均	申學均		0

2909	월촌면	自來谷	亭	38	답	0.0419	申億均	趙學善		0
2910	월촌면	栗木洞	亭	42	전	0.2045	申億均	趙載鳳		0
2911	월촌면	栗木洞	亭	43	전	0.2982	申億均	崔宣鈺		0
2912	월촌면	栗木洞	亭	55	답	0.4457	申億均	李鎭玉		0
2913	월촌면	栗木洞	亭	62	전	0.1008	申檉	李相應		0
2914	월촌면	城坪	亭	91	전	0.2193	申檉	李同雲		0
2915	월촌면	城坪	亭	96	답	0.0916	申澤秀	金鎭出		0
2916	월촌면	城坪	雁	9	전	0.2471	申景均	趙鶴仙		0
2917	월촌면	城坪	雁	11	대	0.0131	金鎭觀	申哲均	초	3
2918	월촌면	城坪	雁	14	전	0.0315	金鎭觀	申檉	방아	1
2919	월촌면	城坪	雁	19	답	0.0995	申檉	金景先		0
2920	월촌면	城坪	雁	20	답	0.2164	申應均	申應均		0
2921	월촌면	城坪	雁	24	답	0.266	申大錫	崔漢標		0
2922	월촌면	城坪	雁	30	답	0.1571	申大錫	李東殷		0
2923	월촌면	城坪	雁	33	답	0.2281	申檉	李東殷		0
2924	월촌면	城坪	門	7	답	0.2173	閔貞植	申應均		0
2925	월촌면	城坪	門	14	답	0.5803	申澤秀	申應均		0
2926	월촌면	城坪	門	19	답	0.3229	申用均	趙學善		0
2927	월촌면	城坪	門	22	답	0.294	申檉	金敬先		0
2928	월촌면	城坪	門	24	답	0.4117	申檉	李相殷		0
2929	월촌면	城坪	紫	6	답	1.0309	申億均	梁海順		0
2930	월촌면	城坪	紫	7	답	0.5727	韓圭卨	申夏式		0
2931	월촌면	城坪	紫	9	답	0.1582	申末同	金元參		0
2932	월촌면	城坪	紫	10	전	0.3818	申應均	申應均		0
2933	월촌면	城坪	紫	24	전	0.0737	申億均	崔公七		0
2934	월촌면	城坪	紫	35	전	0.1326	申少錫	鄭勝光		0
2935	월촌면	城坪	紫	55	전	0.1047	申汝仁	申汝仁		0
2936	월촌면	城坪	紫	60	전	0.5193	崔勝化	申景植		0
2937	월촌면	長決坪	塞	3	전	0.1802	申梜	朴河權		0
2938	월촌면	長決坪	塞	8	답	0.655	申梜	朴河權		0

2939	월촌면	長決坪	塞	11	답	0.54	申梜	孔萬壽	0
2940	월촌면	長決坪	塞	13	답	0.4614	申梜	鄭順在	0
2941	월촌면	長決坪	塞	16	답	0.0764	申梜	申聖表	0
2942	월촌면	長決坪	塞	20	답	0.5891	申梜	金明碩	0
2943	월촌면	長決坪	塞	23	답	0.571	申士逸	卞致五	0
2944	월촌면	長決坪	鷄	1	답	0.0611	申士逸	卞致五	0
2945	월촌면	長決坪	鷄	9	답	0.2496	申德鳳	申正五	0
2946	월촌면	長決坪	鷄	13	답	0.1669	申德鳳	趙龍成	0
2947	월촌면	長決坪	鷄	14	답	1.04	申士逸	卞致五	0
2948	월촌면	長決坪	鷄	15	답	0.1695	申德鳳	金今石	0
2949	월촌면	長決坪	鷄	17	답	0.3616	申士逸	李華如	0
2950	월촌면	長決坪	鷄	19	전	0.3476	申士逸	卞致五	0
2951	월촌면	新興	田	2	답	0.1943	申德鳳	鄭首吉	0
2952	월촌면	新興	田	6	답	0.2291	申德奉	金聖甫	0
2953	월촌면	新興	田	7	답	0.1865	申士逸	卞致五	0
2954	월촌면	新興	田	9	답	0.3849	申士逸	鄭守吉	0
2955	월촌면	新興	田	14	답	0.0938	朴重穆	申聖表	0
2956	월촌면	新興里	田	38	전	0.0703	申敬五	申敬五	0
2957	월촌면	新興里	田	46	전	0.1113	李敬三	申聖表	0
2958	월촌면	新興里	田	62	전	0.1244	申敬五	申敬五	0
2959	월촌면	新興里	田	69	전	0.271	兪鳳祿	申敬五	0
2960	월촌면	上新興	赤	6	답	0.3534	申樫	沈相烈	0
2961	월촌면	上新興	赤	24	답	0.0807	申聖杓	申聖杓	0
2962	월촌면	上新興	赤	27	전	0.0903	申士逸	申聖杓	0
2963	월촌면	上新興	赤	42	답	0.1833	崔聖化	申京植	0
2964	월촌면	上新興	赤	44	답	0.2793	申樫	沈光澤	0
2965	월촌면	上新興	赤	48	답	0.1535	申梜	鄭太山	0
2966	월촌면	上新興	赤	52	답	0.0295	申梜	鄭太山	0
2967	월촌면	上新興	城	22	답	0.3246	申慶均	奉必三	0
2968	월촌면	上新興	城	23	답	0.5078	申慶均	鄭行訓	0

2969	월촌면	水谷坪	昆	77	답	0.0191	申梜	鄭太山		0
2970	월촌면	水谷坪	昆	81	답	0.0785	申㮾	鄭太山		0
2971	월촌면	龍巖	池	3	답	0.1726	申求賢	鄭賢文		0
2972	월촌면	龍巖	池	3	전	0.1274	申賢求	鄭賢文		0
2973	월촌면	龍巖	池	6	답	0.2176	申少錫	鄭賢文		0
2974	월촌면	龍巖	池	27	답	0.51	申少錫	朴魯守		0
2975	월촌면	下龍前坪	碣	19	전	0.6218	申春用	金知成		0
2976	월촌민	龍巖几川坪	碣	43	대	0.0132	中敬植	中敬植	조	3
2977	월촌면	新山坪	石	12	전	0.1745	申九鉉	申九鉉		0
2978	월촌면	新山坪	石	31	답	0.0619	申少石	鄭鍾鳴		0
2979	월촌면	新山坪	石	34	답	0.3106	申少石	申少石		0
2980	월촌면	末阿坪	鉅	70	답	0.2422	申大錫	鄭敬觀		0
2981	월촌면	洪濟防築下坪	野	39	전	0.102	申聖五	申聖五		0
2982	월촌면	洪濟防築下坪	洞	10	전	0.0838	蔡水卜	申聖五		0
2983	월촌면	上茅素洞	洞	14	답	0.216	申貞朴	朴春基		0
2984	월촌면	上茅素洞	洞	16	답	0.3093	蔡相肅	申聖五		0
2985	월촌면	上茅素洞	洞	21	답	0.2108	蔡相肅	申聖五		0
2986	월촌면	月村講堂里	洞	36	대	0.1119	蔡相肅	申性五	조	5
2987	월촌면	月村講堂里	洞	39	전	0.1257	蔡相肅	申成五		0
2988	월촌면	月村講堂里	洞	40	답	0.24	蔡相肅	申聖五		0
2989	월촌면	月村講堂里	洞	45	답	0.3404	蔡相肅	申性五		0
2990	월촌면	月村講堂里	洞	49	답	0.1473	蔡相肅	申聖五		0
2991	월촌면	月村講堂里	庭	5	답	0.3613	申甲均	卞集來		0
2992	월촌면	防築下	曠	3	전	0.1706	申洛洙	申洛洙		0
2993	월촌면	防築下	曠	63	답	0.2496	申甲均	金太山		0
2994	월촌면	防築下	遠	24	답	0.2356	申丙迪	申丙迪		0
2995	월촌면	北上月村	綿	2	답	0.1116	申慶均	蔡相赫		0
2996	월촌면	北上月村	綿	4	답	0.1833	申慶均	申慶均		0
2997	월촌면	幕谷坪	邈	11	전	0.0851	申一模	申一模		0
2998	월촌면	下龍坪	巖	32	답	0.0764	申小鐸	鄭敬寬		0

2999	월촌면	下龍坪	峀	43	답	0.2382	朴濟益	申平中		0
3000	월촌면	下龍坪	杳	25	답	0.0818	申士一	閔源行		0
3001	월촌면	芝庄	杳	51	답	0.3545	李奉學	申三奉		0
3002	월촌면	芝庄	杳	52	답	1.7628	申學伊	金甲得		0
3003	월촌면	芝庄	冥	37	답	0.3658	申學伊	金甲得		0
3004	월촌면	芝庄	冥	44	답	0.1418	朴濟翼	申石均		0
3005	월촌면	芝庄	冥	48	답	0.7658	朴濟億	申昔均		0
3006	월촌면	芝庄	冥	51	답	0.3873	申謙熙	李鍾吉		0
3007	월촌면	芝庄	冥	53	답	0.4483	申用均	南孔宣		0
3008	월촌면	馬屹前坪	治	1	답	1.5239	申學伊	金甲得		0
3009	월촌면	馬屹前坪	治	10	답	0.9572	申快熙	金甲得		0
3010	월촌면	馬屹前坪	治	12	답	0.4198	申泰翼	申泰翼		0
3011	월촌면	馬屹前坪	治	15	전	0.3578	申泰翼	申泰翼		0
3012	월촌면	馬屹前坪	治	24	답	0.1898	申快熙	金甲得		0
3013	월촌면	馬屹前坪	治	26	전	0.1189	申謙熙	金聖龍		0
3014	월촌면	馬屹前坪	治	28	전	0.048	申得均	崔榮植		0
3015	월촌면	馬屹前坪	治	30	전	0.0888	申泰翼	申泰翼		0
3016	월촌면	馬屹前坪	治	35	답	0.0709	申泰益	申泰益		0
3017	월촌면	馬屹前坪	治	36	대	0.1473	申泰益	申泰益	초	12
3018	월촌면	馬屹前坪	治	37	대	0.0168	申泰益	崔有文	초	2
3019	월촌면	馬屹前坪	治	38	대	0.0131	申泰益	申三鳳	초	3
3020	월촌면	馬屹前坪	治	39	대	0.0236	申泰益	李業同	초	4
3021	월촌면	馬屹前坪	治	40	대	0.0214	申泰益	金賢珏	초	2
3022	월촌면	馬屹前坪	治	41	전	0.0664	申泰翼	申泰翼		0
3023	월촌면	馬屹前坪	治	64	대	0.0489	朴齊翼	申錫均	초	7
3024	월촌면	馬屹前坪	本	28	답	0.3109	申士逸	閔元行		0
3025	월촌면	馬屹前坪	本	31	답	0.2584	申可均	李哲周		0
3026	월촌면	馬屹前坪	本	37	답	0.24	申可均	李哲周		0
3027	월촌면	外新前坪	本	79	답	0.4265	申命北	昔致大		0
3028	월촌면	外新前坪	本	83	전	0.0916	申命北	金周白		0

3029	월촌면	外新前坪	本	85	답	0.5878	申命北	李承孝		0
3030	월촌면	外新前坪	於	3	답	0.1767	申漢卜	申漢卜		0
3031	월촌면	下新前坪	於	20	답	0.228	申漢卜	申漢卜		0
3032	월촌면	下新前坪	於	22	답	0.2234	申得成	申得成		0
3033	월촌면	下新前坪	於	23	답	0.252	申成卜	申成卜		0
3034	월촌면	下新前坪	於	25	답	0.1353	申成卜	李四達		0
3035	월촌면	下新前坪	於	26	답	0.3338	申漢卜	申漢卜		0
3036	월촌면	下新前坪	於	27	답	0.1512	申成卜	李致萬		0
3037	월촌면	下新前坪	於	29	답	0.6071	申得成	崔命澈		0
3038	월촌면	下新前坪	於	32	답	0.2531	申漢卜	申漢卜		0
3039	월촌면	下新前坪	於	33	전	0.0496	申漢卜	申漢卜		0
3040	월촌면	下新前坪	於	35	전	0.288	申漢卜	申漢卜		0
3041	월촌면	下新前坪	於	47	대	0.0454	朴仁壽	申漢卜	초	6
3042	월촌면	下新前坪	於	53	답	0.0752	申成卜	申成卜		0
3043	월촌면	下新前坪	農	43	전	0.1106	申卜熙	李承配		0
3044	월촌면	下新前坪	農	45	답	0.1418	申采熙	朴漢西		0
3045	월촌면	下新前坪	農	53	전	0.0627	申卜金	申卜金		0
3046	월촌면	下新前坪	農	66	전	0.0684	申梜	元鎬成		0
3047	월촌면	下新前坪	農	70	전	0.1854	申漢卜	申漢卜		0
3048	월촌면	下新前坪	農	92	답	0.7239	申甲得	趙正遜		0
3049	월촌면	下新前坪	務	1	답	0.2225	申大祿	申大祿		0
3050	월촌면	下新前坪	務	3	답	0.8901	申命北	申命北		0
3051	월촌면	下新前坪	務	7	답	0.2088	申盛卜	閔允化		0
3052	월촌면	下新前坪	務	10	전	0.0349	申漢卜	申漢卜		0
3053	월촌면	下新前坪	務	14	전	0.5673	申漢卜	申漢卜		0
3054	월촌면	下新前坪	務	15	답	0.2321	申成卜	李鍾萬		0
3055	월촌면	下新前坪	務	16	답	0.5798	申命北	申命北		0
3056	월촌면	下新前坪	務	17	답	0.2112	申大卜	崔君必		0
3057	월촌면	下新前坪	務	18	답	0.0473	申盛卜	李鍾万		0
3058	월촌면	下新前坪	務	22	답	0.2345	申命北	趙井孫		0

3059	월촌면	下新前坪	務	24	답	0.5389	申大卜	申大卜		0
3060	월촌면	下新前坪	玆	6	답	0.6022	申大卜	趙國西		0
3061	월촌면	下新前坪	玆	10	전	0.0184	申在熙	申在熙	방아	1
3062	월촌면	下新前坪	玆	15	전	0.2182	申盛卜	崔君弼		0
3063	월촌면	陵洞	玆	20	답	0.2114	申致心	申致心		0
3064	월촌면	陵洞	玆	21	답	0.1309	申漢卜	申漢卜		0
3065	월촌면	陵洞	玆	26	전	0.1898	申漢卜	申漢卜		0
3066	월촌면	栗峴	玆	32	전	0.1091	申三奉	申三奉		0
3067	월촌면	栗峴	玆	35	답	0.2765	申宰均	閔萬石		0
3068	월촌면	栗峴	稼	1	답	0.2112	申應萬	申應萬		0
3069	월촌면	栗峴	稼	44	전	0.4696	申白萬	崔君弼		0
3070	월촌면	栗峴	稼	48	전	0.1789	申大卜	趙國西		0
3071	월촌면	栗峴	稼	51	답	0.48	申哲熙	崔君弼		0
3072	월촌면	栗峴	稼	53	답	0.7429	申德卿	申樂均		0
3073	월촌면	栗峴	稼	54	답	1.0813	申在熙	申在熙		0
3074	월촌면	栗峴	稼	55	답	1.6822	申哲熙	尹卜萬		0
3075	월촌면	栗峴	穡	2	답	0.2769	申鎌熙	申澤均		0
3076	월촌면	斗牛坪	穡	23	답	0.1287	申丁萬	申丁萬		0
3077	월촌면	斗牛坪	穡	24	답	0.7598	申廷均	劉得卜		0
3078	월촌면	斗牛坪	穡	26	답	0.8509	申丁萬	申丁萬		0
3079	월촌면	斗牛坪	穡	28	답	0.648	申丁萬	劉得卜		0
3080	월촌면	斗牛坪	穡	29	답	2.5243	申丁萬	劉得卜		0
3081	월촌면	斗牛坪	穡	30	답	1.7672	申貞萬	劉得卜		0
3082	월촌면	斗牛坪	俶	1	답	0.2291	申翊熙	金成烈		0
3083	월촌면	斗牛坪	俶	2	답	0.055	申貞萬	劉得卜		0
3084	월촌면	斗牛坪	俶	4	답	0.2749	申貞万	劉得卜		0
3085	월촌면	斗牛坪	俶	6	답	0.15	申翊熙	申翊熙		0
3086	월촌면	斗牛坪	俶	8	답	0.6566	申貞萬	劉得卜		0
3087	월촌면	斗牛坪	俶	17	전	0.2278	申泰翊	朴新興		0
3088	월촌면	斗牛坪	俶	18	답	0.3482	申泰翊	朴新興		0

3089	월촌면	雙湖洞	倣	30	답	0.2411	申貞萬	郭明夏		0
3090	월촌면	雙湖洞	倣	32	전	0.0873	申貞萬	申貞萬		0
3091	월촌면	雙湖洞	倣	33	답	0.1104	申貞萬	朴明化		0
3092	월촌면	雙湖洞	倣	34	답	0.3273	申益熙	李鳳龍		0
3093	월촌면	雙湖洞	倣	55	전	0.3273	申五長	申五長		0
3094	월촌면	鼇頭村	倣	69	대	0.0229	鄭雲夏	申志熙	초	2
3095	월촌면	鼇頭村	載	8	답	0.2534	申槪	張平先		0
3096	월촌면	鼇頭村	載	13	답	0.6679	申性均	張甲得		0
3097	월촌면	鼇頭村	載	17	답	0.6947	申定均	申志熙		0
3098	월촌면	鼇頭村	載	23	답	0.1576	申從均	張甲得		0
3099	월촌면	鼇頭村	載	25	답	0.2029	申從均	朴順奉		0
3100	월촌면	鼇頭村	載	27	답	0.2298	申從均	尹今孫		0
3101	월촌면	鼇頭村	載	30	답	0.4276	申用均	張甲得		0
3102	월촌면	鼇頭村	載	31	답	0.1572	申用均	全壽奉		0
3103	월촌면	鼇頭村	載	34	전	0.0218	申從均	尹今孫		0
3104	월촌면	鼇頭村	載	41	답	0.0637	申橄	金成七		0
3105	월촌면	鼇頭村	載	43	답	0.1368	申從均	宋得中		0
3106	월촌면	鼇頭村	南	1	답	0.162	申從均	鄭吉得		0
3107	월촌면	鼇頭村	南	5	전	0.3742	申橄	安明汝		0
3108	월촌면	鼇頭村	南	6	전	0.144	申從均	申昌均		0
3109	월촌면	吉馬峴村	南	7	대	0.0142	申從均	金成七	초	3
3110	월촌면	吉馬峴村	南	8	대	0.0132	申從均	金占錫	초	3
3111	월촌면	吉馬峴村	南	9	대	0.0144	申從均	孫寬西	초	3
3112	월촌면	吉馬峴村	南	19	답	1.5845	申容均	金興孫		0
3113	월촌면	吉馬峴村	南	20	답	0.1964	申從均	宋得中		0
3114	월촌면	吉馬峴村	南	23	답	0.0663	申從均	宋得中		0
3115	월촌면	吉馬峴村	南	37	전	0.255	申益熙	陳伯成		0
3116	월촌면	美谷坪	畝	4	답	2.1217	申鶴伊	金甲得		0
3117	월촌면	美谷坪	畝	6	답	0.1745	申鶴伊	金甲得		0
3118	월촌면	美谷坪	畝	15	답	0.7854	申快熙	金賢珏		0

3119	월촌면	美谷坪	畝	18	답	0.1767	申恪均	裵水永	0
3120	월촌면	美谷坪	畝	19	답	0.4418	申台翼	申台翼	0
3121	월촌면	美谷坪	畝	25	전	0.1473	申快熙	孫慶州	0
3122	월촌면	美谷坪	畝	26	답	0.3512	申恪均	金八鎭	0
3123	월촌면	美谷坪	畝	27	답	0.1554	申泰翼	李允甫	0
3124	월촌면	美谷坪	我	7	답	0.1135	申泰翼	申泰翼	0
3125	월촌면	美谷坪	我	13	답	0.6949	申快熙	崔有文	0
3126	월촌면	美谷坪	我	30	답	0.2522	申學伊	金甲得	0
3127	월촌면	美谷坪	藝	1	답	0.15	申慶均	李明甫	0
3128	월촌면	美谷坪	藝	22	답	0.7126	申橄	崔成如	0
3129	월촌면	美谷坪	藝	51	답	0.0916	申小福	朴春景	0
3130	월촌면	美谷坪	藝	53	답	0.24	申容均	金國甫	0
3131	월촌면	美谷坪	黍	1	답	0.2269	申學伊	閔貞鎬	0
3132	월촌면	美谷坪	黍	3	답	0.0993	申少福	金壽老	0
3133	월촌면	美谷坪	黍	6	답	0.1955	申學伊	金萬西	0
3134	월촌면	美谷坪	黍	16	답	0.2487	申哲熙	金千一	0
3135	월촌면	美谷坪	黍	18	답	0.1968	申少福	金受魯	0
3136	월촌면	美谷坪	黍	20	답	0.4058	申容均	金樂先	0
3137	월촌면	美谷坪	黍	21	답	0.2367	申哲熙	金受魯	0
3138	월촌면	美谷坪	黍	22	답	0.2583	申容均	金國甫	0
3139	월촌면	美谷坪	稷	6	답	0.318	申甲均	金千一	0
3140	월촌면	美谷坪	稷	7	답	0.5057	申宰均	李時化	0
3141	월촌면	美谷坪	稷	9	답	0.3787	申學伊	金甲得	0
3142	월촌면	美谷坪	稷	10	답	0.3436	申哲熙	金寧碩	0
3143	월촌면	美谷坪	稷	11	답	0.6247	申容均	柳元西	0
3144	월촌면	美谷坪	稷	24	답	0.2208	申學伊	姜聖瑞	0
3145	월촌면	美谷坪	稷	25	답	0.1021	申甲均	金千一	0
3146	월촌면	美谷坪	稷	27	답	0.462	申慶均	金士首	0
3147	월촌면	美谷坪	稷	28	답	0.1964	申學伊	金千一	0
3148	월촌면	美谷坪	稅	4	답	0.3969	申慶均	金士受	0

3149	월촌면	美谷坪		稅	10	답	0.3312	申學伊	金性西		0
3150	월촌면	美谷坪		稅	16	답	0.1257	申慶均	金士受		0
3151	월촌면	美谷坪		稅	17	대	0.0218	申學伊	金昌玉	초	3
3152	월촌면	美谷坪		稅	18	전	0.0192	申學伊	柳德成		0
3153	월촌면	美谷坪		稅	19	대	0.0442	申學伊	崔丙榮	초	7
3154	월촌면	美谷坪		稅	20	대	0.0236	申學伊	金閏玉	초	3
3155	월촌면	美谷坪		稅	21	대	0.0893	申學伊	吳旼泳	초	6
3156	월촌면	美谷坪		稅	22	대	0.0382	申學伊	李明華	초	3
3157	월촌면	美谷坪		稅	23	대	0.0204	申學伊	姜天鍾	초	3
3158	월촌면	美谷坪		稅	24	대	0.0166	申學伊	金學天	초	3
3159	월촌면	美谷坪		稅	25	답	0.5891	申學伊	姜千從		0
3160	월촌면	美谷坪		稅	27	답	1.0047	申學伊	金甲得		0
3161	월촌면	美谷坪		稅	29	답	0.0809	申慶均	金士受		0
3162	월촌면	美谷坪		稅	30	답	0.3064	申哲熙	韓春卿		0
3163	소답면	下木洞		熟	22	대	0.0791	申丁龍	申丁龍	초	8
3164	소답면	下木洞		熟	23	대	0.0569	申丁龍	金知成	초	3
3165	소답면	下木洞		熟	30	전	0.3927	申丁龍	金大吉		0
3166	소답면	下木洞		熟	31	전	0.0164	申丁龍	金主一		0
3167	소답면	下木洞		熟	32	대	0.0269	申丁龍	朴善伯	초	3
3168	소답면	下木洞		熟	33	대	0.0408	申丁龍	金主一	초	3
3169	소답면	下木洞		熟	37	답	0.0862	申丁龍	金成五		0
3170	소답면	下木洞下木後坪		貢	19	답	0.1492	申甲均	朴善伯		0
3171	소답면	下木洞下木後坪		貢	20	답	0.1283	申丁龍	金大吉		0
3172	소답면	下木洞下木後坪		貢	21	답	0.2374	申甲均	鄭元執		0
3173	소답면	下木洞下木後坪		貢	22	답	0.0622	申丁龍	金大吉		0
3174	소답면	下木洞下木後坪		貢	24	답	0.7717	申丁龍	金大吉		0
3175	소답면	下木洞下木後坪		貢	26	답	0.3011	申丁龍	金大吉		0
3176	소답면	下木洞下木後坪		貢	29	답	0.0664	申丁用	金大吉		0
3177	소답면	下木洞下木後坪		貢	45	전	0.1738	申順七	金承植		0
3178	소답면	下木洞下木後坪		貢	49	전	0.18	申甲均	丁至平		0

3179	소답면	下木洞下木後坪	貢	52	전	0.1419	申順七	申順七	0
3180	소답면	下木洞下木後坪	貢	52	전	0.0655	申順七	申順七	0
3181	소답면	下木洞下木後坪	貢	64	답	0.132	申丁龍	金大吉	0
3182	소답면	下木洞下木後坪	貢	65	답	0.3616	申甲均	朴善長	0
3183	소답면	上木前坪	新	2	답	0.1124	申甲均	金化實	0
3184	소답면	上木前坪	新	8	답	0.1571	申甲均	徐明順	0
3185	소답면	上木前坪	新	9	답	0.2257	申學伊	丁至平	0
3186	소답면	上木前坪	新	14	답	0.3168	申正卜	朴善伯	0
3187	소답면	上木前坪	新	15	답	0.3491	申正玉	崔君三	0
3188	소답면	上木前坪	新	16	답	0.1794	申正卜	金成祿	0
3189	소답면	上木前坪	新	35	전	0.0816	申貞卜	鄭元執	0
3190	소답면	上木前坪	新	39	답	0.3561	申貞卜	金主一	0
3191	소답면	上木前坪	新	50	전	0.0797	申丁卜	徐明順	0
3192	소답면	上木前坪	新	52	답	0.0229	申丁卜	朴善明	0
3193	소답면	上木前坪	新	53	답	0.171	申丁卜	金大吉	0
3194	소답면	上木前坪	新	54	답	0.6237	申丁卜	朴善伯	0
3195	소답면	上木前坪	新	58	전	0.1484	申丁卜	金化實	0
3196	소답면	上木洞	勸	1	답	0.2496	申京玉	崔君三	0
3197	소답면	上木洞	勸	7	답	1.229	申學伊	崔京七	0
3198	소답면	上木洞	勸	10	답	0.4467	申學伊	崔京七	0
3199	소답면	上木洞	勸	18	전	0.1706	申貞卜	金成分	0
3200	소답면	上木洞	勸	46	전	0.0748	申聖文	申聖文	0
3201	소답면	上木洞	勸	48	전	0.1453	申致秀	申致秀	0
3202	소답면	上木洞	勸	53	전	0.0895	申聖文	申聖文	0
3203	소답면	下木上坪	賞	2	답	0.0445	申丁卜	金伏室	0
3204	소답면	下木上坪	賞	6	답	0.3534	申甲均	申甲均	0
3205	소답면	下木上坪	賞	12	답	0.1152	申丁卜	梁士有	0
3206	소답면	下木上坪	賞	18	답	0.0835	申丁卜	趙致明	0
3207	소답면	下木上坪	賞	19	전	0.0132	申丁卜	趙致明	0
3208	소답면	下木上坪	賞	21	답	0.588	申丁卜	趙致明	0

3209	소답면	下木上坪	賞	22	답	0.3808	申丁卜	梁士有		0
3210	소답면	下木前坪	黜	6	답	0.312	申丁卜	崔云甫		0
3211	소답면	下木前坪	黜	11	답	0.9206	申丁卜	趙致明		0
3212	소답면	下木前坪	黜	13	답	0.4117	申丁卜	申丁卜		0
3213	소답면	下木前坪	黜	18	답	0.3179	申丁卜	韓興喆		0
3214	소답면	下木前坪	陟	3	답	0.0491	申丁卜	韓興喆		0
3215	소답면	下木前坪	陟	4	답	0.2341	申丁卜	李承化		0
3216	소답면	下木前坪	陟	8	답	0.2405	申丁卜	申丁卜		0
3217	소답면	下木前坪	陟	19	답	0.1907	申丁卜	朴善伯		0
3218	소답면	下木前坪	陟	20	답	0.2077	申貞用	金大吉		0
3219	소답면	下木前坪	陟	21	답	0.178	申丁卜	崔敬七		0
3220	소답면	下木前坪	陟	22	답	0.3718	申丁用	金大吉		0
3221	소답면	下木前坪	孟	7	답	0.2936	申丁卜	金周建		0
3222	소답면	下木前坪	孟	9	답	0.185	申丁卜	崔京七		0
3223	소답면	下木前坪	孟	12	답	0.2039	申丁卜	崔正甫		0
3224	소답면	下木前坪	孟	16	답	0.1909	申丁卜	李允甫		0
3225	소답면	鷲鳥谷坪	孟	22	답	0.194	申丁卜	金周賢		0
3226	소답면	鷲鳥谷坪	孟	23	답	0.644	申丁卜	金周賢		0
3227	소답면	鷲鳥谷坪	孟	33	답	0.4416	申丁卜	金春明		0
3228	소답면	發堂坪	軻	5	답	0.4698	申得萬	金卜大		0
3229	소답면	發堂坪	軻	11	답	0.4102	申丁卜	韓大男		0
3230	소답면	區禮洑坪	敦	24	답	0.6491	申錫熙	河蒼龍		0
3231	소답면	新垈洞	素	65	전	0.1466	申容均	申容均		0
3232	소답면	新垈洞	素	66	대	0.0475	申容均	金造鳳	조	3
3233	소답면	新垈洞	素	67	대	0.1995	申容均	申容均	조	10
3234	소답면	新垈洞	素	78	대	0.0779	申容均	趙德三	조	3
3235	소답면	新垈洞	素	80	대	0.0736	申容均	全禹卿	조	3
3236	소답면	新垈洞	素	81	대	0.0477	申容均	金成甫	조	3
3237	소답면	新垈洞	素	82	대	0.0442	申容均	金春化	조	3
3238	소답면	新垈洞	素	85	대	0.0848	申容均	金文伯	조	5

3239	소답면	新垈洞	素	85	대	0.0795	申容均	空	초	3
3240	소답면	新垈洞	素	86	답	0.3991	申容均	申容均		0
3241	소답면	新垈洞	素	88	답	0.0633	申容均	林萬汝		0
3242	소답면	新垈前坪	史	9	답	0.1286	申萬得	申萬得		0
3243	소답면	新垈洞	史	28	전	0.139	申容均	金成信		0
3244	소답면	高峯坪	魚	27	답	0.0697	申四得	金順明		0
3245	소답면	後洞坪	秉	4	답	0.2358	申新得	河明云		0
3246	소답면	加新沐坪	幾	3	답	0.3452	申得萬	金卜大		0
3247	소답면	加新沐坪	幾	4	답	0.516	申京用	方承化		0
3248	소답면	木洞坪	幾	10	답	0.129	申丁卜	申丁卜		0
3249	소답면	木洞坪	幾	11	답	0.7752	申京用	韓興喆		0
3250	소답면	木洞坪	幾	18	답	1.897	申丁卜	崔正七		0
3251	소답면	木洞坪	幾	21	답	0.315	申丁卜	朴遠根		0
3252	소답면	開川洞	中	1	전	0.216	申京用	林起奉		0
3253	소답면	開川洞	中	13	답	0.0788	申貞卜	朴致長		0
3254	소답면	開川洞	中	24	대	0.0873	申丁卜	金必用	초	5
3255	소답면	開川洞	中	25	대	0.0513	申丁卜	崔云甫	초	5
3256	소답면	開川洞	中	27	대	0.0566	申丁卜	李敬必	초	7
3257	소답면	開川洞	中	28	대	0.0764	申丁卜	李元三	초	5
3258	소답면	開川洞	中	42	전	0.2088	申丁卜	李允化		0
3259	소답면	開川洞	中	46	전	0.216	申丁卜	林德五		0
3260	소답면	開川洞	中	52	전	0.24	申丁卜	金周玄		0
3261	소답면	開川洞	中	54	전	0.6205	申丁卜	趙致明		0
3262	소답면	桂陽坪	中	57	전	0.1108	申京用	韓興喆		0
3263	소답면	桂陽坪	庸	2	전	0.1944	申京用	崔敬春		0
3264	소답면	楊簡坪	勞	3	답	0.8316	申甲均	金承有		0
3265	소답면	新通洞前坪	謹	4	답	0.2354	李成用	申鳳龍		0
3266	소답면	五里木坪	謹	27	답	0.1284	申思得	廉正述		0
3267	소답면	長丞坪	勅	30	전	0.084	李敬睦	申卜龍		0
3268	소답면	黃沐坪	聆	11	답	0.3957	金正宜	申上云		0

3269	소답면	黃洑坪	聆	13	답	0.139	申復均	鄭卜得		0
3270	소답면	黃洑坪	聆	31	답	0.3682	申卜均	鄭卜得		0
3271	소답면	黃洑坪	聆	34	전	0.2332	申卜均	鄭大卜		0
3272	소답면	店村坪	理	33	답	0.5214	申黃云	申黃云		0
3273	소답면	店村坪	理	44	답	0.1004	申黃云	申黃云		0
3274	소답면	芹洑坪	辨	21	답	0.2867	申丁卜	崔小萬儀		0
3275	소답면	芹洑坪	辨	24	전	0.0067	申甲均	申甲均	방아	1
3276	소답면	對月前坪	色	21	답	0.6643	安大卜	申廷雨		0
3277	소답면	妙峯洞前坪	嘉	46	전	0.1374	申廷雨	申廷雨		0
3278	소답면	夢村	猷	21	대	0.0518	蔡洙英	申廷雨	초	3
3279	소답면	夢村	猷	32	전	0.0687	申廷雨	申廷雨		0
3280	소답면	夢村	勉	8	전	0.2169	申廷雨	申廷雨		0
3281	소답면	夢村	勉	12	전	0.1104	申廷雨	申廷雨		0
3282	소답면	夢村	勉	19	전	0.5785	申甲均	申甲均		0
3283	소답면	夢村	勉	42	답	0.1848	申丁卜	申丁卜		0
3284	소답면	木新前坪	其	3	답	0.1816	申甲均	李承順		0
3285	소답면	木新前坪	其	4	전	0.1088	申甲均	李承順		0
3286	소답면	木新前坪	其	6	전	0.0311	申丁用	申丁用		0
3287	소답면	木新前坪	其	9	답	0.0288	申丁用	申丁用		0
3288	소답면	木新洞	其	24	대	0.0475	申丁卜	高治三	초	4
3289	소답면	木新洞	其	25	대	0.0611	申丁卜	李國信	초	4
3290	소답면	木新洞	其	26	대	0.0753	申丁卜	方承化	초	5
3291	소답면	木新洞	其	27	대	0.0415	申丁卜	金其然	초	3
3292	소답면	木新洞	其	28	대	0.0624	申丁卜	金用執	초	6
3293	소답면	木新洞	其	29	대	0.0351	申丁卜	趙致官	초	3
3294	소답면	木新洞	其	30	대	0.0409	申丁卜	文光甫	초	3
3295	소답면	木新洞	其	31	대	0.0539	申丁卜	金春吉	초	4
3296	소답면	木新洞	其	32	대	0.0311	申丁卜	崔敬春	초	4
3297	소답면	木新洞	其	33	대	0.0624	申丁卜	玄致然	초	7
3298	소답면	木新洞	其	34	대	0.0539	申丁卜	金周然	초	3

3299	소답면	木新洞	其	35	대	0.0871	申丁卜	崔承化	초	7
3300	소답면	木新洞	其	36	대	0.1407	申丁卜	李承化	초	10
3301	소답면	木新洞	其	37	전	0.0275	申丁卜	崔正甫		0
3302	소답면	木新洞	其	43	답	0.2513	申丁用	崔承化		0
3303	소답면	木新洞	其	43	답	0.2805	申丁卜	申丁卜		0
3304	소답면	木新坪	其	52	답	0.4555	申丁用	申丁用		0
3305	소답면	木新坪	其	55	답	0.1846	蔡孝默	申廷雨		0
3306	소답면	木新坪	其	59	답	0.3993	申丁用	申丁用		0
3307	소답면	木新後坪	祇	4	답	0.4065	申丁用	申丁用		0
3308	소답면	木新後坪	祇	7	답	0.216	申丁用	申丁用		0
3309	소답면	馬叢坪	祇	34	전	0.3377	申丁卜	申丁卜		0
3310	소답면	馬叢坪	祇	45	전	0.2163	申廷雨	申廷雨		0
3311	소답면	馬叢坪	祇	48	전	0.504	申丁用	申丁用		0

찾아보기

396

398

저자 및 소속 논문게재순

장필기 | 국사편찬위원회 자료정보실 편사연구관
최진욱 | 고려대학교 BK21 한국어문학교육연구단 연구교수
신영우 | 충북대학교 사학과 교수
박걸순 | 충북대학교 사학과 교수
임용한 | 충북대학교, 광운대학교 강사
장인석 | 명지대학교 미술사학과 박사과정 수료

충북대 중원문화연구소 광무양안연구총서 3

광무양안과 진천의 평산신씨 무반가문

신 영 우 편

2012년 2월 24일 초판 1쇄 발행

펴낸이 · 오일주
펴낸곳 · 도서출판 혜안
등록번호 · 제22-471호
등록일자 · 1993년 7월 30일

주   소 · ⑨ 121-836 서울시 마포구 서교동 326-26번지 102호
전   화 · 3141-3711~2 / 팩시밀리 · 3141-3710
E-Mail · hyeanpub@hanmail.net

ISBN 978-89-8494-442-8   93910

값 30,000 원